LÉONARD GIANADDA
80 ans d'histoires à partager

Ce livre et l'exposition
LÉONARD GIANADDA, 80 ans d'histoires à partager
ainsi que le film *Faire de sa vie quelque chose de grand*
sont réalisés à l'occasion des 80 ans de Léonard Gianadda, le 23 août 2015.
© 2015 Fondation Pierre Gianadda Martigny
Tous droits réservés pour tous les pays

Sophia Cantinotti
Jean-Henry Papilloud

LÉONARD GIANADDA

80 ans d'histoires à partager

FONDATION PIERRE GIANADDA
CH-1920 MARTIGNY (SUISSE)

Olivier, Annette, Léonard et François lors du cinquantième anniversaire de Léonard, 23 août 1985.

A ma chère Annette, à qui je dois tout
A nos enfants François, Olivier
et Fabrice

Un 23 août...

> # HEUREUX
> # ANNIVERSAIRE
>
> à mon grand mari
> chéri !!

Léonard par Roger Dorsaz, 1957.

Quand 80 ans d'histoires deviennent l'histoire

Lorsque j'ai découvert l'exposition « 80 ans d'histoires à partager », quelques semaines après avoir eu connaissance de son titre, j'ai tout d'abord regretté que « 80 » ne soit pas écrit « quatre-vingts », pour une question d'esthétisme, de rappel de l'ancien système vigésimal de numérotation dans sa signification première, soit 4 × 20 ans, et puis, à la réflexion et après visite de ce parcours de vie, mon objection a finalement disparu, car 4 × 20 seraient trop réducteurs pour tant d'histoires.

Eût-il donc fallu écrire « 960 mois » ou « quelque 29 000 jours » tant les sujets abordés dans le cadre de cette exposition sont denses, variés, mais sans cependant s'écarter d'une ligne droite, celle du partage ?

C'est à ce moment-là que je me suis demandé : mais pourquoi donc avoir écrit le substantif « histoires » au pluriel, car 80 ans ne sont-ils pas suffisants pour décliner ce substantif au singulier et devenir l'histoire ? Me revint alors à l'esprit cette belle devise de la Grande Verrière de l'Hôtel de Ville de Martigny proclamant fièrement : « L'histoire éclaire et réconcilie les hommes ». Alors, effectivement, ces histoires-là auraient bien mérité du singulier, car malgré leur diversité, elles font partie non seulement de l'histoire d'une vie, mais également de celle d'un grand présent, celle de mon Papa.

François

Réception à l'Académie des Beaux-Arts, Paris, 4 juin 2003.

Il peut et doit faire de sa vie quelque chose de grand et de beau.
(Chanoine Amédée Allimann, 1948)

Un Valaisan sous la Coupole

Le mercredi 4 juin 2003, Léonard Gianadda est reçu à l'Académie des Beaux-Arts de Paris. Un Valaisan sous la Coupole ! L'événement a de quoi surprendre. Et cela d'autant plus que le récipiendaire est un ingénieur civil de formation devenu bâtisseur. Il est aussi le petit-fils d'un immigré italien parti de son Piémont natal à treize ans pour venir en Suisse chercher du travail.

Sur les photographies de la cérémonie et de la réception qui suit, Léonard est profondément ému. On l'imagine se retourner sur sa vie et passer en revue le chemin parcouru. Alors qu'il fête aujourd'hui ses quatre-vingts ans, nous nous interrogeons. Comment a-t-il construit sa trajectoire ? Quelles forces l'ont-elles porté tout au long de sa carrière ? Quelles rencontres ont-elles influencé son parcours ? Pour le comprendre, il faut remonter dans le temps, reprendre, un à un, les chapitres essentiels d'une vie placée sous le signe de la curiosité, de la persévérance et du partage.

Depuis 2008, dans une fréquentation quasi quotidienne, nous avons eu le temps de prendre conscience de l'unité du personnage derrière ses multiples facettes. Mais, finalement, la révélation est venue de l'extérieur. Devant l'admiration du monde culturel à Paris, Albi, Moscou ou Padoue, nous avons mesuré la vraie stature d'une personne hors norme, une institution à lui tout seul. Le regard des autres a aussi fait évoluer le nôtre.

L'exposition *Léonard Gianadda, 80 ans d'histoires à partager* et ce livre qui l'accompagne n'ont pas été simples à mettre en place. Autant il est facile de présenter Léonard à l'extérieur du canton ou de la Suisse, autant il est délicat de le faire dans son environnement, à Martigny, chez lui.

Il importait tout d'abord d'en savoir plus, et pour cela il fallait rassembler les pièces d'un véritable puzzle construit à plusieurs niveaux. Ce ne fut pas une mince affaire. La montagne de documents est à la mesure des activités protéiformes de Léonard, un peu comme s'il avait vécu, successivement ou en parallèle, plusieurs vies. A notre disposition donc, des archives éclatées et qui occuperaient une vie d'archiviste pour leur simple classement. Faute de temps, nous nous sommes concentrés sur la presse qui le suit depuis des décennies et qui tient dans plus de 350 classeurs fédéraux, les préfaces des 148 catalogues publiés, les innombrables documents audiovisuels…

Mais, fussent-elles riches, les archives ne sauraient être une fin en soi. Notre objectif n'est pas de faire un inventaire à la Prévert, quoique le sujet s'y prêterait bien : une exposition, une tour, un concert, une décoration et un appartement en guise de *raton laveur* ! Nous avons voulu une exposition et un livre qui tiennent à la fois d'un travail sur les sources et d'un questionnement sur la mémoire. Ils n'ont ni la prétention de faire le tour du personnage, ni de le fixer pour la postérité.

L'idée de prendre Léonard lui-même pour guide s'est imposée rapidement, car qui mieux que lui pouvait nous donner un fil conducteur vivant et personnel. Et c'est ainsi que nous avons imaginé les *Léoguides*. Dans de courts entretiens, Léonard nous raconte des épisodes importants de sa vie. Ces histoires, qui nous font mieux comprendre pourquoi et comment il a réussi à « faire de sa vie quelque chose de grand et de beau », sont devenues, naturellement, des histoires à partager.

Bon anniversaire, Léonard !

Sophia et Jean-Henry

Première vie
DÉCOUVERTES

Début de parcours, 1935-1946

Où l'on découvre dans quel milieu Léonard vient au monde et y grandit.

Entretien *Léoguide* n° 1, 20 avril 2015.

Mon grand-père Baptiste est venu d'Italie à l'âge de treize ans. En 1889, il passe le col du Simplon à pied. Le tunnel n'était pas percé – ce sera fait en 1906 – et il n'aurait pas eu l'argent pour prendre le train…
Il vient en Suisse. Imaginez, quitter son pays à treize ans ! Il ne parle pas la langue ; il sait à peine lire et écrire. Il vient ici parce qu'il a faim, comme réfugié économique en somme. Il s'installe, il fait le botche *comme on dit, c'est-à-dire le manœuvre. Il disait que le soir, il avait les épaules en sang à force de porter, avec l'oiseau, les pierres pour alimenter les maçons. Ensuite, il a suivi des cours du soir, a appris le dessin et le français, qu'il parlait et écrivait plutôt bien.*
Dix ans plus tard, il est retourné dans son village natal chercher Angiolina, une jeune fille qu'il avait connue enfant à Curino. Il la demande en mariage, l'épouse quelques jours plus tard et l'emmène en Suisse. Ma grand-mère disait que tout son trousseau tenait dans un bidon. Ils sont venus habiter à Martigny. Ils n'avaient pas l'eau courante à la maison.
J'ai beaucoup de respect et d'admiration pour mon grand-père. C'était aussi mon parrain. Je l'ai bien connu, puisque j'avais vingt ans quand il est décédé. Il avait huitante ans, l'âge que j'ai aujourd'hui… J'aimais l'écouter, me promener sur les chantiers avec lui. Il m'accordait du temps ; j'étais très proche de lui. Il aimait le travail bien fait, précis. Je pense que c'est avec lui que j'ai appris à soigner le détail.

◀ Léonard, 1936.

◀◀ Martigny, 1956. (Photo Léonard Gianadda)

Le 23 août 1935, conformément à ses obligations de père, Robert Gianadda, le fils de Baptiste, entrepreneur à Martigny, se rend au bureau d'état civil de la ville et y déclare la naissance de son fils Léonard. Dans son cahier des naissances, la sage-femme, Marie Arlettaz-Gay, note que l'heureux événement s'est produit à trois heures du matin.

Pour son premier enfant, Jean-Claude, né en 1933, Liline Gianadda – officiellement Adeline – a décidé d'accoucher à l'hôpital

Cahier des naissances de Marie Arlettaz-Gay, 1935.

Baptiste Gianadda, photographié par son petit-fils Léonard, Martigny, 1955.

de Martigny, à un jet de pierre de la maison familiale. Mais pour son deuxième, elle reste à la maison. C'est donc au 34 de l'avenue du Grand-Saint-Bernard, dans l'immeuble *Miremont*, que Léonard Pierre Angelo voit le jour. Encore en 2008, Adèle Gianadda, sœur de Robert, se rappelait avec émotion cette arrivée en milieu de nuit. A quatre heures du matin, l'heureux père doit toutefois mettre fin aux réjouissances arrosées de champagne, car Liline a besoin de repos !

Selon une pratique courante dans la communauté italienne, c'est le grand-père du nouveau-né qui le porte sur les fonts baptismaux. A cette époque, Baptiste Gianadda vient de terminer la construction du temple protestant de Martigny.

Baptiste Gianadda est né le 2 juillet 1876 à Curino, dans le Piémont, en Italie. Ses parents, Angelo (1837-1931) et Carolina (1841-1926), sont paysans. Angelo a participé à la bataille de Solferino en 1859, peu avant son mariage.

Dans le village, la vie est rude et la famille Gianadda-Chiochetti, avec ses cinq enfants, vit très pauvrement. A treize ans, après l'école primaire, Baptiste a l'intention de partir en Afrique du Sud, où il y a des perspectives de travail, mais la deuxième guerre des Boers (1899-1902) déjoue ses plans et, finalement, c'est en Suisse qu'il émigre.

Léonard souligne volontiers que son grand-père était un réfugié économique : « Ma grand-mère me racontait qu'il ne supportait plus de voir son père et sa mère pleurer parce qu'ils n'avaient pas d'argent pour pouvoir s'acheter du sel. »[1]

Selon le témoignage de sa fille, Adèle, et contrairement à une version souvent entendue, Baptiste aurait suivi des amis de la famille déjà installés en Suisse. C'est donc en leur compagnie qu'il franchit le col du Simplon à pied. Le groupe poursuit son chemin, parfois en char, jusqu'aux rives du lac Léman. A cette époque, poursuit Adèle, Baptiste ne parle pas le français. Consciencieux, volontaire et travailleur, il prend cependant l'initiative de suivre des cours du soir à Lausanne, pour apprendre à dessiner, lire et écrire en français et calculer.

Angelo et Carolina Gianadda-Chiochetti.

Curino, hameau Gianadda, 2000.

François et Léonard à Curino, 2000.

[1] *Léonard Gianadda, un bâtisseur converti à l'art,* entretien par Catherine Unger, 2002, p. 22.

Quelques années plus tard, après avoir travaillé comme maçon à Montpreveyres, Chavornay, puis à Saint-Maurice chez un beau-frère entrepreneur, Baptiste s'installe à son compte à Martigny. Son cousin Secondo le rejoint et, vers 1900, ils fondent l'entreprise S. et B. Gianadda-Chiochetti.

Baptiste se rend à Curino en janvier 1906 pour ses fiançailles et son mariage avec Angiolina Chiochetti, de onze ans sa cadette. De retour en Suisse, Baptiste et Angiolina s'installent à Martigny, au n° 22 de l'avenue du Grand-Saint-Bernard. C'est là que naissent leurs trois enfants : Robert le 15 novembre 1906, Angelo en avril 1909, qui décède à l'âge de six mois, et Adèle le 23 mai 1910.

De grands travaux sont effectués par Baptiste et Secondo : les villas Georges Morand, Spagnoli, Vallotton, ainsi que leurs propres appartements et le bureau de l'entreprise. Après la Première Guerre mondiale et le

Angiolina (derrière, au centre) avec ses parents et ses frères et sœurs.

Angiolina et Baptiste Gianadda, Martigny, 1955.

départ de Secondo en France, Baptiste rejoint la société Dubuis, Dupont, Gianadda et Cie, qui participe aux travaux du barrage de Barberine, puis il cofonde l'entreprise Couchepin-Gianadda-Conforti. Celle-ci réalise de nombreuses constructions dans la région : le pont de Gueuroz, les caves Provins de Leytron, les caves Orsat, le cinéma Etoile, l'hôpital de Martigny, la chapelle de Ravoire, les villas Couchepin, Tissières, Gross, etc. Signe que Baptiste s'est bien intégré dans le pays, le Grand Conseil du Valais lui accorde la naturalisation le 11 mai 1916. Il devient bourgeois de Salvan.

Encouragé par son père, qui a compris que l'instruction est essentielle dans la vie, Robert fait des études au Technicum de Fribourg. Après deux stages outre-Sarine, il intègre l'entreprise Couchepin-Gianadda-Conforti en qualité de technicien, avant de créer, avec Baptiste, l'entreprise B. Gianadda-Chiochetti & Fils en 1931.

Robert et Liline, 1932.

Mariage de Robert et Liline, Martigny, 7 décembre 1932.

Celle-ci deviendra, en 1940, B. Gianadda & Fils, puis, en 1946, Gianadda S.A.

Le 7 décembre 1932, Robert Gianadda épouse Liline Darbellay, fille d'Emile Darbellay et de Madeleine Pont, originaire de Saint-Luc. Née le 28 octobre 1912 à Martigny, Liline est téléphoniste en ville. Elle travaille au premier étage du bâtiment de la Poste, en compagnie des demoiselles Suzanne Guex-Gay-Crosier et Andrée Saudan-Carron, sous les ordres du responsable, Henri Charles.

Robert et Liline emménagent au deuxième étage du bâtiment *Miremont*, au 34 de l'avenue du Grand-Saint-Bernard. Leur premier garçon, Jean-Claude, naît le 4 octobre 1933. Deux ans plus tard, le 23 août 1935, c'est Léonard qui montre le bout de son nez, suivi de Pierre, le 19 novembre 1938, et de Madeleine, le 26 mars 1944.

La fratrie s'épanouit, heureuse, dans le petit monde martignerain, qui compte alors quelque six mille habitants dispersés entre la Ville, le Bourg, la Combe et La Bâtiaz.

Robert, Liline portant Jean-Claude, et leurs familles, 1933.

Classe enfantine de l'Ecole des Sœurs, Martigny-Ville, 1940.

Jean-Claude, Pierre, Liline et Léonard, jardin de Roger Dorsaz, 1942.

Dès 1940, Léonard fréquente l'école enfantine tenue par les religieuses, à Sainte-Jeanne-Antide. Il suit ensuite, sans histoire particulière, les classes primaires : deux ans chez le régent André Pillet, puis deux ans chez Charles Gay-Crosier. C'est un bon élève, appliqué et consciencieux.

Jean-Claude, Pierre et Léonard, 1942.

Classe primaire, Martigny-Ville.

Camp d'été à Bellegarde, Gruyère, 1946.

Devant le Palazzo Bellia, Turin, 1946.

Pierre, Léonard et Jean-Claude, 1946.

Une formation classique, 1946-1955

Entré comme interne au Collège de l'Abbaye de Saint-Maurice, Léonard en ressort neuf ans plus tard.

Entretien *Léoguide* n° 2, 20 avril 2015.

C'était à la fin de la guerre, en 1945-1946, j'avais entre dix et onze ans ; j'étais à l'école primaire de Martigny. Un cousin de ma mère, le chanoine Gabriel Pont, lui dit un jour : « Mais, est-ce que tes enfants vont rester à l'école primaire ? Tu ne veux pas les mettre au collège ? » Ma mère tombait des nues. Alors, elle m'a inscrit au Collège de Saint-Maurice. Quand nous y sommes allés pour un entretien, le directeur de l'internat, Jules Monney, un grand gaillard, nous a reçus. Ma mère lui a demandé : « Alors, il y a des examens ? – Oui, il y a des examens à passer pour entrer en première année. – Et qu'est-ce qu'il y a dans ces examens ? – Bien voilà, il y a un petit peu d'analyse… » Et moi de demander : « C'est quoi, l'analyse ? » Inutile de dire qu'il a conclu : « Je crois que c'est préférable qu'il aille en Préparatoire *tout de suite ; il aura une année pour s'adapter. » Heureusement ! Parce que si j'avais tenté l'examen d'entrée, je l'aurais raté et serais retourné à la maison…*

J'ai d'abord fait quatre ans d'internat à Saint-Maurice, à quinze kilomètres de Martigny, parce que ma mère disait que je n'étais pas capable de prendre le train tout seul.

◀ Martholet, Abbaye de Saint-Maurice, 18 juin 1951.

Un des nombreux cousins maternels de Léonard, et non le moins original, est le chanoine Gabriel Pont. Vicaire de Martigny, officiant à Martigny-Bourg, il a des contacts réguliers avec la famille de Liline. Quand il voit que les enfants Gianadda poussent comme des graines et qu'ils usent toujours leurs culottes sur les bancs de l'école primaire de Martigny, il rend visite aux parents de Jean-Claude et de Léonard, âgés respectivement de treize et onze ans, et leur suggère d'inscrire les garçons au collège. Pour Jean-Claude, il est déjà tard, car, décemment, on ne peut lui faire commencer le collège dans la même classe que son cadet de deux ans. Il ira donc au Collège de Mariahilf, à Schwyz, un établissement réputé. En huit années, il apprend parfaitement l'allemand et décroche une maturité technique.

Quant à Léonard, à onze ans, il peut se présenter au Collège de la Royale Abbaye de Saint-Maurice. Même si la première entrevue avec le directeur de l'internat est un peu surréaliste, il obtient son sésame pour entrer dans cette école dont la réputation n'est plus à faire.

Dessin de Jean-Claude dans le carnet de souvenirs de Léonard, 12 mars 1946.

Abbaye et Collège de Saint-Maurice, vers 1950.

Et c'est ainsi qu'en septembre 1946, Léonard est conduit à Saint-Maurice. Le cauchemar commence. Soucieux du développement intellectuel et social de leur enfant et pensant que celui-ci ne serait pas capable de prendre chaque jour le train seul, ses parents l'inscrivent comme interne, un déracinement de quelques kilomètres, très difficile à vivre pour Léonard. Cela d'autant plus qu'il doit surmonter une faiblesse : « Quand ma mère est venue m'installer au Collège de Saint-Maurice, il y avait un dortoir avec une centaine de lits alignés : un lit, une table de nuit, un lit, une table de nuit, et puis les armoires un peu plus loin. Le premier jour, elle fait mon lit et met un caoutchouc. Je dis : 'Mais, c'est quoi, ça ?' 'Mais tu fais pipi au lit…' Je dis : 'Enlève-moi ce caoutchouc ! J'arrête !' Et j'ai arrêté de pisser au lit ce jour-là ! »

Cependant, les difficultés ne sont pas terminées. Perdu dans ces nouveaux espaces, ne sachant où aller, Léonard n'intègre pas sa classe les premiers jours. Il erre dans les couloirs et le préau, se contente de se rendre au réfectoire pour les repas et au dortoir pour la nuit. Finalement, Jules Monney le repère, seul dans la grande cour de récréation pendant les heures de cours : « 'Qu'est-ce que tu fais là ? – Je ne sais pas. – Mais tu n'es pas au cours ? – Je ne sais pas où c'est.' Alors, il m'a emmené dans la classe de *Préparatoire littéraire*. Et j'ai commencé les cours. On était plus de quarante dans la classe. »[1]

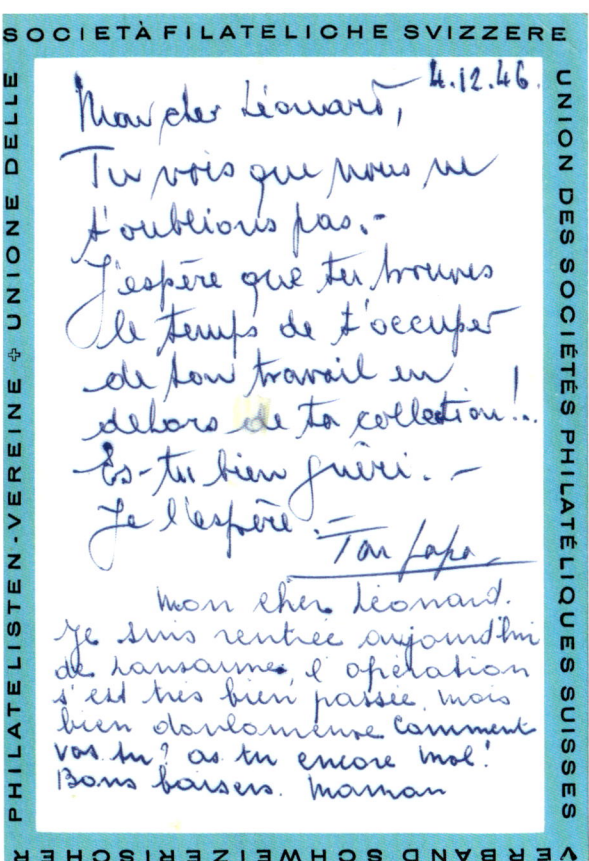

Maurice Progin, Alain Meylan et Léonard, 1946.

Lettre de Robert et Liline à Léonard, 4 décembre 1946.

[1] Entretien *Léoguide*, 20 avril 2015.

Les débuts ne sont décidément pas faciles. Léonard s'ennuie de la maison : « Je me souviens qu'à la récréation, j'allais m'asseoir sur un mur qui surplombait le chemin de fer à la sortie du tunnel de Saint-Maurice. Je regardais passer les trains et je pleurais. Tous les jours, je pleurais, tellement je m'ennuyais. Une fois, j'ai vu passer la voiture de mon père sur la route devant le collège. C'était très difficile. C'est alors que je me suis dit : 'Jamais je ne mettrai mes enfants dans un internat.' »[2]

Camarades de classe de Léonard, 1946.

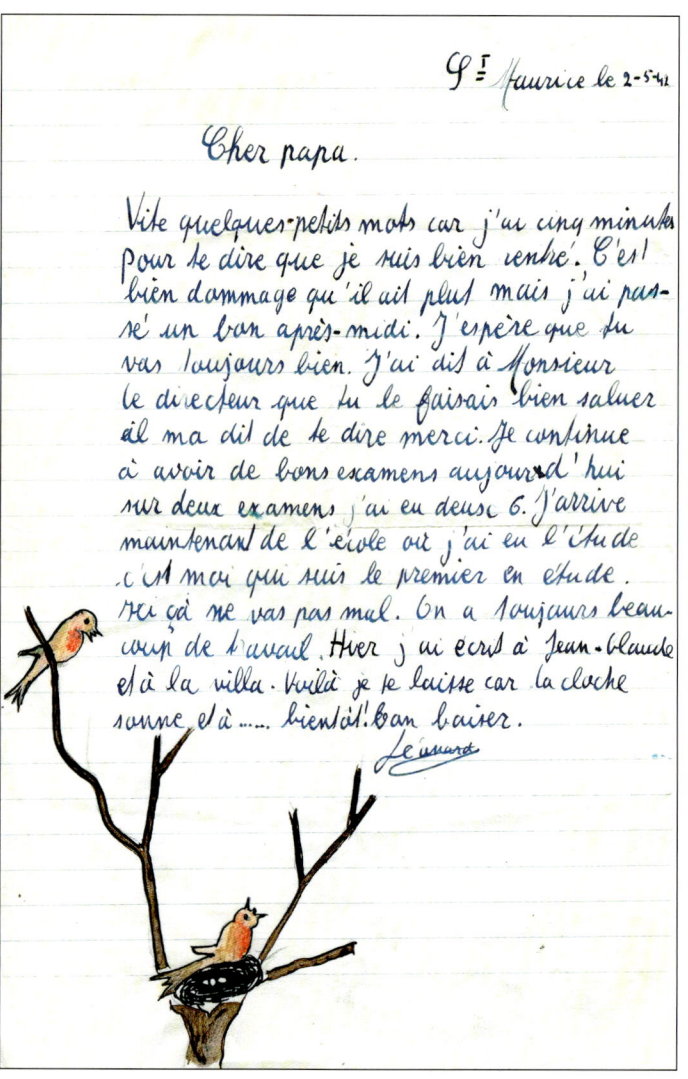

Lettre de Léonard à son père, 2 mai 1947.

Léonard et Etienne Falquet, Saint-Maurice, 1946.

[2] Entretien *Léoguide*, 20 avril 2015.

Doté d'une jolie voix de soprano et à l'aise en musique, Léonard est rapidement intégré dans le Petit Choeur du Collège. Sous la direction du chanoine Marius Pasquier (au centre de la photo, à côté de Léonard), la chorale se produit aux grand-messes dominicales. Un dimanche par mois, elle chante également la messe radiodiffusée.

Lors du premier classement des élèves selon leurs notes, Léonard est dans les profondeurs du peloton : « A Noël, j'étais 23e-24e, au deuxième trimestre, troisième, et à la fin de l'année, premier. Après, tout s'est très bien passé au collège. »[3] Effectivement, les matières se laissent peu à peu apprivoiser, comme cette nouvelle vie dans un nouveau lieu, avec de nouveaux camarades.

L'année suivante, à la fin de la classe de *Principes*, Léonard collectionne les 6, note maximale. Il les obtient en religion, latin, mathématiques, histoire, géographie, dessin, chant et gymnastique, mais aussi en application intellectuelle, discipline et politesse. Léonard récolte ainsi les premiers lauriers de sa carrière. Le chanoine Amédée Allimann, son maître principal, enseignant de latin et de français, écrit à ses parents une lettre que chaque géniteur rêverait de recevoir.

Carnet scolaire de Léonard, classe de *Principes*, 1947-1948.

Le chanoine Amédée Allimann, vers 1950.

[3] Entretien *Léoguide*, 20 avril 2015.

Abbaye de St-Maurice

Monsieur et Madame,

Réjouissant progrès : Léonard obtient le 1er rang. Félicitations… ce qui ne veut pas dire, cependant, qu'il peut se reposer sur ses lauriers. Les talents dont Dieu l'a doté exigent de lui un travail proportionné. En conséquence, il n'a pas le droit de faire ses études d'une façon légère et quelconque, mais au contraire avec le plus de perfection possible. Sa place est dans les premières loges et sur les sommets ; et cela dans tous les domaines de sa formation. Religion, science, caractère, etc… **Il peut et doit faire de sa vie quelque chose de grand et de beau.** *Que Dieu réalise ces souhaits à l'édification desquels nous travaillons de notre mieux.*

Hommages respectueux.

Chne Allimann

Abbaye de St Maurice.

Monsieur et Madame,

Réjouissant progrès : Léonard obtient le 1er rang. Félicitations... ce qui ne veut pas dire, cependant, qu'il peut se reposer sur ses lauriers. Les talents dont Dieu l'a doté exigent de lui un travail proportionné. En conséquence, il n'a pas le droit de faire ses études d'une façon légère et quelconque, mais au contraire avec le plus de perfection possible. Sa place est dans les premières loges et sur les sommets ; et cela dans tous les domaines de sa formation. Religion, science, caractère, etc... Il peut et doit faire de sa vie quelque chose de grand et de beau. Que Dieu réalise ces souhaits à l'édification des siens, nous travaillons de notre mieux. Hommage respectueux. Ch.ne Allimann

Lettre du chanoine Amédée Allimann, été 1948.

Les jours, les semaines, les trimestres et les années passent. Le règlement de l'internat du Collège de l'Abbaye est implacable. Durant l'année scolaire, les sorties et les retours à Martigny se comptent sur les doigts d'une main. Ainsi, entre 1946 et 1950, à l'exception des vacances, Léonard grandit au milieu des chanoines et des camarades de classe, loin de ses parents, de ses frères et de sa sœur.

Extraits du règlement de l'internat

Horaire

5 h., lever (Section des Petits, 6 h.), prière, Sainte Messe ; 7 h. 15, déjeuner ; 8 h., étude ; 8 h. 30, cours ; 11 h. 15, récréation ; 11 h. 30, étude ; 12 h., dîner, récréation ; 13 h. 30, étude ; 14 h. 30, cours ; 16 h. 30, goûter, récréation ; 17 h. 30, étude ; 19 h. 30, souper, récréation, prière ; 20 h. 30, coucher.

Sorties et correspondance

Les pensionnaires n'obtiennent la permission de sortir en ville qu'accompagnés d'un membre de leur famille […] et à condition que leur conduite ne s'y oppose pas. Les sorties sont limitées à une par mois.

Pendant l'année scolaire, en dehors des vacances de Noël et de Pâques, les parents sont priés de ne solliciter pour leur fils la permission de se rendre à la maison que pour des raisons sérieuses.

Les parents correspondent librement avec leurs enfants. Sur toute autre correspondance, le Directeur se réserve un droit de contrôle.

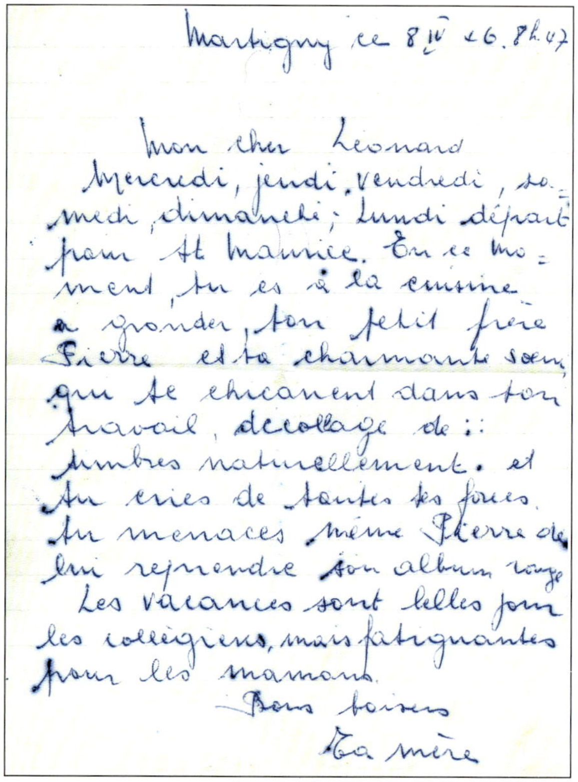

Martigny ce 8 IV 16.8h.47

Mon cher Léonard

Mercredi, jeudi, vendredi, samedi, dimanche; lundi départ pour St Maurice. En ce moment, tu es à la cuisine à gronder ton petit frère Pierre et ta charmante sœur qui te chicanent dans ton travail, décollage de :: timbres naturellement. et tu cries de toutes tes forces. tu menaces même Pierre de lui reprendre son album rouge. Les vacances sont belles pour les collégiens, mais fatiguantes pour les mamans.

Bons baisers

Ta mère

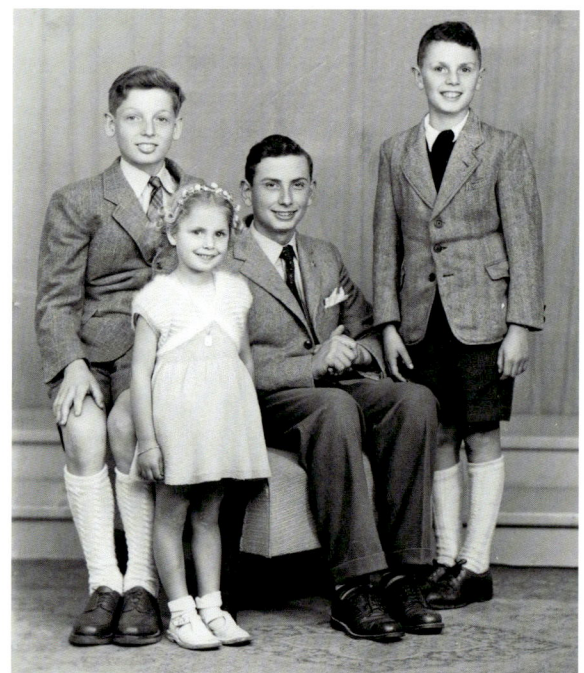

Lettre de Liline à Léonard, 8 avril 1947.

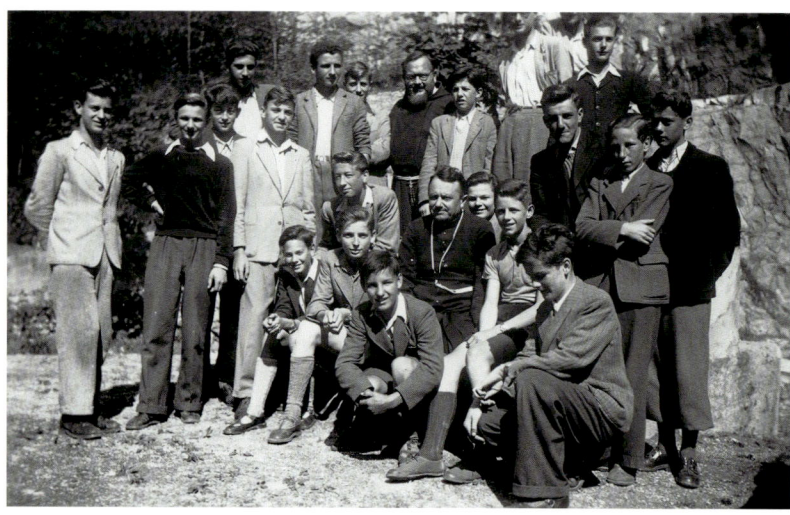

Classe de *Grammaire*, avec le chanoine Joseph Gross, 1949-1950.

Léonard, Madeleine, Jean-Claude et Pierre, 1948.

Fort heureusement, Léonard trouve plusieurs occupations motivantes à côté de ses études. Il suit des cours privés de dactylographie et d'italien, tout en poursuivant son apprentissage du piano (sept ans au total).

Depuis 1942, il a intégré la patrouille des scouts valaisans, ce qui lui permet de participer à des camps durant les vacances scolaires et de dépasser largement les frontières de Saint-Maurice et de Martigny. D'abord louveteau, puis éclaireur, il est ensuite promu chef de la patrouille valaisanne au camp national de Trevano, en 1948.

Camp scout à Saint-Luc, 1947.

Camp national scout à Trevano, Tessin, 1948.

Dans un autre registre, Léonard occupe aussi son temps libre en s'adonnant aux plaisirs de la philatélie. Il partage cette activité prenante avec des chanoines de Saint-Maurice durant toutes ses années d'études. Avec une passion certaine, il effectue achats, ventes, échanges, recherches de spécimens rares, commandes, etc. Il étoffe d'ailleurs sa collection pendant de longues années encore et, en 1965, il fera partie des membres fondateurs du Cercle philatélique de Martigny.

Carte philatélique de Robert et Liline à Léonard, 4 décembre 1946.

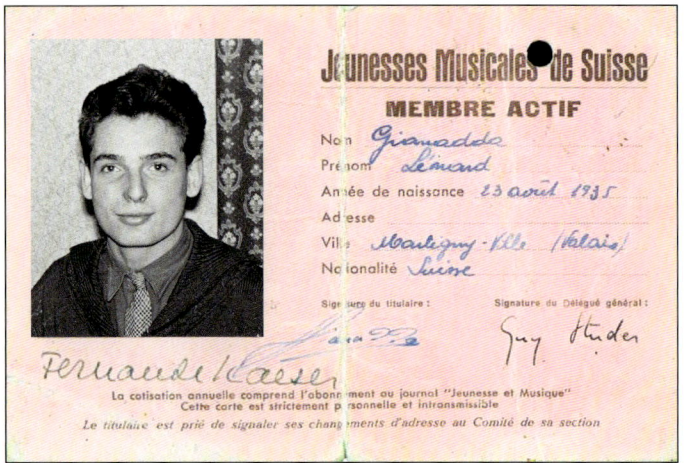

Carte de membre des Jeunesses musicales.

Dès la création, en 1950, des Jeunesses musicales de Saint-Maurice, Léonard s'y inscrit. Selon ses statuts, l'association a pour but de « grouper les jeunes gens de tous les milieux afin de développer parmi eux le goût, la sensibilité, la culture et l'activité musicales ». La section de Saint-Maurice organise régulièrement des concerts. Le prix des places est très attractif pour les jeunes : 80 centimes pour les membres, 2,75 francs pour les non-membres !

Parmi les musiciens invités dans les débuts et dont Léonard gardera un souvenir vivace, on note la présence de Hansheinz Schneeberger, Bela Siki, Nikita Magaloff, Henri Honegger, le Trio d'Anches de Bâle, le Trio à Cordes de Paris, le Quatuor de Radio-Rome, l'Orchestre Académique de Vienne, l'Orchestre de Chambre de Lausanne, René Klopfenstein.

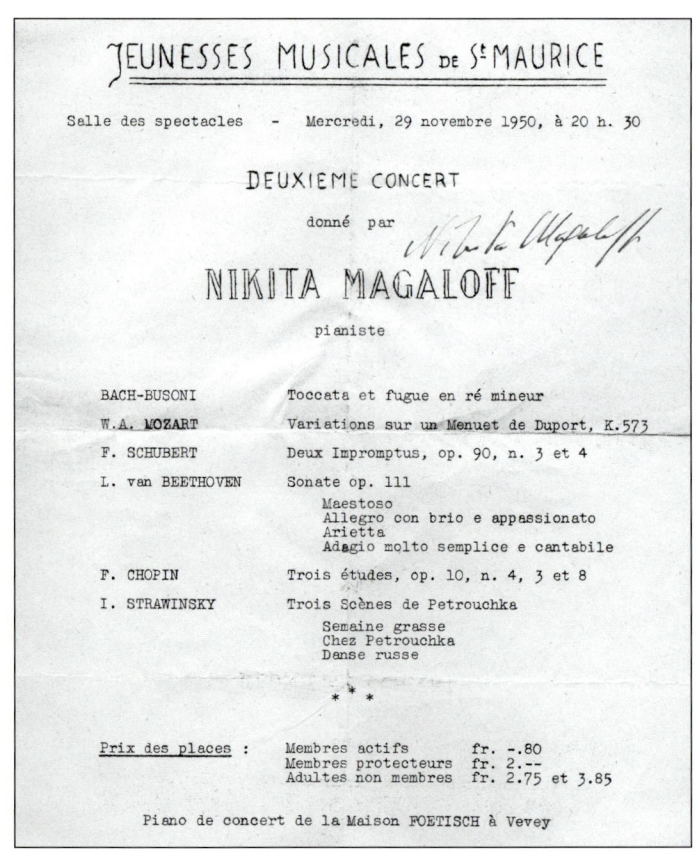

Programme dédicacé du concert de Nikita Magaloff, 1950.

Des huit années qui suivent le mémorable *Cours préparatoire littéraire*, Léonard en a retenu les dénominations parlantes : *Principes*, *Rudiments*, *Grammaire*, *Syntaxe*, *Humanités*, *Rhétorique*, *Philosophie* et *Physique*. Il a surtout été marqué par les nombreuses et fidèles amitiés qui y sont nées et par un sentiment de fierté généré par de bonnes notes dans toutes les matières.

Et c'est ainsi qu'à la fin de l'année scolaire 1955, le jeune Martignerain obtient sa maturité classique de type B (latin-langues modernes [anglais]), avec la mention « bien ».

Cette étape franchie, la suite prévue est le départ à l'armée, mais le jeune homme se casse un bras quelques jours avant son entrée à l'école de recrues. Il décide alors de s'inscrire à l'Ecole polytechnique de l'Université de Lausanne, connue sous l'abréviation « EPUL ».

Retraite spirituelle de la classe de *Physique* aux Mayens-de-Sion, 1955.

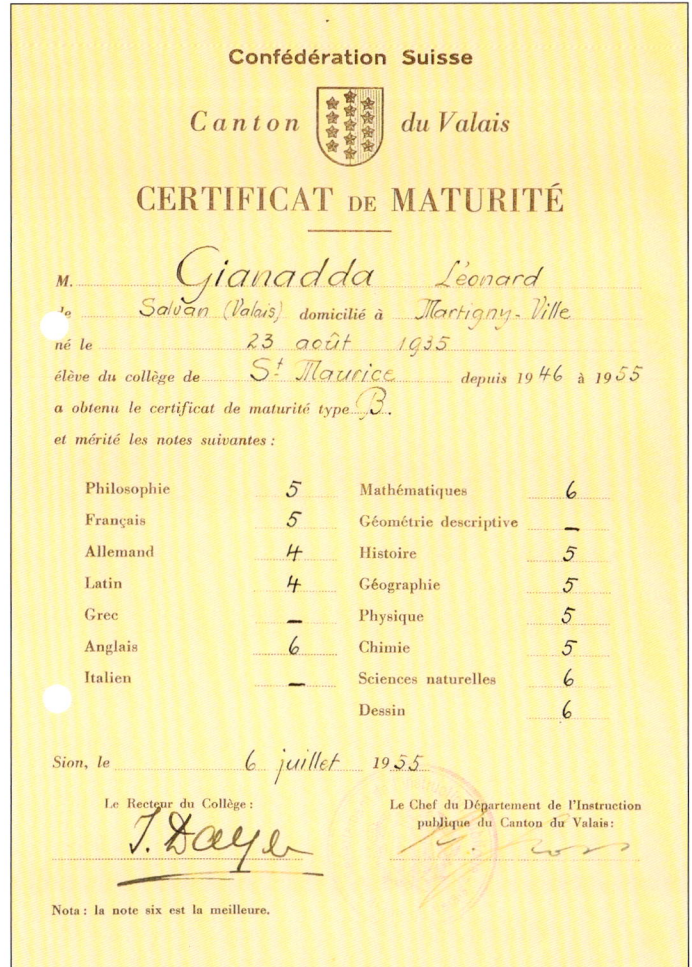

Certificat de maturité, 1955.

Saint-Maurice, 1955.

Découverte de l'art, 1950-1954

Comment un pèlerinage de l'Année sainte se transforme en révélation artistique.

Entretien *Léoguide* n° 3, 20 avril 2015.

En 1950, c'est l'Année sainte. J'ai quinze ans et ma mère emmène ses trois fils – mon frère aîné Jean-Claude, mon frère cadet Pierre et moi-même – en Italie, à Rome, pour voir le pape. On s'arrête d'abord à Florence. Mon frère Jean-Claude a un ami d'études, Roberto Castella, à Naples, alors on y va aussi et visitons Pompéi, Capri, Ischia… Quelles découvertes ! Pour moi, c'est un monde nouveau.

J'y retourne, seul, en 1952, invité par Roberto. Je passe un mois et demi à Naples : un enchantement ! En rentrant, je m'arrête à Rome et à Florence. Là, dans un musée, je tombe sur un jeune homme que je revois l'après-midi dans un autre musée, le Bargello. C'était Ken Matthews, un Américain plus âgé que moi. Il travaillait au musée de l'Université de Pennsylvanie à Philadelphie. Nous nous lions d'amitié et visitons Florence ensemble. Il était musicien, professeur d'histoire… il connaissait tout. Un guide formidable !

En le quittant, je lui ai dit : « Quand tu rentres prendre ton bateau à Cherbourg pour retourner aux Etats-Unis, arrête-toi à Martigny ! » Et il s'est arrêté…

◀ Dans le train, gare de Florence, 1952.

Après la Deuxième Guerre mondiale, la famille Gianadda effectue des petits voyages : d'abord à Curino, le village piémontais de ses origines, puis quelques escapades autour du Mont-Blanc, aux îles Borromées, à Turin, à Venise… Elle ne va jamais trop loin de la maison et fait souvent du camping, ce qui plaît beaucoup aux enfants et à Liline, mais un peu moins à Robert.

Pierre et Léonard, camping en famille.

Léonard, Pierre et Madeleine, été 1951.

Liline, Jean-Claude, Pierre, Charlotte Hennet et Léonard.
Iles Borromées, été 1947.

Robert, Jean-Claude, Léonard, Liline et Pierre, Venise, juillet 1950.

En 1950, un voyage un peu plus ambitieux va marquer Léonard. Liline décide de réaliser un périple en Italie avec ses trois garçons. C'est le fameux pèlerinage de l'Année sainte. Léonard est impressionné par les paysages et les œuvres d'art qu'il découvre enfin de ses propres yeux : le *David* de Michel-Ange, la basilique Saint-Pierre, Saint-Paul-hors-les-murs, l'île de Capri… Les émotions sont si intenses qu'elles lui donnent l'envie d'approfondir ses connaissances des lieux visités et des richesses artistiques découvertes. Avec le recul des années, il parlera toujours de ce voyage comme un déclencheur décisif dans sa vie : « Je me souviens d'un voyage extraordinaire que j'ai fait à l'âge de quinze ans… Je découvre un monde que j'ignorais tout à fait : Michel-Ange, le Palazzo Vecchio, la sculpture, la peinture. Ensuite, à Rome, la chapelle Sixtine, les musées, les églises et, finalement, Naples. Tout cela m'a beaucoup marqué…

Ce voyage fut pour moi une découverte et un révélateur. J'ai appris qui étaient les Médicis, je me suis intéressé à l'histoire de la Renaissance, à l'histoire des artistes aussi et cela m'a donné envie d'y retourner, souvent. »[1]

Liline et ses trois garçons, Rome, 1950.

Jean-Claude, Pierre et Léonard, Florence, 1950.

Pierre et Léonard, Capri, 1950.

[1] *Léonard Gianadda. Un bâtisseur converti à l'art*, entretien par Catherine Unger, 2002, p. 31.

A son retour à Martigny, Léonard est heureux de pouvoir partager ses souvenirs de Florence avec son grand-père Baptiste, qui affectionne aussi cette ville, parcourue lors de son service militaire, entre 1896 et 1899.

Désormais, le virus du voyage est implanté et Léonard guette impatiemment l'occasion de repartir. En attendant, il poursuit ses études au collège avec succès, collectionnant les 5 et les 6 dans quasi toutes les matières.

En été 1952, Jean-Claude, invité par Roberto, son ami napolitain, décline l'offre et propose à son frère de le remplacer. Léonard accepte de passer un mois et demi à Naples. Il y écoute son premier opéra, *Aïda*, un gros coup de cœur, visite Pompéi et Herculanum avec ses nouveaux amis et, certainement, peaufine ses connaissances en langue italienne. Avec le petit appareil photo qui l'accompagne, il fixe sur la pellicule ces moments de partage et de découverte.

Laura, Flavia, Léonard et Roberto, Pompéi, juillet 1952.

Musée du Bargello, Florence, août 1952.

En repartant pour la Suisse, en août, il s'arrête à Rome, Sienne et Florence pour apprécier, une nouvelle fois, les trésors entrevus deux ans auparavant. Au détour d'une visite dans la cour du Bargello, il croise un jeune Américain qui lui propose de le prendre en photo. Léonard accepte et une nouvelle et longue amitié débute en toute simplicité.

Ken Matthews, universitaire, peintre et musicien, en connaît un rayon sur l'art. Les deux jeunes hommes prennent plaisir à échanger leurs connaissances et à arpenter ensemble la ville. L'art et l'histoire les relient.

Au moment de se quitter, en gare de Florence, Léonard invite Ken à passer par Martigny avant de retourner chez lui. L'Américain accepte avec plaisir. Par un échange de bons procédés, il invitera à son tour Léonard aux Etats-Unis pour les vacances d'été suivantes.

Léonard, Ken, Madeleine et Jean-Claude, dans les vignes familiales aux Rappes, Martigny, septembre 1952.

38 Ile de San Giorgio Maggiore, Venise.

Basilique San Zeno, Vérone.

Jean-Claude, Madeleine, Pierre, Léonard et Robert.
Sanctuaire d'Oropa, Biella.

Camping en Italie.

Parallèlement au premier voyage en solitaire de Léonard, la famille Gianadda poursuit ses excursions en Italie. Venise se classe parmi les destinations favorites, avec des haltes à Vérone, Padoue et, bien sûr, Curino.

Léonard a aussi la chance d'étancher sa soif d'art en compagnie de sa tante, Adèle Ducrey, la sœur cadette de son père. Elle habite dans le bâtiment familial *Miremont*. Léonard, enthousiasmé par les monuments et les œuvres entrevus lors des voyages en famille ou en solitaire, se rend souvent chez elle pour partager ses connaissances. Il apporte ses ouvrages d'art et les lui fait découvrir avec un grand plaisir.

Cet intérêt pour les différents domaines artistiques se concrétise, à la même époque, par la participation active au groupement des Amis des beaux-arts de Martigny. Durant deux ans, en 1953 et 1954, Léonard fait partie d'une petite équipe emmenée par Gabriel Arlettaz, qui organise des expositions de peintres, amateurs ou professionnels, à l'Hôtel de Ville de Martigny. A l'affiche, on trouve notamment Charles Menge, Paul Messerli, Jean-Paul Faisant. Pour encourager le public valaisan à se déplacer, Léonard publie des comptes rendus et des invitations dans la presse locale. Parfois, devant l'intérêt mitigé de la population pour ces manifestations artistiques, il n'hésite pas à marquer son incompréhension : « Que penser des fréquentes expositions d'art qui se succèdent à intervalles réguliers à la grande salle de l'Hôtel de Ville de Martigny ? Qu'on se soit enfin décidé à mettre à la portée du public d'une façon suivie ces expositions, pour combler une lacune déplorable, ne peut qu'avoir d'heureux effets. […] Mais, par contre, on ne peut que se plaindre du peu d'enthousiasme dont fait preuve d'une façon habituelle et générale la population martigneraine à l'égard de ce genre de manifestations. Ces expositions d'art, toujours plus nombreuses et variées, sont organisées au prix de grandes difficultés, et en retour le public ne prend même pas la peine de se déranger pour les visiter […] Qu'on se soucie de ses affaires, de son commerce et de ses intérêts, c'est tout à fait naturel, mais n'oublions pas qu'il n'y a pas que cela qui compte. Rendez à l'art la place qui lui revient et souvenons-nous-en pour les prochaines expositions. »[2]

Quelques mois avant d'interrompre cette activité, Léonard Gianadda note encore : « Il est à souhaiter que ce jeune mouvement de développement culturel prenne de plus en plus d'extension dans notre ville d'Octodure, et qu'un nombreux public viendra encourager l'artiste et les organisateurs. »[3]

Une nouvelle preuve que la Fondation Pierre Gianadda n'est pas tombée du ciel en 1976, mais que l'intérêt de l'homme de quarante ans pour la culture et l'art était une réalité effective plus de vingt ans auparavant, lorsque Léonard avait dix-huit ans.

Léonard devant sa bibliothèque, Martigny, 1954. A noter quelques titres : *Renoir, Léonard de Vinci, Michel-Ange, Raphaël, Botticelli, Les Impressionnistes…*

---

[2] « A propos d'expositions d'art à Martigny », *Le Confédéré*, 12 mai 1954.
[3] « Exposition du peintre Philippe », *Le Confédéré*, 22 octobre 1954.

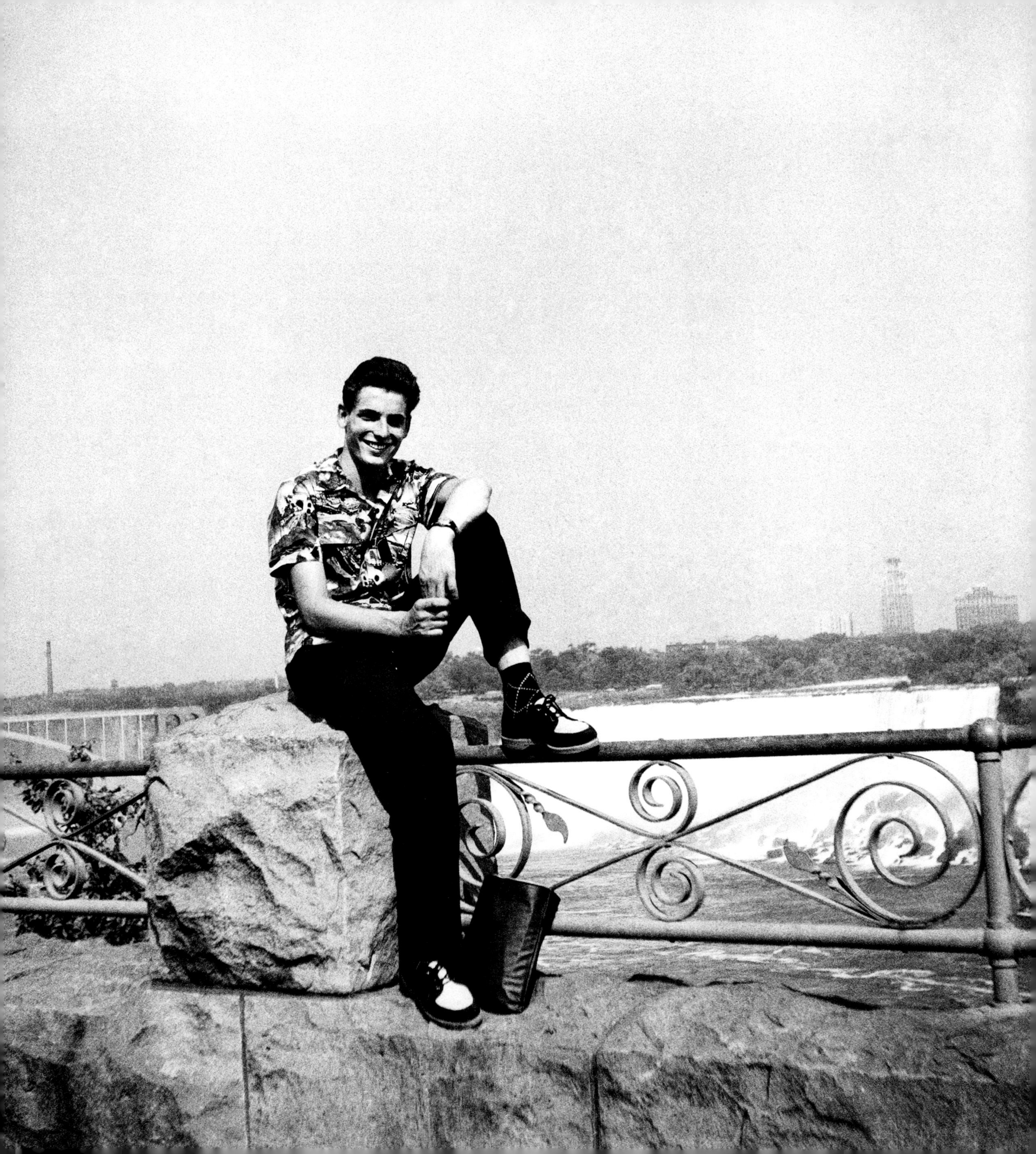

Voyages en solitaire, 1953-1955

Où l'on comprend que les voyages, surtout lorsqu'ils sont en zigzag, forment la jeunesse.

Entretien *Léoguide* n° 4, 20 avril 2015.

J'ai demandé à mon père : « Je suis invité aux Etats-Unis. Est-ce que je peux y aller ? » J'avais dix-sept, bientôt dix-huit ans. Mon père me répond : « J'aurais toujours souhaité aller aux Etats-Unis, mais je n'ai jamais pu le faire. Vas-y ! » Je suis parti et j'ai passé quatre mois en Amérique.

A l'époque – il faut encore se rapporter à l'époque – j'y suis allé en bateau. Après cinq jours de traversée de l'Atlantique, j'arrive à New York, puis je visite Philadelphie en compagnie de mon ami Ken. Je me rends aussi à Washington. A Detroit, je suis accueilli par mon grand-oncle Félix Chiochetti, le frère de ma grand-mère, qui avait immigré là-bas. De même qu'Angiolina était venue en Suisse, lui était allé aux Etats-Unis. Il me dit : « Ecoute, je ne peux pas m'occuper toujours de toi, prends la voiture ! – Mais je n'ai pas de permis. – Passe le permis ! – Je n'ai pas dix-huit ans. – Ici, c'est seize ans. » Ainsi j'ai passé mon permis aux Etats-Unis.

Un jour, je lui ai demandé : « Tu me prêtes la voiture ? J'aimerais aller à Chicago. » Il m'a simplement conseillé de faire attention. A Chicago, j'ai découvert un monde incroyable. Plus tard, je lui ai dit : « Je souhaite me rendre en Floride. » Et de la Floride, je suis allé à Cuba. C'était avant Fidel Castro ; en 1953, Batista était encore au pouvoir.

Tout cela à partir de ma rencontre avec Ken. Ce fut une grande amitié ; une longue amitié. Il m'a fait découvrir la musique, il m'a fait découvrir les musées, la peinture…

◀ Chutes du Niagara, 1953.

Quatre mois en Amérique

En recevant la proposition de Ken de venir le retrouver aux Etats-Unis, Léonard n'hésite pas un instant à accepter. La perspective est trop belle de pouvoir franchir les frontières européennes. Attrait supplémentaire : des membres de la famille de sa grand-mère paternelle ont émigré en Amérique : « J'ai rendu visite à des oncles, des tantes, des cousins. »

Précisons encore que depuis la rentrée scolaire de 1949, Léonard a choisi la langue de Shakespeare, et non l'italien, comme option en langue moderne. Ce voyage est donc aussi une bonne occasion de passer de la théorie à la pratique. Même si, durant toute sa scolarité, et déjà avant le périple américain, Léonard termine ses cours avec la note maximale dans cette branche !

New York, Philadelphie, Washington, Baltimore, Detroit, les chutes du Niagara, la région des Grands Lacs, Chicago, la Floride, Cuba... un dépaysement total attend l'adolescent suisse. Tout mérite des superlatifs : les masses imposantes des gratte-ciel, la densité de la circulation dans les grandes agglomérations, les nombreux taxis jaunes, les immenses avenues rectilignes, les publicités lumineuses omniprésentes, les supermarchés, la télévision, etc.

PREMIERE VISION DE NEW-YORK

Bien avant que notre transatlantique ne fut en vue de la côte américaine, une foule de passagers se pressait déjà sur les ponts de bonne heure le matin. On nous avait recommandé d'assister à l'arrivée du bateau et de ne pas manquer le spectacle peu banal d'une forêt de gratte-ciel visible à des kilomètres de distance.

La légère brume matinale qui flottait sur l'Océan s'était depuis longtemps dissipée quand nous vîmes se dessiner dans le lointain la silhouette des premiers gratte-ciel.

A mesure que nous approchons, leurs formes deviennent plus majestueuses. Lentement nous longeons la célèbre Statue de la Liberté qui semble nous souhaiter la bienvenue. Sa silhouette familière est d'un véritable réconfort après plusieurs jours passés au milieu des eaux désertes de l'Océan.

Cette colossale statue (elle est en effet la plus grande du monde) fut offerte aux Américains par le gouvernement français au siècle dernier. Haute d'une centaine de mètres, elle se dresse sur une petite île, Bedlce's Island, à l'entrée du port de New-York qu'elle semble protéger ; sa main dressée

« Variétés d'Amérique », *Nouvelliste valaisan*, 12 avril 1954.

Voyage en bateau, sur le *Queen Elizabeth*.

Arrivée à New York.

Central Park, vu du sommet du Rockefeller Center.

> *La cuisine américaine se rapproche sensiblement de la nôtre. Le petit pois passe pour être le légume national et il est vrai qu'on le sert à toutes les sauces. On mange des fruits en conserve avec les viandes et souvent le lait se boit tout au long du repas. Comme le vin est très cher, on consomme une grande quantité de bière dont il existe un grand nombre de marques et de qualités.*
>
> *Sur la table servie pour le dîner, on dispose toujours d'un plat garni de légumes crus, tels que radis, salade verte, céleri, etc., et pendant tout le repas l'Américain grignote cette verdure dont il est très friand.*
>
> *Autres spécialités : la bière s'achète souvent en boîte et le fromage en bouteille. Cette dernière nouveauté consiste en une sorte de crème durcie dont on se sert beaucoup pour tartiner une certaine qualité de biscuits durant les cocktail-parties.*
>
> *Une fois par semaine, la ménagère américaine se rend en voiture dans les magasins pour y faire ses emplettes. Dans les grandes villes, on fait souvent des dizaines de kilomètres en automobile pour aller faire ses achats, pour la bonne raison que l'on recherche des magasins « décentrés » afin d'être sûr de trouver une place pour garer sa voiture ! Actuellement, les magasins qui font les meilleures*

Le Confédéré, 5 mai 1954.

« Dès que l'on a mis pied sur terre, on est tout de suite abasourdi par le rythme de la vie américaine extrêmement intense et accélérée. Après avoir passé plusieurs jours en plein océan, on est brusquement jeté au milieu du trafic incroyable qui encombre les avenues et de la foule des piétons qui se pressent sur les trottoirs. »[1]

Aux Etats-Unis, Léonard découvre aussi de nouveaux usages, de nouvelles habitudes de vie, des curiosités comme les automates omniprésents et qui délivrent du chewing-gum, des bouteilles de Coca-Cola, de bière, de limonade, et même des polices d'assurance ; les voyages en avion pour aller d'une ville à l'autre pour trois fois rien ; les bus *Greyhound*, ultra-rapides ; la pratique du baseball, du rugby ou du bowling ; la course à l'hygiène pour les biberons et le linge ; la climatisation généralisée ; les problèmes raciaux entre Noirs et Blancs. Parmi ses visites surprenantes, il y a la Ferme des alligators et la Jungle des singes en Floride, mais également l'usine d'automobiles Ford à Detroit, et, à Chicago, comme dans *Tintin en Amérique*, un abattoir qui met vaches et cochons directement en boîtes !

Coiffeur-cireur, Philadelphie.

Indiens Séminoles, Everglades.

Cueillette de noix de coco en Floride.

[1] « Première vision de New-York », *Nouvelliste valaisan*, 12 avril 1954.

La curiosité naturelle de Léonard l'emmène à la Maison-Blanche, à la National Gallery of Art, à la Maison des Archives et à la Cour suprême de Washington. A New York, il visite évidemment le Metropolitan Museum, « qui contient l'une des plus riches collections d'objets d'art du monde entier »[2]. Qui pouvait se douter alors que, quarante ans plus tard, Léonard Gianadda ferait venir des œuvres du MET à Martigny ?

A Cuba, « pays romantique de la rumba », Léonard apprécie les joueurs de tam-tam et de castagnettes dans la rue, le jazz, les odeurs de rhum et de havanes. Il goûte au lait de coco, aux bananes, mangues, ananas et papayes fraîchement cueillis. Il visite une distillerie de rhum, une fabrique de cigares. Les paysages l'impressionnent : « On se croirait devant un écran de cinéma sur lequel se profileraient d'immenses hôtels, la tour majestueuse d'une cathédrale, des parcs verdoyants, de larges avenues qui s'en iraient se perdre dans le bleu de la mer. »[3]

Pour ses nombreux déplacements, le jeune homme utilise d'abord l'avion et le bus. Puis, pour élargir encore son autonomie, avec l'appui de son oncle d'Amérique, il passe son permis de conduire à Detroit, au Michigan, quelques jours avant de fêter son dix-huitième anniversaire. « Disons en passant que les Suisses sont très bien 'vus' aux U.S.A. On les admire même. 'Un si petit pays où l'on parle tant de langues et où l'on s'entend si bien', me dit-on. La Suisse pour eux, c'est avant tout un pays pacifique, c'est Genève, les chronomètres et naturellement le Gruyère. Parfois, cette bonne réputation m'a été bien précieuse : ainsi lors de mon examen pour l'obtention d'un permis de conduire à Detroit, l'expert connaissait la Suisse ; il avait fait la guerre en Europe, puis s'était payé quelques semaines de vacances à Montreux. Il me parle de son séjour en pays vaudois, ferme un peu les yeux, fait semblant de ne pas me voir 'brûler' des feux rouges et me donne mon permis ! »[4]

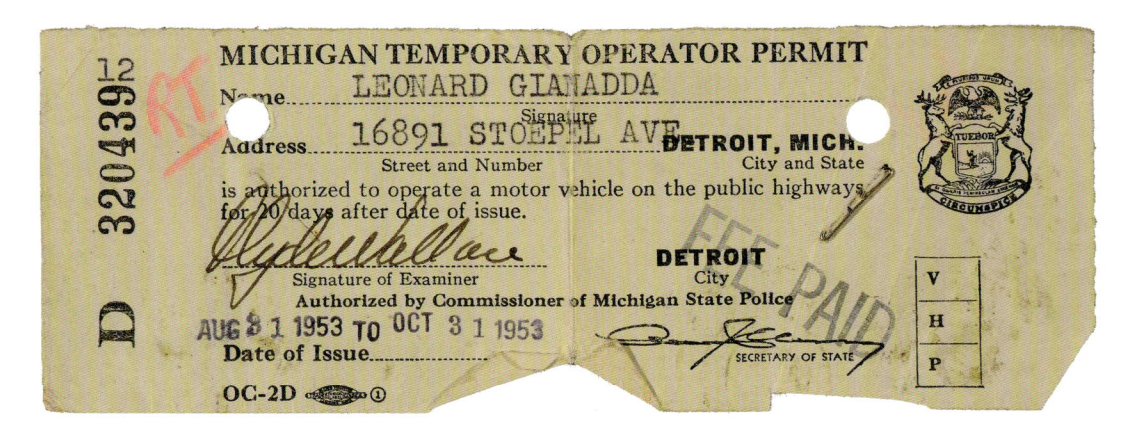

Adieux de Léonard et Ken, New York, 29 octobre 1953.

Permis de conduire provisoire, Detroit, 1er août 1953.

[2] « Le plus haut des gratte-ciel du monde », *Le Confédéré*, 30 novembre 1953.

[3] « Impressions de Cuba », *Le Confédéré*, 31 décembre 1953.

[4] « Croquis d'Amérique – Washington », *Nouvelliste valaisan*, 5 mars 1954.

A son retour en Suisse, au début novembre 1953, le journaliste en herbe publie dans les deux journaux locaux et rivaux, l'un radical, *Le Confédéré*, l'autre conservateur, le *Nouvelliste valaisan*, les *Croquis sur les Amériques* et les *Variétés américaines*, témoignages personnels, authentiques et enthousiastes de son périple outre-Atlantique. C'est le début d'une nouvelle activité, à côté de ses études au collège : « En rentrant des Etats-Unis, on m'a demandé d'écrire ce que j'avais vécu. C'est ainsi que j'ai commencé à faire du journalisme, avec des photos. Dans la presse locale d'abord, puis dans la presse romande. »[5]

Parallèlement, il consigne minutieusement ses souvenirs dans des albums photographiques, où images et légendes détaillées lui permettent certainement de revivre les émotions et les sensations éprouvées.

A ses débuts de photographe, Léonard ne dispose pas d'un équipement professionnel. Ce n'est qu'à partir de son voyage de 1956 en Grèce et en Egypte qu'il s'équipe d'un Rolleiflex 6 × 6 de 12 poses. Sa vision photographique évolue en parallèle : de photos-souvenirs personnelles, ses clichés deviennent peu à peu plus journalistiques, avec une attirance toujours plus grande pour le monde qui l'entoure.

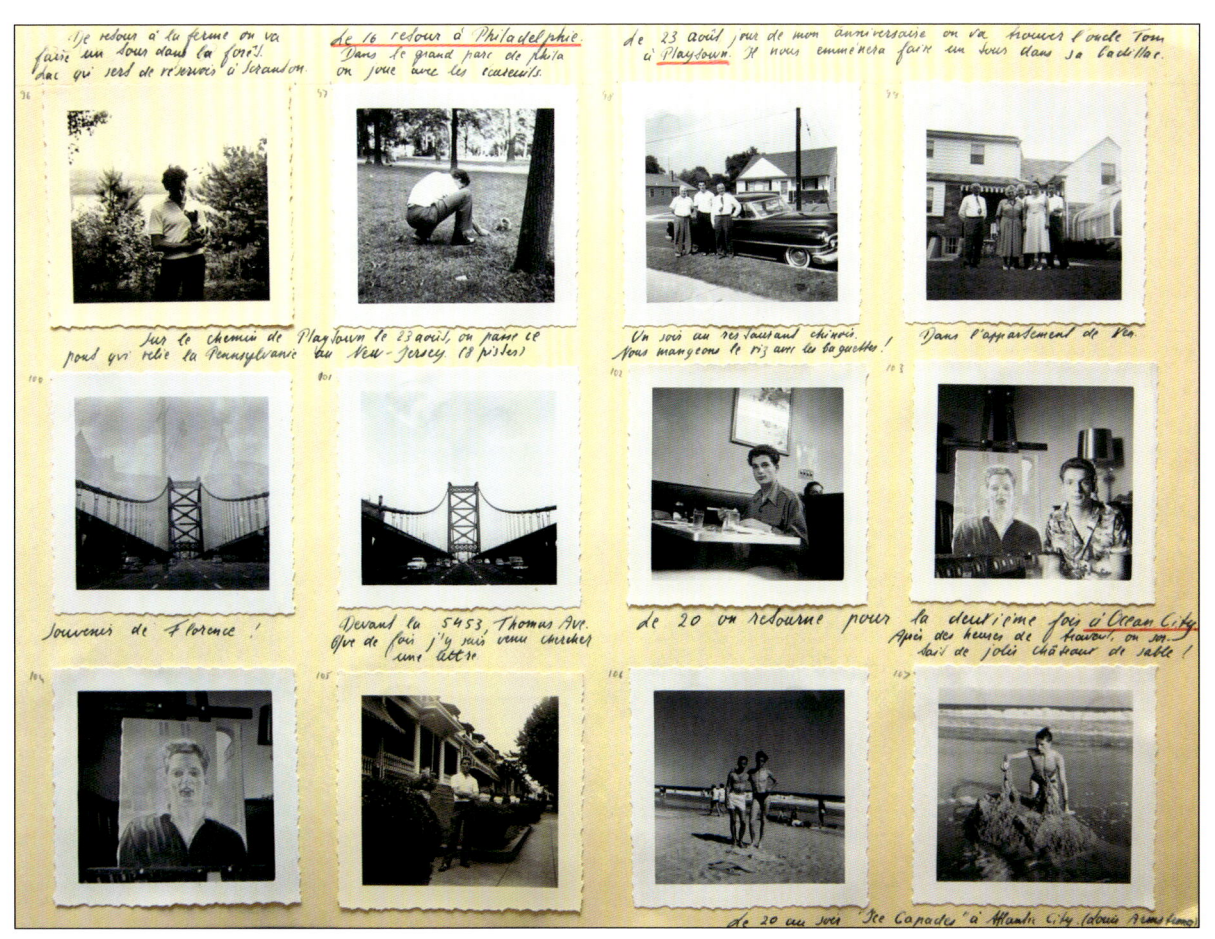

Une page de l'album du voyage en Amérique, 1953.

[5] *Musée de l'automobile*, 2004, p. 12.

Les rives du Rhin, Luxembourg, Vienne…

Pendant les vacances scolaires de l'été 1954, Léonard décide de parfaire son allemand. Comme rien ne vaut les voyages pour cela, il prend résolument la direction du Nord : vallée du Rhin, Coblence, Trèves, Luxembourg. Cependant, le vrai séjour linguistique se passe à Vienne. Il loge en ville, chez « Frau Baronin Fuchs », sur la Michaelerplatz, et profite de son temps libre pour explorer les alentours, s'imprégner du mode de vie autrichien, visiter les lieux culturels et historiques : promenade en bateau sur le Danube, qu'il traverse aussi à la nage avec une dérive sur dix kilomètres, déambulation sur le Prater, visite du tombeau des Habsbourg, etc.

Dans son regard, Vienne, c'est tout le faste de l'Empire austro-hongrois, mais c'est aussi la dure réalité de l'après-guerre. La ville est encore occupée par les troupes alliées qui l'ont découpée en quatre zones : « Pendant mon séjour à Vienne, j'ai eu la chance d'assister à la relève de la garde entre les Russes et les Américains. Je dis la chance, car cette occasion ne se présente que trois fois par an. La cérémonie de la relève de la garde consiste essentiellement en la transmission de ces pouvoirs de présidence. En juin, cette charge et cet honneur revenaient aux Anglais, le mois suivant aux Français, en août c'était au tour des Soviets et le premier septembre les Américains succédaient à leurs 'alliés', les Russes ! C'est sur la place de la Hofburg, en plein centre de Vienne, que se déroule la cérémonie proprement dite de la relève de la garde. Devant les murs du palais impérial et sous la statue du prince Eugène, les soldats des troupes d'occupation défilent régulièrement tous les mois, depuis une dizaine d'années ! Pénible spectacle pour les Viennois ! »[6]

A Vienne, Léonard s'enthousiasme pour les orchestres jouant en plein air, presque chaque soir, dans les nombreux parcs de la ville. Cet attrait pour la musique faillit d'ailleurs lui coûter cher. Au cours d'une balade dans la cour du palais impérial, il s'aventure dans le quartier russe, attiré par des airs de musique : « Devant l'entrée principale de leur bâtiment régnait une animation inaccoutumée… L'appareil de photos en bandoulière, je m'approche et, à tout hasard, demande à un officier de l'armée rouge s'il est possible d'aller y jeter un coup d'œil. Un retentissant 'niet' me cloue sur place. Nouvelle tentative auprès d'un de ses collègues, et

Relève de la garde à Vienne.

Devant la roue du Prater, Vienne.

Le Prater, Vienne.

[6] « Vienne occupée », *Le Confédéré*, 10 novembre 1954.

je suis tout surpris qu'il consente à me répondre […] Je me retrouve dans une immense salle de théâtre […] Je m'amuse à compter les spectateurs, il y en a près de 500, tous sont Russes […] A ce moment un officier qui vient d'entrer me saisit d'entre les mains le papier fraîchement gribouillé et d'un geste impérieux me fait signe de le suivre. Il n'a vraiment pas l'air de plaisanter celui-là ! Derrière la porte, deux soldats m'encadrent et à travers les corridors et les salles du palais nous commençons une interminable promenade. Où me conduit-on ? L'inquiétude me tourmente de plus en plus […] Nous arrivons finalement dans le bureau d'un supérieur. Il n'a pas l'air très commode… Assis derrière son bureau, il commence, impassible, à me poser une foule de questions […] Après maintes explications, j'arrive à lui faire comprendre que je suis Suisse. Il me réclame mes papiers et m'arrache des mains le passeport que je lui tends. Lentement, il se met à l'analyser. Je jette un regard furtif sur l'officier qui vient justement de tomber sur la page du passeport où se trouve mon visa d'entrée aux Etats-Unis. La mesure est à son comble ! Les questions pleuvent. Il veut une explication pour chaque sceau qui lui tombe sous les yeux. A plusieurs reprises, je crois percevoir dans ses paroles le mot de 'Spion'. Je tressaille malgré moi. Il téléphone ensuite à la 'Kommendatur' et l'on m'envoie dans un autre bureau. Comment suis-je entré dans le 'Mess réservé aux officiers de l'Armée soviétique' ? Qui m'y a fait entrer ? Voilà tout le mystère qui préoccupe ces braves officiers russes. Soudain, après une attente interminable, je vois apparaître mon guide dans la salle. Comme par enchantement, tout s'arrange. On m'offre même une cigarette russe. J'en prends trois 'en souvenir', leur dis-je. Les visages s'éclairent, on me rend mon passeport et mon appareil photo. Que s'était-il passé ? Je l'ignore… »[7]

Soldats d'occupation, Vienne, 1954.

[7] « Une soirée en compagnie des Russes », *Nouvelliste valaisan*, 1er décembre 1954.

Yougoslavie

Après ce mois passé à Vienne, Léonard ne résiste pas à l'idée de poursuivre son chemin en direction du sud. Embarquant dans un train, il quitte Vienne et bifurque vers la Yougoslavie, fief du maréchal Tito. Les villes défilent : Zagreb, Belgrade, Sarajevo. Le dépaysement est total : « Derrière les bancs aménagés en hâte, des femmes venues le matin même de la campagne vendent leur marchandise, le plus souvent à des prix dérisoires. Leurs bancs ne disparaissent pas sous des montagnes de fruits ou de légumes, comme c'est le cas en Italie, par exemple. Chaque vendeuse n'a devant elle qu'une douzaine d'œufs, que quelques kilos de noix ou de poivrons… L'animation colorée qui règne sur cette place du marché est admirable. Elle n'est pas sans affinité avec celle que l'on rencontre dans certaines villes d'Italie lors des jours de foire. On discute les prix, on marchande à n'en plus finir… On se bouscule, crie et rit au milieu des couleurs les plus pittoresques. »[8]

Tout au long de ce voyage, Léonard continue à prendre des notes en prévision de futurs articles. Ceux-ci seront publiés d'octobre 1954 à août 1955 dans les journaux valaisans, soit un total de plus de trente articles.

Dans le *Nouvelliste valaisan*, le reporter titre sa série « Voyages en zig-zag ». Il s'intéresse à l'économie, l'histoire et la politique des lieux qu'il traverse, et apprécie illustrer ses propos par des anecdotes personnelles.

Dans chaque ville où il s'arrête, Léonard aime se rendre dans les espaces publics pour aller à la rencontre des habitants, observer leurs coutumes et leurs conditions de vie. Il fréquente ainsi les marchés, entre dans les églises et les mosquées, flâne dans les parcs. Il se prend à discuter avec des représentants de toutes les couches de la société : étudiant, ingénieur, mécanicien de locomotive, artisan, militaire, etc. L'accueil qu'on lui fait le touche. A Belgrade, c'est un homme qu'on lui présente qui le reçoit immédiatement chez lui pour dîner : « La gentillesse et la générosité avec lesquelles il m'accueillit sont tout simplement merveilleuses. Il ne manqua pas de me faire déguster plusieurs spécialités de son pays, entr'autres cette liqueur tirée de la prune, que le Serbe boit presque à la bouteille : la schlivovitsa. »[9] A Sarajevo, c'est Ibrahim, un petit artisan, qui lui offre un café et quelques assiettes en cuivre de sa production.

Marché de Zagreb.

Au Kalemegdan, Belgrade.

Confection de balais, Sarajevo, 1954.

[8] « Voyages en zig-zag – La Yougoslavie », *Nouvelliste valaisan*, 10 novembre 1954.

[9] « Nos reportages – Belgrade », *Le Confédéré*, 24 novembre 1954.

Le chemin de fer qui emmène Léonard d'une ville à l'autre ne lui coûte presque rien, mais les kilomètres paraissent souvent longs, tant le confort est rudimentaire : « On est sans cesse secoué, ballotté dans des sortes de caisses qu'on croirait montées sur roues carrées. A part cela, les convois sont tirés par des locomotives à vapeur, et, dès qu'il y a une côte un peu raide, on met une de ces machines devant pour tirer et une autre derrière pour pousser… ou pour ramasser en passant les wagons qui pourraient se décrocher […] Ces locomotives dégagent une fumée noire, épaisse, qui s'infiltre partout, dans les habits et jusque dans les bagages. Si l'on met le nez à la fenêtre, on est sûr d'attraper un charbon dans l'œil. Ce qui n'a pas manqué de m'arriver entre Zagreb et Belgrade. »[10] Heureusement, l'animation dans les wagons vaut le détour : pique-niques partagés, chants populaires… Léonard est sous le charme de tant d'échanges sympathiques !

Après Sarajevo, place à Dubrovnik (Raguse) : « Le petit train qui m'amène de Sarajewo à travers les monts de la Dalmatie, ne va pas jusqu'à Raguse même, son terminus se trouve à Gravosa, véritable port de Raguse, situé à deux kilomètres de cette dernière. C'est par une chaude soirée de septembre que je l'ai pris, ce sympathique petit train à vapeur. Avec quelle peine il s'attaquait, en soufflant à toute vapeur, aux pentes pourtant bien faibles de ces majestueuses et sauvages montagnes. Tandis qu'une nuit étoilée recouvrait lentement la région, la locomotive continuait laborieusement son chemin au rythme de la vapeur qui s'échappait par saccades. »[11]

Marché de Dubrovnik (Raguse), 1954.

Le Confédéré, 15 décembre 1954.

[10] « Nos reportages – Belgrade », *Le Confédéré*, 24 novembre 1954.

[11] « Voyages en zig-zag – Raguse », *Nouvelliste valaisan*, 30 novembre 1954.

Corfou, Athènes, Olympie, Rhodes, La Crète…

Le voyage de Léonard se poursuit jusqu'en Grèce, qu'il découvre également pour la première fois.

Longeant les côtes du Monténégro, puis de l'Albanie, sur un petit bateau à vapeur, il aborde Corfou : « Cette île, comme dans un conte de fées, nous apparaît partagée entre l'azur du ciel et le bleu de la mer. Corfou, nous dit le poète, est une riche corbeille de fleurs et de feuillage posée sur le plateau éblouissant de la mer en gage de bienvenue. »[12]

Après une traversée de l'île en taxi, au milieu des oliveraies, et une halte à l'Achilléon, résidence d'été de l'impératrice Elisabeth d'Autriche, le jeune homme poursuit sa route en direction d'Athènes. L'enchantement sera bien sûr très grand pour l'étudiant classique qu'il est : « Avant de vous parler de la Grèce moderne, de ses habitants et de leurs coutumes, de la mentalité et du caractère grec, je ne peux passer sous silence l'Acropole d'Athènes… J'avais lu dans des guides et livres d'histoire que l'Acropole c'était… la merveille des merveilles, le berceau de notre civilisation et tant d'autres choses, que j'avais fini par ne plus y croire du tout. Ce genre de réputation déçoit si souvent ! On attire les touristes comme on peut ! Mais cette fois rien de surfait ; c'était si beau, si inattendu que j'en fus surpris. J'aborde au port d'Athènes, le Pirée ; vainement je fouille la terre des yeux pour essayer d'y découvrir l'Acropole… Je commence à désespérer quand je m'enquiers auprès d'un vieux marin grec sur le port qui me répond avec un sourire moqueur : 'Alors quoi ! Vous ne savez pas que l'Acropole est à Athènes ?' Tout près de l'entrée du port, qui est d'un moderne consommé, je trouve le 'métro' qui conduit jusqu'au cœur d'Athènes en un quart d'heure. Sceptique je l'emprunte. Peu après le départ de la rame, le miracle s'est produit, le miracle des guides pour vieux touristes, celui dont je n'attendais plus rien ! L'Acropole se profile à peu de distance dans une majesté indescriptible. Je la fixe, ne pouvant croire à une telle merveille. Comme pour augmenter mon désir de la dévorer des yeux, le train longe d'interminables lignées

Le Parthénon.

Théâtre de Dionysos, Athènes, 1954.

[12] « Nos reportages – Corfou », *Le Confédéré*, 22 avril 1955.

de maisons ; soudain elle est à nouveau là. Tout en haut se dresse le Parthénon dans une vision surnaturelle ; quel contraste entre ce temple qui baigne dans l'azur du ciel méditerranéen et ce train jaloux de mon plaisir. »[13]
Léonard n'est pas encore au bout de ses surprises. Après l'Acropole, place aux spectacles antiques et nocturnes dans l'Odéon d'Hérode Atticus, à la découverte des mosaïques byzantines de l'église de Daphni, d'Eleusis, des rues où il fait si bon boire un café… Tout un monde passionnant s'ouvre devant lui. Un seul regret : les films achetés sur place sont périmés : « J'ai l'habitude de prendre des masses de photos pendant mes 'randonnées', quant aux films je me les procure sur place. Comme chacun le sait, les films ne sont plus garantis quand ils sont vendus après le délai inscrit sur leurs emballages.

> *Avec regret nous passons sans faire escale devant l'Ile des Dieux : Délos. Pendant l'antiquité grecque, lieu de pélerinage, Délos frappé par le sort dépérit lentemnet en une impitoyable décadence jusqu'au jour où l'on découvrit enfin les trésors qu'elle renfermait. Mise en valeur par les fouilles effectuées par l'Ecole française d'Athènes, Délos a repris vie, visitée chaque jour par des centaines de touristes.*
>
> *Le lendemain, la cloche du bord nous réveille de bonne heure. D'après l'horaire nous devons être en vue de Rhodes ; à travers le hublot en face de ma couchette, j'aperçois la terre que nous longeons à peu de distance. Par l'échelle, je dégringole de mon nid haut perché. Quelques instants plus tard je me retrouve sur un pont balayé par une forte brise matinale.*
>
> *Il y règne une fraîcheur bienvenue avant la journée qui s'annonce torride. La terre aperçue de ma cabine est la côte turque qui nous accompagne depuis plus d'une heure.*
>
> *Mais déjà à l'horizon se précisent toujours davantage les contours de la plus grande des îles dodécanèses : Rhodes.*
>
> *(A suivre).* **Léonard GIANADDA.**

« Départ pour Rhodes », *Le Confédéré*, 1er août 1955.

Temple de Lindos, Rhodes.

Beaucoup de ces petites boutiques qui tiennent cet article n'en vendent pas de grosses quantités. Il arrive donc souvent que les délais soient passés. Pour arranger les affaires, le marchand colle une autre date sur l'ancienne inscription, et le tour est joué ! Malheureusement, ce procédé peu catholique ne change pas la qualité du film, et quand je les ai fait développer à mon arrivée, j'en connais de ceux qui avaient de la chance de se trouver à plusieurs milliers de kilomètres de mon domicile ! »[14]
Pour que l'aventure soit complète, un petit tour par Rhodes et la Crète s'impose avant de rentrer en Suisse et de reprendre le chemin du Collège de Saint-Maurice. Léonard Gianadda monte donc à bord de l'*Ægéon*, pour une traversée d'environ cinq cents kilomètres jusqu'au port du célèbre colosse. L'autocar le mènera ensuite à Lindos.
La Crète sera le dernier fleuron de ce voyage en Grèce. Léonard rend visite au Minotaure.

---

[13] « Grèce d'hier et d'aujourd'hui », *Nouvelliste valaisan*, 30 juin 1955.

[14] « Visages de la Grèce », *Le Confédéré*, 12 août 1955.

Venise

Sur le chemin du retour, Léonard passe par Venise. Ce n'est pas la première fois qu'il s'y arrête, ayant déjà découvert la ville lors des voyages en famille, mais il ne se lasse pas de la revoir : « Venise ! Que de charmes mystérieux ce nom n'évoque-t-il pas ? Saint-Marc, le Grand Canal, le Pont des Soupirs, le Rialto et bien d'autres joyaux encore confèrent à Venise un attrait incontesté. »[15]

Léonard est marqué par l'architecture vénitienne, qu'il admire à bord du vaporetto qui l'emmène sur le Grand Canal, jusqu'à la place Saint-Marc : « Je ne sais si cette ambiance pleine de charme qui règne sur la place Saint-Marc est due aux palais qui l'encadrent, aux innombrables nuées de pigeons qui posent inévitablement devant les caméras des touristes ou au campanile qui domine fièrement tout ce vaste musée, mais cette féerie magique propre à Venise ne manque pas de nous frapper par sa

Basilique Saint-Marc, 1954.

puissance d'enchantement. Aucune pétarade et aucun klaxon ne viendront nous troubler. C'est à partir de ce moment seulement que l'on aura compris Venise. »[16]

Bien vite, le jeune reporter est attiré par les petites rues de la Sérénissime, pour aller à la rencontre des artisans verriers, dont il admire la dextérité : « Pour entrer réellement en contact avec la vie du Vénitien qui travaille pour gagner son pain, il faut aller se promener dans les petites ruelles tortueuses des quartiers qui s'étendent derrière Saint-Marc. Alternant continuellement avec de petits canaux qu'elles enjambent au moyen de gracieux ponts, ces ruelles s'entrelacent comme les mailles d'un filet mettant au défi notre sens de l'orientation. »[17] Encore un petit tour en gondole et Léonard abandonne la Lagune.

La dernière partie du périple est moins romantique, car le jeune homme a désormais les poches désespérément vides… Seule solution : faire fi du confort et terminer le voyage dans les toilettes du train pour échapper à la vigilance des contrôleurs. Qu'importe, l'aventure était belle !

Arrivée à Venise, 1954.

[15] « Voyage à Venise », *Nouvelliste valaisan*, 21 juillet 1954.

[16] « Voyage à Venise », *Le Confédéré*, 30 juillet 1954.

[17] « Voyage à Venise, suite et fin », *Le Confédéré*, 2 août 1954.

A l'automne 1954, Léonard entame la dernière ligne droite au collège. Se pose alors la question de la suite. Après de longues hésitations – reporter, géologue, dentiste, curé… – il opte pour un choix plus rationnel, mais assez périlleux compte tenu de sa formation classique et non scientifique : il sera ingénieur !

Sa maturité en poche, il s'installe donc à Lausanne pour commencer, en automne 1955, l'Ecole polytechnique de l'Université de Lausanne (l'EPUL devenue plus tard l'EPFL). Cinq ans d'études ardues l'attendent et tout est encore à construire.

L'importance du travail ne l'empêche toutefois pas de retourner régulièrement en Valais, notamment pour réaliser des reportages pour la presse romande et pour la Télévision Suisse Romande. Cette occupation lui plaît vraiment, tant pour la joie de découvrir de nouveaux horizons que pour celle de transmettre ses expériences et ses émotions, sans oublier que les publications lui permettent de mettre assez d'argent de côté pour organiser d'autres voyages à l'étranger. Peut-être qu'au fond, son cœur balance encore entre deux professions : ingénieur ou photoreporter…

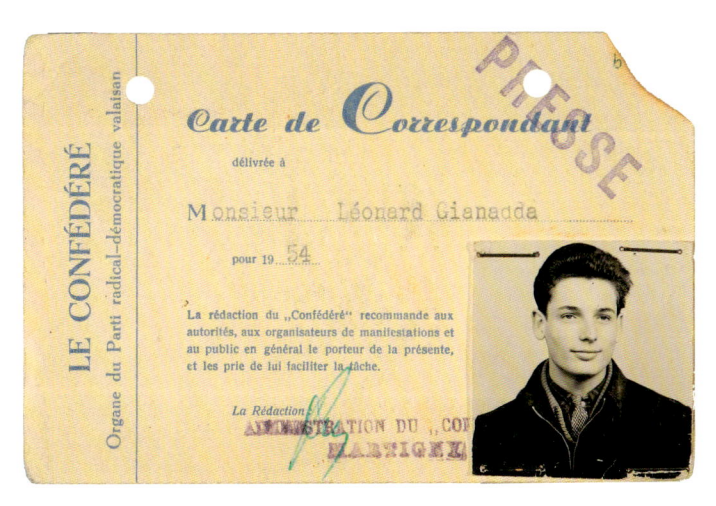

Carte de presse du *Confédéré*, 1954.

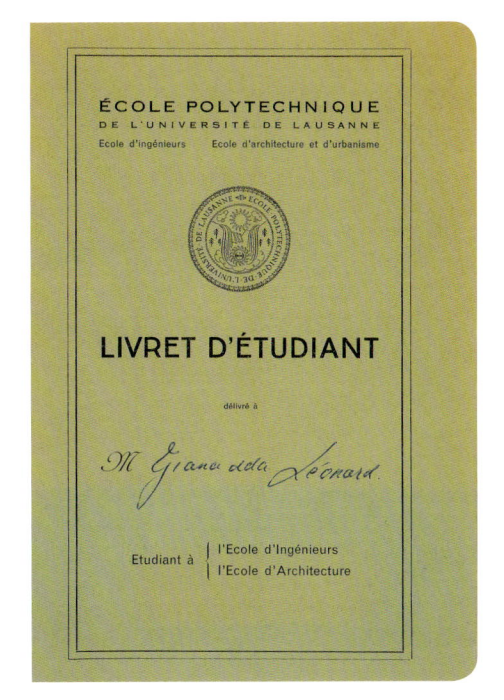

Léonard au barrage du Vieux-Emosson, 1955.

Livret d'étudiant de l'EPUL.

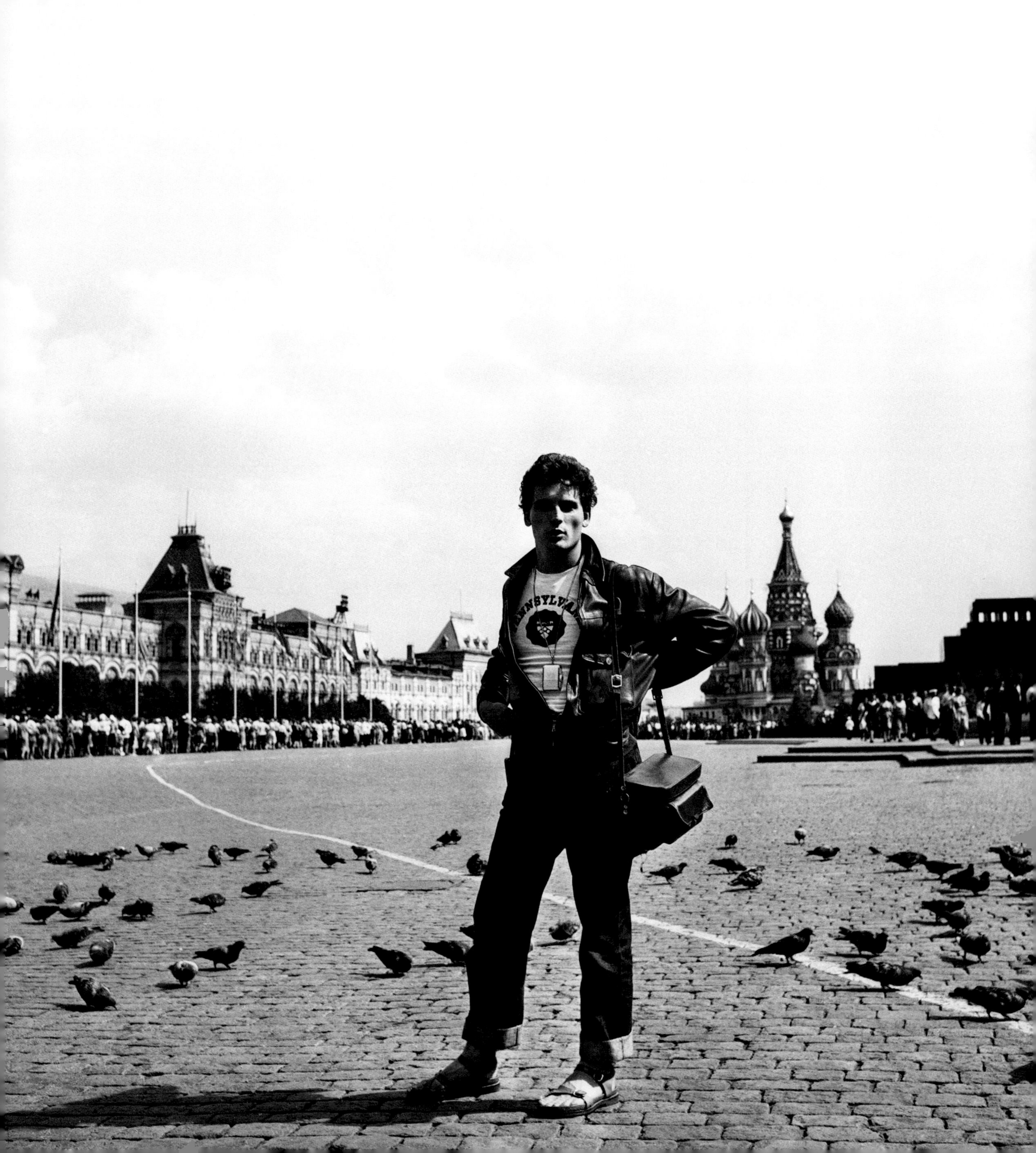

Profession : photoreporter, 1956-1958

Parti comme journaliste pour couvrir la crise de Suez, Léonard en revient photographe.

Entretien *Léoguide* n° 5, 20 avril 2015.

A partir de mon périple de 1956 en Grèce et en Egypte, j'ai fait de nombreux voyages pour des reportages. Celui de Moscou, en 1957, est parmi les plus importants. J'avais vingt-deux ans. Je me suis inscrit pour le Festival international de la jeunesse, recommandé par L'Illustré. La délégation suisse était, sauf erreur, forte de six cents personnes. A Moscou, environ trente mille participants étaient présents pendant trois semaines. L'événement était extraordinaire, car, à l'époque, le rideau de fer portait bien son nom.

A Moscou, j'ai pu faire ce que j'ai voulu. Je suis allé interviewer le clown Popov, Vladimir Kuts, le grand coureur médaillé olympique, et puis j'ai fait des photos de Khrouchtchev et des autres dirigeants. Le 1ᵉʳ août, j'étais à l'ambassade de Suisse à Moscou. Il y avait une réception. Boulganine est arrivé et j'ai pu faire toutes les photos que je désirais. Le même jour, à l'improviste, j'ai tiré le portrait de János Kádár, celui qui avait appelé les troupes russes à la rescousse lors de la révolte hongroise, l'année précédente. Les blindés soviétiques avaient fait leur entrée dans Budapest. L'indignation fut mondiale. Or, quelqu'un avait mis l'insigne de la fête nationale suisse au plastron de Kádár, ce « traître ». Je l'ai pris en photo, et le cliché a été publié en Suisse. Cela a fait scandale, particulièrement dans la presse alémanique. L'Illustré a alors publié un démenti : « Non, non, on ne connaît pas Gianadda. » A la suite de ces histoires, je n'ai pas pu publier mes photos, ou très peu. J'ai été très déçu, pour ne pas dire plus. J'ai alors mis au second plan cette carrière de photographe-reporter, qui était intéressante et respectée à l'époque et qui, de plus, me rapportait beaucoup d'argent : je gagnais le double comme photoreporter de ce que je gagnerais quelques années plus tard comme ingénieur.

◀ Place Rouge, Moscou, 1957.

Les grands reportages

Si l'année 1955 est marquée par le portrait photographique que Léonard réalise pour les huitante ans de son grand-père et parrain – avec un bel album personnel à la clé –, 1956 est endeuillée par le décès de Baptiste, le 18 mars. Léonard perd un homme qu'il admirait profondément, un soutien solide durant toute sa jeunesse, un parrain, un modèle, dont le parcours le remplissait de fierté.

Pour la tribu Gianadda également, une nouvelle étape commence : Robert reprend définitivement les rênes de l'entreprise familiale, secondé par son fils aîné, Jean-Claude.

De son côté, Léonard poursuit ses études d'ingénieur avec grande assiduité et persévérance, malgré les difficultés et les nuits blanches occasionnées par le travail. Il ne délaisse pas pour autant le journalisme et la photographie. Il profite au contraire de son exil en terre vaudoise pour développer son réseau : « J'étais correspondant de *L'Illustré*, de *Pour Tous*, etc. J'ai connu des gens comme Charles-Henri Favrod, Yves Debraine... Un jour, je reçois un coup de téléphone de Claude Schubiger, le rédacteur en chef de *Radio-Je vois tout* : 'Vous ne voulez pas devenir cameraman à la Télévision Suisse Romande ? – Mais je ne sais pas tenir une caméra...' Peu après, je suis rentré en Valais avec une caméra Bell+Howell, et c'est ainsi que pendant une année je suis devenu le correspondant de l'émission *Carrefour*, le premier correspondant de la TSR en Valais. »[1]

Baptiste et Léonard, 1955.

Baptiste à 80 ans...

[1] *Musée de l'automobile*, 2004, p. 12.

Léonard, Madeleine, Robert, Liline, Jean-Claude, Pierre, Martigny, 1956.

Doté d'une grande capacité de réaction et d'un goût pour l'aventure, Léonard cumule les expériences et les défis. En avril 1956, grâce à des photographies exclusives sur un accident dans une galerie à Bieudron (Nendaz), son reportage rencontre un écho national. Six articles paraissent avec ses clichés, dont la une de *Die Woche* : « Coupés du monde par un éboulement alors qu'ils pénétraient dans un tunnel du chantier de la Grande-Dixence à Nendaz, trois ouvriers, MM. Célestin Jacquier, Robert Rey et André Michellod, ont pu être libérés, sains et saufs, après 55 heures d'efforts. Ce fut à travers le Valais et ailleurs dans tout le pays une explosion de joie. »[2]

Deux mois plus tard, Léonard Gianadda, membre du Club d'athlétisme de Vernayaz[3], monte trois fois sur le podium du championnat valaisan, en remportant les 100 et 400 mètres, ainsi que le saut en longueur dans la catégorie senior.

Carte de presse de l'ASL (Actualités suisses Lausanne, dirigées par Roland Schläfli).

Championnat valaisan d'athlétisme, juin 1956.

Couverture de *Die Woche*, 6-22 avril 1956.

[2] « Vivants ! », *L'Echo illustré*, 14 avril 1956.

[3] Le club de Martigny a refusé son adhésion…

Parenthèse archéologique

Pendant les vacances universitaires de juillet 1956, nous retrouvons Léonard à Yens-sur-Morges, dans le canton de Vaud, comme directeur de fouilles archéologiques pour le compte de l'Etat de Vaud. L'archéologue cantonal, Edgar Pelichet, note dans son attestation de travail : « J'ai été extrêmement satisfait de M. Gianadda, dont j'ai particulièrement apprécié l'intelligence, la franchise, la serviabilité et l'entregent. » Pas de doute, le petit garçon a compris ce que le chanoine Allimann voulait dire dans sa lettre de 1948…

Lettre d'Edgar Pelichet, 3 septembre 1956.

Rapport des fouilles archéologiques à Yens-sur-Morges, juillet 1956.

Yens-sur-Morges, juillet 1956.

Au pays des pharaons

1956 est aussi l'année de la découverte de l'Egypte : un voyage important à plus d'un titre. D'une part, celui-ci a lieu à l'occasion de la nationalisation du canal de Suez par le raïs Gamal Abdel Nasser[4], et, d'autre part, pour ce reportage, Léonard se dote enfin d'un appareil photographique professionnel, un Rolleiflex 6 × 6. Il peut désormais envisager d'entrer dans la cour des grands. Les rédactions l'accueillent avec enthousiasme. Neuf reportages illustrés paraissent dans la presse romande ; très personnels, ils sont titrés : « L'Egypte telle que je l'ai vue », « Je reviens d'Egypte » ou encore « Lettre d'Egypte ». Une photographie fait également la une du *Radio-Je vois tout*. A tout point de vue, le regard de Léonard s'est affûté. De nombreuses scènes prises sur le vif impressionnent, tant par le choix des sujets que par leur cadrage.

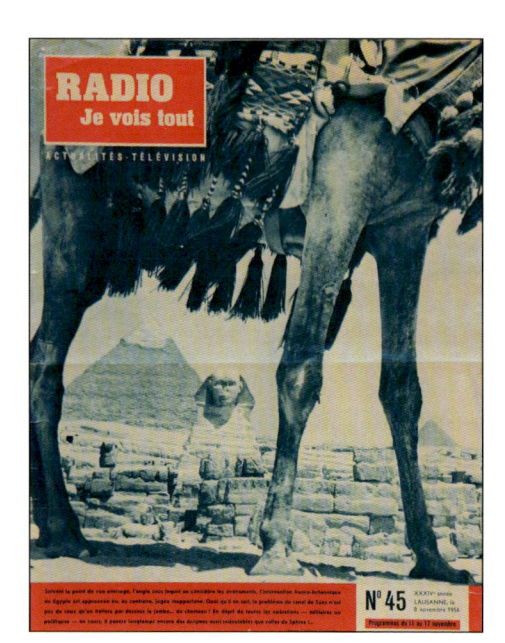

60   Un arrêt à Athènes avant Le Caire, Erechthéion, 1956.

Radio-Je vois tout, 8 novembre 1956.

Nouvelliste valaisan, 22 septembre 1956.

[4] Cet événement, qui va faire de Nasser un héros national, plombe les relations de l'Egypte avec les Etats-Unis, l'Angleterre, la France et Israël ; les autorités égyptiennes se tournent alors vers l'URSS.

Le Caire, 1956.

1957, l'année des grands reportages

L'année 1957 commence sur les chapeaux de roue avec un premier reportage sur Georges Simenon, le père du commissaire Maigret. L'écrivain est de passage à Lausanne pour quelques jours.

Comme nous l'explique Léonard Gianadda, les retombées de ce travail sont multiples : « Après notre promenade, Simenon m'a demandé : 'Est-ce que vous pourriez me montrer les photos que vous avez faites ? Ça m'intéresse'. J'ai donc pris rendez-vous avec lui le lendemain pour lui montrer mon travail. Il m'a dit : 'Elles sont excellentes, ces photos. Mon éditeur, les Presses de la Cité, à Paris, m'en demande toujours et je n'en ai pas. Est-ce que vous pourriez lui envoyer un choix ?' J'envoie cinquante photos et quelque temps après, je reçois un chèque de cinq mille francs suisses. L'éditeur m'a acheté les cinquante photos, à cent francs suisses chacune ! Il faut savoir que je faisais mes études d'ingénieur à ce moment-là… Quelques années plus tard, un ingénieur qui sortait de l'école avait un salaire mensuel de six cent cinquante francs. Là, tout d'un coup, j'encaisse cinq mille francs. Une somme énorme ! »[5]

Un coup double même, puisque ce photoreportage débouche aussi, comme on le verra, sur la rencontre avec Annette Pavid, qui deviendra l'épouse de Léonard en 1961…

Georges Simenon, Lausanne, février 1957.

[5] Entretien *Léoguide*, 20 avril 2015.

En février, le jeune homme suit, appareil photo et caméra à la main, un événement peu commun : le premier vote des femmes en Valais. Il se rend à Unterbäch et à Martigny-Bourg[6]. D'autres reportages suivent, publiés dans *Radio-Je vois tout*, *L'Illustré*, *Le Confédéré*, *Pour Tous* : les combats des reines, le futur tunnel du Grand-Saint-Bernard, le barrage de Mauvoisin, les noces de diamant du général Henri Guisan, l'inauguration de la route de la Forclaz, etc. Léonard continue sur sa lancée, comme s'il investissait autant de temps dans son travail de photoreporter que dans ses études d'ingénieur ; hésite-t-il toujours entre deux destinées ?

Ainsi, il documente le pèlerinage Paris-Chartres qui a lieu depuis 1935 à la mémoire de Charles Péguy : « Chaque printemps, une immense colonne d'étudiants s'ébranle de Rambouillet sur la route de Chartres. Cette longue marche de 50 kilomètres à travers les champs de la Beauce, tantôt scandée par les cantiques, tantôt recueillie dans la prière, s'achève le dimanche soir en un culte solennel dans la cathédrale de Chartres. »[7]

Martigny-Bourg, février 1957.

Pèlerinage de Chartres, 1957.

[6] Ces votations, qui avaient pour but de faire avancer d'un pas l'égalité entre les hommes et les femmes dans le domaine des droits civiques, ne sont pas prises en compte.

[7] « Entre Paris et Chartres – Le marathon de la prière », 1957.

64 Ouvriers italiens sur le chantier du barrage de Mauvoisin, 1957.

Sur la route du Grand-Saint-Bernard, 1957.

Famille du général Henri Guisan, octobre 1957.

Combat des reines, Martigny, 1957.

Aux vacances de Pâques, Léonard part pour l'Italie. Sa destination finale est la Tunisie, où il est envoyé par *L'Illustré* pour documenter la défrancisation qui suit la proclamation de l'indépendance du pays. Il ramène de nombreuses photographies de ce voyage en plusieurs étapes : Rome, Naples, Palerme, Tunis, Djerba…

Même si les stars de Cinecittà ne le laissent pas indifférent, les scènes de rue ont visiblement sa préférence, et c'est avec beaucoup de talent qu'il capte les différentes atmosphères et qu'il retranscrit sur la pellicule les instants de la vie de tous les jours. On l'imagine ainsi aisément déambulant en ville, sans but précis, si ce n'est celui de se laisser surprendre par les enfants, les femmes et les hommes qui l'entourent.

Léonard, 1957.

Naples, 1957.

66 Anthony Perkins, Cinecittà, 1957.

Silvana Mangano, Rome, 1957.

John Wayne, Cinecittà, 1957.

Sophia Loren, 1957.

Naples, 1957.

Madonna dell'Arco, Naples, 1957.

Djerba, 1957.

Tunis, 1957.

Plusieurs articles paraissent dans la presse et deux photographies font la une de *Radio-Je vois tout* (RTV), en 1958 : l'actrice italienne Silvana Mangano (*RTV*, 8 mai 1958) et la place du Marché de Gabès, dans le Sud tunisien (*RTV*, 6 mars 1958).

Léonard au pays des Soviets

En juillet-août 1957, l'étudiant de vingt et un ans a la possibilité de partir à Moscou avec une délégation suisse qui se rend au sixième Festival international de la jeunesse et des étudiants. *L'Illustré* délivre à son reporter une recommandation en bonne et due forme et prie les autorités russes de lui faciliter le travail. L'excitation est grande de pouvoir franchir le rideau de fer ! Léonard embarque son fidèle Rolleiflex et un nouvel appareil, un Leica, pour un exercice de style à deux visions : le format carré pour les films de diapositives en couleurs et le format oblong pour les négatifs en noir et blanc. Trois semaines durant, Léonard côtoie des milliers de personnes venues du monde entier pour participer aux festivités. Mais il prend surtout un réel plaisir à regarder ce qui se passe dans les rues de Moscou, les parcs, le métro, le grand magasin Goum… Avec les clichés pris au Stade Lénine où ont lieu les manifestations officielles du festival, ce sont plus de 1200 prises de vue qu'il rapporte du pays des Soviets.

Place Rouge, Moscou, 1957.

Défilé des représentants du Japon, Stade Lénine.

Devant le mausolée de Lénine et Staline.

Défilé de mode au Goum.

Convoi militaire dans les rues de Moscou.

La file d'attente pour le mausolée, devant le Goum, sur la Place Rouge.

Au retour, cependant, tout son enthousiasme est éteint par une sorte de douche froide. Une photographie de János Kádár débouche sur un scandale[8]. Pris dans la tourmente et accusé de soviétophilie, *L'Illustré* publie une mise au point dans laquelle il nie avoir envoyé un reporter à Moscou !

Le résultat est dès lors prévisible : les images de Léonard ne sont pratiquement pas diffusées. Seuls échappent à cette forme de censure un petit article sur l'athlète Kuts dans *L'Illustré* et deux articles dans *Radio-Je vois tout*, « L'envers du rideau de fer » et « Défilé de mode à Moscou ».

La désillusion est évidemment grande. Léonard est marqué par la méfiance et l'incompréhension que suscite son voyage : « Bizarrement, quand je raconte que j'ai pu photographier tout ce que je voulais, on ne me croyait pas. On a dit : il a été intoxiqué, il n'a rien compris, il croit que, etc. Mais pas du tout : on assiste en réalité au début de la fin du régime soviétique en Russie. Mais cela, on ne le comprendra que beaucoup plus tard. »[9]

Pour couronner le tout, en octobre 1957, Léonard échoue à l'examen de la deuxième année propédeutique de l'EPUL. Il lui faut donc remettre l'ouvrage sur le métier et réfléchir sérieusement à son avenir.

Léonard avec des amis festivaliers.

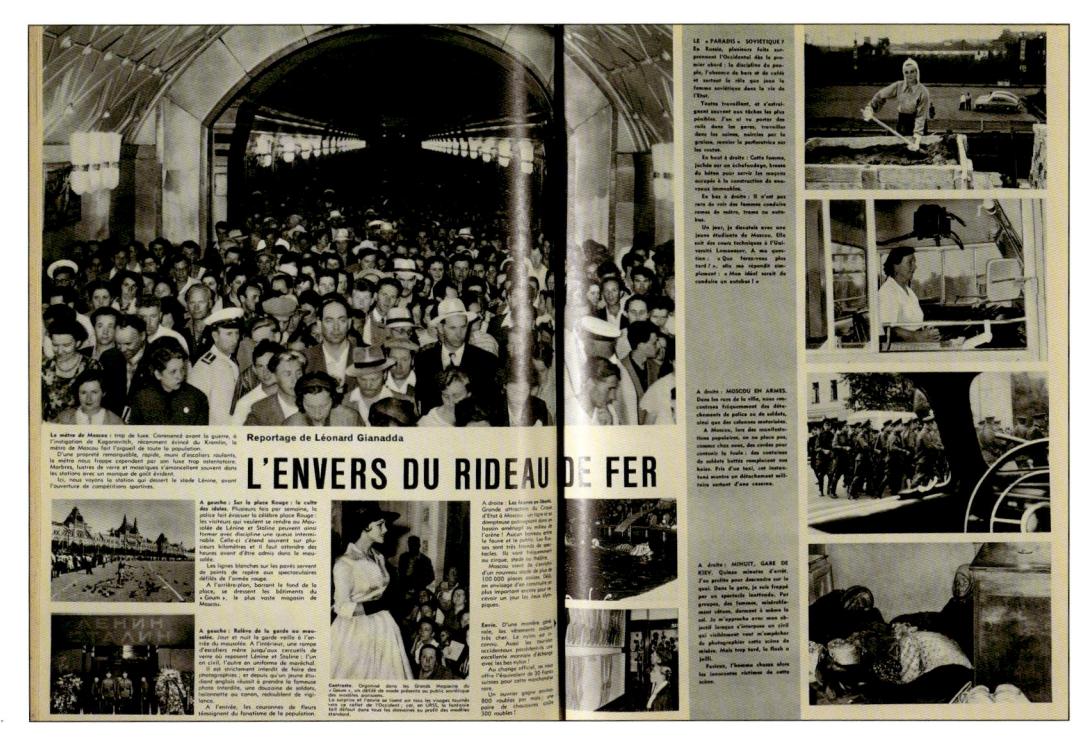

Radio-Je vois tout, 21 novembre 1957.

[8] Voir *Moscou 1957*, Martigny, 2010 et 2015.
[9] Entretien *Léoguide*, 20 avril 2015.

La fin des photoreportages

Malgré les derniers événements, ou peut-être en raison de ceux-ci, Léonard Gianadda dépose, en octobre 1957, sa candidature à l'Association suisse des photographes de presse (ASPP). Dans sa lettre, il note : « J'exerce le métier de photoreporter indépendant depuis l'été 1953 et suis à même de vous fournir des attestations de divers illustrés et journaux […] Le reportage est mon unique source de revenu. » Il évalue son revenu annuel à plus de six mille francs, alors que le minimum requis par l'ASPP est de quatre mille francs. Les mois passent, la réponse se fait attendre…

Au début d'avril 1958, Léonard se rend une nouvelle fois en Méditerranée, recommandé par *L'Illustré*. Il s'arrête d'abord à Séville et assiste au grand défilé de la Semaine sainte. Puis, de Gibraltar, il traverse le détroit et débarque au Maroc. Comme ce fut le cas pour la Tunisie en 1957, le reporter veut y documenter la fin d'une colonie et le début de l'indépendance. Il s'arrête longuement à Marrakech, à Rabat et à Casablanca. Dans ses bagages, il ramène des centaines de prises de vue. Quelques articles paraissent dans *L'Illustré* et *Radio-Je vois tout* entre 1958 et 1959.

Séville, 1958.

Gibraltar.

Gibraltar, 1958.

Tanger.

Le premier jour de l'été 1958, une réponse de l'ASPP arrive enfin : c'est un refus… Cette annonce signe la fin d'une carrière qui semblait pourtant prometteuse. Une porte se referme, mais une autre s'ouvre davantage sur une carrière d'ingénieur. En octobre, Léonard réussit ses examens de deuxième propédeutique, grâce à l'aide d'un camarade syrien, Abdul Chamsi Bacha.
Cette réussite lui ayant donné accès à la voie de l'examen final, Léonard se plonge résolument, durant deux ans, dans ses études.
Pendant ce temps, les appareils photographiques sont soigneusement mis de côté…

Cours de l'EPUL sur le terrain, avec le professeur Pierre Peitrequin.

Léonard et son Rolleiflex.

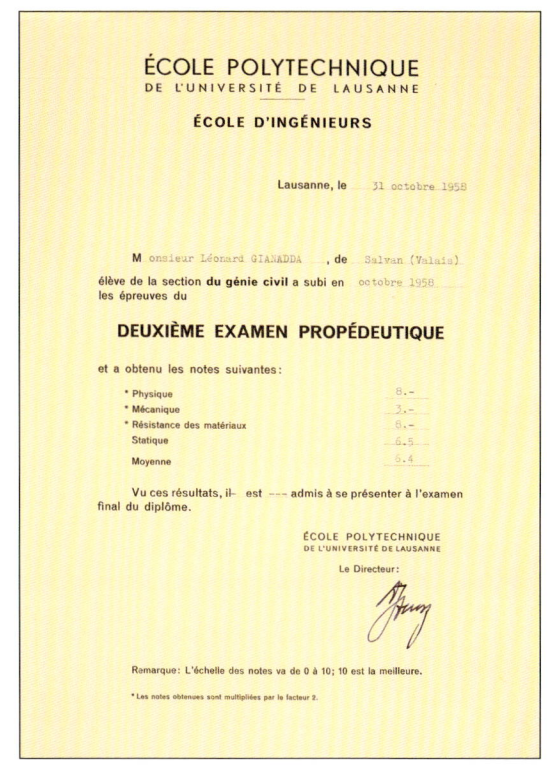

Résultats du deuxième examen propédeutique, 1958.

Ingénieur civil

Pour son travail de diplôme, Léonard choisit de faire une étude hydraulique sur le barrage du Val di Lei, dans les Grisons. Désireux de montrer ce dont il est capable, il se rend sur place avec son père, prend de nombreux clichés photographiques, se procure plans et documents auprès du maître d'œuvre, des entreprises et des constructeurs de turbines.

Le résultat est spectaculaire. Il se présente sous la forme d'un grand tube et de deux boîtes de plans et mémoires. Le tout est minutieusement dessiné et dactylographié par l'étudiant lui-même. Les experts ne s'y trompent pas : ils lui attribuent la note maximale pour la présentation des dessins et mémoires.

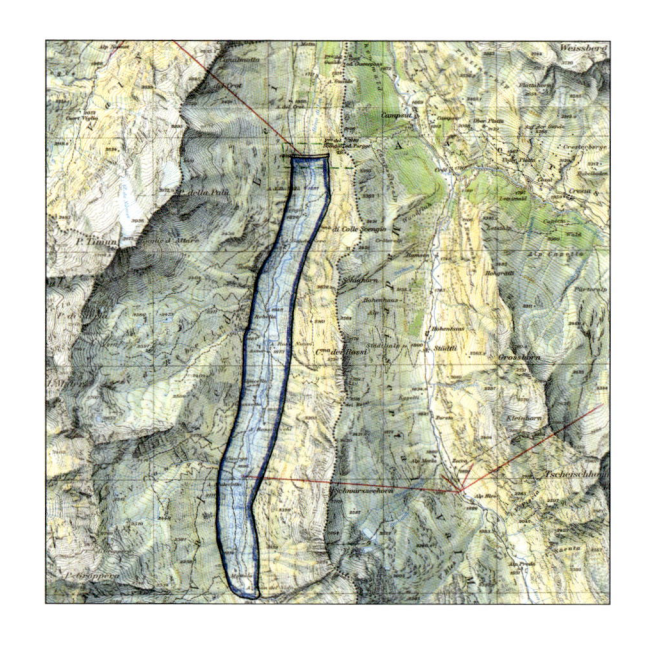

Projet du barrage du Val di Lei.

INTRODUCTION.

L'étude pour l'utilisation des eaux du Rhin Postérieur envisage l'exploitation générale en trois paliers:

1. - Valle di Lei - Ferrara
2. - Ferrara / Sufers - Bärenburg
3. - Bärenburg - Sils

L'ouvrage principal comprend un bassin d'accumulation d'un volume utile de 200 Mio de m^3, situé dans le val di Lei. Le remplissage s'effectue de la façon suivante:

1/3 : fourni par les affluentes naturels du bassin versant du barrage.

2/3 : par des adductions d'eau des vallées de l'Avers Madris et Niemet ainsi que par l'eau pompée d'un bassin de compensation d'une capacité de 230.000 m^3 situé près d'Innerferrara.

Il s'agit dans le cadre de cette étude, d'établir un projet d'aménagement général du palier supérieur.

Dans la gorge de Reno di Lei, à environ 3,2 km à l'amont de l'embouchure dans le Rhin d'Avers, se trouve un endroit favorable à la construction d'un barrage. (Voir photo 1 page suivante).

L'eau accumulée est amenée à la centrale de Ferrara, située à environ 1,1 km à l'aval de Innerferrara. Dans cette centrale, on installera également des pompes permettant d'amener l'eau du bassin de compensation d'Innerferrara au bassin d'accumulation.

LISTE DES PLANS DU DOSSIER "BARRAGE"

ETUDE GENERALE :

		Planche
AMENAGEMENT GENERAL	(en rouleau)	1
VUE EN PLAN GEOLOGIQUE		2
PROFIL EN LONG GEOLOGIQUE		3

LE BARRAGE :

STABILITE DE LA COUPE TYPE	(en rouleau)	4
IMPLANTATION	(en rouleau)	5
COURBE DES CENTRES		6
COUPES VERTICALES : RIVE GAUCHE		7
COUPES VERTICALES : RIVE DROITE		8
LES VOUSSOIRS		43
FLECHES DU MUR : CAS DE CHARGE 1		9
FLECHES DU MUR : CAS DE CHARGE 2		10
FLECHES DU MUR : CAS DE CHARGE 3		11
FLECHES DU MUR : CAS DE CHARGE 4		12
FLECHES DU MUR : CAS DE CHARGE 5		13
FLECHES DU MUR : CAS DE CHARGE 6		14
VERIFICATION DE L'AJUSTEMENT		15
COUPES HORIZONTALES	(en rouleau)	16 à 21
CONTRAINTES DANS LES ARCS		22
EFFORTS DANS LE "MUR"		23
CONTRAINTES DANS LE "MUR"		24
LES INJECTIONS		25

****

CONCLUSION :

Nous constatons qu'il reste des tractions dans le mur sur le parement amont, tandis que les arcs sont tous et toujours entièrement comprimés.

Ainsi que nous l'avons déjà mentionné plus haut, nous avons apporté une correction à la forme du barrage en épaississant le parement aval dans sa partie inférieure. Nous constatons que cette modification est très favorable et diminue sensiblement les contraintes de tractions gênantes existant dans le mur; nous constatons cette heureuse évolution dans le tableau de la page précédente où nous avons mis en parallèle les valeurs des contraintes du mur avant et après correction.

Remarquons toutefois que nous n'avons pas tenu compte de l'influence qu'a cette correction sur l'ajustement, en effet il est évident qu'en épaississant la voûte nous modifions les conditions d'encastrement tant des arcs que des murs. Il faudrait donc faire un nouvel ajustement pour cette nouvelle forme. Mais tel n'est pas le but du présent travail; c'est au contraire de montrer dans quel sens des modifications doivent être apportées à cette étude si l'on désire approfondir le problème.

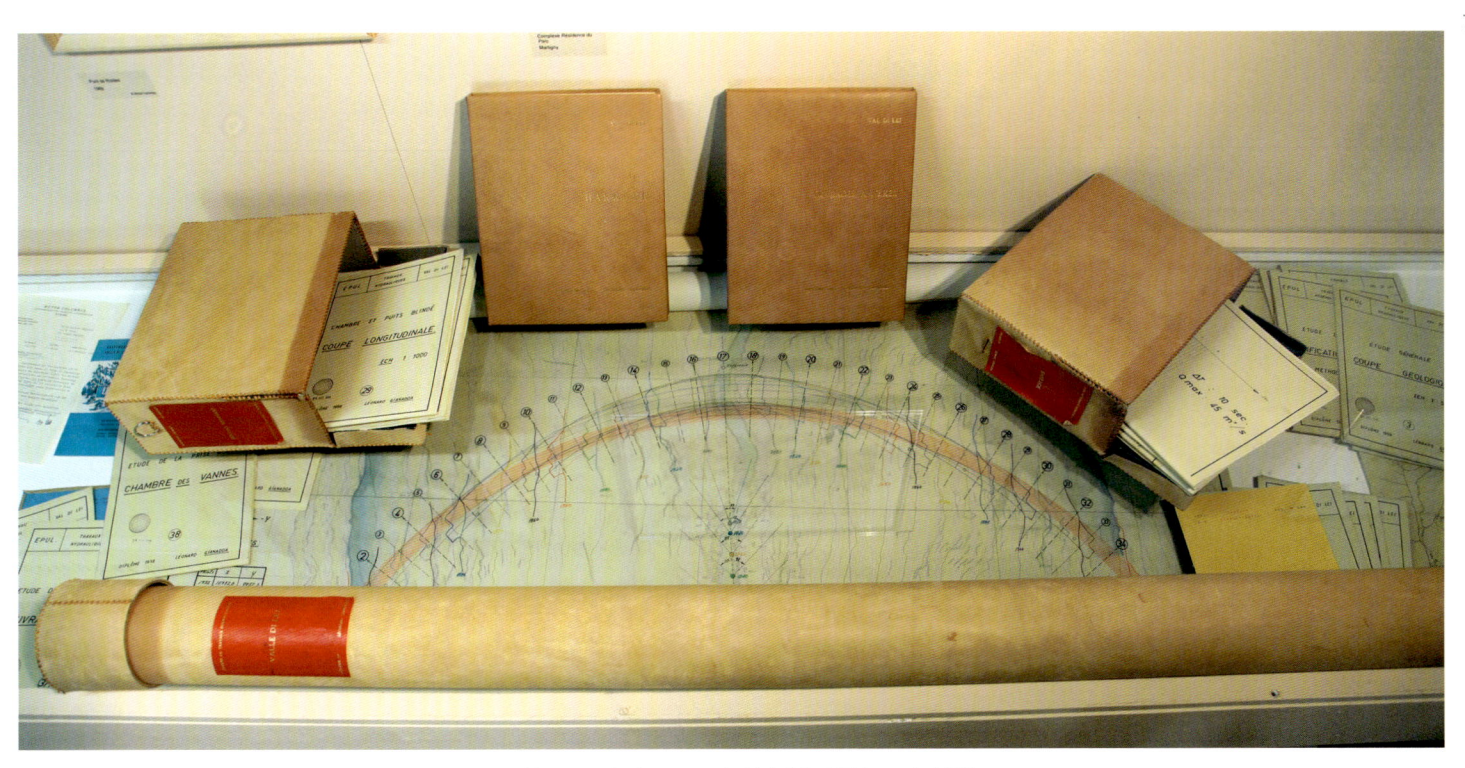

Lausanne, le 24 décembre 1959.

Le Candidat: Léonard Gianadda

24 DÉC. 1959

Dossiers et documents déposés pour le travail de diplôme sur le barrage du Val di Lei (Grisons), 1959.

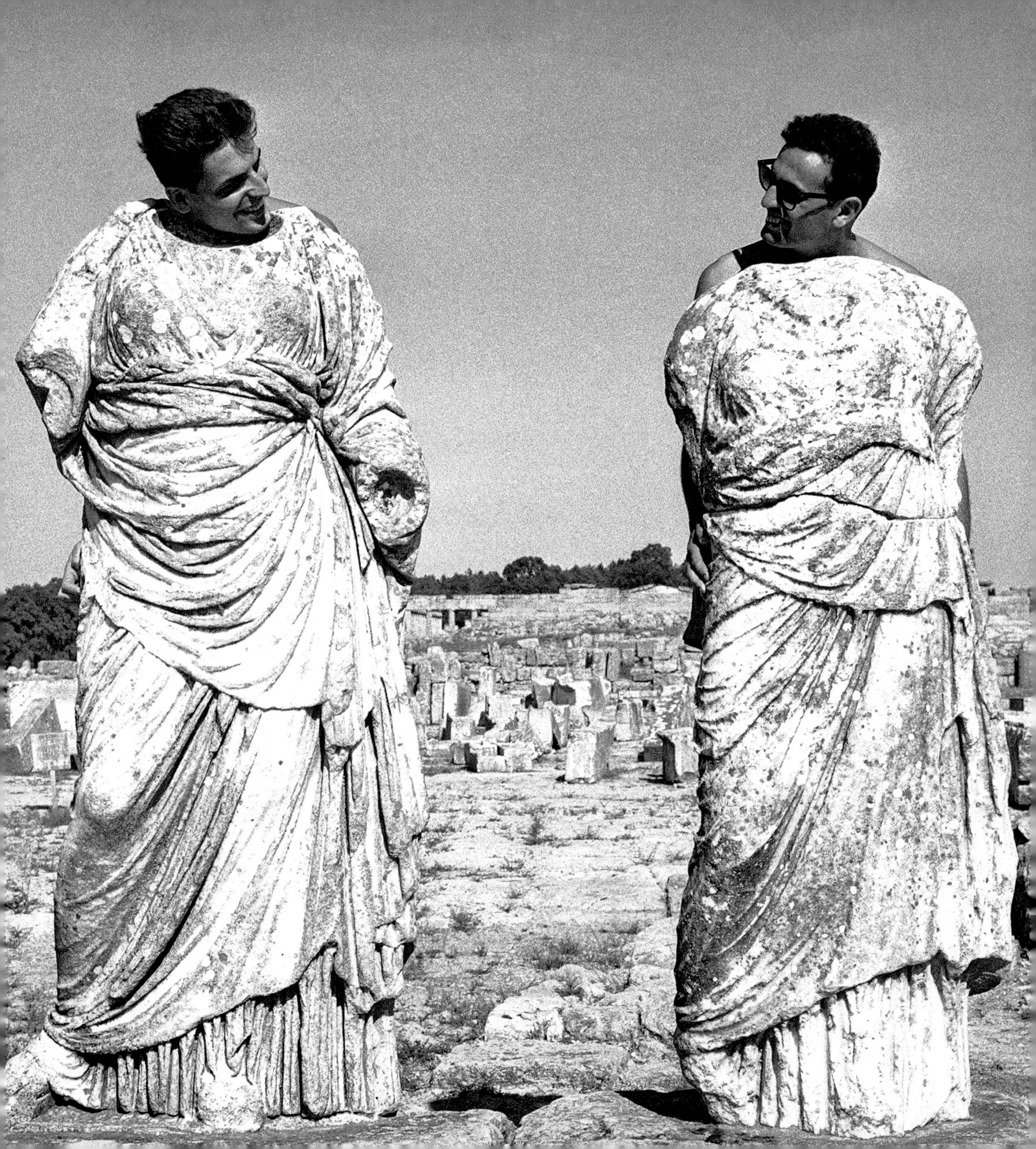

Tour de la Méditerranée, 1960

En Coccinelle avec son frère Pierre, Léonard préfère manifestement les gens aux coléoptères.

Entretien *Léoguide* n° 6, 20 avril 2015.

J'adorais les voyages, que je payais avec les revenus de mes reportages. A la fin de mes études d'ingénieur, j'ai décidé d'entreprendre un grand périple. J'ai proposé à mon frère Pierre de m'accompagner. Nous voulions nous rendre aux Indes.

Nous avons traversé l'Italie du Nord, la Yougoslavie, la Turquie et la Syrie. On voyageait en voiture Coccinelle, achetée exprès. Notre intention était de la vendre à la fin du parcours et de rentrer ensuite en bateau ou en avion. Mais, arrivés en Syrie, nous n'avons pas pu obtenir de visa pour l'Irak, à cause de la guerre, avec Kassem…

Alors, au lieu de filer à l'Est, on a décidé de faire le tour de la Méditerranée. On a donc parcouru la Jordanie, le Liban, l'Egypte, la Libye, la Tunisie. La guerre d'Algérie nous a empêchés d'aller plus loin, alors, nous sommes remontés par la Sicile.

Le périple a duré quatre mois. Vivre à deux quatre mois en vase clos ! Ou bien c'est extraordinaire, ou bien ça éclate ; ce fut extraordinaire. Pierre était mécanicien et moi pas du tout manuel : on se complétait. Je m'intéressais beaucoup aux vestiges archéologiques, il suivait et y prenait goût. On se respectait.

Par la suite, je me suis installé comme ingénieur et ce fut la fin des grands voyages, la fin d'une époque magnifique. Ce que j'ai fait entre quinze et vingt-cinq ans est à la base de tout : j'ai achevé mes études classiques à Saint-Maurice, passé mon diplôme d'ingénieur, je me suis marié, ai ouvert un bureau d'ingénieurs… Le parcours de toute ma vie s'est décidé à cette époque-là.

◀ Léonard et Pierre, Cyrène, Libye, 1960.

Le 26 janvier 1960, Léonard Gianadda obtient son diplôme d'ingénieur civil de l'Ecole polytechnique de l'Université de Lausanne, avec d'excellentes notes pour son étude hydraulique sur le barrage du Val di Lei, aux Grisons. La satisfaction du travail bien fait, héritée de son grand-père Baptiste, est là. Léonard peut maintenant composer la suite. Après avoir réussi une bonne affaire commerciale, il ne poursuit pas tout de suite dans cette veine et préfère s'accorder une transition avant d'entrer dans le monde du travail. Il projette alors un beau et grand voyage : direction les Indes. Cette fois, le périple ne se fera pas en solitaire, mais avec Pierre. A l'exemple de Nicolas Bouvier et de Thierry Vernet, partis en Fiat Topolino de Belgrade à Kaboul en 1953[1], les deux frères embarquent dans une VW Coccinelle. Léonard n'emporte pas des crayons et des blocs de papier pour retranscrire ses notes de voyage, mais ses appareils photo habituels et, nouvelle arrivée, une caméra Super 8. Au retour, après quatre mois de bourlingue, ses clichés obtiennent un succès remarqué dans la presse romande : six doubles pages sont publiées dans *Radio-Je vois tout*, sous le titre « Mon tour de la Méditerranée ». Quatre articles paraissent parallèlement dans *Le Rhône* et le *Nouvelliste valaisan*, « 2 Valaisans, 20 000 kilomètres, 3 continents ».

En matière de photojournalisme, Léonard n'a apparemment pas encore dit son dernier mot !

Diplôme de l'EPUL, 26 janvier 1960.

Annonce des nouveaux ingénieurs valaisans, février 1960.

Parc public du Kalemegdan, Belgrade, 1960.

[1] Ce voyage est relaté dans *L'Usage du monde*, qui paraît seulement en 1963.

L'itinéraire du voyage n'est pas clairement établi, car pour que l'aventure soit totale, il faut laisser de la place aux surprises, au hasard.

« Il fallait partir, car les derniers visas nous parvenaient au compte-gouttes tandis que les premiers délivrés arrivaient à échéance ! Péniblement, nous avions obtenu une douzaine de visas. Que de formulaires à remplir et de démarches à entreprendre ! Certains consulats exigent des certificats de baptême, d'autres que nous soyons déjà en possession de visas pour les pays limitrophes… qui en exigent autant de leur côté !

» Ne parlons pas des vaccins ! Nous étions immunisés contre la variole, le typhus, le paratyphus, la peste, le choléra, la polio et le communisme (Bulgarie). Certains de ces vaccins nécessitent trois piqûres. Vraiment de quoi tomber malade avec tous ces vaccins !

» Mardi 3 mai, jour de pluie, nous quittons Martigny avec une vague idée en tête : l'Orient et peut-être le tour de la Méditerranée. Quelles aventures nous guettent, quand rentrerons-nous ? »[2]

Premières étapes : Gondo, Milan, Venise, Trieste, puis la traversée de la Yougoslavie, « pays charmant aux routes impossibles. Quelques kilomètres encore et nous passons le rideau de fer. »[3] La route parcourue en Bulgarie se fait sans encombre jusqu'à la porte de l'Orient : Istanbul.

Pierre à Sofia.

Sur la route de Sofia.

Arrivée à Istanbul.

[2] « Deux Valaisans, 20 000 kilomètres, 3 continents », *Nouvelliste valaisan*, 15 octobre 1960.

[3] *Ibidem*.

Samedi 15 et dimanche 16 octobre 1960. — NOUVELLISTE VALAISAN — Page 9

Deux Valaisans, 20 000 kilomètres, 3 continents

Reportage d'André Léonard Gianadda

I. Italie, Yougoslavie, Bulgarie

Il fallait partir car les derniers visas nous parvenaient au compte-gouttes tandis que les premiers délivrés arrivaient à échéance ! Péniblement nous avions obtenu une douzaine de visas ! Que de formulaires à remplir et de démarches à entreprendre ! Certains consulats exigent des certificats de baptême, d'autres que nous soyons déjà en possession de visas pour les pays limitrophes... qui en exigent autant de leur côté !

Ne parlons pas des vaccins ! Nous étions vaccinés contre la variole, le typhus, le paratyphus, la peste, le choléra, la polio et le communisme (Bulgarie). Certains de ces vaccins nécessitent trois piqûres ! Chaque samedi avant le départ c'était la traditionnelle séance chez le médecin. Pierre se souvient encore de tous ces dimanches passés avec un bras enkylosé ou des taches rouges mal placées !

Vraiment de quoi tomber malade avec tous ces vaccins !

Mardi 3 mai jour de pluie, nous quittons Martigny avec une vague idée en tête : l'Orient et peut-être le tour de la Méditerranée. Quelles aventures nous guettent, quand rentrerons-nous ?

Gondo, première douane : il faut s'y habituer car nous subirons près de cinquante fois les formalités douanières !

Milan, Venise, Trieste et déjà c'est la Yougoslavie pays charmant aux routes impossibles. Pourtant il existe de magnifiques autoroutes : mais si vite parcourues qu'on les oublie pour ne plus penser qu'aux abominables chemins cahoteux, seuls traits d'union entre deux continents. Par bonheur le trafic est pratiquement nul. Sur les 80 km. de l'autoroute Paracin-Nis, un dimanche soir à 18 heures, nous avons croisé en tout et pour tout... sept véhicules (dont trois militaires !).

A Belgrade, un léger cliquetis du moteur nous inquiète : Pierre décrète : ce sont les soupapes. Puisque nous sommes encore en pays « civilisés », nous en profitons pour rendre visite à l'agence VW. Le garagiste s'occupe de nous entourer d'un nuage d'apprentis ; il met en marche le moteur, écoute le cliquetis et surpris par cet insignifiant détail mécanique déclare aussitôt : « O. K. camarades, soupapes réglées ! » Jamais de sa vie il n'avait eu entre les mains de voiture en si bon état !

...Quelques kilomètres encore et nous passons le rideau de fer.

Transiter par la Bulgarie raccourcit singulièrement la route de l'Orient. Sans grand espoir nous avions formulé à Berne une demande d'entrée pour ce pays : elle nous fût accordée par retour de courrier. Une restriction cependant : on nous prescrit un itinéraire défini.

En cours de route nous rencontrons des soldats occupés à la réfection de la chaussée. Nous stoppons la voiture avec la ferme intention d'obtenir l'inévitable étoile rouge qui orne la casquette d'un officier. Après quelques gestes significatifs l'homme comprend, accepte une cigarette et nous remet son insigne ! Soudain deux autres officiers s'approchent : une discussion agitée s'ensuit entre les Bulgares et brusquement ils nous réclament encore des cigarettes et nous gratifient de deux nouvelles étoiles rouges !

(A suivre). Léonard GIANADDA.

Certes la TOUR DE PISE ne penche que d'un côté mais elle le fait sérieusement ! Jusqu'ici tous les moyens techniques ont été mis en œuvre pour la conserver... dans cette position. (N.D.L.R. — Au premier plan notre reporter crée l'illusion).

20 000 km., trois continents et pas une seule crevaison !

Dans un VILLAGE BULGARE nous prenions tranquillement ces cigognes en photo quand un officier s'approche de nous : il a le mauvais œil. Convaincu que nous photographions une scène stratégique il nous emmène au poste pour l'examen de nos papiers ! En dehors de cet incident, nous avons toujours été libres de photographier ce que bon nous semblait.

LA YOUGOSLAVIE, c'est déjà une bouffée d'Orient. La domination turque a profondément marqué la population spécialement dans la région de Sarajevo en majorité musulmane.

La vita dolce ! Comme quoi les histoires que l'on raconte sur le compte des cantonniers ne sont pas qu'illusoires. En voilà un qui subit avec philosophie la chaleur du soleil d'Italie.

Durant les années que dure leur service militaire, les jeunes Bulgares accomplissent de nombreux travaux : ces recrues sont occupées à la réfection de la chaussée dans les ENVIRONS DE SOFIA. (A gauche, Pierre et la courageuse VW).

Vision inhabituelle, des camions emmènent des femmes travailler dans les fermes collectives. Des scènes de ce genre sont fréquentes EN BULGARIE.

« Deux Valaisans, 20 000 kilomètres, 3 continents », *Nouvelliste valaisan*, 15 octobre 1960.

Après la traversée du détroit du Bosphore en bac, Pierre et Léonard poursuivent leur route vers le sud de la Méditerranée : « La route qui mène à Ankara vient d'être reconstruite et permet une moyenne convenable. D'une manière générale, les routes nous réservent souvent des surprises désagréables : fossés en travers de la chaussée, nids de poule respectables, tôle ondulée, le tout sans le moindre signal avertisseur ! »[4]

Ils s'arrêtent brièvement dans la capitale turque, avant de s'aventurer sur le haut plateau désertique de l'Anatolie et de filer vers la Syrie : « Nous pénétrons au cœur du Moyen-Orient : notre brave voiture avale toujours les kilomètres et le sable sans broncher. A Homs, nous avons l'intention de pousser une pointe jusqu'à Palmyre, à 300 km à l'intérieur du désert. L'usage veut que les voitures qui effectuent cette traversée se forment en convoi. Malheureusement nous ne trouvons pas d'amateurs et décidons de nous y rendre pas nos propres moyens. L'ennui pour se rendre à Palmyre c'est qu'il n'y a pas de route, pas de piste. Les traces laissées par les pneus sont aussitôt effacées par le vent. Cette immensité démoralisante est à peine troublée par le ronronnement monotone de la voiture. Vers midi, l'atmosphère devient si brûlante que nous préférons rouler les glaces levées pour ne pas être grillés par l'air surchauffé. En fin de journée, nous parvenons enfin à Palmyre, surnommée la Perle du désert. »[5]

Noria de Hama, Syrie.

Arc de triomphe et rue à colonnades, Palmyre, Syrie.

[4] « Deux Valaisans, 20 000 kilomètres, 3 continents », *Nouvelliste valaisan*, 20 octobre 1960.
[5] *Idem*, 30 octobre 1960.

MON TOUR DE LA MÉDITERRANÉE

Des Balkans, sautons à pieds joints sur quelques pays cherchant encore leur équilibre politique et qui, d'ailleurs, étaient en pleine effervescence lors de notre périple, et gagnons le Proche-Orient.

Nous nous attarderons à deux Etats côtiers: la Syrie, qui fait partie de la République arabe unie depuis 1958, et le Liban, république indépendante dès 1943.

SYRIE

Reportage Léonard GIANADDA

Syrie, Moyen-Orient, Asie, nous pénétrons en plein cœur de l'Islam. Nous ne résistons pas à l'attrait mystérieux des mosquées et encore moins à celui de fixer sur la pellicule des femmes... en prière. Il est toujours délicat de photographier des personnages en pays musulman, et tout particulièrement les femmes, car une loi du Coran interdit la reproduction de la figure humaine; c'est ce qui explique que l'art musulman se soit dirigé tout particulièrement dans la décoration géométrique pure et y excelle.

Alep, première ville du pays après Damas, la capitale. Nous avons surpris cet âne disparaissant littéralement sous une montagne de chaises. Il est même étonnant que le propriétaire ne soit pas installé sur un de ces nombreux sièges!

L'âne demeure le moyen de transport et de locomotion le plus «courant»! L'état des routes et surtout le prix astronomique des voitures expliquent le faible trafic rencontré en Syrie: une petite voiture coûte près de 14 000 francs suisses!

Pays exportateur de blé, Syrie passe par une grande crise économique: sécheresse terrible sévit depuis trois ans et plaines devenues désertiques sont délaissées même des nomades. Dans le paysage émergent parfois d'étranges pains de sucre: ce sont les habitations des indigènes. Construites en pisé – sorte d'argile armée de paille hachée – leur architecture n'a pas varié depuis des millénaires. Dans l'un de ces villages, ce vieux a consenti non sans peine à poser avec sa fillette: cigarettes et bonbons «made in Switzerland» nous ont souvent facilité la tâche!

« Mon tour de la Méditerranée », *Radio-Je vois tout*, 20 octobre 1960.

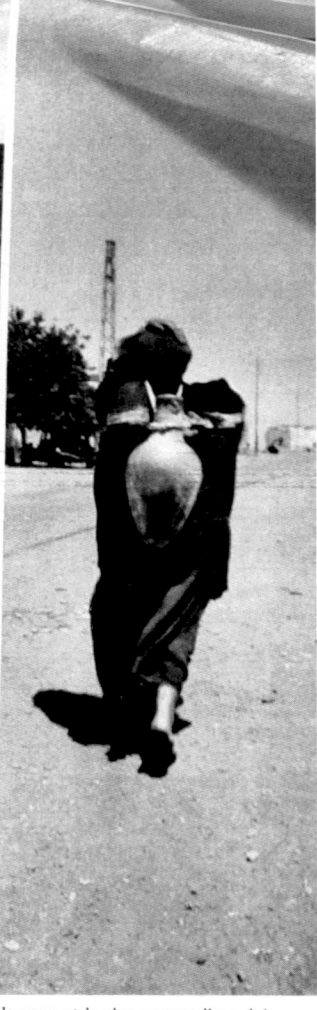

l'eau reste le problème N° 1 du Moyen-Orient. Elle permet ou exclut la vie dans des régions immenses. La ville de Hama a résolu de manière ingénieuse le problème de l'irrigation: traversée par l'Oronte, l'un des seuls cours d'eau du pays alimenté toute l'année, elle se ravitaille au moyen de norias, immenses roues séculaires (grande attraction de la ville!). La rotation et l'élévation de l'eau sont assurées par le mouvement de la rivière.

Cet exemple est malheureusement unique dans le pays, et le plus souvent l'eau doit être transportée à dos... de femme. La religion musulmane autorise ses fidèles à posséder plusieurs femmes. L'une d'elles a souvent pour tâche l'approvisionnement en eau du ménage. Actuellement, la loi tend à faire disparaître la polygamie, sanctionnant ainsi un état de fait. N'oublions pas, en effet, que les femmes s'achètent... et qu'elles sont souvent fort chères.

De Homs nous avons entrepris une excursion à Palmyre, la perle du désert. Extrêmement florissante sous le règne de la reine Zénobie, elle conserve encore aujourd'hui d'imposants vestiges qui attestent la splendeur de son passé. Bien qu'entourée de déserts sur des centaines de kilomètres, Palmyre possède une source d'eau généreuse qui en fait une riche oasis. Une vague piste «tôle ondulée» y conduit. On a baptisé de «noms poétiques» les rares postes habités, situés le long du parcours: H4, H5; ce sont les stations de pompage disposées tous les cent kilomètres le long du pipe-line venant d'Irak. Le paysage monotone invite au sommeil; seuls les squelettes blanchis de chameaux morts de soif émergent de l'horizon.

Pour attirer les touristes dans l'antique Palmyre, le gouvernement vient d'entreprendre la construction d'une route carrossable. A 50 km. de Homs, en plein désert, nous découvrons les premiers ouvriers occupés à casser des cailloux. Par 50° à l'ombre – inexistante! – ces hommes accomplissent un travail de forçat pour un salaire misérable de 2 à 3 fr. par jour. Je me souviens de ce pauvre hère qui s'est avancé vers la voiture en titubant, le visage encroûté par le sable, pour demander un peu d'eau; notre gourde étant tarie, il est reparti dans le désert, sans broncher, droit devant lui.

La traversée de la Jordanie se fait sans histoire. Les deux compagnons visitent Gerasa (Jerash) et Amman, font escale à Jérusalem, prennent un bain apprécié dans la mer Morte, contemplent Pétra à cheval, et, enfin, descendent au golfe d'Aqaba pour passer en Egypte, leur prochaine destination. Impossible ! Les fonctionnaires du nouvel Etat d'Israël refusent de laisser passer les Suisses : « On a dû remonter jusqu'à Beyrouth, où une espèce de palan a posé la voiture sur un bateau de pêcheur. Et on a navigué de Beyrouth jusqu'à Port-Saïd. On dormait sur le pont, à la belle étoile. Il y avait trois ou quatre marins, qui se repéraient grâce aux étoiles ! Une fois arrivés à Port-Saïd, la douane nous a retenus pendant 24 heures. Quand on a raconté notre périple, ils ne nous croyaient pas. Ils pensaient que nous étions des espions venus d'Israël ! Nous avons dû nous réfugier au consulat suisse d'Alexandrie ! Après, nous sommes allés en Haute-Egypte : un voyage extraordinaire. »[6]

Sur le pont du bateau qui mène Léonard et Pierre à Port-Saïd, 1960.

[6] Entretien *Léoguide*, 20 avril 2015.

En Egypte, Léonard peut initier Pierre aux splendeurs découvertes lors de son premier séjour au pays des pharaons, en 1956 : les pyramides de Gizeh bien sûr, mais aussi les trésors de Louksor, les colosses de Memnon, la vallée des Rois…

Pour échapper à la chaleur étouffante du Caire, en plein été, les deux frères font des escapades rafraîchissantes sur le Nil, à bord des traditionnelles felouques.

Sphinx et colonne de Dioclétien, Serapeum d'Alexandrie.

Sur le Nil.

La dernière partie du voyage a lieu le long des côtes libyennes puis tunisiennes, pour un véritable tour de la grande bleue : « Nous quittons le Nil pour le grand désert de Libye ; la 'route' est obstinément rectiligne ; il n'est pas rare qu'elle soit droite sur plus de 100 kilomètres. Fréquemment, le sable envahit la piste et nous restons enlisés dans des 'gonfles'. »[7]

Les exceptionnels vestiges archéologiques romains qu'ils croisent en chemin font le bonheur de Léonard, qui prend plaisir à photographier le temps suspendu des villes antiques.

Leptis Magna, Libye.

Sabratha, Libye.

[7] « Mon tour de la Méditerranée », *Radio-Je vois tout*, 17 novembre 1960.

« Après avoir passé la douane de Libye, nous parcourons encore une cinquantaine de kilomètres avant d'atteindre le poste-frontière de Ben Gardane, en Tunisie. »[8]

L'aventure touche à sa fin, non sans un petit pincement au cœur après tant de choses vécues et partagées.

A Tunis, la Coccinelle est embarquée sur un bateau jusqu'à Palerme. C'est ensuite une agréable remontée de l'Italie, loin des températures des déserts. L'équipage fait halte à Naples, Rome, Florence, Pise et Gênes.

Vingt mille kilomètres et quatre mois après l'avoir quitté, voilà de nouveau le Valais qui pointe à l'horizon ! Partis au printemps, Léonard et Pierre retrouvent la Suisse au début de l'automne 1960.

« Mon tour de la Méditerranée », *Radio-Je vois tout*, 17 novembre 1960, pp. 6-7.

---

[8] « Mon tour de la Méditerranée », *Radio-Je vois tout*, 17 novembre 1960.

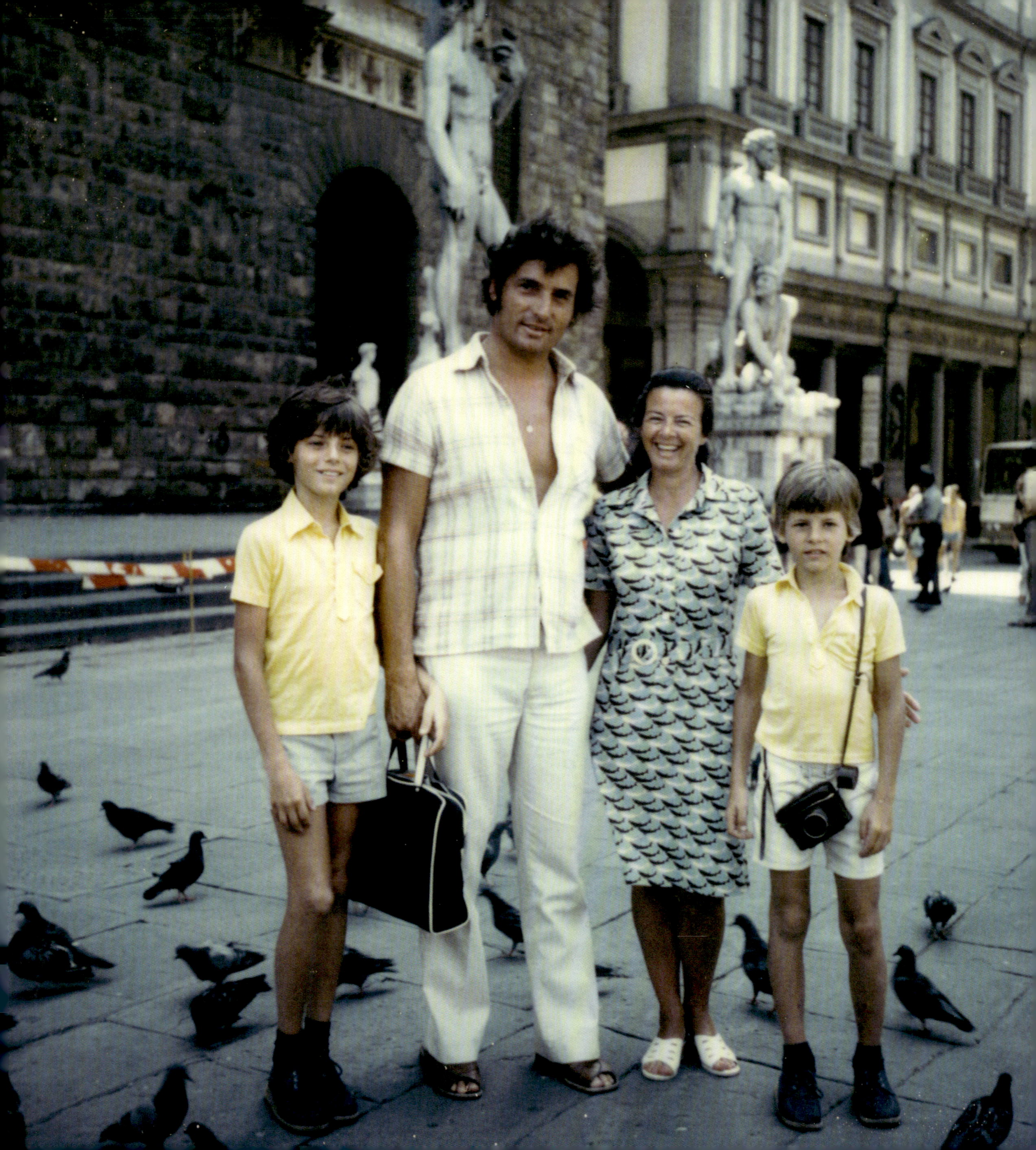

Une famille, un travail, 1961-1975

Où l'on voit Léonard construire sa vie à plusieurs niveaux.

Entretien *Léoguide* n° 7, 20 avril 2015.

Comme je l'ai déjà dit, c'est en 1957 que tout se dessine. Y compris dans ma vie privée. J'étais photoreporter. J'ai même été le premier correspondant de la Télévision Suisse Romande pour le Valais. Un jour, Claude Schubiger, rédacteur en chef de Radio-Je vois tout, pour qui je travaillais, me dit : « Léonard, pourriez-vous nous faire un reportage sur Georges Simenon ? Il est à Lausanne, paraît-il. – Où ? – Trouvez-le et faites un reportage. » Je prends le téléphone et j'appelle le Palace à Lausanne : « Passez-moi M. Simenon, s'il vous plaît ! » Et on me le passe, car, par hasard, il y était. Je lui explique ce que j'aimerais faire ; il me donne rendez-vous à la réception du Palace.

Ce fut un moment extraordinaire ; j'ai passé tout l'après-midi avec lui, l'ai baladé dans Lausanne pour faire mes photos. Il y avait le film Le sang à la tête, *d'après son roman, qui passait au cinéma Rex, au Petit-Chêne, avec Jean Gabin. Je l'ai donc photographié devant la grande affiche. Cette photo, je l'ai ensuite vendue à Universal Film, le distributeur du film en Suisse. Puis, je me rends à l'ADIL, l'Association des intérêts de Lausanne – l'office de tourisme de l'époque – pour présenter mes photos, pensant que ça pouvait les intéresser. Et quand j'arrive là, il y a une secrétaire, belle et souriante, qui m'accueille… elle est devenue ma femme, Annette. C'est comme ça que je l'ai connue.*

◀ François, Léonard, Annette et Olivier, Florence, juillet 1975.

Une femme : Annette

La rencontre d'Annette et Léonard, en février 1957, a vraiment de quoi faire sourire, tant elle paraît fortuite : un photoreportage sur un écrivain qui débouche sur cinquante ans de vie commune ! Lorsque le destin s'en mêle…

Etonnamment, Léonard et Annette auraient déjà pu se rencontrer quelques années auparavant à Vienne ou en Italie. Un album photographique d'Annette nous montre en effet que la jeune fille se trouvait à Pompéi en 1952, en même temps que Léonard ! Globe-trotteuse certes plus sage – elle ne voyage pas seule –, Annette a cependant quelques excursions à son actif au moment où elle rencontre le photoreporter valaisan ; elle a déjà visité notamment l'Angleterre, l'Allemagne et l'Italie.

Quant à ce fameux coup de foudre dans le bureau de l'Office du tourisme lausannois, il s'explique (presque) aisément. Léonard a tout pour plaire : le prestige du photoreporter, des airs de James Dean et, sans doute, un charme italien consommé. Aussi ne sommes-nous pas étonnés de voir apparaître, à un rythme accéléré, les premières photographies de Mlle Pavid, croquée sous toutes les coutures. Invitées par Léonard, Annette et une collègue de travail se rendent dans sa chambre d'étudiant pour découvrir ses photos au long cours. Les clichés pris en Italie, puis en Egypte et en Grèce en 1956, tapissent les murs.

Annette, une amie, et sa maman, Berthe Pavid, Pompéi, 1952.

Annette, bureau de l'ADIL, 1957.

Karine et Annette dans la chambre d'étudiant de Léonard, 1957.

Lausanne, 1957.

La suite, nous pouvons la lire entre les lignes, grâce aux photographies prises par Léonard lors de leurs nombreuses sorties en tête-à-tête. Les images parlent d'elles-mêmes et racontent ce nouveau bonheur sincère et par là même communicatif.

92

Après quatre ans de fréquentations, le 14 octobre 1961, Léonard épouse Annette Pavid à Lutry. Annette est protestante et un mariage religieux en Valais n'a pas été possible. Les deux tourtereaux s'exilent donc en terre vaudoise, où un prêtre plus ouvert et compréhensif, l'abbé Georges Juvet, accepte de bénir leur union.

14 octobre 1961, Lutry.

Le lendemain de la cérémonie, le couple s'envole pour une lune de miel de trois mois et demi sous la forme d'un voyage aux Amériques. Un billet d'avion de vingt mètres de long donne la mesure de l'expédition !
Au total, ce seront 60 000 kilomètres à travers vingt-huit pays, nonante heures de vol, sans compter les heures de voiture, de bateau et de train !
Ils visitent le Canada, Detroit, Chicago, New York, puis le Texas, le Mexique, le Guatemala, le Costa Rica, Panama, la Colombie, l'Equateur, le Brésil, le Pérou, la Bolivie… Le retour se fait par les Antilles… Evidemment, l'appareil photo et la caméra font partie des bagages.
Toujours en contact avec son réseau journalistique, Léonard publie deux articles illustrés intitulés « Une fois et demie le tour du globe » dans le *Nouvelliste du Rhône* au printemps 1962. Une année après, une projection de diapositives a lieu à l'Hôtel de Ville de Martigny : « Le jeune conférencier a fait défiler, sous nos yeux éblouis, une série saisissante de vues en couleurs sur son voyage de noces à travers l'Amérique aux multiples visages. M. Gianadda a même fait entendre des airs de musique typiquement américaine qui dégageaient bien l'esprit de ces différents pays. Il est dommage que le film d'une longueur de 1 km qu'il avait pris ait été rendu inutilisable, pour une raison purement technique. »[1]

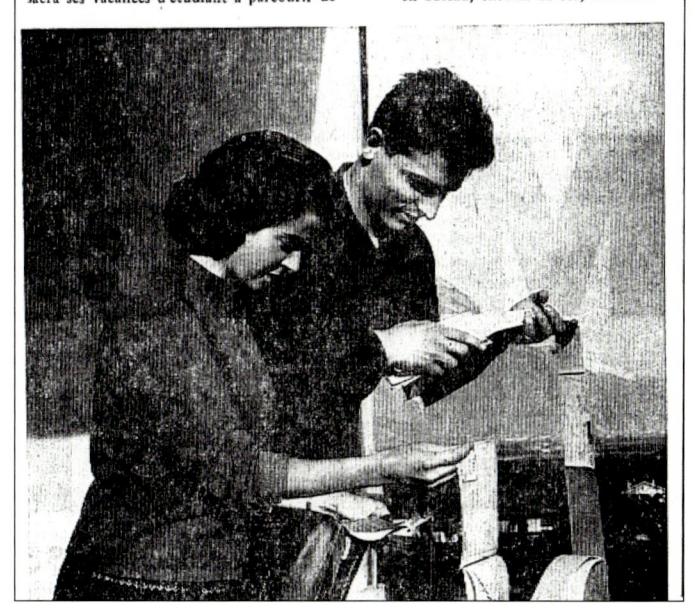

Nouvelliste du Rhône, 10 février 1962.

[1] « A travers le monde avec Léonard Gianadda », *Le Confédéré*, 3 avril 1963.

UNE FOIS ET DEMIE LE TOUR DU GLOBE !

Mexique et Mexicains

PAR LÉONARD GIANADDA

Tel ce vendeur de chapeaux, les gosses mexicains doivent apprendre à gagner leur vie dès leur plus jeune âge

Le matin, avant que les touristes envahissent la plage d'Acapulco, le pêcheur exerce son rude métier.

LA TRANSITION entre les U. S. A. et le Mexique est brusque : d'un côté l'ordre, la technique ; de l'autre la fantaisie, la nonchalance.

Un exemple ?

Du Yucatan, nous devons nous rendre par avion à Mexico. Notre manière improvisée de voyager nous vaut souvent des surprises plus ou moins agréables. Ainsi, nous apprenons que tous les avions directs sont complets pour plusieurs jours. Le Yucatan est certes accueillant et merveilleux, mais notre visite étant terminée, nous ne désirons pas y passer notre jeunesse. Une dernière possibilité d'évasion nous reste offerte : prendre l'avion omnibus des indigènes. De cette manière, il nous faudra une journée pour accomplir un trajet qui, normalement, s'effectue en moins de deux heures ; nous ferons cinq escales en cours de route. Belle perspective surtout pour Annette qui adore les atterrissages presque autant que les décollages !...

Le dimanche 26 novembre, nous nous rendons à l'aérodrome de Merida ; le départ est fixé à 9 heures.

Déjà la chaleur nous étouffe.

Nous constatons avec surprise que la Compagnie (mexicaine !) possède des quadrimoteurs : nous voyagerons en DC 4 et sommes rassurés à l'idée de sentir 3 moteurs de réserve sous les ailes...

Nous choisissons deux fauteuils près d'un hublot pour ne pas rater la vue sur la jungle yucatèque. Autour de nous les places se remplissent peu à peu, mais nous sommes les seuls « Blancs ». Quel touriste serait insensé au point de s'embarquer dans un tel « coucou » ? Une Indienne entre ; sur sa tête elle porte en équilibre un panier d'où s'échappent des gloussements significatifs ; suit un Monsieur tiré à quatre épingles, les oreilles rabattues par un large sombrero. Un jeune couple semble faire bon ménage : à peine installé, il déballe des provisions généreusement assaisonnées ; c'est tout juste s'il ne nous pique-nique pas sur les genoux ! Enfin l'équipage : le capitaine distribue force sourires aux dames et il semble qu'il

d'opérette plutôt que dans une cabine d'avion, le manche à balai entre les mains. Finalement, le décollage a lieu sans trop d'histoires.

J'imaginais le Mexicain vif, impatient, le sang chaud ; en réalité ces gens sont d'une impassibilité déconcertante. Dans les circonstances les plus épiques, ils ne froncent même pas leurs noirs sourcils broussailleux.

Nous survolons la jungle où se cachent encore d'innombrables vestiges de la brillante civilisation maya. La veille encore nous avons rendu visite à quelques témoins de ce passé riche et prodigue.

Mais, nous n'avons pas le temps de nous abandonner davantage aux souvenirs, car le présent retient toute notre attention. Après vingt minutes de vol nous amorçons déjà le premier atterrissage sur Campêche, le célèbre port du Golfe du Mexi-

que. Nous gagnons de la vitesse en perdant de la hauteur, les champs de sisal filent sous le train d'atterrissage ; une secousse vigoureuse, nous touchons le sol. Inconsciemment, je fixe les roues, la vitesse reste vertigineuse, soudain un jet de fumée jaillit sous les pneus qui laissent derrière eux une large traînée noire ; une roue s'est bloquée et l'inévitable se produit : un éclatement violent déséquilibre l'immense machine qui vacille. Avec une maîtrise qui n'a rien de commun avec l'opérette, le capitaine réussit à maintenir le quadrimoteur sur la piste, puis à l'arrêter sans dommage. Je passe la main sur mon visage ruisselant de sueur. Dans l'avion, personne ne semble avoir réalisé ce qui vient de se produire, impassibles les passagers attendent leur tour pour sortir de la carlingue, les visages toujours aussi fermés...

Prochain article : Chez les indiens Maya

L'origine indienne est évidente chez cette fillette de la campagne mexicaine.

Ces chandeliers, cactus géants, atteignent des tailles impressionnantes et

Pour récolter quelques sous, cette femme exhibe des iguanes (sorte de gros

Nouvelliste du Rhône, 6 avril 1962.

Chichén Itzá, Yucatán, Mexique, 1961.

Guatemala.

Chichicastenango, Guatemala, 1961.

Quito, Equateur.

Annette, Antilles, 1961.

Chichén Itzá, Yucatán, Mexique.

Près de Quito, Equateur, 1961.

Aéroport de Cuzco, Pérou.

Ingénieur et architecte

Au retour du voyage de noces, le jeune couple s'installe à Martigny. Léonard débute vraiment dans les affaires, il trouve un associé parfait en la personne de son camarade d'études de l'EPUL, Umberto Guglielmetti. Ensemble, ils ouvrent un bureau d'ingénieurs et d'architectes au centre de Martigny. Grâce à leurs compétences, ils obtiennent rapidement d'importants mandats publics, parmi lesquels nous pouvons citer les ponts de Riddes, de Gueuroz, de l'Eau-Noire, etc. En parallèle, ils réalisent de nombreuses constructions privées : « J'ai construit près de 1500 appartements dans la région de Martigny, avec un associé formidable. On a fait une carrière, une vie ensemble, un demi-siècle sans jamais avoir un mot. Ça, c'est extraordinaire ! Et pour ceux qui me connaissent, encore plus ! »[2]

TROULEROZ, 0800, heure H

LE CHÂTELARD. — C'est à 8 heures, hier matin, que la dernière benne de béton a été déposée dans le coffrage du pont du Trouleroz, sur l'Eau-Noire, entre Châtelard et Finhaut. Ouvrage clé qui permettra aux automobilistes de se rendre dans le village accroché au flanc des gorges du Trient, sans avoir à négocier les virages des « Echelles ».

Une nouvelle et importante étape dans la liaison qui se fait enfin entre la frontière française et la vallée du Rhône par Les Marécottes et Salvan.

Cet ouvrage du Trouleroz sur l'Eau-Noire est d'une conception entièrement neuve. A un point tel que des ingénieurs américains sont venus sur place pour se documenter. Hier encore, pendant la fin du bétonnage les élèves de l'école d'ingénieurs de Vienne, au nombre d'une quarantaine, sous la conduite de leurs professeurs MM. Adolf Pucher — une sommité mondiale dans le domaine du béton armé — et Erwin Treunmel, se sont attachés à examiner une technique révolutionnaire en ce qui concerne la construction des ponts.

Un bon point pour nos Valaisans Léonard Gianadda et Ugo Guglielmetti, fiers de leur enfant. Un enfant dont le génie civil octodurien se glorifiera.

Disons que le bétonnage a débuté lundi à 10 heures et qu'il s'est poursuivi « non-stop » jusqu'à hier matin à 8 heures. On va mettre l'ouvrage en précontrainte et, si tout va bien, au printemps prochain, les automobilistes pourront l'utiliser.

Ce fut, il faut le dire, une course contre la montre. Et c'est grâce au temps clément que constructeurs et créateurs ont vu hier leurs efforts couronnés d'un éclatant succès.

Les deux photos que nous reproduisons ici, ne vous donneront, lecteurs, qu'un faible aperçu de l'ampleur de l'ouvrage. Mais néanmoins, il vous sera facile de juger l'audace de l'étayage, du coffrage, l'élégance de la ligne, de la courbe d'un pont qui déplace des spécialistes du monde entier.

Nouvelliste du Rhône, 9 novembre 1967.

Les deux ponts de Gueuroz : l'ancien, construit par Baptiste Gianadda, et le nouveau, construit par Léonard et Umberto Guglielmetti, 1994.

Projet de la *Résidence du Parc* à Martigny, 1980.

[2] Entretien *Léoguide*, 20 avril 2015.

Martigny-Bourg et le progrès

Le bâtiment tel qu'il se présente une fois terminé.   Photo : Léonard Gianadda, Martigny

Il est certes un peu prématuré pour célébrer l'inauguration totale du bâtiment Gianadda « Eldorado », sis à l'avenue du Grand-Saint-Bernard à Martigny-Bourg. La finition ainsi que l'ouverture de la nouvelle boucherie-charcuterie Ruscio, avec locaux commerciaux et de fabrication dernier cri, nous permettent tout de même de parler de cette construction.

Sans forcer la mémoire, on se souvient de l'état des lieux, il y a quelques mois seulement. En se remémorant cet endroit, on comprend aisément que l'édification de ce bloc constitue dans son ensemble une indiscutable amélioration, tant au point de vue de l'esthétique générale que de celui de l'utilisation rationnelle d'un terrain sis en bordure d'une artère internationale. Mais surtout, et il est permis d'insister sur ce point : amélioration sur le plan assainissement. Une fabrique ou mieux, une industrie qui se développe comme celle de M. Ruscio, ne peut en aucun cas être exposée aux quatre vents, à la pluie et au soleil et du même coup, répondre à la première condition exigée par une telle exploitation : hygiène alimentaire.

Il fallait donc faire quelque chose : on l'a fait.
Bien entendu, les maisons Gianadda et Ruscio sont à féliciter pour les sacrifices consentis. Ces messieurs sont cependant d'avis que, sans la compréhension et la bienveillance des autorités de Martigny-Bourg, les choses ne seraient point où elles en sont. Donc, félicitons également ces autorités qui ne reculent devant aucun effort afin que leur commune suive la voie du progrès tracée par l'impératif : hygiène, harmonie.

Ayant rendu à César ce qui lui revient, parlons des artisans de ce succès dont la première tranche est en voie d'achèvement. Dans une branche comme dans l'autre, les maîtres d'état et leurs équipes en ont « mis un coup », sans que, pour cela, l'exécution et le fini du travail n'en souffrent.

La liste ci-dessous donne les noms de ces bâtisseurs auxquels on peut faire appel en toute confiance. Ce sont des gens de métier qui ont le goût du travail bien fait et on ne peut que leur « tirer chapeau ».

J.-J. L.

Nouvelliste du Rhône, 1er mai 1964.

Pont sur la déviation de Martigny, 1990.

Pont de l'autoroute, Riddes, 1985.

Un premier fils, François, naît le 15 mai 1963, suivi par Olivier, le 25 juin 1966.

Berthe Pavid, François et Annette, Bel Air, Martigny, 1963.

Cinq générations réunies : François, Léonard, Robert, Angiolina et Marietta, Curino, 1963.

François et Olivier, Chemin-Dessus, 1970.

Olivier, Angiolina et François, Chemin-Dessus, 1972.

Attention eau profonde!

# Deuxième vie
LA FONDATION

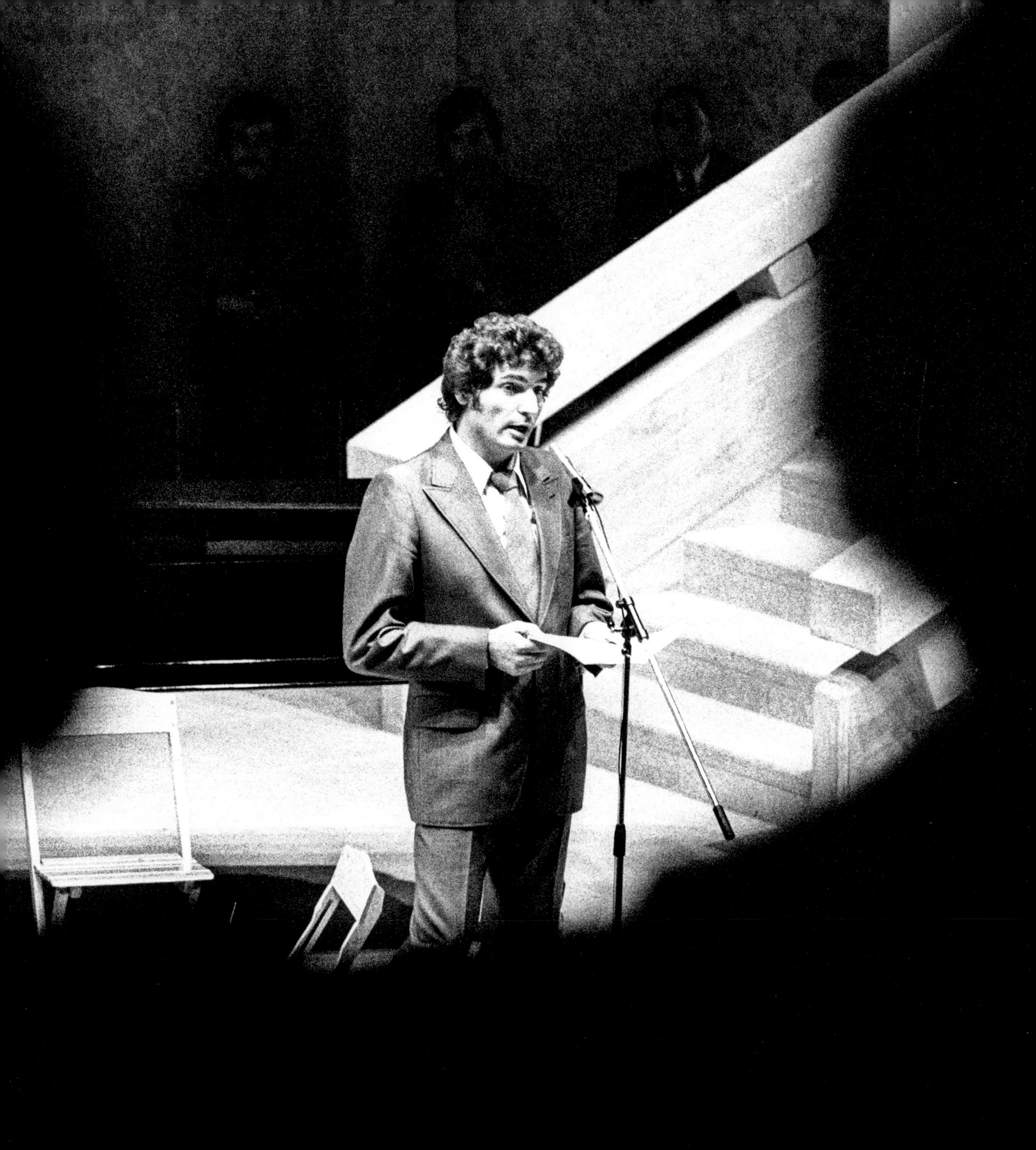

Création de la Fondation, 1976-1978

Quand une tour de seize étages se transforme en un mémorial fraternel.

Entretien *Léoguide* n° 8, 20 avril 2015.

La décision de créer une fondation est due au hasard, si je peux appeler cela le hasard. Pendant dix à quinze ans, j'ai beaucoup travaillé comme ingénieur. Les affaires ont bien marché. J'ai gagné de l'argent, beaucoup d'argent. En 1975-1976, je veux construire un immeuble-tour à Martigny. On effectue les fouilles de l'immeuble et on découvre les vestiges d'un temple gallo-romain à trois mètres sous terre. Modeste, très modeste, mais quand même. Je reçois le permis de construire, ce qui sous-entendait le permis de raser ces vestiges. Cela m'ennuyait. C'est à ce moment-là que mon frère Pierre, en juillet 1976, a un accident d'avion en rentrant d'une expédition en Egypte avec Jean Garzoni, le directeur du Vivarium de Lausanne. L'avion s'est crashé à Bari lors du décollage. A la suite d'une panne de moteur, il s'est posé dans un champ d'oliviers dont les branches ont crevé les réservoirs d'essence et l'avion a pris feu. Pierre est sorti, mais comme deux passagers restaient à l'intérieur, il est retourné leur porter secours... Il a été grièvement brûlé à ce moment-là et il est décédé une semaine plus tard à Zurich.

J'ai alors immédiatement décidé de faire quelque chose en souvenir de lui. Comme il y avait ces vestiges du temple, que ça m'ennuyait de les raser, j'ai décidé de faire une fondation qui porte son nom et de sauvegarder les vestiges. Les choses sont allées très vite. J'ai offert le terrain, la construction, j'ai tout financé. Deux ans après, le 19 novembre 1978, jour où Pierre aurait eu quarante ans, on inaugurait la Fondation Pierre Gianadda.

◄ Inauguration de la Fondation Pierre Gianadda, 19 novembre 1978.

En 1973, Léonard Gianadda projette de construire un immeuble-tour de seize niveaux et de septante-deux appartements à la périphérie de la ville, à Martigny, sur un terrain d'environ 7000 m². Son nom ? La *Tour Belvédère* !

Avant d'autoriser les travaux, le Département de l'instruction publique du Canton du Valais demande que des fouilles archéologiques soient entreprises sur l'emplacement de la future construction. Le lieu est en effet proche de l'ancienne ville gallo-romaine : l'amphithéâtre du Vivier et l'antique Forum sont à deux pas.

Au cours de ces recherches, en juin 1976, un temple apparaît sous plusieurs mètres de terre. La presse locale retrace la découverte : « Décidément, le sous-sol de l'ancien Octodurus n'a pas fini de provoquer des surprises parmi les gens qui s'occupent de retrouver – ou de conserver – des vestiges de l'époque romaine. Au cours d'excavations destinées à recevoir les fondations d'un nouvel immeuble locatif, à l'extrémité sud de la rue de Pré-Borvey, là où elle fait angle avec la rue du Forum, on a mis au jour des vestiges d'un temple gallo-romain dont on ignorait jusqu'ici l'existence.

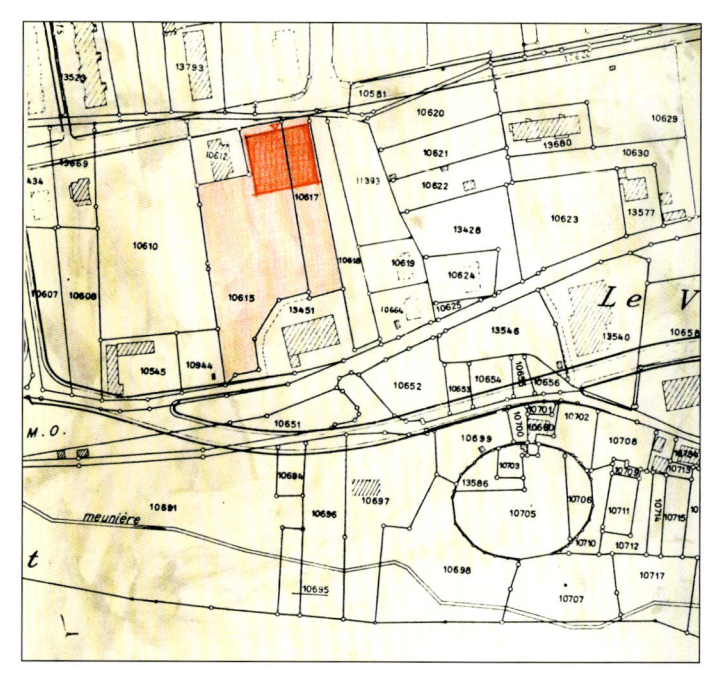

Plan de situation de la mise à l'enquête, 1976.

» M. François Wiblé et son équipe de fouilleurs sont immédiatement intervenus. Dans le plus grand secret pour n'être point dérangés. Mais aujourd'hui, on ose en parler. Par un hasard extraordinaire, ces vestiges sont placés au centre même de l'excavation, ce qui a grandement facilité les investigations. Des tranchées latérales ont également été faites de manière à avoir une vue plus générale de l'ensemble dont les plans sont en train d'être relevés.

» Le promoteur de la construction les conservera-t-il dans son sous-sol ? C'est possible car il pourrait les aménager en 'carnotzet' romain. »[1]

Découverte du temple gallo-romain, juin 1976.

[1] *Nouvelliste et Feuille d'Avis du Valais*, 22 juin 1976, p. 19.

Sensible aux vestiges du passé, comme il l'a montré dans ses nombreuses visites archéologiques avec Pierre lors du tour de la Méditerranée en 1960, Léonard cherche une solution pour conserver ce temple, quand bien même il a reçu la permission du Canton de le raser pour y bâtir son immeuble. Durant les vacances d'été, l'ingénieur esquisse des projets, imagine un édifice qui puisse également servir de musée archéologique pour le patrimoine gallo-romain de Martigny. Il s'inspire notamment de la forme ronde du Guggenheim de New York. Mais toutes ses idées débouchent sur des impasses. Un coup du destin intervient quelques semaines plus tard : Pierre, le frère dont il est si proche, meurt le 31 juillet 1976 à la suite d'un accident d'avion en Italie. Cette tragédie complète la série noire des deuils familiaux : le 29 janvier 1972, son père décède d'une embolie à 66 ans ; peu de temps après, le 19 octobre 1973, sa mère est fauchée par le train du Martigny-Orsières en revenant du cimetière où elle a été fleurir la tombe de son époux…

Bouleversé par la disparition de son frère, Léonard décide immédiatement de transformer l'immeuble-tour en Fondation, en souvenir de Pierre et des liens qui les unissaient : « Au début de l'année 1976, nous avons fait ensemble un voyage de trois semaines à Ceylan ; je précise que lors de son voyage de noces chez les Dayaks, les coupeurs de têtes de Bornéo, il m'a pris avec lui… et il a aussi pris sa femme… C'est pour dire à quel point nous étions proches l'un de l'autre. »[2]

3 millions pour le musée romain de Martigny

C'est une histoire peu ordinaire qui vient d'arriver à Martigny. Un jeune ingénieur de la ville, M. Léonard Gianadda, voulait construire, sur un terrain qui lui appartenait, un immeuble de quatorze étages. On creusa donc les fondations qui, de Martigny, aboutirent à Octodorus. Séduit par les restes romains ainsi découverts, M. Gianadda renonça à ériger son bloc, ce qui peut sembler provisoirement normal.

Ce qui est plus surprenant, par contre, c'est que l'ingénieur ait eu l'idée d'offrir la parcelle à l'Etat, par le truchement d'une fondation constituée à cet effet. Cette fondation suppose de plus la construction d'un musée qui abritera, outre les restes du temple de Mercure découverts sur place, les différentes traces du passé romain de Martigny exhumées jusqu'ici. L'ensemble du don est estimé à quelque trois millions.

On peut se demander en passant ce qui arriverait si la société chargée de construire la centrale de Kaiseraugst déterrait, elle aussi, des restes romains… (ATS/ED)

Tribune de Genève, 27 février 1977.

Décès de M. Pierre Gianadda

MARTIGNY. — Le terrible accident d'avion, survenu dimanche il y a huit jours, sur l'aérodrome de Bari a fait une quatrième victime en la personne de M. Pierre Gianadda, de Martigny. Ce dernier est en effet décédé des suites de ses très graves brûlures samedi à 15 heures à l'hôpital cantonal de Zurich où il avait été transporté par les soins de la GASS, lundi dernier.

Les causes de l'accident

M. Pierre Gianadda, qui a conservé, tout au long de la semaine toute sa lucidité, a pu expliquer les causes exactes de cette tragédie. Peu après le décollage, le moteur de l'avion eut des ratés et perdit rapidement de la vitesse. Le pilote Jean-François Antonini, de Neuchâtel, qui devait être tué sur le coup, tenta alors de ramener l'avion à l'aéroport tout proche. Au cours de cette manœuvre, l'avion toucha les branches d'un olivier avec l'aile gauche, ce qui provoqua la perforation de deux réservoirs à essence et communiqua immédiatement le feu à l'appareil qui s'écrasa au sol. M. Pierre Gianadda parvenait à se libérer rapidement et à sortir de l'appareil. C'est en revenant au secours de Mme Christiane Honegger, elle aussi décédée sur place, qu'il se fit de très graves brûlures, notamment au visage et aux bras.

Transporté à l'hôpital San Camillo de Rome, M. Gianadda devait ensuite, le lundi, être transféré à l'hôpital cantonal de Zurich où tout fut mis en œuvre pour le sauver. Parfaitement conscient de son état, M. Gianadda est mort samedi après-midi à 15 heures, victime de ses profondes brûlures.

Pierre Gianadda

Né à Martigny, le 19 novembre 1938, Pierre Gianadda fit ses études en Octodure, au collège de Saint-Maurice puis au collège de Schwytz.

En 1968, il unissait sa destinée à Mlle Chantal Dionisotti de Saint-Maurice. De leur union heureuse devait naître un petit garçon, âgé aujourd'hui de six ans, Laurent.

Pierre Gianadda, comme ses amis l'ont connu, proche de la grande aventure et des pays lointains tout en restant attaché à sa patrie valaisanne.

Pierre Gianadda, c'était avant tout, dans le bon sens du terme, l'un des derniers grands aventuriers de notre époque. Ayant la chance d'avoir une situation aisée, il avait choisi une fois pour toutes, de vivre dans la joie, dans l'amitié, dans la camaraderie et dans la nature. Découpé en athlète et doué d'une franchise, d'une sincérité à toute épreuve, Pierre Gianadda vivait l'instant présent pour sa famille, ses amis. Naturels, étaient chez lui le sourire, la gaieté, la joie de vivre. En toutes circonstances, on pouvait faire appel à lui, à son aide aussi bien morale que financière. Jamais Pierre Gianadda ne refusait un service, jamais non plus il ne faisait état de suffisance mais bien au contraire, il était toujours prêt à aider, à rendre service.

A Martigny, comme d'ailleurs auprès de tous ses amis, Pierre Gianadda laissera l'image d'un garçon enjoué, d'un vrai camarade qui avait su choisir une voie que peu d'hommes, dans sa situation, aurait eu à la fois le courage et l'audace d'adopter. Sa disparition brutale et tragique nous enlève un grand ami.

A toute sa famille, plus particulièrement à sa femme, à son fils et à ses deux frères Léonard et Jean-Claude, nous présentons nos très sincères et très émues condoléances.

SET

Nouvelliste et Feuille d'Avis du Valais, 2 août 1976.

---

[2] Entretien *Léoguide*, 20 avril 2015.

En août 1976, Léonard dessine les plans de la future Fondation. Six mois plus tard, le 24 février 1977, l'acte de constitution est signé à l'Hôtel de Ville de Martigny. Le photographe Philippe Schmid fixe sur le cliché reproduit ci-dessous : Léonard-Pierre Closuit, secrétaire de la Fondation Pro Octoduro ; Georges Darbellay, président de la Bourgeoisie de Martigny ; Léonard Gianadda ; Edouard Morand, président de la Commune de Martigny ; Jean Bollin, vice-président ; Willy Joris, collaborateur ; Albert de Wolff, directeur des Musées cantonaux ; François Wiblé, archéologue ; l'abbé François-Olivier Dubuis, archéologue cantonal ; Antoine Zufferey, conseiller d'Etat ; Bernard Couchepin, notaire ; Adèle Ducrey-Gianadda.

Léonard offre les terrains nécessaires et assume la quasi-totalité des frais de construction du bâtiment : « Si l'on constate que la commune de Martigny comme l'Etat du Valais ont apporté leur soutien financier à cette œuvre qui devrait marquer l'avenir touristique et culturel du bassin martignerain, on acquiert également la conviction qu'en Valais, à Martigny plus particulièrement, il existe encore des mécènes généreux sachant perpétuer le souvenir de l'être cher de la manière la plus noble qu'il soit : faire partager leurs sentiments et leurs biens personnels pour le bien de la communauté. »[3]

Pierre et Léonard, dessin de Marie Antoinette Gorret, 1978.

Signature de l'acte de constitution de la Fondation Pierre Gianadda, Martigny, 24 février 1977.

[3] *Nouvelliste et Feuille d'Avis du Valais*, 2 novembre 1978.

Les buts de la Fondation Pierre Gianadda sont simples. Ils allient le souvenir d'un frère trop tôt disparu au désir de promouvoir l'histoire de la cité et d'y apporter des animations culturelles temporaires, aussi bien musicales que picturales. Pour Léonard, n'est-ce pas là le moteur qui le pousse à replonger dans une activité qui lui tenait à cœur lorsqu'il avait dix-huit ans et qu'il tentait de sensibiliser la population martigneraine à la culture ?

Grâce à la générosité de M. Léonard Gianadda
Martigny aura son musée romain

MARTIGNY. — Depuis des années, notre ami Léonard Closuit, secrétaire de Pro Octoduro, se creuse la cervelle pour trouver un local — ou des locaux — où seraient exposées les trouvailles faites chez nous lors de fouilles archéologiques. L'éventail est riche déjà et il faut s'attendre à le voir augmenter au cours des années à venir, au fur et à mesure qu'on ouvrira le terrain au nord de la patinoire et l'ancien stade de football.

Or, nous apprenions hier, à l'hôtel de ville, qu'on allait signer un acte de fondation — la « Fondation Pierre Gianadda » — dont le but est d'assurer la conservation et la mise en valeur des vestiges du temple gallo-romain découvert l'an dernier à la rue du Forum, dans des parcelles appartenant à M. Léonard Gianadda, ingénieur.

C'est ainsi que ce dernier a voulu perpétuer la mémoire de son frère cadet, décédé tragiquement des suites d'un accident d'avion.

les niches destinées à recevoir les grands objets (comme la colonne milliaire par exemple) et les vitrines d'exposition.

Tout cela est parfaitement conçu ; il aura l'avantage de se trouver en bordure de la zone archéologique et deviendra un extraordinaire point attractif pour la cité.

Le coût de l'ensemble des prestations (terrains, construction et divers) est estimé à trois millions de francs.

La commune de Martigny participera à cette réalisation pour un montant de

Au nom de ses amis, en son nom, au nom de toute la population, disons un grand merci à M. Léonard Gianadda.

Le temple gallo-romain

On en avait déjà découvert un à la fin du siècle dernier dont les contours sont marqués en peinture verte sur le tapis bitumineux de la rue du Forum.

Quant à celui dont nous parlons aujourd'hui, qui sera conservé et que le public pourra admirer au centre du futur musée, nous nous pencherons sur son cas passionnant, dans notre prochaine édition, en compagnie de M. François Wiblé, directeur des fouilles d'Octodure.

La maquette du musée, dont on notera l'architecture originale, sans fenêtre, qui sera appelé à devenir le temple » de l'archéologie romaine en Octodure.

Un événement d'importance nationale

Ce qui s'est passé hier à 11 h. 45 à l'hôtel de ville de Martigny est l'acte le plus important qui s'est déroulé dans toute l'histoire de l'archéologie octodurienne. Il a un impact non seulement sur le canton du Valais, mais encore sur la Suisse. Il classe Octodurus parmi les hauts lieux de l'archéologie gallo-romaine en Europe.

L'acte de fondation a été stipulé par Me Bernard Couchepin qui officia gratuitement. Etaient présents :
– des représentants de la famille Gianadda ;
– M. Antoine Zufferey, chef du Département de l'instruction publique ;
– M. Albert de Wolff, conservateur des musées cantonaux ;
– M. François-Olivier Dubuis, archéologue cantonal ;
– M. Edouard Morand, président de la commune ;

– M. Jean Bollin, vice-président de la commune ;
– M. Georges Darbellay, président de la bourgeoisie ;
– M. Léonard Closuit, secrétaire de Pro Octoduro ;
– M. François Wiblé, directeur des fouilles.

M. Léonard Gianadda a été désigné comme président de la fondation.

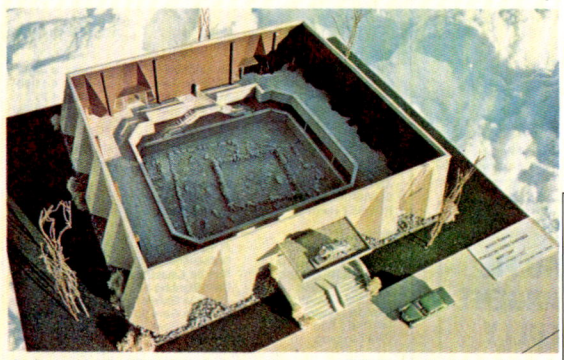

Après avoir enlevé le toit de la maquette, on se rend compte de l'originalité de la conception de l'ensemble.
Photos Michel Dorsaz

La fondation veut mettre à disposition du Service des musées cantonaux des locaux pour l'exposition d'objets romains et créer, par là-même, le « Musée gallo-romain » de Martigny. On pourra aussi utiliser à des fins culturelles les salles d'exposition et les parcelles cédées. Elle contribuera d'une façon générale à l'essor culturel et touristique de notre ville.

La fondation a reçu hier de M. Léonard Gianadda les parcelles citées plus haut. Elle recevra en outre le bâtiment à construire sur ces parcelles et destiné à abriter les vestiges du temple gallo-romain et à mettre en valeur une collection archéologique.

Ce bâtiment — comme le montrent nos photos — est révolutionnaire. Ne possédant aucune fenêtre, tout sera éclairé par des spots. Une galerie entourant les vestiges du temple servira aux expositions, tandis qu'une seconde située plus haut contiendra

330 000 francs payables en onze annuités de 30 000 francs chacune. Elle pourra se libérer entièrement de cette obligation par un versement unique et global de 250 000 francs, payable en une seule fois à la fin des travaux.

L'Etat du Valais versera une somme forfaitaire de 420 000 francs payable en annuités, selon les possibilités budgétaires, la première fois à la fin des travaux.

LE SOLDE DE L'INVESTISSEMENT, À CONCURRENCE DES TROIS MILLIONS DE FRANCS DEVISÉS, EST INTÉGRALEMENT COUVERT PAR LE FONDATEUR, M. LÉONARD GIANADDA.

C'est l'Etat du Valais et la commune de Martigny qui assumeront en commun les frais d'entretien et d'exploitation.

Un geste d'une extraordinaire valeur ; une décision importante qui mettra nos amis de Pro Octoduro fort à l'aise.

Nouvelliste et Feuille d'Avis du Valais, 25 février 1977.

Buts de la Fondation Pierre Gianadda[4]

> A. Assurer la conservation et la mise en valeur des vestiges du temple gallo-romain découvert en 1976 à Martigny.
> B. Mettre à disposition du Service des Musées Cantonaux des locaux pour l'exposition d'objets romains découverts à Martigny et ainsi créer le Musée gallo-romain.
> C. Utiliser à des fins culturelles les salles d'expositions et les parcelles cédées.
> D. Contribuer d'une façon générale à l'essor culturel et touristique de Martigny.

[4] Version gravée dans le bronze, 27 février 1977, *La Fondation Pierre Gianadda*, 1983, p. 51.

LE MATIN Tribune
le point de l'actualité

MARTIGNY

Un musée gallo-romain grâce à un généreux mécène

« Le but premier de mon intervention est de perpétuer le souvenir de mon frère Pierre », a déclaré M. Léonard Gianadda, qui vient de mettre trois millions de francs — en terrains, construction, etc — dans la Fondation Pierre-Gianadda, créée hier à Martigny, et qui permettra de construire (les travaux débuteront dans quelques semaines et l'ouverture est prévue pour la fin de l'année déjà) un musée gallo-romain à Martigny. Ce musée, qui, selon M. Léonard Closuit, président de Pro Octoduro, deviendra un des hauts lieux de l'archéologie gallo-romaine de Suisse, sera un musée cantonal. De construction moderne (le premier du genre en Valais), il traduira, selon l'archéologue cantonal François-Olivier Dubuis, l'expression de notre temps.

La grande particularité du musée, qui absorbera notamment une partie des pièces découvertes à Martigny, résidera dans sa conception étudiée pour protéger et mettre en valeur les vestiges d'un temple gallo-romain. Ce temple, à l'intérieur duquel les archéologues ont notamment découvert 656 monnaies, a été mis au jour justement sur des terrains appartenant à M. Léonard Gianadda. Ce dernier projetait de construire une maison-tour à cet endroit. A la suite du décès tragique de son frère dans un accident d'avion, M. Gianadda renonça à son projet de construction et pensa édifier, autour des vestiges du temple, qui constitueront l'élément central du musée, un bâtiment de trente mètres de côté, sur deux étages, étayés de vitrines, un musée qui rappellerait la mémoire de son frère. Il mit donc 7000 mètres carrés de terrain à disposition de la fondation et offrit de construire, à ses frais, le musée lui-même, soit un total de 3 millions de francs. M. Gianadda rencontra l'appui total de la Municipalité de Martigny, qui versera à la fondation soit 330 000 francs par annuitées de 30 000 francs, soit 250 000 francs d'un seul versement, mais aussi celui de l'Etat du Valais, qui conférera au musée la dignité de « cantonal » et octroiera à la Fondation Pierre-Gianadda un montant de 400 000 francs. Commune et Etat assumeront les frais d'exploitation et d'entretien de ce musée.

Le geste de M. Gianadda a été salué avec enthousiasme par les autorités, les archéologues et le président de Pro Octoduro, qui relève que c'est la première fois en Suisse qu'un don de cette importance est effectué par une seule personne et pour un seul objet archéologique.

L. V.

M. Léonard Gianadda et la maquette du futur musée. (Valpresse)

MARTIGNY
Don de 3 millions

Affichette et article de la *Tribune – Le Matin*, 25 février 1977.

F. D. : *Quelles sont les raisons qui vous poussent à faire cette donation ?*
L. G. : *A la suite d'un accident d'avion qui a coûté la vie à mon frère, Pierre, l'année dernière, je désirais, d'une manière tangible, perpétuer son souvenir par cette construction.*

Des fouilles préliminaires effectuées par les services cantonaux ont mis au jour les vestiges intéressants d'un temple gallo-romain.

J'ai pensé qu'il était possible de préserver et mettre en valeur ces vestiges en réalisant une construction qui pourrait également servir de musée romain.

– Comment se présente ce musée romain ?
– Il s'agit d'une construction d'environ mille mètres carrés, d'une seule portée, sans piliers intermédiaires, et d'un volume d'environ dix mille mètres cubes. En son centre, l'attraction sera la ruine du temple gallo-romain, qui sera préservée intégralement. Il y aura une galerie tout autour de la construction, qui permettra au visiteur d'avoir une vue plongeante sur le temple. Les alvéoles que vous apercevez en façade auront surtout un but fonctionnel, en ce sens qu'elles créeront à l'intérieur des niches qui permettront l'exposition des pièces et des vitrines. Une deuxième galerie inférieure permettra une extension future et, éventuellement, des expositions de peinture ou autres.

Un jour une heure, interview de Léonard Gianadda par François Dayer, Radio Télévision Suisse, 24 février 1977 (www.rts.ch/archives).

Chantier de la Fondation, mars 1978.

Chantier de la Fondation, avril 1978.

Visite en compagnie d'Hubert Fauquex, avril 1978.

Durant l'hiver 1976-1977, les vestiges du temple sont recouverts pour les protéger des rigueurs climatiques. La campagne de fouilles reprend en mars 1977 et, en septembre, les travaux de construction commencent. Léonard Gianadda explique ainsi le plan de la Fondation : « J'ai toujours été impressionné par les temples assyriens, les 'ziggourats' où les prêtres célébraient le culte du feu. Je n'ai pas cherché à m'en inspirer mais, après coup, il me semble que certaines de leurs particularités m'ont influencé. […] Les choix fondamentaux, qui ont abouti finalement à la forme définitive de l'édifice, étaient fonctionnels […] Il y avait un temple. Il y avait une route communale. Il fallait en tenir compte. […] Il était nécessaire d'inventer une formule pour gagner de la place. La solution était d'élargir artificiellement le bâtiment avec des éléments n'allant pas jusqu'au sol, afin de tenir compte de la route existante. J'ai donc prévu des pans inclinés en porte-à-faux. L'espace ainsi gagné abrite, à l'intérieur, des alvéoles qui représentent autant de lieux d'exposition. […] A côté du Parthénon, cet édifice n'est qu'un grain de poussière, mais c'est le nôtre ! »[5]

[5] *Construire*, 11 août 1982.

« De nuit, lorsque seule la façade est illuminée, la Fondation ressemble à un grand navire de pierre, arrimé au quai du trottoir. Ses alvéoles se gonflent comme autant de voiles, son soubassement fuit, telle une coque. Ses escaliers, passerelles inamovibles, invitent les passants à quitter la terre ferme, à s'embarquer sur ce bâtiment d'un nouveau genre pour visiter le passé et le futur : le temple que nos ancêtres dédièrent à Mercure, voici plus de vingt siècles, et les créations d'artistes d'avant-garde qui préfigurent l'avenir.

» La chaude couleur de l'édifice est due à la pierre du Gard, cette pierre jaune-ocre qui revêt les sols du bâtiment, les galeries, les gradins, les marches de l'imposant escalier intérieur et jusqu'aux socles servant à exposer des objets. […] Les teintes chaudes sont également présentes dans le gravier ocre de Bourg-en-Bresse et dans le sable rougeâtre de Vérone qui donnent au béton des façades cette singulière tonalité antique. »[6]

Nouvelliste et Feuille d'Avis du Valais, 17 novembre 1978.

L'édifice est construit sur deux niveaux. Au rez inférieur, nous trouvons les ruines du temple gallo-romain, autour duquel a été bâti tout le bâtiment. Toute cette partie est réalisée en béton armé. Au rez supérieur, nous trouvons une galerie d'exposition avec une vue plongeante sur les ruines du temple. La façade est composée d'une succession d'alvéoles en béton préfabriqué. Toutes ces pièces sont reliées entre elles par soudure et le tout est porté par des pilliers ancrés dans la dalle et les murs du rez inférieur. La réalisation de l'œuvre a nécessité la mise en place de plus de 80 pièces préfabriquées, pour un poids total de 600 tonnes environ. Le système porteur de la toiture est constitué d'une grille de poutres métalliques d'une portée de 26 m par 30 m sans aucun appui intermédiaire. Le poids total de la charpente ascende à 30 tonnes. Le sol de l'intérieur, ainsi que les revêtements d'escaliers, les mains courantes, les socles, etc., sont réalisés avec une pierre de même provenance que celles ayant servi à la construction du Pont du Gard.

Ce matériel représente un poids total d'environ 220 tonnes. Les normes de la construction sont les suivantes :

– Surface : env. 1000 m^2 ;
– Hauteur intér. : env. 13 m ;
– Volume SIA : env. 13 000 m^3 ;
– Surface des terrains : 7000 m^2.

Le bâtiment se situe dans un quartier relativement neuf du Grand-Martigny, soit à l'angle de la rue Pré-Borvey et de la rue du Forum. De conception audacieuse, voire même futuriste, il s'intègre cependant merveilleusement bien dans le paysage ambiant. Malgré la « masse », les allures du tout ne sont jamais écrasantes, bien au contraire ; et le mouvement qui a été donné aux éléments préfabriqués confère à l'ensemble un aspect qui tient du modernisme bien pensé mais rappelle également l'aspect ancien que l'on attendait d'une demeure appelée à servir de cadre protecteur au temple gallo-romain et à toutes les découvertes archéologiques faites à Martigny. Découvertes garnissant aujourd'hui de nombreux musées cantonaux et fédéraux mais que l'on ne désespère pas de voir un jour regagner les murs de… leur origine !

Vues de la Fondation, novembre 1978.

[6] *La Fondation Pierre Gianadda*, 1983, p. 51.

Après un peu plus d'une année de travaux, la Fondation Pierre Gianadda est inaugurée le jour anniversaire des quarante ans de Pierre, le dimanche 19 novembre 1978. Un nombreux public – plus de six cents personnes – est présent pour saluer l'ouverture de ce nouvel espace dédié à la culture : « L'émotion, le plaisir, la surprise aussi peut-être venaient de la grande majorité des personnes présentes, non inscrites sur la liste officielle des invités : la population de Martigny ! Cette dernière représentée par des familles et des personnes de toutes conditions n'a pas manqué le rendez-vous que lui avait fixé la toute nouvelle Fondation. Dans un élan des plus sympathiques, elle s'est trouvée présente à l'heure de la cérémonie officielle. C'est là le premier grand succès du 'Musée d'Octodure' et il convenait de le souligner ! »[7]

Olivier, Léonard, Laurent, le fils de Pierre, et Marc Moret, secrétaire communal de Martigny, 19 novembre 1978.

Allocution de Jean Bollin, président de Martigny (extraits)[8]

« Ce jour demeurera mémorable dans les annales de la cité. Ce 19 novembre 1978 aurait pu être une joyeuse journée de famille où l'on fêterait le 40e anniversaire de l'un des siens et passer inaperçu pour la plupart d'entre nous. Le destin en a décidé autrement. Il dote notre ville, la région, le pays d'un inestimable attribut pour notre patrimoine culturel. 'La réalité approuve le rêve' a écrit Saint-Exupéry. Ici, elle le dépasse. [...] j'ai le sentiment que nous ne l'avons pas encore réalisé. Il faudra un peu de temps, de calme, de recul, pour prendre pleine conscience de ce que cela représente comme précieux complément aux autres aménagements de la cité, au vénérable Manoir en particulier, mais qui ne saurait être relégué par ce frère nouveau-né. [...] Quoi qu'il en soit, cet édifice deviendra un lieu privilégié de rencontres, de contact, d'amitié. »

[7] *Gazette de Martigny*, 23 novembre 1978.
[8] *Livre d'or* de la Fondation, vol. 1.

Concert d'inauguration, 19 novembre 1978.
Annette et Léonard, inauguration de la Fondation.
Dévoilement de la dédicace de la Fondation par Olivier et Laurent.

Allocution de Léonard Gianadda (extraits)[9]

« Aujourd'hui une page se tourne ; des projets deviennent réalité. Après des mois de travail, de soucis, de joies, mais aussi de peine, nous arrivons au terme d'une étape.

» De la joie certainement, car c'est une profonde satisfaction de pouvoir vous accueillir tous ici aujourd'hui. De la peine également en raison de ce qui a provoqué la création de cette Fondation et entouré sa réalisation. […] Il y a quarante ans aujourd'hui même naissait mon frère Pierre. C'était le 19 novembre 1938. Je ne m'en souviens pas, je n'avais que trois ans. Par contre, je me souviens comment nous avons grandi ensemble et combien c'était un frère merveilleux. Nous nous sommes toujours entendus comme deux larrons en foire pour faire les quatre cents coups. Parfois nos avis divergeaient mais nous nous retrouvions toujours. Nous nous appréciions et nous nous aimions. […] Entre nous il y avait une complicité merveilleuse et des liens que la brusque et tragique disparition de notre papa et de notre maman avait certainement resserrés.

» Et puis ce fut le terrible accident de ce dimanche 26 juillet 1976 qui devait lui coûter la vie.

» […] C'est pour perpétuer son souvenir que j'ai décidé de créer la Fondation qui porte son nom, la Fondation Pierre Gianadda, à laquelle je fais aujourd'hui don de ce Musée.

» Je l'offre également à cette ville de Martigny que j'aime, cette ville qui a accueilli ma famille il y a trois générations seulement. Je vous l'offre également à vous tous et je vous remercie de l'accepter. »

[9] *La Fondation Pierre Gianadda*, 1983, p. 47.

Avant-propos de Pierre Gassier (extraits)[10]

« La Fondation Pierre Gianadda ? Un rêve d'ingénieur devenu musique, peinture, sculpture, poésie. Un acte de piété fraternelle aussi, dressé à ce carrefour des routes millénaires, au creux de la grande vallée où le fleuve hésite, puis brusquement infléchit son cours à la recherche de sa délivrance. Pour celui qui arrive à Martigny, la Fondation c'est l'appel de deux bras tendus qui se refermeront enfin sur des trésors à peine imaginables, source de joies intenses découvertes là où la petite ville ne pouvait offrir, croyait-on, que le calme ensoleillé de ses vieux murs et la flânerie sur 'la place'.

» Sous ses voûtes silencieuses et secrètes, la Fondation est devenue le rendez-vous de tous ceux qui n'oublient pas les racines profondes de ce site de civilisation du bronze, mais aussi qui aiment à revivre chaque année au rythme de la création des temps modernes. […]

» Mais pourquoi ces milliers d'hommes, de femmes, d'enfants venus des quatre coins du monde, pourquoi cette foule étonnée autour du vieux temple gallo-romain ? Sur les murs blancs s'alignent, presque naturellement, les signes infaillibles du rêve devenu événement. Car ici un homme seul a décidé de rêver et voulu, de toutes ses forces, faire de ce rêve une réalité pour les autres, pour tous ceux qui, comme lui, aiment la beauté la plus rare. Bonheur un peu fou, mais rayonnant de générosité et surtout, pour ceux qui ont la chance de l'approcher, d'amitié spontanée. Et silencieusement défilent ici, tout à coup fascinés, ceux et celles qui n'en croient pas leurs yeux : des œuvres presque inaccessibles, des œuvres qu'ils pensaient ne voir jamais hors des livres et des musées sont là, offertes sans ostentation à leurs regards curieux. Elles brillent de tout leur éclat […] Pourquoi les énumérer ? Pourquoi dire les noms prestigieux qui s'inscrivent au bas de chacune d'elles ? Il faut que la surprise reste entière. Et lorsque les deux bras qui vous attendaient là se seront refermés, lorsque la longue route du voyageur aura trouvé enfin sa récompense, il n'aura plus qu'une pensée : un autre jour, un autre été, revenir à Martigny, revenir à la Fondation Pierre Gianadda. »

Si on en causait…

La Fondation Pierre-Gianadda est entrée dans l'Histoire valaisanne, l'Histoire de la Suisse. **Issue d'une fusion merveilleuse : intelligence et bonté.**

Sous le règne de François Ier, à la belle époque de la Renaissance, on édifiait « Chenonceaux ». Les rives du Léman possèdent « Chillon ». Sujets d'une petite bourgeoisie, nous avons reçu « Le Musée romain d'Octodure ». En sommes-nous heureux, reconnaissants ? Ceci est certain !

Dans toute sa splendeur !

Mais nous nous trouvons dépassés par l'ampleur de cette réalisation que nous pouvons qualifier de « nationale » ! Une réalisation pour laquelle l'Etat du Valais ainsi que la commune de Martigny ont épaulé une donation de très grande importance ! La Fondation Pierre-Gianadda fait partie de notre patrimoine. Elle assure déjà la conservation et la mise en valeur du temple gallo-romain. Elle devient un « home » magnifique pour de nombreux objets romains découverts aux cours de fouilles pratiquées dans la région de Martigny. Elle reçoit, comme invitée d'honneur, la célèbre colonne militaire, jusqu'ici dissimulée dans le feuillage d'un beau jardin !

Tout l'avenir culturel de la région se joue dans cet édifice. La musique en occupe la première place. Le théâtre, les conférences, les réceptions importantes, de vastes salles, disposent d'un cadre approprié et de l'ambiance rêvée.

Un joli point de fierté pour notre vénérable Tour de la Bâtiaz ! Du haut de son éperon rocheux, elle supervise la vie captivante, passionnante du « Forum » !

Nous sommes à la veille de l'inauguration officielle de la Fondation Pierre-Gianadda. Le salut fédéral lui sera apporté par M. Ludwig von Moos, ancien président de la Confédération et archéologue distingué.

De nombreuses personnalités seront présentes et découvriront ainsi le trésor de notre petite ville !

En juin dernier, le musée accueillait le « Premier concours international de musique de chambre ». Le programme d'automne ne vous décevra pas. De grands noms y sont inscrits. Edouard Vercelli pour son récital du 25 novembre. La présence des Jeunesses musicales. La visite de l'Orchestre philharmonique de Bâle ! ce qui nous permettra d'entendre, à cette occasion, en solo, notre éminent hautboïste martignerain **Hubert Fauquex**. Ce sera le grand événement de la saison !

« **Savoir donner !** » Calmer quelque peu une peine infinie ! en offrant à des générations, la possibilité de développer la vie culturelle et artistique de leur cité !

… **Un enfant ! une jeune femme ! un homme !** ont eu ce geste noble et généreux !

Avec une réelle émotion, je les en remercie ! Il nous est facile, si près des douces fêtes de décembre, de considérer la **Fondation Pierre-Gianadda**, comme une resplendissante étoile de Noël ! bien accrochée dans le ciel d'Octodure !

Iris

Le Confédéré, 10 novembre 1978.

---

[10] *La Fondation Pierre Gianadda*, 1983, p. 7. Pierre Gassier a été l'un des premiers commissaires de renom à collaborer avec la Fondation. Il a notamment signé les expositions *Goya* en 1982, *Manguin parmi les Fauves* en 1983, *Rodin* en 1984, *Toulouse-Lautrec* en 1987.

Le nouveau Musée d'Octodure
Bunker ou œuvre d'art ?

Nous avons parlé du contenu du Musée d'Octodure (rappel: inauguration demain à 14 heures), des tenants et aboutissants de sa construction, soit la Fondation Gianadda, abordons maintenant son «contenant» en fait de l'immeuble lui-même.

Il a pris forme petit-à-petit et nul qui n'avait connu la maquette ou les plans ne pouvait dire quelle allure il aurait il aurait en terminaison de travaux. Mais depuis quelque temps déjà les Martignerains ont pu admirer (ou exécrer) l'œuvre. En fait elle a obtenu l'aval de la majeure partie de la population. Et pourtant son côté futuriste peut gêner. Le siècle en effet ne se distingue pas trop par l'architecture qu'il sécrète. Aussi pour notre part nous saluons l'audace de l'architecte et des promoteurs d'avoir osé sortir des mornes sentiers battus. Et puis marier l'archéologie au futurisme n'est pas pour nous déplaire.

Les trésors ou objets courants de l'époque romaine trouvent ainsi un habitant qui leur fut inhabituel au début de cette ère mais le public pourra apprécier le contraste qui met en valeur les uns et les autres.

On peut cependant contester la beauté de l'ensemble. Vu d'une distance moyenne il semble un peu lourd et monotone dans ses formes. Il est vrai que les HLM et autres locatifs ne nous ont pas habitués aux lignes audacieuses qui sont celles du musée. Mais il faut se souvenir que tout ce qui a été novateur devient au fil des ans un élément important du patrimoine architectural. Nous en voulons pour exemple l'immeuble de la Caisse d'Epargne de Genève qui avait fait couler beaucoup d'encre lors de sa construction et qui est devenu partie intégrante et plus contestée du tout de la ville du bout du lac. Nous pourrions donner d'autres exemples (Nestlé à Vevey, l'église d'Hérémence etc.) qui ne feraient que corroborer nos dires.

Et puis il faut aussi voir l'intérieur (nous en avons livré une photo dans notre édition d'hier). C'est là justement que le contraste est le plus grand entre les vénérables vestiges romains et la dernière partie du XXe siècle.

Ne serait-ce que pour les éléments que nous venons de fournir une visite s'impose.

Roger Cheseaux

Journal du Valais, 19 novembre 1978.

Le Musée d'Octodure est ouvert

Hier, de très nombreux invités ont assisté à l'ouverture officielle du Musée d'Octodure à Martigny. L'ancien chef de la Confédération helvétique, le Conseiller fédéral Ludwig von Moos, le chef du Département de l'instruction publique du Valais, le Conseiller d'Etat Antoine Zufferey, l'archéologue cantonal, M. Olivier Dubuis, le président de Martigny, M. Jean Bollin et quelques autres personnalités du milieu de l'archéologie valaisan, ont tour à tour exprimé leur admiration et leur satisfaction devant la réalisation, œuvre d'un enfant de Martigny, M. Léonard Gianadda.

Il appartenait au généreux mécène, M. Gianadda, de retracer le souvenir de son frère, Pierre Gianadda, qui a donné son nom à la fondation du Musée.

Une heureuse collaboration

C'est le secrétaire communal de Martigny, M. Moret qui fut le premier a souligner l'heureuse collaboration entre un privé, M. Gianadda, et les collectivités publiques, la commune et le canton. Le fruit de cette collaboration est le Musée gallo-romain d'Octodure, un édifice très moderne, très bien intégré dans le quartier, édifice qui sera appelé à fournir les services les plus divers à la vie culturelle de Martigny.

Tout d'abord il s'agit d'un musée qui recueillera les vestiges de l'histoire passée d'Octodure. De plus, le bâtiment a été étudié et réalisé dans le but de recevoir également toute sorte de concerts ou récitals. L'acoustique a été particulièrement soignée; la place pour les spectateurs, le pupitre de commande, la salle des opérateurs, bref, rien n'a été oublié. Le bâtiment sera appelé à jouer un rôle de tout premier plan dans la vie culturelle de la cité.

Un temple...

Le chef du Département de l'instruction, M. Zufferey, après avoir souligné l'importance de la réalisation inaugurée dimanche, s'est adressé au mécène, M. Léonard Gianadda : «Cet édifice est un temple que l'amitié d'un frère élève à la mémoire d'un frère. Vous savez M. Léonard Gianadda, combien votre démarche m'a ému et combien je l'admire. Je tiens à vous dire aujourd'hui, publiquement, cette admiration». Vous avez tenu à exprimer votre amour fraternel en la forme d'un geste de mécénat admirable et rare. Je suis empressé de vous dire un merci très cordial au nom du Valais que je représente.» Le chef du Département de l'instruction publique remercia également le Conseil fédéral, les fonctionnaires fédéraux et les experts pour toute l'aide apportée aux réalisations de Martigny. «Je n'oublierai pas M. l'ancien président de la Confédération, M. von Moos, et l'appui qu'il nous a apporté en tant que président de l'Année européenne du patrimoine architectural.»

M. Jean Bollin, pour sa part, a soulevé, de façon très subtile, le problème du retour éventuel de certaines trouvailles archéologiques martigneraines dans leur cité d'origine. «Si certaines pièces maîtresses demeureront au Musée cantonal, spécialement pour des raisons de sécurité, nous savons qu'une rotation judicieuse des témoins du passé romain est admise. Nous avons donc l'espoir que d'anciennes trouvailles, non pas changent de maître — le peuple du Valais — mais après requête dûment et courtoisement présentée par la commune et la fondation, réintègrent définitivement ou temporairement leur commune d'origine maintenant qu'elles y trouveront un bâtiment spécialement conçu à leur intention et situé sur le sol même d'où elles ont été retirées.»

Jean Bonnard

Le musée d'Octodure. air-Curchod

Tribune de Lausanne, 20 novembre 1978.

Léonard Gianadda imagine immédiatement la Fondation comme un lieu dynamique de rencontres qui puisse réunir plusieurs éléments : le musée archéologique, des expositions temporaires et des concerts. « Plus qu'un musée, c'est un centre d'animation culturelle qu'il veut réaliser [...] La Fondation doit être un vivant forum contemporain, à l'image du forum antique situé à quelque deux cents mètres de là seulement. »[11]

C'est ainsi qu'il crée deux galeries – celle supérieure dédiée à l'histoire gallo-romaine de Martigny, celle inférieure réservée aux expositions temporaires – et un espace suffisamment large au pied des escaliers pour pouvoir accueillir des formations musicales.

Très rapidement, la musique s'impose dans les murs de la Fondation. Fait significatif, le tout premier concert a lieu durant l'été 1978, alors que la construction n'est pas encore achevée. C'est Hubert Fauquex – hautboïste martignerain réputé et que Léonard avait rencontré en 1951 lors d'un concert des Jeunesses musicales de Saint-Maurice – qui ouvre les feux en y organisant le Concours international de musique de chambre.

Concours international de musique de chambre, été 1978.

[11] *La Fondation Pierre Gianadda*, 1983, p. 33.

MUSIQUE

MARTIGNY : UN SÉRIEUX COUP D'ENVOI !

Léonard Gianadda. *La plus belle façon de perpétuer la mémoire de son frère.*

Nous avons trop lourdement insisté sur la nécessité de réanimer la vie culturelle (notamment sur le plan théâtral) dans le canton du Valais, pour ne pas saluer l'initiative dont Martigny, et du même coup toute la région, bénéficient grâce à Léonard Gianadda, ainsi que s'en est largement fait l'écho la presse quotidienne il y a un peu plus d'un mois.

Le Musée d'Octodure, construit sur l'emplacement des ruines d'un musée gallo-romain, ne se limitera pas, on le sait, à la mise en valeur du patrimoine culturel valaisan, œuvre déjà fort louable en soi. Le président de la « Fondation Pierre Gianadda » (son frère Léonard, soucieux de commémorer ainsi la mémoire du Martignerais décédé il y a trois ans des suites d'un accident) lui donne aussi une vocation musicale. Après un récital du pianiste Eduardo Vercelli à la fin du mois dernier et un concert, début décembre, de l'Orchestre philharmonique de Bâle, les Jeunesses musicales de Martigny y présenteront, en janvier, un programme de concerts fort attrayant. Et bien entendu – pour ne citer que ce haut point de l'année culturelle valaisanne –, s'y déroulera, en juin prochain, la deuxième édition du Concours international d'instruments à vent.

Voici assuré, désormais, le rayonnement artistique, archéologique et musical du Bas-Valais. Et s'il nous est permis d'émettre un vœu, nous espérons que les aspirations culturelles du fondateur déborderont sur l'art théâtral... Ainsi serait véritablement donnée l'impulsion permettant au canton de rejoindre rapidement, sur le plan culturel, ses voisins romands. Et peut-être, qui sait, de les dépasser.

En cette matière, la compétition ne peut être que positive...

C.-G. M.

Nouvelliste et Feuille d'Avis du Valais, 23 juin 1978.

PREMIER CONCOURS INTERNATIONAL DE MUSIQUE DE CHAMBRE À MARTIGNY

Interprétations de très haute qualité

MARTIGNY. – C'est la confidence que faisait hier M. Hubert Fauquex, lorsque nous l'avons interrogé sur le déroulement du premier concours international de musique de chambre qui se terminera en apothéose ce soir.

Le jury, composé de MM. Joseph Bopp, président, flûtiste à Bâle, Robert Gugolz, clarinettiste à Genève, Hubert Fauquex, hautboïste à Martigny, Roger Volet, de la Radio romande et Michel Haller, directeur du Conservatoire national de musique à Mulhouse, a été embarrassé pour faire un tri parmi les vingt-deux ensembles mercredi déjà, car il s'agissait de n'en garder que onze pour le concours du lendemain.

Les éliminatoires et le concours eurent lieu à huis clos, afin que les artistes ne soient en aucune manière troublés par la présence d'un public. Chaque ensemble a exécuté une pièce imposée et une autre de son choix.

On avait envisagé tout d'abord de lever le huis-clos pour la deuxième journée. On dut cependant y renoncer car il était impossible de proposer un programme et un horaire. On ne pouvait en effet prévoir combien et quels ensembles pourraient se produire et, par conséquent, quelles œuvres seraient interprétées.

Mais ce soir, à 20 h. 30, les ensembles lauréats donneront un concert dans les locaux du musée d'Octodure qui peuvent accueillir 500 personnes. Les organisateurs sont soucieux de faire participer le plus large public possible à cette grande manifestation musicale. On peut se procurer les billets à l'Office régional du tourisme, place Centrale, Centrale ou à l'entrée.

On sait qu'un Prix de la presse, d'une valeur de 500 francs, sera attribué. Voici la composition du jury : MM. Michel Veuthey, professeur de musique, Vernayaz ; Albert-Louis Burkhalter, Vevey ; Jean Perrin, Pully ; François Udry, Radio-Lausanne et Georges Bernand, Genève.

D'autre part, nous apprenons en dernière heure qu'un Prix Pierre-Gianadda a été créé pour récompenser le meilleur ensemble suisse.

Le niveau très haut des interprètes et de leurs prestations a fort embarrassé le jury, c'est vrai ; raison de plus pour que ce soir soit une grande fête populaire de la musique.

PALMARÈS
Quatuor de saxophones de Paris.
Berner Bläsertrio.
Quintette Levallois-Perret (FR).
Quintette Chalumeau (Berlin).
PRIX DE LA PRESSE
Quintette Levallois-Perret.
PRIX DU FOND PIERRE-GIANADDA : Punto, Bâle.

Bouquet, 27 décembre 1978.

Comme les statuts de la Fondation le précisent, le Musée d'archéologie gallo-romain est mis sur pied d'entente avec l'Etat du Valais et ses services : « La conservation et l'entretien des vestiges du temple gallo-romain incombent à l'archéologue cantonal. Les collections archéologiques appartenant à l'Etat du Valais sont placées sous la surveillance du conservateur des Musées cantonaux. Ces tâches sont assumées en accord avec le Conseil de Fondation. »[12]

Dès le départ un accord est conclu entre le Canton et la Fondation. Toutefois, quelques difficultés surgissent entre les deux parties. Au moment d'ouvrir le musée et d'inaugurer une première exposition, Léonard n'obtient pas le retour des Grands Bronzes d'Octodure, dont l'exceptionnelle tête de taureau tricorne, découverts à Martigny en 1883 et conservés à Sion. Alors que de nombreuses pièces originales sont prêtées par d'autres musées romands, le Conseiller d'Etat valaisan en charge de l'instruction publique, Antoine Zufferey, refuse de transférer les bronzes originaux. Il les remplace par des copies ! Une mesquinerie qui ne passera pas inaperçue dans la presse romande.

Il faudra patienter encore quatre ans avant que ces objets patrimoniaux retrouvent leur terre d'origine.

« Martigny découvre son passé et le conserve », *Opinions*, novembre 1978.

Le Confédéré, 7 novembre 1978, p. 1.

---

[12] « Statuts de la Fondation », Art. 4, *La Fondation Pierre Gianadda*, 1983, p. 338.

Tête de taureau tricorne,
aquarelle de Joseph Morand, 1883.

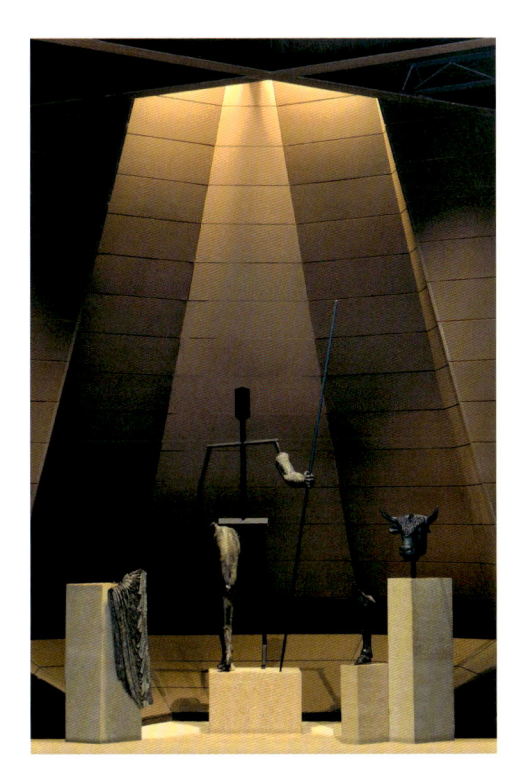

Grands Bronzes d'Octodure.

Fondation Pierre Gianadda
Musée d'Octodure
Déjà des grincements

Le problème pourrait sembler purement artistique et archéologique si l'on n'y mettait le grain de sel nécessaire pour épicer à juste titre l'affaire. On sait — cela a été dit dans ces mêmes colonnes — que la Fondation Pierre Gianadda a consenti à un bel effort financier pour mettre sur pied le Musée d'Octodure. Les travaux de construction sont maintenant à leur terme et l'inauguration de cette remarquable réalisation aura lieu le 18 novembre prochain. On sait également que la commune de Martigny et l'Etat du Valais (ainsi que la Confédération d'ailleurs) sont partie à l'affaire. Jusqu'ici rien à dire ou à redire. Mais il y a déjà des grincements.

Le Musée est placé sous juridiction cantonale donc c'est à la Planta que les décisions en ce qui le concerne se prennent et non pas auprès de la fondation qui s'est volontairement limitée à Martigny même et à la donation du terrain puis à la construction du bâtiment. Et voilà que ces décisions froissent les Martignerains. Mais quelles sont-elles?

Des copies !

M. Antoine Zufferey, chef du Département de l'instruction publique dans lequel sont inclus les musées cantonaux n'a toujours pas proposé un successeur à M. Albert de Wolff, décédé il y a quelques mois. Il est rare qu'une aussi longue vacance se poursuive dans le corps des hauts fonctionnaires de l'Etat. On a peut-être fait un procès d'intention à M. Zufferey en disant qu'il voulait avoir la haute main sur les musées valaisans. Il n'empêche qu'aujourd'hui — à la veille d'une importante inauguration — le malaise grandit à Martigny. En effet de source sûre on nous affirme que les pièces qui se trouvent actuellement au Musée archéologique de Sion (Majorie) et qui sont issues des fouilles de l'antique Octodure ne seront pas transférées. Elles seront simplement remplacées par des copies.

Or il est de tradition (Avenches, Augst, Vidy) que si un musée est érigé sur le lieu historique même toutes les pièces originales y sont automatiquement transférées.

Or la tête de taureau (la plus belle d'Europe), la Vénus de marbre du 2e siècle et d'innombrables objets ne rejoindront pas le lieu qui leur est destiné. Les raisons?

Politique !

La politique centralisatrice est flagrante en l'occurrence. Cela demeure étonnant d'un département qui a mis en place le cycle d'orientation, les écoles professionnelles régionales. Faut-il chercher alors dans une politique partisane à outrance? Lorsque l'on sait que Martigny est une ville à majorité radicale on peut être tenté de pencher pour cette supputation. Nous n'y succomberons pas, pensant qu'un magistrat en place depuis plusieurs années ne peut jouer un tel jeu. Il n'empêche que de tels grincements sont néfastes à une politique culturelle harmonieuse et dont M. Zufferey est un des initiateurs en Valais.

Il est un peu tard maintenant — peu avant l'inauguration du Musée d'Octodure — pour remédier à la situation. Mais les jours seront encore longs qui verront le magistrat sierrois dans son fauteuil au DIP et il est permis d'espérer.

Roger Cheseaux

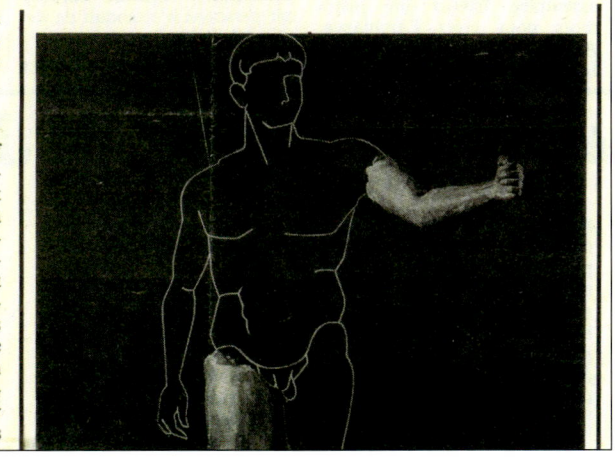

Journal du Valais, 7 novembre 1978.

Le « Bunker » Gianadda
par Jean Clair de l'Académie française

A Léonard, pour un anniversaire

Je ne connais guère de plaisir plus grand comme curieux, comme connaisseur, amateur d'art, esthète assurément, que celui que j'éprouve à la Fondation Pierre Gianadda quand, écoutant une aria de Hændel chantée par Cecilia Bartoli, à quelques pas de moi, et, de seconde en seconde étonné de découvrir sous mes yeux la vivacité de son masque tout en succombant à l'envoûtement de sa voix, je découvre non loin, à quelques mètres, pendus sous la douce lumière des murs de clôture, un portrait paisible de Derain, un paysage construit de Braque ou bien un nu maniérisé de Modigliani.

Je goûte cette présence, cette proximité, ces rapprochements entre l'immédiat et le lointain, le mobile et le permanent, le silence et la voix – toujours proposés d'une admirable façon, dans une forme indépassable –, non pas tant à la façon de l'amateur de sensations rares, du curieux de cinesthésies ou du passionné d'œuvres d'art total, qu'en amoureux, aimant à connaître de près, et presque physiquement, ce qui ravit au même instant et complètement mes yeux et mes oreilles.

Je me retrouve là, je le découvre, dans l'amitié de la musique et dans l'amitié de la peinture. Une amitié que je croyais perdue. Où puis-je jouir d'une pareille intimité, alors que partout ailleurs, dans des musées célèbres pourtant mais si affolés, si encombrés et si bruyants, je suis livré à la fureur et à la dérobade, au point que mon plaisir succombe et que je n'y vais plus ? Cette amitié de l'œuvre, que je retrouve ici, n'est bien sûr, je le devine, qu'une conséquence inattendue de l'amitié même du maître de maison. C'est sa générosité, son attention constante, son soin permanent, son œil, qui permettent à son invité de profiter de ces rencontres qui réjouissent l'œil et l'oreille à la fois. Elle est devenue d'autant plus précieuse que partout ailleurs, cette amitié aura succombé aux froids calculs des « décideurs » culturels, des « acteurs » économiques et des marionnettes administratives qui, innombrables désormais, s'occupent, assurent-ils, de la gestion des Musées.

Que n'aura-t-on médit pourtant de cette Fondation ? Un « bunker de béton », une acoustique déplorable, un éclairage déficient. Et cette forme en quadrilatère pour des tableaux, pour des orchestres, un contresens…

Eh bien, à la réflexion, et surtout à l'expérience, non. C'est tout le contraire. Je me promène à l'étage, jetant un coup d'œil intrigué le long des vitrines remplies de petites merveilles archéologiques, tout en regardant, dans le carré du bas et jusque sous les galeries, les visiteurs, avec la curiosité et avec l'émotion qu'avait autrefois l'invité à regarder du haut du balcon se croiser les autres convives, à découvrir les trésors et les curiosités disposés dans les pièces et sur les murs. Je me promène, je flâne et je m'arrête, je cherche et je trouve, sans jamais éprouver la contrainte d'un parcours ni la pression d'une populace.

Une forme impose un sens. Pour les musées de la République, ce fut la galerie, le couloir. On imagina une série de salles, numérotées, à l'ordre imperturbable. On imposa une histoire et un sens à ces œuvres dont la vertu est tout à l'opposé de nous délivrer de la tyrannie de l'Histoire et de la dictature du Sens. Le « sens de la visite », et sournoisement, sous ce sens, nous est imposée l'idée d'un progrès, dans l'art comme dans la société, une vision politique nous contraint à cette enfilade dont la perspective seule, à l'entrée du musée, décourage tout élan et brise les enthousiasmes. Une galerie comme si l'on était dans une mine, voire une prison. Un couloir, comme on dit un couloir de la mort.

On imagina alors parfois pour le musée – « on » : les libertaires, les anars, les maos 68 – une forme en spirale, en coquillage, en nébuleuse ou bien, plus récemment, un oiseau en vol… Mais c'était encore devoir envisager une descente ou bien une ascension, avec quelle épiphanie ou bien quelle catastrophe au bout ? Fatigue, fatigue.

Le cube, ou le quadrilatère refermé dans l'espace, restait en fait la forme idéale. C'est le volume éternel et pur des polyèdres du vieux Platon, qui, adopté par les humains, devient le lieu des rencontres et des civilités, des échanges sans hiérarchie et sans contrainte. Le bunker en effet, si l'on veut ironiser, mais replié sur ses secrets, pour protéger des fracas, des périls et des dissipations du monde extérieur toujours plus menaçant, plus violent, plus dérisoire.

Nous aura-t-on assez rebattu les oreilles, dans les années septante, pour en finir avec le musée « temple » ou le musée « prison », avec les utopies des musées « forum » et des musées « agoras »… La réconciliation de l'art et du peuple, l'abolition des hiérarchies, la culture pour tous, immédiate et sans fatigue, la grande fraternisation… Le musée « ouvert » opposé au musée « couvert ». Plus de porte, plus de seuil… Mais où sont-ils, ces musées idéaux bien plus qu'imaginaires ? Je n'ai jamais connu en fait de musées forums, que des musées qui sont des foires d'empoigne, et des agoras d'art, que des palestres assourdissantes et bousculées. Encore fallait-il en effet civiliser ces places décidément devenues bien trop publiques. Retrouver des murs, des passages, des escaliers et même, peut-être, des élévations et des issues…

La Fondation Pierre Gianadda, sans l'avoir voulu, ressuscite discrètement, à l'écart, dans un lieu reculé, la sympathie éclairée des salons d'autrefois où se rencontrait « la bonne société », au loin des sauvageons et des brutes. Le salon désormais d'une société des honnêtes gens, non plus réservé aux seuls privilégiés de la fortune ou de l'éducation, mais ouvert à tous, aux proches comme aux étrangers, aux curieux comme aux connaisseurs. Curieux qui se promènent à l'étage comme au balcon d'un théâtre, connaisseurs qui s'attardent devant les tableaux. Tous se rencontrent, se croisent courtoisement, puis iront, dehors, savourer la beauté des montagnes et la diversité des arbres du parc. Un lieu de grande civilité. Ils gravitent ainsi, en quête de ce que je n'ose plus appeler la Beauté, sans le savoir, autour d'un centre invisible, immobile et impérieux, sans se perdre et sans s'enrager. Ils circulent, ils se plient à des attractions sans se soumettre à des pesanteurs.

Un tableau se regarde seul. L'acte en solitaire, singulier, quasiment érotique, comme il en est souvent de ce qui touche au regard quand il s'isole. Comment au sein d'une foule, si clairsemée, si silencieuse, si respectueuse soit-elle, retrouver la condition de la solitude ? La présence d'autrui, même discrète, introduit un trouble dans ce dialogue muet. Que dire alors du musée actuel, où l'œuvre apparaît disloquée, déchirée, morcelée, décollée, fragmentée dans une vision sans arrêt pulvérisée par le mouvement des foules ?

Mais une voix en revanche, un chant, un air d'orchestre se savourent en compagnie. Le concert des auditeurs répond au concert des musiciens, si l'exercice de contemplation d'une peinture requiert des conditions précises – le tableau est un face-à-face, quelque chose comme la confession autrefois, l'aveu d'une faute face à la règle –, la musique, les chants, au contraire, nés d'un élan commun, sont nécessairement, sinon repris, partagés par l'auditoire. Peut-on, le tableau, la musique, les croiser, les unir ?

Le miracle du « forum » Gianadda, c'est d'avoir permis, simultanément, la dégustation de l'une et de l'autre forme de ces deux arts si opposés, l'art de la forme et l'art du son. Non seulement en les réunissant, non seulement en proposant leur plaisir en un même temps et dans un même lieu et en ayant créé, entremêlé deux temporalités opposées, d'avoir échangé leurs propriétés – le tableau se partageant et la musique s'isolant –, mais surtout presque miraculeusement, par l'amitié de celui qui les a imaginés ainsi, d'avoir réussi à les fondre, jusqu'à renforcer leur pouvoir respectif.

Longtemps encore, le « bunker » Gianadda, bâti au pied des monts et caché dans les forêts, sera comme autrefois au carrefour de la vallée valaisanne, ces réduits des Romains qui, au début de notre ère, conservaient autour d'eux la permanence d'une civilisation.

Paris, juin 2015   J. C.

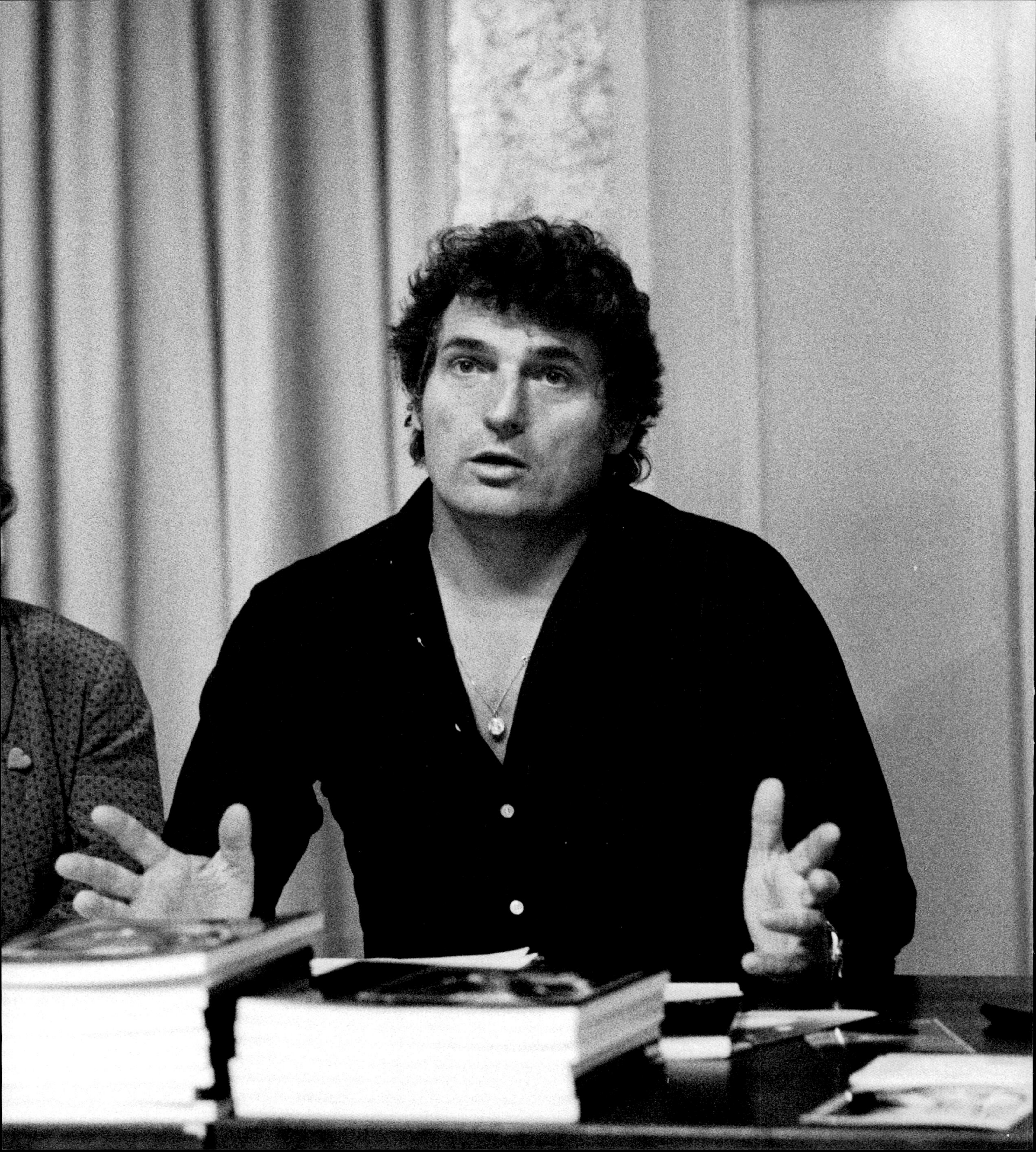

Premières expériences, 1979-1983

Comment rebondir après un échec pour poser les bases de la réussite.

Entretien *Léoguide* n° 9, 20 avril 2015.

Notre première exposition a été un four ! J'ai fait confiance à un commissaire renommé et ça s'est très mal passé. Un critique d'art m'a descendu en flèche. Ah ! vraiment. Après avoir fait cette fondation, payé de ma personne, donné mon temps, mon argent, mon énergie, et avoir une telle réaction… justifiée. Un ami commun à ce critique, André Kuenzi, et à moi-même m'a dit : « Vous devriez vous rencontrer. Vous n'êtes des imbéciles ni l'un ni l'autre. » La rencontre eut lieu. Je lui ai dit : « Vous qui êtes si fort pour critiquer, faites quelque chose ! – D'accord ! », m'a-t-il répondu, et nous avons fait une première exposition autour de Picasso : un succès. Ensuite Paul Klee. Un jour, nous sommes allés à Zurich chez un collectionneur, Curt Burgauer. On avait rendez-vous à neuf heures du matin, chez lui. Quand on entre dans son salon, il nous dit : « Qu'est-ce que vous prenez ? Un schnaps ? » Il y avait, dans le salon, de nombreux tableaux de Klee. Kuenzi disait : « C'est incroyable ! » Je lui demande : « Lequel aimerais-tu ? – Je ne sais pas. Celui-là, ou celui-là, ou celui-là, ou celui-là… » Curt Burgauer revient : « Quel tableau aimeriez-vous ? » Je lui réponds : « Celui-là, celui-là, celui-là et celui-là… » Kuenzi est effaré : « Mon Dieu, tout est perdu, ce n'est pas possible ! » Mais Burgauer déclare : « Il n'y a pas de problème ; vous pouvez les avoir, tous. C'est un devoir que nous avons vis-à-vis de la société. Nous détenons une parcelle du patrimoine mondial et nous devons le partager. » Ce fut un grand moment.

◀ Conférence de presse de l'exposition *Klee*, 1980.

Léonard récolte les premières retombées de sa Fondation. Après trois mois d'existence seulement, il reçoit, des mains de la reine Fabiola de Belgique, une mention du Prix européen du Musée de l'année. Un premier pas marquant pour l'entrepreneur, qui a investi trois millions dans une structure qu'il faudra réussir à faire fonctionner au fil des années.

La première exposition organisée dans la Fondation, *Cinq siècles de peinture* – Eté culturel 1979, se présente bien à première vue : « La ville de Martigny, décidément, ne perd pas une occasion de… mettre une plume à son

Inauguration de la première exposition, *Cinq siècles de peinture*, été 1979.

chapeau. Cette fois l'événement sera purement artistique et est appelé à toucher non seulement le public régional mais, il n'est pas exagéré de l'écrire, toutes les âmes sensibles à l'expression des chefs-d'œuvre de la peinture. […] L'été culturel martignerain s'annonce donc de manière extrêmement brillante. »[1] De son côté, Léonard Gianadda est enthousiaste : « Nous avons la joie de présenter cette exposition en n'ayant d'autres prétentions que celle d'apporter quelque chose à Martigny et à ses hôtes d'un été, quelque chose de nouveau, quelque chose

Prix européen du Musée de l'année remis par la reine Fabiola de Belgique, Hôtel de Ville de Bruxelles, 26 février 1979.

[1] *Le Confédéré*, 29 juin 1979.

de beau. »² Et le succès est rapidement au rendez-vous : 1000 visiteurs en treize jours !

Cependant, un mois plus tard, le 23 août, jour de l'anniversaire de Léonard, éclate un coup de tonnerre dans le ciel octodurien : dans un article du *24 heures*, André Kuenzi, un critique d'art suisse reconnu, ne mâche pas ses mots pour dire sa stupeur face aux œuvres exposées : « On aurait pu s'attendre à un spectacle de haut niveau. Hélas ! cette exposition médiocre détonne étrangement dans un cadre aussi merveilleux… […] Ce sont plusieurs peintures de l'époque moderne qui ont tout de suite attiré notre attention, et même provoqué notre ahurissement, il faut le dire. […] plusieurs des peintures prétendument majeures […] nous ont paru d'authentiques navets, pour ne pas dire des faux. […] le magnifique musée gallo-romain de Martigny méritait mille fois mieux que cette exposition si pénible, si discutable, si frelatée. »³ Une polémique éclate dans la presse.

Cette critique sévère cause évidemment du tort à la toute jeune Fondation, et surtout elle fait profondément mal à son fondateur. Mais elle n'empêche pas pour autant Léonard Gianadda de rebondir, car il en faut davantage pour le décourager.

En octobre, il enchaîne avec une exposition moins ambitieuse, mais plus sûre, *Six peintres valaisans*, qui met à l'honneur des artistes locaux contemporains : Albert Chavaz, Charles Menge, Paul Monnier, Jean-Claude Morend, Mizette Putallaz et Walter Willisch.

Mais surtout, loin de garder rancune à André Kuenzi, Léonard, en tacticien avisé, lui renvoie la balle et lui propose de prendre en charge l'exposition de l'été suivant. Le critique d'art accepte la collaboration et le défi. Ensemble, ils mettent sur pied *Klee*, pour les quarante ans de la mort du peintre. Un beau coup pour la Fondation, qui comptabilise plus de 25 000 visiteurs en trois mois ! Ce succès incite Léonard Gianadda à poursuivre dans ce sens.

---

² Extrait du discours d'inauguration de l'exposition, *Nouvelliste et Feuille d'Avis du Valais*, 14 juillet 1979.

³ « Martigny : un musée splendide – Une exposition contestable », *24 heures*, 23 août 1979.

24 heures, 23 août 1979.

Exposition *Klee*, été 1980.

La suite s'écrit comme une symphonie, en plusieurs mouvements : d'une part, l'invitation régulière d'artistes valaisans – Fernand Dubuis, François Gay, Paul Messerli, Jean-Claude Rouiller, Jean-Claude Morend, Marie Antoinette Gorret, Albert Chavaz ou encore André Raboud, qui inaugure, avec ses sculptures, l'espace des jardins de la Fondation – et, d'autre part, l'organisation d'expositions réalisées à partir de collections suisses. C'est à ce moment-là que Léonard Gianadda entre en contact avec d'importants collectionneurs.

En 1981, année du centième anniversaire de la naissance de Picasso, l'*Eté culturel* de la Fondation

L'Art japonais dans les collections suisses, 1982.

propose des peintures, des gravures et des lithographies de l'artiste espagnol, certaines rares et jamais exposées. La collaboration avec André Kuenzi continue et la motivation de base demeure la même : « Nous souhaitons que le public puisse trouver, à contempler ces œuvres, autant de joie que nous en avons eu à les présenter : c'est le véritable but que nous poursuivons. »[4]

Ouvertures vers l'extérieur

Dorénavant lancé, Léonard Gianadda ose s'aventurer davantage dans la cour des grands. Introduit par Pierre Gisling, chef des émissions beaux-arts à la Télévision Suisse Romande, auprès de Pierre Gassier, le spécialiste de Goya, il réussit à convaincre celui-ci d'organiser quelque chose à Martigny : « Il ne semblait pas évident que la réalité puisse dépasser la fiction. Les Goya sont rares. […] Pierre Gassier […] a pris son bâton de pèlerin et a réussi à convaincre les propriétaires d'œuvres de Goya de s'en dessaisir, le temps d'un été. »[5] Résultat ? 47 224 visiteurs ! Fort de ce succès, le commissaire signe l'exposition de l'été suivant, *Manguin parmi les Fauves* : « Martigny fête cette année ses deux mille ans d'histoire. Cet

Picasso vu par Lucien Clergue.

[4] *Eté culturel 1981*, préface de Léonard Gianadda, 1981, p. 5.

[5] « Goya à Martigny », préface de Léonard Gianadda, *Goya*, 1982.

anniversaire coïncide avec un autre événement de la vie de notre ville : le 23 novembre prochain, il y aura tout juste cent ans que les célèbres grands bronzes romains d'Octodure étaient découverts à quelque deux cents mètres de ce lieu où ils sont exposés aujourd'hui. Pour ses cinq ans d'existence, la Fondation Pierre Gianadda tenait à célébrer dignement ces anniversaires. Son exposition *Manguin parmi les Fauves* donnera à ses murs l'éclat de la fête tout au long de l'été.

» L'origine de cette exposition, c'est tout d'abord la chance de connaître la fille du peintre Manguin : Lucile […] mais c'est aussi la compétence et la générosité de Pierre Gassier qui eut le privilège de rencontrer Henri Manguin à Saint-Tropez en 1941. »[6] En un mois et demi, la Fondation obtient déjà son dix-millième visiteur, avec une moyenne de deux cents personnes par jour. Au total, l'exposition enregistrera plus de 40 000 entrées.

Annette et Léonard avec Lucile Manguin, 1983.

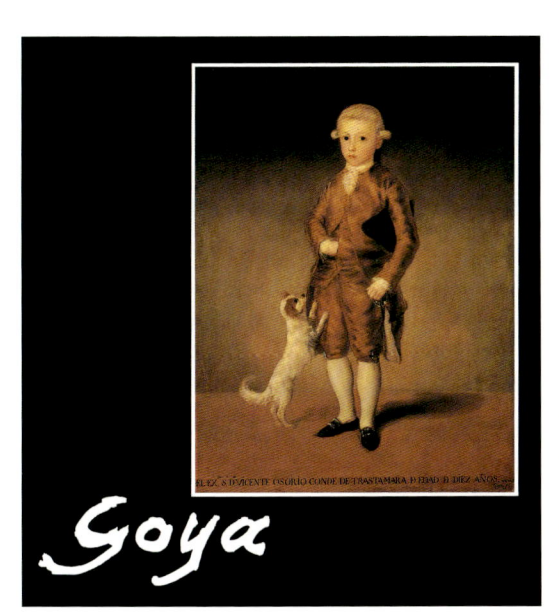

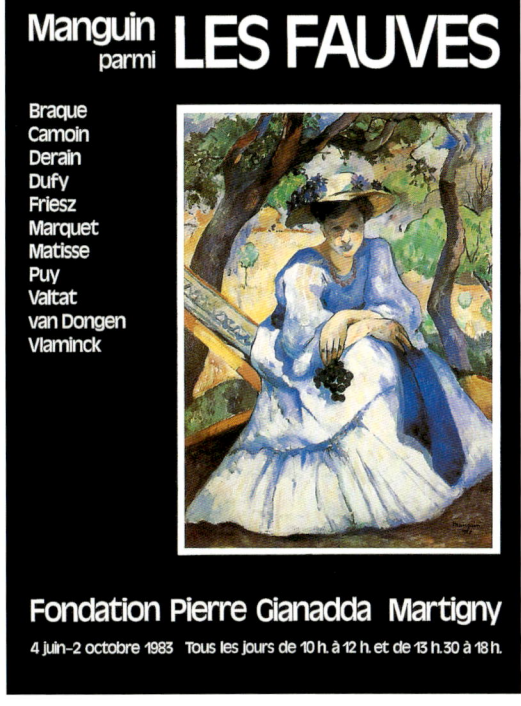

Le dix millième visiteur à la Fondation Gianadda

MARTIGNY. — L'intérêt suscité par l'exposition sur le fauvisme a amené dimanche le 10 000e visiteur à la Fondation Gianadda. Etant donné que ce mouvement pictural avait fait couler beaucoup d'encre au début du siècle, nous ne pouvons nous étonner que les noms de Matisse, Braque, Derain, Vlaminck et Manguin attirent dans ce musée les amateurs de peinture moderne.

Jusqu'à présent, une moyenne d'environ 200 visiteurs par jour a été enregistrée.

Notons qu'une climatisation bienvenue attend le visiteur.

Nouvelliste et Feuille d'Avis du Valais, 25 juillet 1983.

[6] Préface de Léonard Gianadda, *Manguin parmi les Fauves*, 1983.

L'année se termine avec de nouvelles collaborations et ouvertures, grâce en particulier à la rencontre avec le spécialiste de Ferdinand Hodler, Jura Brüschweiler (en 1991, Léonard remettra sur pied avec lui une seconde exposition sur celui qui fait partie des plus grands peintres suisses) ; mais également avec la publication du premier livre sur *La Fondation Pierre Gianadda*, corédigé par la journaliste Cisca de Ceballos et l'archéologue François Wiblé. Cet ouvrage, qui retrace l'histoire de la Fondation et de ses deux musées – automobile et archéologique –, sort de presse le 11 novembre 1983, à l'occasion du cinquième anniversaire de la Fondation.

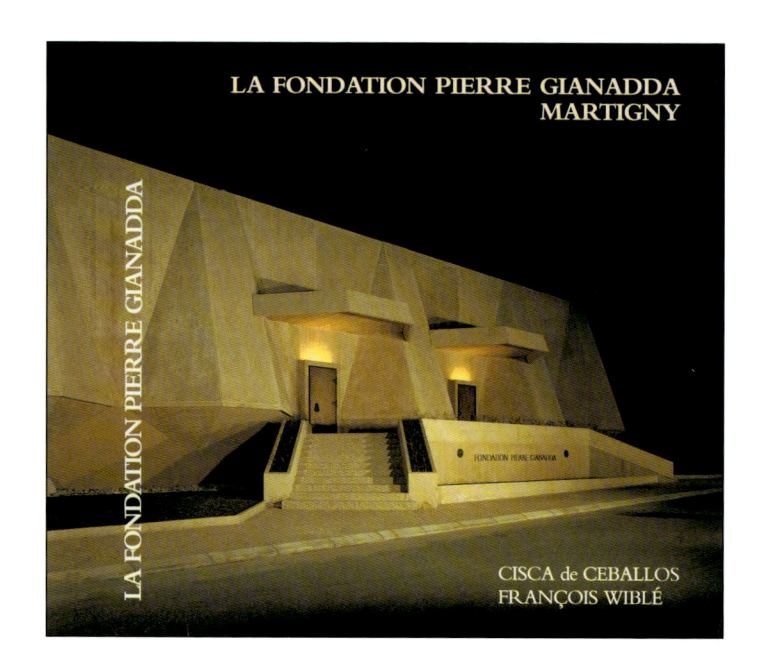

Les expositions, 1979-1983

Années	Dates	Expositions	Commissaires	Visiteurs
1979	14.7-7.10	Cinq siècles de peinture		
	20.10-30.12	Six peintres valaisans		2 769
1980	28.6-28.9	Paul Klee	André Kuenzi	25 510
	17.10-4.1.81	Fernand Dubuis		
1981	21.2-20.4	François Gay		
	25.4-14.6	Paul Messerli		
	27.6-11.10	Picasso, estampes 1904-1972	André Kuenzi	30 992
	17.10-27.12	Jean-Claude Rouiller		5 027
1982	9.1-14.2	Architecture suisse		2 108
	20.2-6.6	L'Art japonais dans les collections suisses	Jean-Michel Gard, Eiko Kondo	11 795
	12.6-29.9	Goya dans les collections suisses	Pierre Gassier	47 224
	9.10-21.11	Jean-Claude Morend		2 536
	27.11-16.1.83	Marie Antoinette Gorret		3 726
1983	22.1-20.3	Albert Chavaz		6 911
	26.3-29.5	André Raboud, sculptures dans le parc		5 538
	4.6-2.10	Manguin parmi les Fauves	Pierre Gassier	40 675
	12.11-29.1.84	Ferdinand Hodler, élève de Ferdinand Sommer	Jura Brüschweiler	8 537

Premiers concerts avec le Festival Montreux-Vevey

Parallèlement aux nombreuses expositions qui s'enchaînent sur les cimaises de la Fondation durant ses cinq premières années, le programme musical, inauguré avec le Concours de musique de chambre, s'étoffe très rapidement. A la fin de l'année 1978, Léonard Gianadda contacte René Klopfenstein, le directeur du Festival de musique Montreux-Vevey, pour lui proposer de décentraliser quelques concerts à Martigny. De cette entente suivent d'exceptionnels concerts : tout d'abord le Beaux Arts Trio, puis Yehudi Menuhin, Maurice André, I Solisti Veneti… Par un heureux hasard de la construction, l'acoustique se révèle excellente. Et le public, de plus en plus nombreux au fil des saisons, est enchanté par le contact rapproché avec les musiciens du fait de la configuration intimiste de la salle. Mêmes sons de cloche pour les artistes, qui soulignent l'accueil enthousiaste du public et se disent très honorés de pouvoir se produire au milieu d'œuvres d'art. Ainsi, à la fin de sa prestation avec son fils, Yehudi Menuhin dira : « Est-ce le cadre ? J'ai rarement senti un tel public […] Quelle réflexion et quels sentiments m'ont inspirés ces tableaux ! »[7]

Les années passant, Léonard Gianadda réussit aussi à fidéliser ses hôtes grâce à son accueil à l'italienne, c'est-à-dire chaleureux et généreux : « Si la plupart reviennent à Martigny, c'est aussi parce que l'on sait être gentil, les entourer pour qu'ils ne se retrouvent pas seuls dans leur chambre d'hôtel avec leur petite valise, laissés pour compte sans même un bistrot ouvert. J'essaye de les inviter à partager ma table après la représentation, histoire de faire aussi plus ample connaissance. »[8]

Nouvelliste et Feuille d'Avis du Valais, 12 janvier 1979.

[7] *Nouvelliste et Feuille d'Avis du Valais*, 6 septembre 1980.
[8] *Les Coups de cœur de Léonard Gianadda*, vol. 1, 2001.

Quelques concerts, 1979-1983

Années	Dates	Concerts
1979	1.9	Beaux Arts Trio New York
1980	4.9	Yehudi Menuhin, Jeremy Menuhin
1981	19.9	Beaux Arts Trio New York
	6.11	Martha Argerich, Brigitte Meyer
	19.11	Nikita Magaloff
1982	16.9	Maurice André, Ensemble Instrumental de France
1983	28.8	Mstislav Rostropovitch, Collegium Musicum Zürich (Paul Sacher)
	12.9	Beaux Arts Trio New York
	22.9	I Solisti Veneti (Claudio Scimone)
	30.9	Les solistes de Prague, avec Brigitte Meyer (René Klopfenstein)

Chœur des enfants, 1983.

Prestigieux concert de Yehudi et Jeremy Menuhin dans une Fondation Pierre-Gianadda archicomble

MARTIGNY (mp). – Plus de 900 personnes – certaines assises sur les marches des escaliers de la fondation Pierre-Gianadda – ont assisté jeudi soir au concert donné par Yehudi et Jeremy Menuhin dans le cadre du Festival de musique de Montreux-Vevey. L'ovation faite aux deux musiciens, dont les prestations furent d'une exceptionnelle qualité, permet de situer le récital martignerain comme un «grand moment Menuhin».

L'illustre violoniste devait d'ailleurs confier ses impressions à un cercle restreint d'auditeurs avant de partir: «Est-ce le cadre? j'ai rarement senti un tel public.»

Un tel concert appelant un inévitable prolongement journalistique, nous laisserons à l'un de nos collaborateurs spécialisés dans la critique musicale le soin de s'étendre sur le programme choisi par Yehudi et Jeremy Menuhin (cette analyse paraîtra dans une prochaine édition).

Nous nous limiterons quant à nous à situer les impressions que ressentit le maître à son arrivée à la fondation Pierre-Gianadda en fin d'après-midi: «Quel cadre! Quelle pureté!»

Craignait-on que Yehudi Menuhin se montrât distant: il n'en fut rien. C'est avec beaucoup de simplicité qu'il accepta de signer le livre d'or de la fondation et celui des jeunesses musicales présenté par M. Delaloye. Mieux, l'artiste, dont on connaît la culture, tint à faire le tour de l'exposition Paul Klee. D'abord en compagnie de M. Léonard Gianadda, puis seul, comme pour mieux se recueillir devant la «personnalité» du peintre.

«Quelle réflexion et quels sentiments m'ont inspiré ces tableaux!» devait glisser le violoniste avant de rejoindre sa loge «pour s'y faire les doigts».

De son côté, Jeremy se livra à une approche attentive du piano, imposant à l'accordeur des réglages extrêmement minutieux.

Un archet frémissant ou sensuel, des doigts rageurs ou tendres courant sur le clavier: à deux heures du concert, Yehudi et Jeremy Menuhin avaient déjà retrouvé leur monde sublime.

Yehudi Menuhin et Léonard Gianadda devant une œuvre de Paul Klee.

Nouvelliste et Feuille d'Avis du Valais, 12 janvier 1979.

Brigitte Meyer, Léonard et René Klopfenstein, 30 septembre 1983.

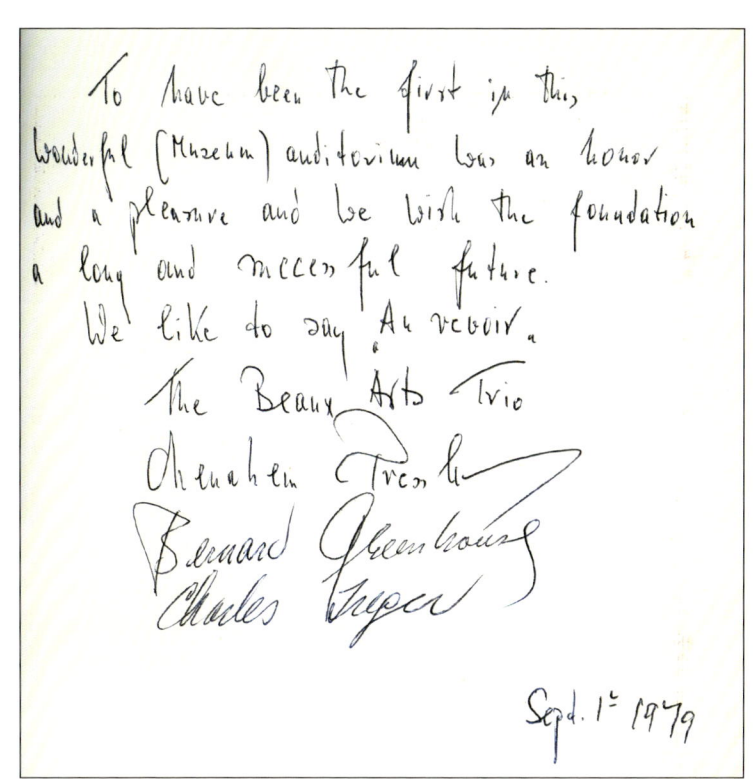

To have been the first in this wonderful (Museum) auditorium was an honor and a pleasure and we wish the foundation a long and successful future. We like to say "Au revoir".
The Beaux Arts Trio
Menahem Pressler
Bernard Greenhouse
Charles Treger

Sept. 1st 1979

Le Beaux Arts Trio, 1er septembre 1979.

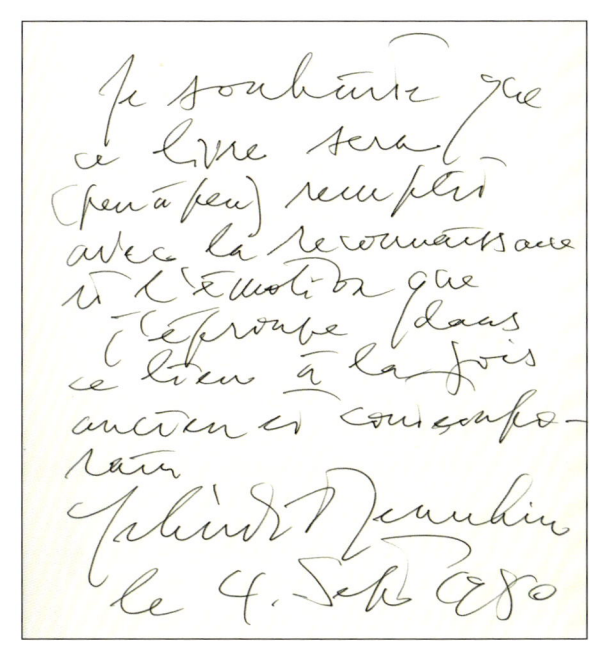

Je souhaite que ce livre sera (peu à peu) rempli avec la reconnaissance et l'émotion que j'éprouve dans ce lieu à la fois ancien et contemporain.
Yehudi Menuhin
le 4. Sept 1980

Yehudi Menuhin, 4 septembre 1980.

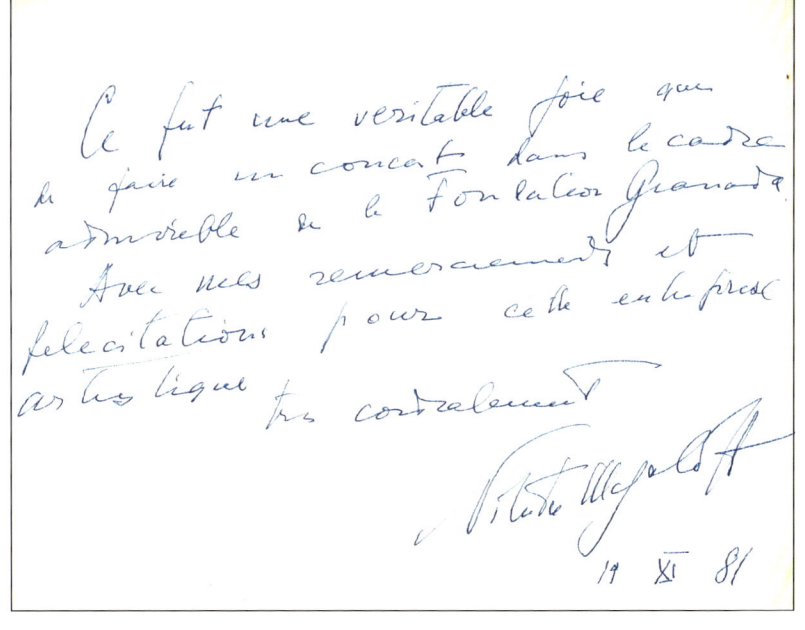

Ce fut une véritable joie que de faire un concert dans le cadre admirable de la Fondation Granada. Avec mes remerciements et félicitations pour cette entreprise artistique.
très cordialement
Nikita Magaloff
19 XI 81

Nikita Magaloff, 19 novembre 1981.

Le Musée de l'automobile

En 1973, au moment du projet de l'immeuble-tour *Belvédère*, Léonard Gianadda anticipe la construction du parking et le place au deuxième sous-sol d'un bâtiment édifié de l'autre côté de la route du Forum : « Le constructeur n'ignore pas que le terrain destiné à la réalisation de la tour peut être riche en vestiges. Il faut donc éviter de bouleverser cette zone archéologique par la construction de garages qui exigent une surface de terrain quatre fois supérieure à celle nécessaire au bâtiment. »[9] Les deux espaces sont reliés entre eux par une galerie souterraine.

Mais que faire de cet espace lorsque l'immeuble est remplacé par une Fondation ? Une réponse est trouvée en 1981 : aménager le passage en galerie avec une cafétéria et créer un Musée de l'automobile.

Inauguré en juin 1981, le musée est confié à la responsabilité de Fortunato Visentini, un ami d'enfance, mécanicien passionné par les voitures anciennes. Très habile, il réussit à redonner vie à toutes les automobiles du musée : « Au fil des années, la collection du Musée s'étoffe par l'arrivée de véhicules prestigieux. Les plus anciens, une *Benz*, d'origine allemande, et une *Jeanperrin*, française, datent de 1897. [...] D'autres voitures du début du XXe siècle entrent au Musée : une *Berliet*, une *Oldsmobile Curved Dash* et une *Stanley* à vapeur de 1902, plusieurs *Martini*, construites à Saint-Blaise, dans le canton de Neuchâtel, dont la plus ancienne date de 1903, une *De Dion-Bouton* de 1906 ou la célèbre *Ford T* de 1912. » [...] Aujourd'hui, la collection compte plus de quarante automobiles, avec des marques aussi prestigieuses que *Rolls-Royce, Bugatti, Mercedes-Benz, Alfa Romeo, Isotta-Fraschini* ou *Hispano-Suiza*. Elles sont toutes représentatives, à un titre ou à un autre, de l'histoire de l'automobile avant la Première Guerre mondiale et de la fabuleuse épopée de l'industrie automobile. Expertisées, elles sont de plus toutes en état de marche. »[10]

Défilé de voitures anciennes, Martigny, 1982.

A l'occasion de l'ouverture du 22e Rallye international du Vin, la Fondation Pierre-Gianadda a officiellement inauguré, jeudi passé, son Musée des voitures anciennes, ouvert depuis le début de cet été et visité à ce jour par plus de 30 000 personnes. **Le 19 novembre, il y aura juste trois ans que cette Fondation a été inaugurée. La manifestation de ce jour permet de franchir une nouvelle étape dans l'histoire de la Fondation. Une étape importante,** puisqu'elle vient compléter l'éventail offert jusqu'à présent aux visiteurs, en proposant un Musée de l'automobile en plus du Musée gallo-romain et des expositions temporaires comme celle consacrée cette année à Picasso, a souligné, en guise d'introduction à son allocution, M. Léonard Gianadda, avant de préciser que ce musée abrite actuellement trente modèles anciens, dont certains sont des exemplaires uniques au monde et d'autres sont d'un intérêt historique reconnu.

Invité à prendre la parole lors de cette cérémonie, M. Jean Bollin, président de la ville, a rappelé les circonstances dans lesquelles M. Léonard Gianadda informait, en 1979, l'Etat du Valais et la commune de Martigny de son intention d'aménager un Musée des voitures anciennes et d'en faire don à la Fondation. **Le Conseil communal considère avec satisfaction ce nouvel apport au sein de la cité,** a noté M. Bollin, avant de relever notamment: **Après celui de Lucerne, ce musée est, je crois, le plus important du genre en Suisse et complète agréablement notre panoplie d'attractions locales.** Il suscite un intérêt évident auprès des jeunes particulièrement sensibles aujourd'hui à ce qui touche à la mécanique. Une visite de ces lieux leur donne une image précise et réelle de l'évolution extraordinaire en la matière.

Une allocution attendue, celle de M. Georges Cots, président du «Veteran Car Club Suisse Romand», qui a présenté l'historique et l'activité de cette amicale fondée en 1961, forte aujourd'hui de plus de 200 membres et propriétaire de tous les véhicules exposés à la Fondation Pierre-Gianadda. M. Cots s'est surtout attaché à énumérer quelques-uns des modèles prestigieux que l'on peut admirer dans ce musée: une *Withney*, voiture à vapeur de 1883 (la plus ancienne du Musée); une *Germain*, de 1909, dont le moteur 6 cylindres comporte 6 blocs séparés; une *Delaunay-Belleville*, commandée en 1913 par le Tsar Nicolas II pour se rendre à la chasse; une *Bugatti* type 35 - Grand Prix de Lyon, qui vient de participer à la commémoration du 100e anniversaire de la naissance d'Ettore Bugatti, en Alsace... et beaucoup d'autres modèles encore que les visiteurs auront le privilège de découvrir tous les jours de 10 à 12 heures et 13 h. 30 à 18 heures, sauf le lundi.

Le Confédéré, 5 octobre 1981.

---

[9] *La Fondation Pierre Gianadda*, 1983, p. 21.
[10] *Martigny-la-Romaine*, 2008, pp. 314-315.

Une histoire de voitures

> « Créer un Musée de l'automobile dans le cadre de la Fondation Pierre Gianadda ? J'avoue qu'à l'origine cette idée du Vétéran Car Club Suisse Romand m'apparut un peu saugrenue ; les amateurs d'art ne manqueraient pas de s'offusquer en prétendant que culture et technique ne devaient pas se mélanger. De nombreux collectionneurs de voitures anciennes manifestèrent en revanche un vif intérêt pour une telle réalisation et ils n'eurent pas trop de peine à me convaincre. En effet, je voulais donner à la Fondation un élan dynamique, en faire un lieu vivant, offrir aux visiteurs une animation concrétisée par des expositions temporaires, déployer des activités diversifiées afin de ne pas succomber à la léthargie qui, tôt ou tard, guette les musées figés dans un moment de l'Histoire.
>
> » Or les voitures anciennes pouvaient toucher un public qui n'était pas forcément sensibilisé à l'art, alors que les manifestations culturelles allaient permettre aux amateurs de musique et d'expositions de découvrir le charme des vieilles mécaniques. […] Pour améliorer le nombre et la qualité des véhicules proposés par le Vétéran Car Club, je décide d'acquérir quelques voitures représentatives de l'histoire de l'automobile. Conseillé par mon ami Fortunato Visentini, orfèvre en la matière, je ne tarde pas à me piquer au jeu et, petit à petit, constitue la collection qui compose aujourd'hui le Musée de l'automobile […] Aujourd'hui, cette collection compte plus de quarante automobiles qui toutes datent d'avant-guerre et sont en état de marche. Il arrive que ces illustres ancêtres défilent fièrement dans les rues de Martigny, lors de cortèges ou de cérémonies officielles. Parfois, l'une d'entre elles s'essouffle, cahote, toussote et menace de rendre l'âme. Il faut dire qu'elles ne sont plus très jeunes… » [11]

Fondation Pierre Gianadda, Martigny, 13 juin 1981.

Nouvelliste et Feuille d'Avis du Valais, 4 février 1983.

[11] Préface de Léonard Gianadda, *Musée de l'automobile*, 2004, pp. 9-10.

Le Musée gallo-romain

Un dernier élément, et non pas des moindres, doit être mentionné dans cette période : le retour des Grands Bronzes d'Octodure à Martigny.

Lors de l'inauguration de la Fondation en 1978, un événement avait entaché les festivités : Antoine Zufferey, chef du Département de l'Instruction publique, prétextant des mesures de sécurité, refusait obstinément de rapatrier les objets gallo-romains dans leur ville d'origine[12].

Il faudra donc patienter plusieurs années, attendre un changement au sein du Conseil d'Etat et des anniversaires pour que le transfert s'opère. A l'occasion du centenaire de la découverte des Grands Bronzes et du bimillénaire d'Octodure, Bernard Comby, en charge du Département de l'instruction publique et de la culture, autorise que les pièces originales soient *déplacées* à Martigny et exposées dans le Musée gallo-romain de la Fondation.

Léonard remplace la copie de la tête de taureau tricorne par l'original, février 1983.

Bernard Comby découvre les Grands Bronzes à la Fondation, 25 février 1983.

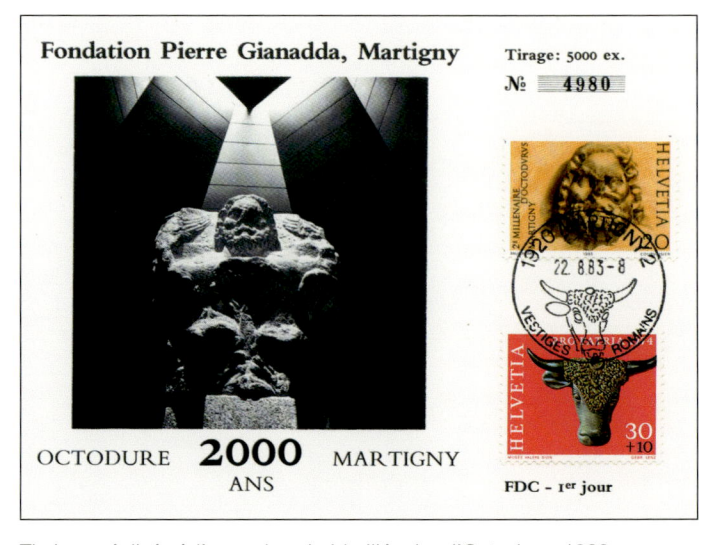

Timbres réalisés à l'occasion du bimillénaire d'Octodure, 1983.

[12] Ces pièces exceptionnelles et uniques en Suisse ont été trouvées le 23 novembre 1883, dans la basilique du forum, à environ deux cents mètres de la Fondation. Il s'agit de six morceaux issus de trois statues monumentales : un empereur, un Mercure et un taureau tricorne.

DANS LE CADRE DU BIMILLÉNAIRE D'OCTODURE
Le taureau tricorne gaulois transféré à Martigny

MARTIGNY (gram). – Le taureau tricorne gaulois découvert en 1883 à Martigny quittera prochainement le Musée archéologique cantonal de Sion. Il sera présenté à la Fondation Pierre-Gianadda lors de l'ouverture officielle des festivités marquant à la fois le bimillénaire d'Octodure, cent ans de fouilles romaines à Martigny, et dix de nouvelles recherches archéologiques ininterrompues. *« Nous avons voulu donner suite aux souhaits émis par les autorités et les milieux culturels de Martigny »*, a déclaré hier le conseiller d'Etat Bernard Comby, responsable des affaires culturelles sur le plan valaisan. A noter également que d'autres grands bronzes – parmi lesquels un bras et une jambe d'une statue masculine – retrouvés sur le même emplacement et à la même date pourraient eux aussi rallier la cité des bords de la Dranse.

Ce bronze de 42 cm de hauteur constitue le seul exemplaire connu de tête (grandeur nature) de taureau tricorne gaulois. Il date de la fin du Iᵉʳ siècle et fut trouvé dans la basilique du forum (sur l'emplacement de l'ancien stade de football) par une équipe d'archéologues mandatée par l'Etat du Valais et conduite par le peintre Raphaël Ritz. Transportée religieusement à Sion en compagnie des autres grands bronzes, cette tête de taureau est propriété de l'Etat du Valais. A notre connaissance, elle n'a jamais quitté le Musée archéologique cantonal, sinon pour servir de modèle à des copies dont deux sont exposées à Martigny : l'une à l'hôtel de ville, l'autre au musée gallo-romain de la Fondation Gianadda, dont les collections sont gérées par l'Etat du Valais. Ceci explique sans doute pourquoi un transfert a été possible.

C'est donc un événement de toute première importance que s'apprête à vivre Martigny. Il est vrai que la célébration officielle de 2000 ans d'histoire valait bien qu'on vainquît quelques réticences.

Nouvelliste et Feuille d'Avis du Valais, 5 janvier 1983.

Mais ce n'est pas la fin de la saga gallo-romaine. Lors de la construction d'une buvette dans les jardins de la Fondation, en 1983, de nouveaux vestiges sont mis au jour. Tous sont conservés pour compléter la promenade archéologique de Martigny.

Fouilles dans les jardins de la Fondation, 17 mai 1983.

Fouilles dans les jardins de la Fondation, 17 mai 1983.

Dans les jardins de la Fondation, 1983.

Viser l'excellence

> « La Fondation a visé juste en visant haut. Cette constatation réjouissante l'oblige en revanche à persévérer dans cette ligne, ce qui est loin de représenter une solution de facilité.
> » Les visiteurs ont le droit de ne pas être déçus. […] Les salles d'exposition ne peuvent plus se contenter de présenter à leurs visiteurs ce qu'on peut trouver en feuilletant un magazine ou en regardant la télévision. Elles doivent offrir un choix qui réponde à des goûts divers. Elles doivent créer une ambiance, inviter au recueillement. C'est l'objectif que nous essayons d'atteindre.
> » La beauté est un art de vivre.
> » Notre fondation souhaite mettre cet art à la portée du plus grand nombre et attirer un public toujours plus large afin de régénérer son enthousiasme.
> » Elle rêve, à chacun de ses concerts comme à chacune de ses expositions, de satisfaire et de conquérir davantage. »[13]

[13] Préface de Léonard Gianadda, *La Fondation Pierre Gianadda*, 1983, p. 9.

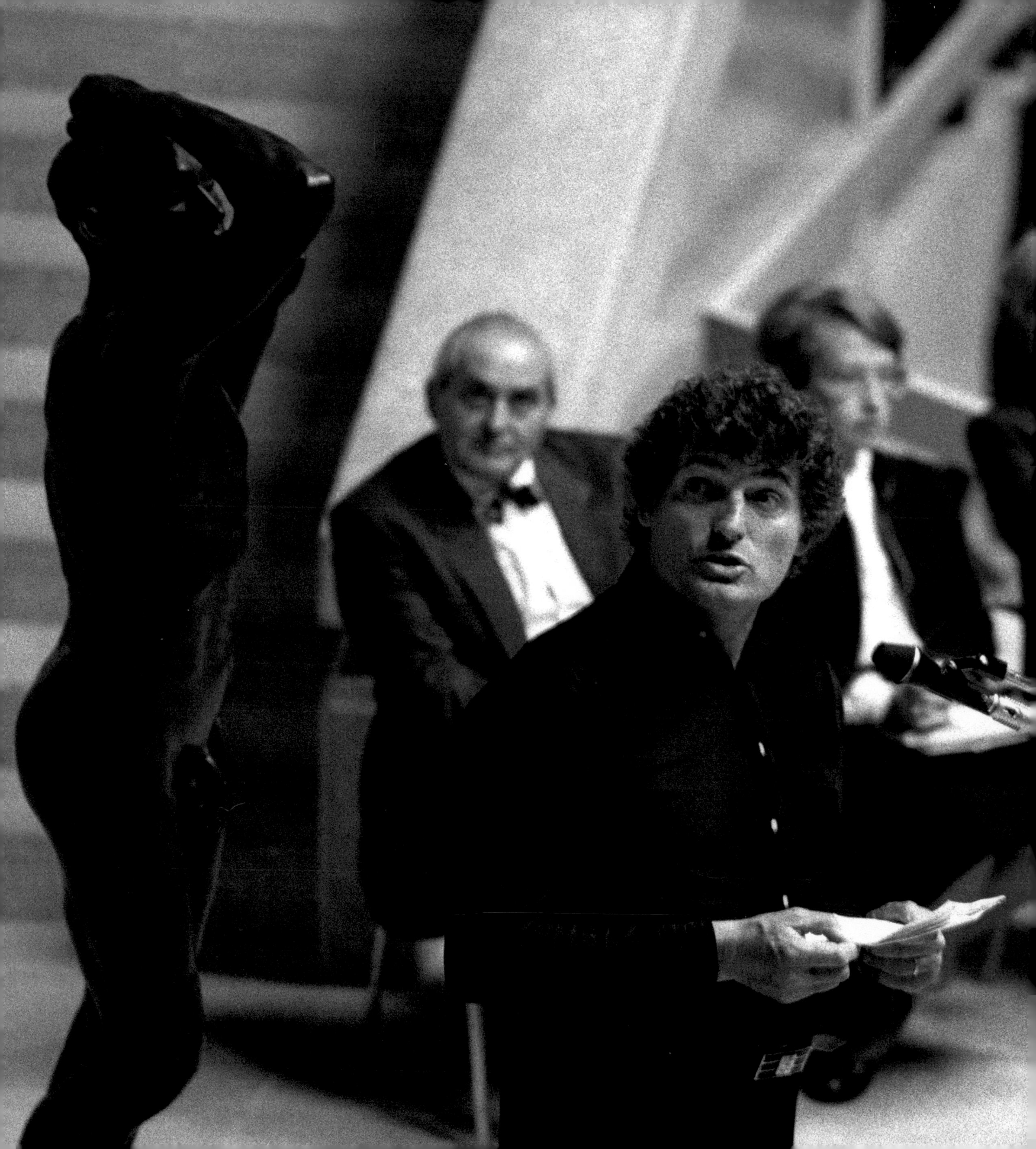

Rodin au tournant, 1984-1989

Savoir compter jusqu'à cinq peut être utile pour obtenir une exposition.

Entretien *Léoguide* n° 10, 20 avril 2015.

Un jour de 1979, en compagnie de Mme Voisin, secrétaire générale du Musée Rodin de Paris, je visite l'institution et apprends qu'il y a des réserves dans les sous-sols. Je demande à les voir, car je souhaite acheter des tirages. Quand j'ai vu ce qu'il y avait dans cette caverne d'Ali Baba, j'ai dit : « Mais c'est extraordinaire ! Il y en a suffisamment pour monter une exposition à Martigny ! – Vous savez, Monsieur, il faut voir avec la direction. Moi, je ne peux rien vous dire. – Comme je suis là, ne pourrais-je pas rencontrer le directeur ? – C'est **Madame** le directeur, et il faut prendre rendez-vous. Ce n'est pas si simple. » J'ai insisté…
Quand j'ai été en présence de Mme Monique Laurent, directeur, je lui ai dit : « J'aimerais beaucoup mettre sur pied une exposition avec vous. – C'est que nous sommes très sollicités. Prochainement, le président Valéry Giscard d'Estaing se rend au Mexique, et nous devons organiser une exposition au Mexique. Ensuite, il va aux Indes, et nous devons organiser une exposition aux Indes. En tous les cas, pas avant cinq ans. – Mais, Madame, je ne suis pas pressé… »
L'année suivante, j'y suis retourné : « Plus que quatre ! » L'année suivante : « Plus que trois ! » Au bout de cinq ans, j'ai eu l'exposition. Elle a comptabilisé 165 443 visiteurs. Du rarement vu en Suisse !

◀ Inauguration de l'exposition *Rodin*, en présence de Pierre Gassier et Monique Laurent, 12 mai 1984.

La divine surprise de Rodin

Grâce aux expositions réalisées avec Pierre Gassier, Léonard Gianadda est entré en contact avec les musées français, ce qui lui ouvre de belles perspectives et augmente sa motivation de développer la culture à Martigny. A force de patience et de persévérance, il obtient ce qu'il désire et concrétise un rêve : Rodin à la Fondation ! Un événement extraordinaire pour le bâtisseur, et qui prend tout son sens si l'on sait que sa première œuvre d'art importante, acquise en 1973, est un Rodin.

Léonard ne lésine d'ailleurs pas sur les moyens pour mettre la Fondation à la hauteur d'un tel événement. Il entreprend le premier aménagement des jardins pour accueillir onze statues monumentales de Rodin dans les meilleures conditions.

« Rodin le superbe, Rodin le magnifique, Rodin le génie : à l'heure du vernissage, les superlatifs faisaient défaut dans cette Fondation Pierre Gianadda devenue la capitale helvétique de l'art et le rendez-vous de toute la jet society. Ils étaient venus de partout en effet pour célébrer le baptême de ce qui est aujourd'hui considéré comme le grand événement culturel de l'année en Suisse. […] Un seul sentiment parmi ces centaines de personnes qui avaient tenu à participer à ce vernissage mémorable : l'admiration. Une admiration sans limite devant l'œuvre magistrale de Rodin, mais aussi devant le travail remarquable effectué par les initiateurs de cette exposition. […] Conservateur du Musée Rodin à Paris, Mme Monique Laurent n'est pas restée non plus insensible à l'ambiance de la fondation. 'Le climat dans lequel cette exposition a été pensée fait que jamais nous n'avons eu l'impression de travailler. Nous avons eu le sentiment de préparer une fête pour des amis.' »[1]

En raison de son succès incroyable – on atteint les 135 000 visiteurs en l'espace de cinq mois, ce qui fait exploser les records de fréquentation de la Fondation (on passe de 200 à 700 personnes en moyenne par jour) – l'exposition est prolongée d'un mois, ce qui lui permet d'accueillir 30 000 visiteurs supplémentaires et porte le total à plus de 165 000 personnes.

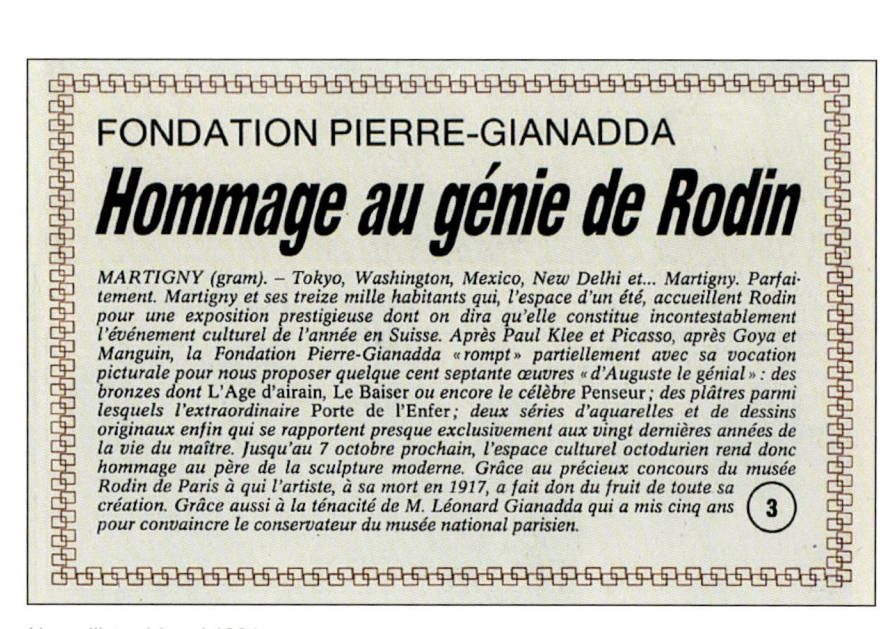

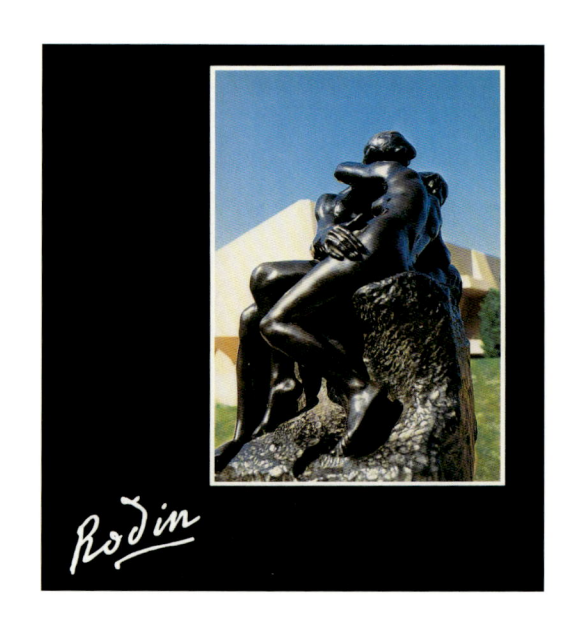

Nouvelliste, 14 mai 1984.

[1] *Nouvelliste*, 14 mai 1984.

Visite guidée avec Léonard

« A l'époque de l'exposition *Rodin*, ne disposant pas encore d'historienne d'art pour les visites commentées, je les effectuais moi-même. Un jour, j'en fais une pour un groupe de Sierre qui ne me connaissait pas. A la fin, un participant s'approche et me félicite : 'Bravo, c'était très bien, merci !' Et il me glisse une pièce de cent sous dans la main. 'Je ne peux pas accepter ! – Si, si, vous avez mérité, c'était très bien !' Gêné, je lui réponds : 'Je ne peux pas accepter, car je suis de la maison. – Raison de plus : vous devez être mal payé !' J'ai pris la pièce, l'ai mise dans la poche et suis parti… »[2]

Vernissage de l'exposition *Rodin*, en présence de Pierre Gassier et Alphons Egli, conseiller fédéral, 12 mai 1984.

Léonard Gianadda vu par le caricaturiste Casal.

[2] Entretien *Léoguide*, 20 avril 2015.

Les expositions, 1984-1989

Années	Dates	Expositions	Commissaires	Visiteurs
1984	2.2-26.2	Ansermet et Skyll		1 688
	3.3-2.5	Mizette Putallaz		5 380
	12.5-4.11	Rodin	Pierre Gassier	165 443
	10.11-8.1.85	Pierre Loye		3 636
1985	2.3-14.4	Bernard Cathelin	Sylvio Acatos	4 734
	20.4-19.5	Albert Rouiller (Parc)		3 180
	24.5-3.11	Paul Klee	André Kuenzi	93 771
	7.11-15.12	Marcel Imsand		7 010
	19.12-2.2.86	Isabelle Tabin-Darbellay		5 373
1986	7.2-4.5	Gaston Chaissac	Christian Heck, Erwin Treu	11 223
	15.5-23.11	Alberto Giacometti	André Kuenzi	124 118
	28.11-25.1.87	Egon Schiele-Gustav Klimt	Serge Sabarsky	14 144
1987	31.1-29.3	Serge Poliakoff	Dora Vallier	10 891
	4.4-10.5	André Tommasini (Parc)	Sylvio Acatos	8 016
	4.4-10.5	Marie Antoinette Gorret		8 016
	16.5-8.11	Toulouse-Lautrec	Pierre Gassier	196 225
	13.11-13.12	Italo Valenti		3 290
	18.12-20.3.88	Paul Delvaux		26 659
1988	26.3-26.6	Trésors du Musée de São Paulo – De Raphaël à Corot	Ettore Camesaca	60 226
	2.7-19.11	Trésors du Musée de São Paulo – De Manet à Picasso	Ettore Camesaca	161 615
	25.11-8.1.89	Picasso linograveur	Danièle Giraudy	8 486
1989	12.1-26.2	Le Peintre et l'affiche	Jean-Louis Capitaine	13 689
	1.3-2.4	Jules Bissier	André Kuenzi	9 125
	5.4-15.5	Hans Erni. Vie et mythologie	Claude Richoz	22 905
	26.5-26.11	Henry Moore (Fondation et Parc)	David Mitchinson	129 336
	1.12-28.1.90	Henri Cartier-Bresson		12 856

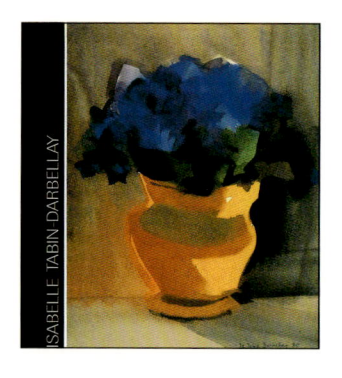

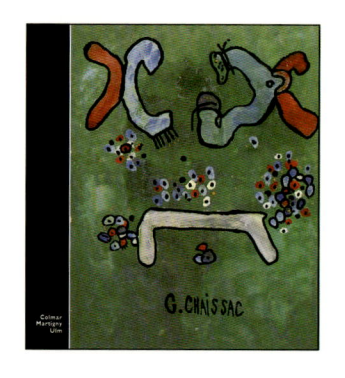

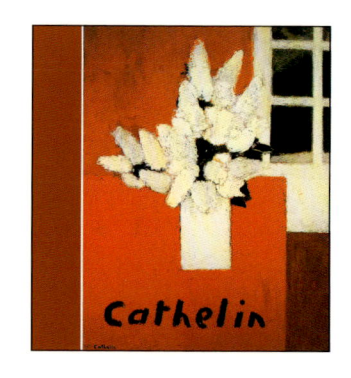

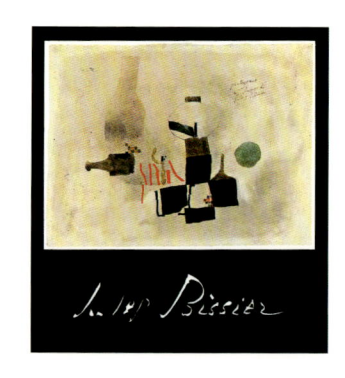

Comme à ses débuts, la Fondation continue d'ouvrir régulièrement ses portes aux créateurs suisses contemporains. De 1984 à 1989, ce sont notamment les artistes du Valais, Mizette Putallaz, Pierre Loye, Albert Rouiller, Isabelle Tabin-Darbellay, Marie Antoinette Gorret, qui se trouvent à l'affiche. A noter également la première exposition de l'artiste lucernois Hans Erni et du photographe vaudois Marcel Imsand. Ces deux rencontres artistiques déboucheront rapidement sur de fructueux échanges et de fidèles amitiés.

Pour compléter et diversifier son programme, la Fondation « rompt avec la règle plus ou moins tacite qu'elle s'était fixée jusqu'à présent : celle de n'ouvrir ses portes qu'à des artistes locaux ou suisses, exception faite des grandes expositions d'été »[3]. Et Léonard Gianadda de préciser : « En réalité, l'organisation des manifestations culturelles de la Fondation vise essentiellement deux buts : offrir aux artistes régionaux la possibilité de faire connaître leurs œuvres et surtout permettre au public d'apprécier l'expression de talents divers, que ce soit dans le domaine de la musique, de la peinture, de la sculpture ou dans toute autre activité artistique, à travers des œuvres contemporaines ou non. Ce souci de diversification exige l'abandon de certains partis pris et une ouverture plus large qui, loin de nuire aux artistes de notre pays, permet de situer leur œuvre dans un panorama plus vaste. »[4]

La Fondation Pierre Gianadda accueille ainsi les œuvres de Bernard Cathelin, Gaston Chaissac, Serge Poliakoff, Jules Bissier, Henri Cartier-Bresson… Toutes ces expositions sont le résultat de nouveaux contacts et échanges, que ce soit avec des institutions, des collectionneurs, des commissaires ou des artistes.

Henri Cartier-Bresson, 1990.

Marcel Imsand, Martigny, 1989.

Hans Erni, Martigny, 1989.

[3] « Bienvenue à la Fondation », préface de Léonard Gianadda, *Bernard Cathelin*, 1985.

[4] *Ibidem*.

Jean-Pascal Delamuraz, vernissage de l'exposition *Klee*, 24 mai 1985.

PAUL KLEE A LA FONDATION GIANADDA
Magie des formes et des couleurs

MARTIGNY (gram). – En juin 1980, Paul Klee inaugurait le cycle des grandes expositions estivales que consacre depuis la Fondation Gianadda à un artiste prestigieux. Coup d'essai, coup de maître. A la clé, 20 000 visiteurs. Cinq ans après, l'espace culturel renoue avec celui que l'on considère comme un génial inventeur de formes, un magicien de la ligne et de la couleur. Dans l'intervalle, Picasso, Goya, Manguin et surtout Rodin sont passés par-là. Bilan: des spectateurs toujours plus nombreux (170 000 l'été dernier) et une fondation qui n'en finit pas de faire des tabacs, au point de constituer aujourd'hui un véritable phénomène dans le monde des arts, alors qu'elle a tout juste atteint l'âge que l'on dit de raison. Heureux temple qui peut s'offrir de tels trésors! Heureuse population (elle ne s'en rend pas toujours très bien compte) à qui l'on propose pareils itinéraires! A deux pas de sa porte.

Paul Klee, c'est un peu l'enfant chéri de la Fondation Gianadda qui n'a pas oublié ce qu'elle lui doit. En 1980, les responsables octoduriens étaient parvenus, non sans mal, à rassembler quelque quatre-vingts œuvres de l'artiste. Cette année, notoriété internationale oblige, l'espace culturel de la rue du Forum a vu et pu beaucoup plus grand. En particulier grâce au concours de Félix Klee, fils du peintre, la fondation est en mesure de présenter une rétrospective complète (250 œuvres) de la carrière de Paul Klee qui s'échelonne de 1907 à 1940, année de sa disparition.

«Musée du rêve»

Du 24 mai au 3 novembre, le public pourra se mettre sous la pupille plus d'une centaine de peintures – huiles, aquarelles et «feuilles colorées» – mais aussi de nombreux dessins qui portent témoignage, à travers d'extraordinaires aventures de lignes, du processus même de la création de Paul Klee dont les principaux thèmes seront illustrés.

Cette vaste rétrospective sera complétée par des dessins réalisés pour l'illustration du «Candide» de Voltaire, révélant les multiples facettes d'une œuvre dont le poète René Crevel a dit qu'elle était «un musée complet du rêve».

Félix Klee, toujours lui, a mis à la disposition de la fondation une importante série de peintures et de dessins ainsi que plusieurs documents rares relatifs à la famille de l'artiste et à un ensemble de marionnettes.

Chefs-d'œuvre

On peut encore mentionner que certains chefs-d'œuvre présentés proviennent de quelques-unes des plus célèbres collections publiques et privées de Suisse comme de l'étranger. Parmi ceux-ci, des pièces de grand format qui n'ont que rarement été montrées.

La Fondation Paul-Klee du Musée des beaux-arts de Berne, le Kunsthaus de Zurich de même que le Musée des beaux-arts de Bâle ont également apporté leur contribution à cette exposition par une série de prêts.

Comme à chacune de ses manifestations d'été, la Fondation Gianadda éditera un substantiel catalogue réalisé par le critique André Kuenzi qui avait déjà signé, voici cinq ans, la première édition dédiée à Paul Klee.

Un mot encore pour signaler que ce «Paul Klee 1985» est placé sous le haut patronage du président de la Confédération, M. Kurt Furgler, qui sera représenté à Martigny, lors du vernissage (vendredi 24 mai à 17 heures) par son collègue du Conseil fédéral, M. Jean-Pascal Delamuraz, un fidèle de la fondation.

Vapeur et voilières vers le soir, 1931, aquarelle sur ingres italien 48,5 × 61 cm, collection privée.

Nouvelliste, 21 mai 1985.

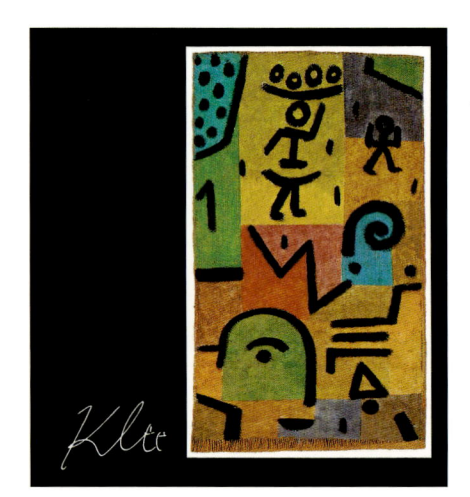

Après les réussites de Pierre Gassier, André Kuenzi prend la relève pour mettre sur pied deux expositions d'été. Il propose d'abord une suite à la première exposition sur Klee : « En 1980, notre Fondation présentait déjà Paul Klee à ses hôtes. C'était notre première grande exposition : elle connut un vif succès. Au cours des années qui suivirent, le nombre des visiteurs ne cessa d'augmenter […] Durant tout ce temps, notre Fondation gardait la nostalgie de sa première rencontre avec Paul Klee, qui avait marqué la première étape importante de son histoire. C'est ainsi que l'idée germa d'une nouvelle exposition Klee […] »[5]

Pour la Fondation, le bilan est plus que positif, puisque, le 21 septembre 1985, avec des hôtes du monde entier, elle passe le cap des 500 000 visiteurs depuis son ouverture. Elle continue sur sa lancée et propose l'année suivante une exposition de sculptures d'Alberto Giacometti, une manifestation qui commémore les vingt ans de la disparition de l'artiste grisonnais.

---

[5] « Klee de retour à Martigny », préface de Léonard Gianadda, *Klee*, 1985.

Cet événement est intéressant à double titre dans l'histoire de la Fondation : d'une part, Léonard entre en contact avec la famille Giacometti et acquiert peu après plusieurs œuvres de l'artiste ; d'autre part, il fait la connaissance de Jean-Louis Prat, alors directeur de la Fondation Maeght à Saint-Paul-de-Vence, qui deviendra par la suite un de ses soutiens indéfectibles.

Léonard est fier de ces collaborations et n'en revient pas d'avoir réussi à gagner des paris aussi fous : « L'une de nos plus grandes satisfactions réside dans la confiance que nous témoignent les plus grands musées, les plus importantes fondations et un si grand nombre de collectionneurs de notre pays et d'ailleurs, malgré notre handicap majeur : nous ne disposons d'aucune monnaie d'échange. Leur geste n'en est que plus apprécié. »[6]

Léonard, Bruno et Odette Giacometti, James Lord, André Kuenzi, 1986.

[6] « 1966-1986 : vingtième anniversaire », préface de Léonard Gianadda, *Alberto Giacometti*, 1986.

Le triangle magique : Paris-Albi-Martigny

La force de caractère, la détermination et l'intuition de Léonard Gianadda permettent d'opérer des miracles. C'était déjà le cas dans sa jeunesse, lorsqu'il se lançait dans son travail de photoreporter avec passion, créait les opportunités de rencontres, sortait de sa zone de confort pour découvrir de nouveaux horizons et surprendre.

En 1987, il réussit un remarquable coup de poker : Toulouse-Lautrec à Martigny et 196 225 visiteurs ! Sa rapidité à tisser des liens, sa facilité à mettre en relation les choses et les gens y sont pour beaucoup. Qu'on en juge par cet exemple. « Un jour, Lucile Manguin me dit : 'Ma *fille* travaille au Musée Lautrec à Albi. On pourrait organiser quelque chose.' Avec Pierre Gassier, nous nous sommes rendus à Albi pour envisager une exposition autour de Lautrec : *Lautrec au Musée d'Albi et dans les collections suisses*. Le directeur, M. Jean Devoisins, me déclare : 'Nous pouvons organiser une exposition Lautrec à Martigny, mais qu'est-ce que vous nous proposez en échange ?' Comme je n'ai rien, je lui réponds : 'Je vous fais une proposition : est-ce que vous seriez intéressé par une exposition Rodin ? – Ah oui ! ce serait bien ! – Laissez-moi faire !' Je suis retourné au Musée Rodin, avec qui j'avais entre-temps noué d'excellentes relations : 'Seriez-vous d'accord de présenter une exposition Rodin à Albi ? Vous l'avez fait à Martigny, c'est bien, mais la France profonde existe aussi…' Ils ont été d'accord ! C'est ainsi que le triangle s'est fermé : j'ai organisé Rodin à Albi, Albi m'a prêté les Lautrec, et moi j'ai dit merci à Rodin… Le plus drôle de l'histoire, c'est que peu de temps après j'étais nommé administrateur du Musée Rodin pour trois périodes, et administrateur du Musée Lautrec à Albi pour… près de vingt ans maintenant ! »[7]

Danseuses du Moulin-Rouge, vernissage de l'exposition *Toulouse-Lautrec*, 1987.

Martigny
TOULOUSE-LAUTREC, MUSÉE D'ALBI, COLLECTIONS SUISSES

Petite ville de quatorze mille habitants dans le Valais, Martigny devient au fil des années un rendez-vous artistique estival de première importance. 1986 avait été marquée par l'exposition Alberto Giacometti, 1987, le sera sans doute par celle que la Fondation Pierre Gianadda consacre à l'œuvre de Toulouse-Lautrec, la première de cette envergure en Suisse depuis 1947, à Bâle. Alors que, les prêts à la fondation en témoignent, l'artiste a de nombreux admirateurs dans la confédération helvétique. Ainsi, à côté de la quarantaine d'œuvres, peintures et dessins confiés par le Palais de la Berbie à Albi, une place importante sera réservée à l'œuvre graphique des collections publiques et privées suisses. Près de trois cent pierres lithographiques, depuis la célèbre affiche pour le Moulin Rouge datant de 1891, où défilent La Goulue, Valentin le Désossé, Aristide Bruant et les acteurs d'une nuit parisienne bien éloignée du calme montagnard contribueront à démontrer le talent acerbe et parfois douloureux d'un artiste «urbain» par excellence.
Lerner de Vecchi

Fondation Pierre Gianadda, jusqu'au 1er novembre. CH. 1920, Suisse. Téléphone (41) 26.239.78, ouvert tous les jours de 10 h à 19 h. Un catalogue a été édité à cette occasion, 245 pages, illustrations couleur et noir et blanc.
« La Rousse en caraco blanc », huile sur toile, 59,5 × 40,2 cm, collection Thyssen-Bornemisza, Lugano, Suisse.

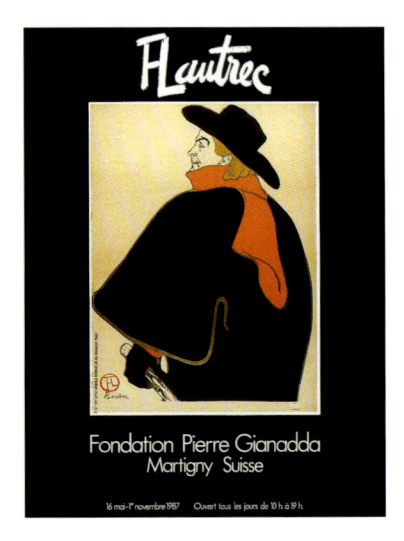

Beaux Arts, juillet-août 1987, p. 105.

[7] Entretien *Léoguide*, 20 avril 2015.

Une belle réussite avec *Paul Delvaux* et deux cerises sur le gâteau pour les dix ans de la Fondation avec les expositions organisées, l'une après l'autre, avec le Musée d'Art de São Paulo. La presse internationale est de plus en plus présente pour se faire l'écho de ce qui se passe à la Fondation Pierre Gianadda, lui assurant une large publicité. Elle la reconnaît comme un musée d'importance, en passe de devenir incontournable. En 1988, Léonard écrit : « A ce jour, plus d'un million de visiteurs ont déjà franchi nos portes. Certaines de nos expositions ont attiré jusqu'à deux cent mille visiteurs venus de tous les pays du monde.

» Il faut bien reconnaître que j'étais loin d'imaginer, en 1978, un tel succès. Nous avons donc dû adapter les locaux, aménager des places de parc, organiser des transports, améliorer l'accueil qui nous tient tout particulièrement à cœur. Nous souhaitons que chaque visiteur se sente bien à la Fondation, qu'il y trouve une atmosphère agréable. [...] En marche vers cette deuxième décennie, nous souhaitons poursuivre dans la ligne que nous nous sommes tracée, avec un enthousiasme toujours renouvelé. Nous souhaitons aussi rencontrer sur notre chemin, comme par le passé, des amis et des conseillers aussi avisés que Pierre Gassier, André Kuenzi ou René Klopfenstein, des collaborateurs aussi compétents et dévoués que ceux qui nous épaulent aujourd'hui. Grâce à eux, nous espérons tenir un pari ambitieux : donner à nos visiteurs toujours plus de joie et de satisfaction. »[8]

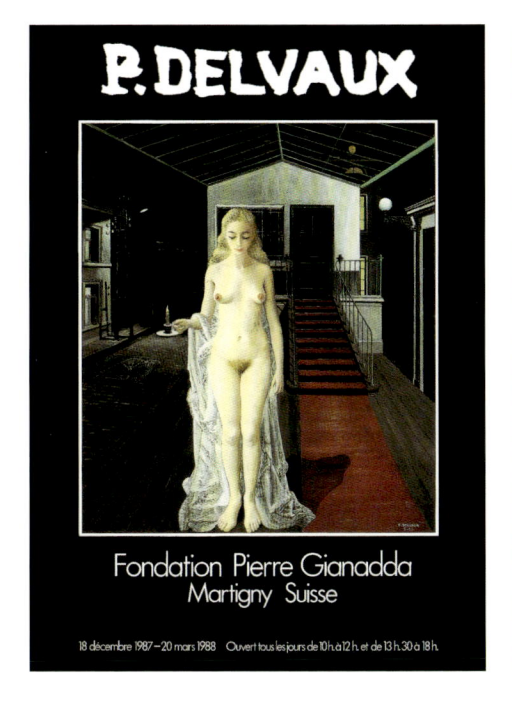

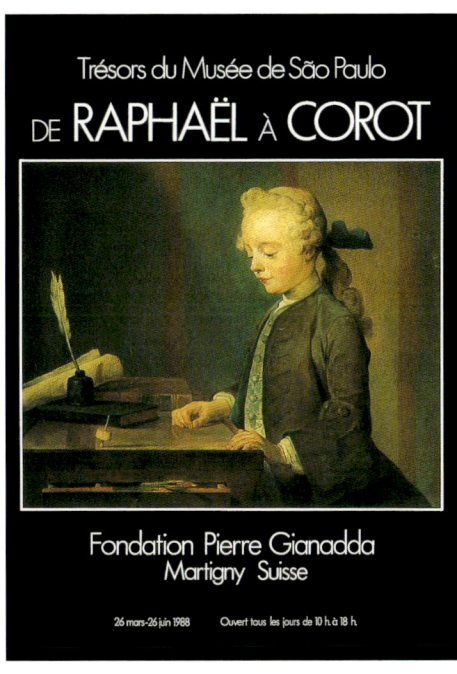

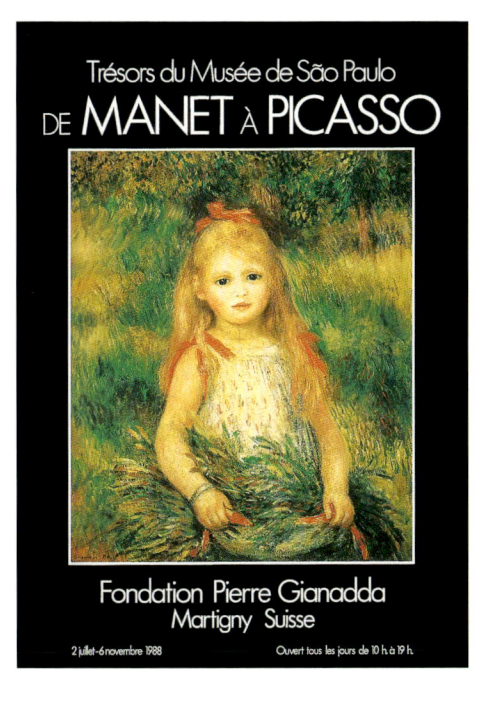

[8] Préface de Léonard Gianadda, *Musée de l'automobile*, 1988, p. 15.

SAO PAULO MARTIGNY MERCI LES MÉCÈNES

Martigny — L'exposition « De Raphaël à Corot » vient tout juste de s'achever (cf. *CdA* avril 88, p. 136) que celle intitulée « De Manet à Picasso » prend tout naturellement la relève. D'autant que les œuvres, une cinquantaine, sont de même provenance : le Museu de Arte de Sao Paulo. Quatre Manet, trois Cézanne, deux Monet, des Hodler, Bonnard, Vuillard, Matisse, six Degas (dont trois sculptures), treize Renoir, un Gauguin (le « Pauvre pêcheur » de 1896), quatre Van Gogh (dont une « Arlésienne » de 1890, le portrait de Mme Ginoux, *ill. 1*), dix Toulouse-Lautrec, deux Picasso, trois Modigliani (trois portraits, dont celui de Leopold Zborowski, *ill. 2*) et un Soutine, suivent donc les Mantegna, Bellini, Titien, Zurbaran, Nattier, Gainsborough et autres Fragonard admirés au printemps en cette même fondation Pierre Gianadda.

Ce n'est pas la première fois que les chefs-d'œuvre du musée de Sao Paulo quittent le Brésil pour l'Europe : une sélection avait déjà circulé en 1953, présentée notamment à Paris, à l'Orangerie. Le musée était alors tout jeune, il s'agissait d'en asseoir la réputation, aussi bien à l'étranger que dans son propre pays, où son importance et son utilité n'étaient encore que peu reconnues. Aujourd'hui, il fête ses quarante ans, dans une fondation qui, elle, en a tout juste dix, et l'une et l'autre de ces institutions n'ont plus à se faire connaître. Leur rencontre est celle de deux aventures, de deux dynamismes, et l'on pourrait tracer là nombre de parallèles. A Sao Paulo, le musée doit tout à l'initiative privée d'un parlementaire, diplomate, magnat de la presse et collectionneur, Assis Chateaubriand, son fondateur ; et à l'homme que Chateaubriand sut trouver pour constituer la collection et l'animer, Pietro-Maria Bardi, qui venait d'Italie. Bardi ne mit guère que cinq ans, de 1946 à 1951, pour former le fonds du musée — c'était une époque faste au Brésil, celle de l'édification de Brasilia, et les œuvres d'art étaient fort loin d'approcher les prix fous qui défraient les chroniques des ventes publiques de nos jours. En 1968 fut inauguré un bâtiment tout neuf, spécifiquement destiné à cette collection, unique en Amérique du Sud. A Martigny, la fondation Pierre Gianadda, doit tout à Léonard Gianadda, qui l'a créée et a construit son siège en mémoire de son frère Pierre, décédé accidentellement en 1976. Et il pouvait sembler tout aussi incongru de développer les activités nombreuses (expositions, mais aussi une copieuse programmation musicale) d'une fondation dans une petite ville du Valais, en Suisse, que d'implanter une collection de peinture européenne à Sao Paulo, fragile capitale du café. Mais dans les deux cas, le dynamisme et la volonté de mécènes ont emporté l'affaire en bousculant tous les obstacles. Sao Paulo est un musée qui compte sur le continent américain, et les rendez-vous d'été de Martigny mobilisent les foules : près de 300 000 personnes pour l'exposition Toulouse-Lautrec l'an passé ! On nous annonce déjà, pour 1989, une grande rétrospective Henry Moore. A Martigny, la Suisse n'est pas seulement celle des banques et du folklore. *Fondation Pierre Gianadda ; du 2 juillet au 6 novembre.*

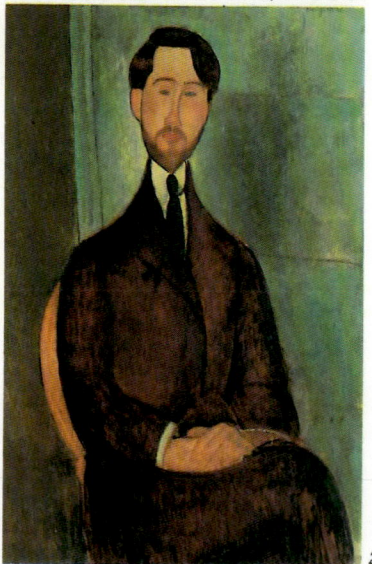

Denis Picard

Connaissance des Arts, juillet-août 1988, p. 21.

A la suite de *Rodin* et *Giacometti*, la rétrospective *Henry Moore* vient terminer cette exceptionnelle série d'expositions de sculptures de la période du tournant, entre 1984 et 1989. Cet événement confirme la forte stature de la Fondation et sa flatteuse réputation. Plus encore, elle donne à Léonard Gianadda l'opportunité d'en faire davantage : agrandir les jardins pour accueillir les grandes sculptures de Moore. La demande des responsables de la Fondation Moore est exaucée. Il y avait des jardins, il y aura maintenant un parc. Avec l'aide de la Commune de Martigny, un grand verger d'abricotiers contigu à la Fondation est acquis, ce qui permet de doubler les surfaces extérieures : « Aujourd'hui, les multiples difficultés rencontrées ont été aplanies. Le parc remodelé a été agrémenté d'un étang autour duquel il fait bon se promener en été, à l'ombre des vieux abricotiers. »[9]

Nouvelliste, 31 décembre 1989.

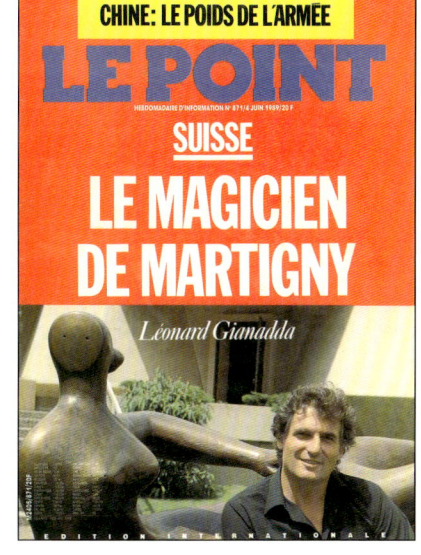

Le Point, 29 mai 1989.

[9] « Balade au pays où paissent les sculptures », préface de Léonard Gianadda, *Henry Moore*, 1989.

Exposition *Moore* dans le parc.

Fondation Pierre Gianadda à Martigny
Dans le peloton de tête

(Cps) Dernier né des grands lieux d'exposition helvétiques, la Fondation Pierre Gianadda, à Martigny, n'a pas attendu l'âge de la majorité pour faire sa place parmi les espaces d'exposition les plus cotés de Suisse et d'Europe. Ces jours derniers, elle fêtait le 50 000e visiteur de la rétrospective qu'elle consacre à l'œuvre du sculpteur anglais Henry Moore. Un résultat qui, comme les autres années, met la Fondation dans le peloton de tête des lieux d'art les plus visités.

Créée il y a dix ans par Léonard Gianadda — le « Magicien de Martigny » selon la « une » de l'hebdomadaire français « Le Point » — la fondation Pierre Gianadda collectionne les résultats spectaculaires. Non contente d'être citée par le « Financial Times » entre la National Gallery de Londres, le Louvres et le Centre Pompidou de Paris ou l'un ou l'autre musée de Rome ou de Tokyo, la fondation accumule les résultats surprenants. En 1987, l'exposition consacrée à Toulouse-Lautrec a accueilli plus de 196 000 visiteurs. Le plus grand nombre enregistré cette année-là en Suisse, avant les 164 000 visiteurs de l'exposition des « Maîtres impressionnistes des musées soviétiques » à la villa Favorita du baron Thyssen, à Lugano.

En 1988, c'est l'exposition consacrée à Edvard Munch par le Kunsthaus de Zurich qui arrivait en tête avec 226 000 visiteurs. La Fondation arrivait à 220 000 en deux expositions distinctes des « Trésors du Musée de Sao Paulo ». Si l'on y ajoute l'exposition d'hiver consacrée à Paul Delvaux, la Fondation Gianadda peut s'enorgueillir d'avoir organisé trois des dix expositions les plus visitées en 1988.

Ce succès semble ne pas devoir baisser. D'autant plus qu'en dix ans, Léonard Gianadda a acquis auprès des collectionneurs suisses et étrangers une réputation et un crédit qui lui permettent d'obtenir des collections en prêt sans que sa jeune fondation puisse accorder de réciprocité. Ce qui lui permet de faire de Martigny — avec ses 13 000 habitants seulement — le lieu de très grandes expositions internationales. Mais l'Octodurien n'est pas homme à se contenter des succès passés. Pour l'heure, il prépare une exposition des œuvres de Modigliani pour 1990. Pour 1991 — 700e anniversaire de la Confédération oblige — l'architecte octodurien concocte un hommage à Ferdinand Hodler et à son œuvre monumental.

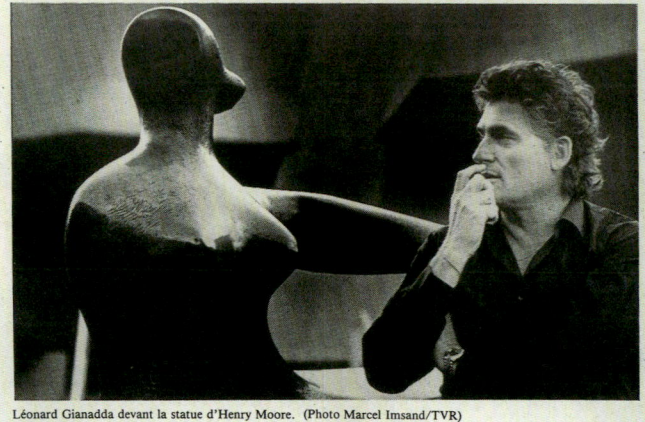

Léonard Gianadda devant la statue d'Henry Moore. (Photo Marcel Imsand/TVR)

Nouvelle Revue de Lausanne, 8 août 1989.

Les rencontres, clés du succès de la Fondation

« La vie des individus et des collectivités est faite de rencontres. Toutes sont significatives, beaucoup sont importantes, certaines sont riches de promesses. Mais ce n'est pas nécessairement la nature ou la qualité des circonstances qui les provoquent qui est déterminante pour qu'elles conduisent au succès, c'est-à-dire à la réalisation, l'accomplissement. Il faut davantage. Le terme 'rencontre' tire son origine de deux notions : 'coup de dés' et 'combat'. Si la rencontre doit porter ses fruits, il faut donc aussi bien créer ou saisir le hasard ou la coïncidence en prenant des risques, qu'il faut lutter, combattre pour infléchir les choses dans le bon sens et parvenir au but.

» Pour ceux qui connaissent l'histoire de la Fondation, et ils sont nombreux, les rencontres successives entre son initiateur, Léonard Gianadda, une personnalité douée de qualités créatrices et du besoin de se dépasser constamment, avec les circonstances que son destin et sa foi en lui ont mises sur son chemin, auront été autant d'étapes le rapprochant du but. [...] Les dix ans d'existence de la Fondation Pierre Gianadda ont été le reflet d'un microcosme universel et rayonnant au service de l'art. Au moment où elle entame sa deuxième décennie, nous aimerions dire simplement ces mots : merci et... encore. »[10]

---

[10] « Les dix ans de la Fondation », *Paris Match*, 25 mai 1989, pp. IX-XX.

Les grands artistes de la musique

Du côté de la programmation de soirées musicales, la collaboration avec le Festival Montreux-Vevey se poursuit. Le succès étant au rendez-vous du côté tant du public que des musiciens, Léonard Gianadda procède à un réaménagement des abords du temple dès l'automne 1985 : « Pour la première fois, nous aurons le plaisir d'accueillir des orchestres symphoniques en plus de quelques autres ensembles qui pourront se produire au centre de la Fondation, dans un nouvel espace aménagé au cœur des vestiges de l'antique temple gallo-romain. »[11] Musiques et expositions ne font plus qu'un dans la Fondation. Elles interagissent et se répondent, en formant une alchimie très appréciée. Pour s'en rendre compte, il suffit d'observer Anne-Sophie Mutter au milieu des grandes figures de Giacometti ou Isaac Stern adressant un bis à la *Vénus* de Renoir, dos au public.

Dans le *Livre d'or* que Léonard Gianadda met à la disposition des artistes, tous expriment leur plaisir d'être là. En 1988, Edith Mathis note : « Quelle harmonie dans cette maison ! C'est un honneur et un plaisir particuliers pour moi que de pouvoir interpréter Mozart, ce génie musical, entourée par tant de grands maîtres de l'art pictural et plastique. Pour Monsieur Gianadda, avec ma profonde admiration pour son œuvre exceptionnelle. » Certains musiciens deviennent des amis proches de Léonard et participent aux diverses festivités de la Fondation. Parmi eux, l'un des premiers qui soient venus jouer à Martigny, Claudio Scimone, directeur des Solisti Veneti : « C'est un vieil ami, il est venu souvent chez nous, et il est présent à tous les anniversaires. J'ai été très touché de le voir arriver avec son ensemble pour mes cinquante ans, le 23 août 1985, alors que je ne l'avais averti de ma petite fête que deux jours auparavant. »[12]

Anne-Sophie Mutter, 1986.

Isaac Stern face à la *Vénus* de Renoir, 1988.

[11] « Klee de retour à Martigny », préface de Léonard Gianadda, *Klee*, 1985.

[12] *Les Coups de cœur de Léonard Gianadda*, vol. 1, 2001.

Quelques concerts, 1984-1989

Années	Dates	Concerts
1984	1.9	Henryk Szeryng, Piero Toso, Orchestra da Camera di Padova
	14.9	Barbara Hendricks
	26.9	Melos Quartett
1985	11.9	Royal Philharmonic Orchestra de Londres (Vladimir Ashkenazy)
	20.9	Teresa Berganza, Orchestre de la Suisse Romande (OSR) (Armin Jordan)
	23.9	I Solisti Veneti (Claudio Scimone)
1986	5.9	Anne-Sophie Mutter, Collegium Musicum Zürich (Paul Sacher)
	2.10	Barbara Hendricks, Youri Egorov
	29.11	Maurice André, Camerata Bern (Thomas Füri)
1987	18.9	Teresa Berganza, Sinfonia Varsovia (Jean-Baptiste Pommier)
	27.10	Yehudi Menuhin, Camerata Lysy
1988	28.5	Barbara Hendricks, Roland Pöntinen
	6.9	Isaac Stern, Rob McDonald
	14.9	Edith Mathis, Orchestre de Chambre de Lausanne (OCL) (Lawrence Foster)
	21.10	Simon Estes, Veronica Scully
	19.11	I Solisti Veneti (Claudio Scimone) (10ᵉ anniversaire de la Fondation)
1989	18.4	Maria João Pires, Sinfonia Varsovia (Charles Dutoit)
	24.7	Barbara Hendricks, Stockholm Chamber Orchestra (Esa-Pekka Salonen)
	4.9	Nikita Magaloff, Mauro Loguercio, Antonio Meneses
	20.9	Alfred Brendel, Orpheus Chamber Orchestra New York
	25.9	Teresa Berganza, Orchestre de Chambre de Zurich (Edmond de Stoutz)

Yehudi Menuhin, 27 octobre 1987.

Claudio Scimone et I Solisti Veneti, 1988.

Barbara Hendricks, 2 octobre 1986.

> Dans cet endroit magique l'histoire s'est mariée avec l'amour, et de cette merveilleuse union a jaillit une source inépuisable de manifestations artistiques.
>
> Le grand prêtre de ces noces s'appelle Léonard.
>
> Pour lui et pour son œuvre toute mon admiration
>
> Teresa Berganza
>
> 6-IX-88

Dédicace de Teresa Berganza, 6 septembre 1988.

Teresa Berganza, 20 septembre 1985.

Jean-Marc Grob et l'Orchestre des Rencontres Musicales de Lausanne, 16 mai 1989.

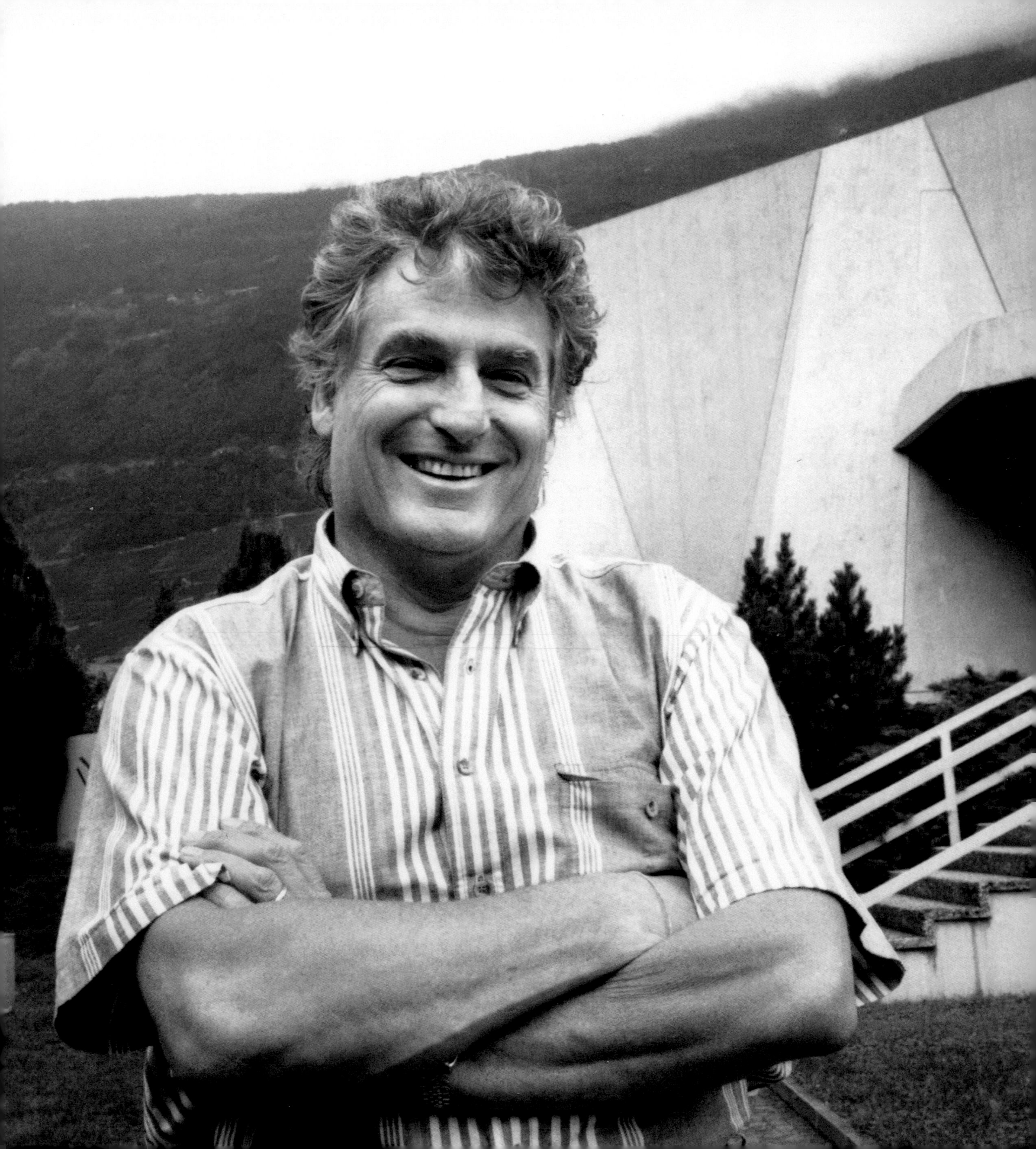

Le prestige culturel, 1990-1995

Quand la Fondation vole de succès en succès et ajoute de nouvelles cordes à son arc.

Entretien *Léoguide* n° 11, 20 avril 2015.

En 1991, à l'occasion de l'exposition Chagall, *nous avons présenté son célèbre* Décor du théâtre juif. *C'était la première fois qu'il était exposé depuis 1920.*
De Russie, on m'avait proposé : « Si vous financez la restauration du décor, peut-être que vous pourriez l'avoir pour une exposition. » Cette proposition avait été faite à de grandes institutions, mais personne n'avait osé relever le défi. Le coût s'élevait à 400 000 dollars, ce qui, à l'époque, représentait beaucoup d'argent. J'ai accepté. Prendre un pareil engagement était risqué, mais je pouvais l'assumer.
Et nous avons obtenu le Décor du théâtre juif.
L'acheminement de l'œuvre à Martigny a été compliqué. Nous avons dû confectionner ici les caisses pour le transport. Mon menuisier, André Chambovey, les a construites et nous les avons expédiées à Moscou. Nous avons également acheminé divers matériaux pour la restauration des œuvres, notamment colle, toile, outillage…
Quand le camion est parti de Moscou, en janvier 1991, les routes étaient verglacées. Le véhicule a traversé la Tchécoslovaquie, l'Allemagne de l'Est… A cette frontière, les douaniers ont demandé : « Qu'est-ce que c'est ? De la peinture ? Où sont les pots ? » C'était bien de la peinture, mais c'était celle de Chagall ! A un moment donné, nous avons même perdu la trace du convoi. Nous ne savions plus où il se trouvait…
L'exposition a eu un retentissement mondial. Les visiteurs ont afflué de partout pour découvrir ces œuvres. Ida, la fille de Chagall, est aussi venue à Martigny. Par la suite, elle m'a invité chez elle à Paris. Elle m'a tendu un paquet : « Tiens, Léonard, c'est pour toi. » Enveloppé dans un papier de journal, il y avait un tableau de son père. Elle me l'a dédicacé en remerciements de ce que nous avions fait pour le rayonnement de l'œuvre de son père, Marc Chagall…

◀ Léonard par Henri Cartier-Bresson, 2 septembre 1994.

Dédicace de Botero, *Livre d'or*, 1984.

Exposition *Louis Soutter*, février 1990.

D'une exposition à l'autre

L'année 1990 commence en douceur mais originalité avec une exposition *Louis Soutter*, suivie de *Fernando Botero*. Pour l'été, l'exposition *Modigliani*, fruit d'une nouvelle collaboration, est attendue avec beaucoup d'impatience par le public et la presse. Il faut dire que cet artiste, dont on commémore alors les septante ans de la disparition, n'avait plus été à l'honneur en Suisse depuis un demi-siècle !

« C'était pendant l'exposition *Alberto Giacometti*, en été 1986. Bruno Giacometti m'avait annoncé la visite de Daniel Marchesseau, conservateur au Musée des Arts décoratifs à Paris, me demandant de le recevoir. Au cours de notre entrevue, parlant de ses activités, Daniel Marchesseau m'apprit qu'il avait organisé les expositions *Modigliani* de 1981 au Musée d'Art moderne de la Ville de Paris et de 1985 au Musée d'Art moderne de Tokyo. A ma question, innocemment posée : 'Serait-il envisageable d'en organiser une à Martigny ?', il répondit, à ma grande surprise : 'Pourquoi pas !'

» A vrai dire, un tel défi relevait de la gageure. [...] Il aura fallu plusieurs années de démarches souvent difficiles pour constituer, pièce par pièce, le puzzle d'un ensemble qui comprend 56 toiles, autant de dessins et quelques sculptures, provenant de nombreuses collections particulières, de fondations et de 25 musées d'Europe, d'Amérique du Nord et du Sud, ainsi que du Japon. »[1]

Léonard Gianadda est enchanté par sa rencontre avec Daniel Marchesseau. Par la suite, il le sollicite à de nombreuses reprises pour d'autres projets ambitieux[2] : « La Fondation Pierre Gianadda a eu la chance de trouver en Daniel Marchesseau un commissaire avisé, dynamique, compétent et prudent [...] Son optimisme, sa gentillesse et son efficacité ont largement facilité la préparation de cette exposition. »[3]

---

[1] « Du rêve à la réalité », préface de Léonard Gianadda, *Modigliani*, 1990.

[2] *Jean Dubuffet* et *Marie Laurencin* en 1993, *Suzanne Valadon* en 1996, *Kees Van Dongen* en 2002, *Jean Fautrier* en 2004, *Henri Cartier-Bresson* en 2005, *Monet* en 2011, *Sam Szafran* en 2013, *Renoir* en 2014.

[3] « Du rêve à la réalité », préface de Léonard Gianadda, *Modigliani*, 1990.

Modigliani permet d'établir un nouveau record d'affluence : 263 332 personnes se rendent à Martigny le temps d'un été. Pour une ville de 13 000 habitants, c'est un succès inespéré et qui restera dans les annales. Pour Léonard, c'est une consécration. Le jour du vernissage, il reçoit d'ailleurs la médaille de Chevalier de l'Ordre national du Mérite de la République française. Et comme les choses vont souvent par paire, six mois plus tard, l'Italie le nomme Commendatore dell'Ordine al Merito della Repubblica Italiana.

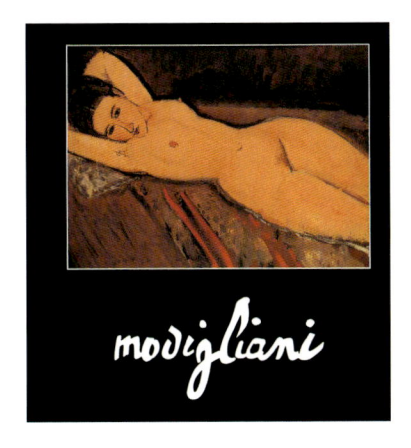

Nouvelliste, 29 septembre 1990.

Léonard reçoit la médaille de Chevalier de l'Ordre national du Mérite français des mains de Philippe Cuviller, ambassadeur de France, 19 juin 1990.

Chevalier de l'Ordre national du Mérite français, *Nouvelliste*, 20 juin 1990.

Daniel Marchesseau entre Yumiko et Hirohisa Takano-Yoshizawa du Musée Marie Laurencin de Tokyo, 1990.

Vernissage de l'exposition *Modigliani*, 19 juin 1990.

Partager à voir
par Daniel Marchesseau, conservateur du Patrimoine

« Je suis entré dans les chemins humanistes à la faveur de rencontres qui me dessillèrent les yeux et me désoperculèrent les oreilles » : ainsi aurait pu, paraphrasant l'écrivain voyageur Sylvain Tesson (*Petit Traité sur l'immensité du monde*, 2005), s'exprimer non sans malice Léonard Gianadda lorsque, juvénile adolescent, il partit à la découverte du monde, semelles de vent et Leica en bandoulière, pour étancher sa soif de découvertes et de tous les possibles jusqu'à… l'impossible – mot dont il ignore encore aujourd'hui et l'orthographe et la prononciation.

On connaît l'aventure altière de cet entrepreneur hors pair à la conviction sonore et communicative qui décida d'ériger en mémoire de son frère un temple de la connaissance – en lieu et place de stèle –, de le consacrer aux domaines les plus vivants de la culture pour la faire partager à tous : expositions et concerts – donner à voir et à entendre, oui, mais mieux : offrir à regarder et à écouter. Depuis les premiers terrains rustiques valaisans, vergers et jardins maraîchers traditionnels, vivement réunis et forés de béton en 1978, jusqu'au remarquable parc de sculptures qui ceint, près de quarante ans plus tard, le navire olympien de la Fondation Pierre Gianadda, Léonard, né sous le signe du Lion et baptisé de même, a su creuser les sentiers artistiques qu'il a, en pionnier, défrichés pour les ouvrir à tous. « Je ne suis pas socialiste, mais je le mets en pratique », affirme gravement cet homme engagé. Léonard Gianadda a d'abord remis en lumière une page peu connue de l'histoire héroïque et obscure de la cité d'Octodure – aujourd'hui Martigny, dite grâce à lui désormais « la Romaine ». Des vitrines d'initiation aux fouilles archéologiques jusqu'au réaménagement récent de l'impressionnant « Tepidarium » *in situ* sous la rue du Forum, ses préoccupations ont été en priorité de mettre au jour les vestiges de cet ancien et florissant comptoir gallo-romain.

Patron sur son terrain plus que leader en son canton, LG – prononcé *Elgé*, selon l'affectueux raccourci de certains – a mis son formidable charisme à persuader chacun du mieux-fondé de sa politique de rayonnement. Expositions et concerts se sont succédé depuis trente-cinq ans avec une qualité qui suscite toujours les commentaires les plus vibrants.

Ma rencontre au printemps 1986 avec ce tribun volontaire à l'écoute de l'architecte et ami Bruno Giacometti qui me parraina, si j'ose dire, auprès de lui, fut pour le moins inattendue et d'autant plus séduisante. Conduisant sa Porsche à la vitesse de ses chantiers, il me proposa sur l'instant sa confiance puis, d'emblée, le pari « impossible » d'organiser une exposition *Modigliani* dans ses murs. Quatre ans plus tard, un ensemble de plus de cent œuvres était fort applaudi d'un très large public enthousiasmé par une réunion aussi glorieuse de chefs-d'œuvre dans ce lieu déjà bien fréquenté (1990). Bientôt, ce conquérant qui aurait pu s'appeler César achetait justement du sculpteur César, pour le parc de sculptures en devenir, le voluptueux *Sein* monumental en bronze, avantageusement mis à distance du *Grand Coq* de Brâncuși.

Alors, quand le cher Alain de Botton, ce brillant écrivain natif de Zurich mais établi depuis près de quarante ans à Londres, affirme que « les navires ne voguent pas dans les villes » (*Comment Proust peut changer votre vie*, 1997), je l'invite très amicalement à prendre un billet pour Martigny : une croisière internationale lui est pleinement assurée.

Depuis trente ans, comme en témoigne une longue suite de plaques de bronze moulées aux empreintes de nombre d'artistes et interprètes venus à la Fondation, ce carrefour en mouvement assure à tous un vrai bonheur en plein air – comme l'hospice du col voisin au Grand-Saint-Bernard, la sérénité.

A l'écoute de la franche et mélodieuse suite *Szabadban* (En plein air) composée pour piano par Béla Bartók pour sa femme, les cinq mouvements évoquent de même les projets de Léonard Gianadda accompagné par sa chère Annette : « Avec tambours et fifres » – « Barcarolla » – « Musettes » – « Musiques nocturnes » avant « La Chasse ». Ce pourrait bien être en effet l'engagement pluriel souscrit par ce bâtisseur puissant, formulé au siècle des Lumières par l'architecte Jacques-François Blondel dans *L'homme du monde éclairé par les arts*.

Paris, 3 juillet 2015   D. M.

L'exposition *Camille Claudel* suit celle de *Modigliani*. C'est à nouveau un petit miracle pour la Fondation. En réussissant à présenter «la quasi-totalité des sculptures, peintures et dessins connus actuellement», Léonard Gianadda l'annonce comme la rétrospective « la plus complète jamais réalisée à ce jour ». Il ajoute : « En 1984, notre Fondation consacrait son exposition d'été à Rodin. Le succès fut immense, puisque plus de 165 000 visiteurs se déplacèrent à Martigny, ce qui représentait pour nous un événement populaire assez exceptionnel. Cette même année, le Musée Rodin, à Paris, présentait à son public une très grande et très belle exposition *Camille Claudel* : ce fut un triomphe.

» C'est évidemment depuis cette époque que nous rêvions d'organiser une exposition *Camille Claudel* à Martigny car, après l'exposition *Rodin*, il nous semblait équitable de rendre hommage à cette artiste. »[4] Ainsi, au fil des années d'animation culturelle à la Fondation, Léonard fait preuve d'une capacité extraordinaire pour établir les bonnes rencontres. En ce sens, l'exposition *Claudel* est un exemple parlant : la famille de l'artiste, le Musée Rodin, les collectionneurs privés, l'ambassadeur de France, tous accordent leur confiance et leur aide au président de la Fondation.

« Quand on pense au retentissement de l'exposition *Giacometti* ou de celles du Musée de São Paulo, on ne s'étonne plus de rien. Le Magicien de Martigny est en train de faire de Martigny, 'la capitale culturelle de la Suisse'. »[5]

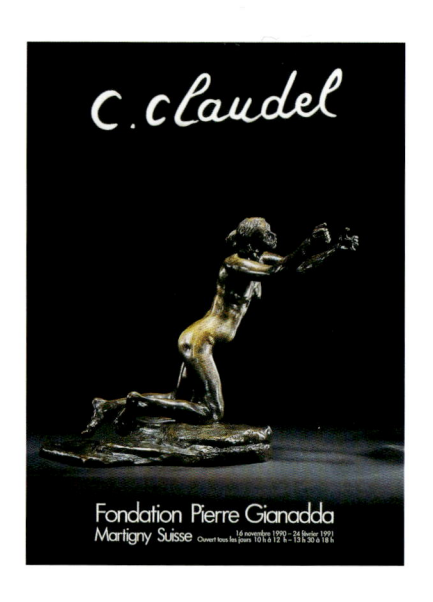

Vendredi lors du vernissage, Léonard Gianadda en compagnie de Nicole Barbier, commissaire de l'exposition et conservateur au Musée Rodin à Paris, Reine-Marie Paris - de la Chapelle, historienne d'art et petite-nièce de Camille Claudel, et Philippe Cuvillier, ambassadeur de France en Suisse.

FONDATION PIERRE GIANADDA
L'œuvre de Camille Claudel dans son intégralité

MARTIGNY. — Les amateurs d'art ont la chance d'avoir à portée de main, jusqu'au 24 février 1991, l'œuvre de Camille Claudel dans son intégralité. Sculptures, dessins et peintures en provenance de seize musées et de collectionneurs privés en Suisse, de France, de Grande-Bretagne et de Belgique sont ainsi offerts à la vue des visiteurs de la Fondation Pierre Gianadda, tous les jours de 10 à 12 heures et de 13 h. 30 à 18 heures.
Comme l'a souligné la petite nièce de Camille Claudel, Reine-Marie Paris - de la Chapelle, vendredi lors du vernissage, cette exposition consacrée au sculpteur est la plus complète jamais réalisée à ce jour. La descendance de Camille Claudel et le Musée Rodin à Paris ont largement contribué à la réussite des démarches entreprises qui ont donc débouché sur l'événement culturel que propose la Fondation Gianadda jusqu'à la fin février.

Le Confédéré, 20 novembre 1990.

---

[4] « Au-delà du mystère », préface de Léonard Gianadda, *Camille Claudel*, 1990.

[5] *Le Confédéré*, 16 novembre 1990.

Raoul RIESEN

IL COURT, IL COURT LE FURET

Déjeuner avec Léonard Gianadda

A le voir courir, l'œil à tous les détails, aux poires du jardin, aux tickets de caisse, à la qualité des affiches, au chapiteau romain offert par un citoyen reconnaissant, tout en ordonnant d'offrir des limonades aux écoliers avant d'escorter la fille Calder à la gare de Martigny, on se dit que Léonard Gianadda doit être un patron exténuant.

Lorsque ses collaborateurs lui demandant « quand » un travail doit être accompli, il répond « hier »...

N'empêche qu'il prend le temps de déjeuner avec nous... et son dictaphone, qu'il pose sur la table.

— Il ne me quitte jamais.

C'est son bloc-notes, son moulin à idées.

☆ ☆ ☆

Je lui demande comment il a réussi à monter son exposition Modigliani (200 000 visiteurs à ce jour).

— C'est une longue chasse aux trésors. Du fait qu'ils sont éparpillés dans 30 musées ou fondations et chez 70 particuliers de huit pays, de l'Italie au Japon, en passant par la Finlande et le Brésil, il nous a fallu cinq ans pour les réunir... (il lève sa fourchette) ...le foie gras, comment le trouvez-vous ? Un peu trop cuit, à mon avis, une minute de trop. Evidemment je n'étais pas seul ; mon commissaire — je n'aime pas ce mot, disons le responsable artistique — était Daniel Marchesseau, conservateur au Musée des arts décoratifs à Paris. Ayant déjà organisé des expositions Modigliani, il a ses repères. Mais il faut aller à la pêche ; écrire aux propriétaires est insuffisant, il faut les voir, tous, les uns après les autres, et les convaincre. J'ai compté une centaine de corps à corps !

Parmi les arguments de Léonard Gianadda : une séduction, une chaleur qui fait fondre les dames et qui donne aux hommes l'envie d'être son ami.

☆ ☆ ☆

Un turbotin au thym l'enchante. Le sommelier a servi d'office un flacon de fendant dont l'étiquette célèbre la Fondation Gianadda...

Je lui demande si ses quêtes sont toujours exaucées.

— Un jour j'ai osé demander trois Modigliani à un particulier zurichois. « C'est un devoir que de vous les prêter », m'a-t-il répondu. Parfois, un collectionneur peut hésiter à se séparer d'une pièce qui fait la gloire de ses murs, tandis qu'un autre ne tient pas à faire savoir au fisc qu'il possède un Modigliani !

— Comment ça se passe, dans le cas précis ?

— La discrétion absolue est garantie au prêteur. Même vis-à-vis des assureurs. Mais ceux-ci exigent que, lors de son voyage vers Martigny, le tableau soit escorté par deux personnes, qu'elles ne s'arrêtent pas en cours de route et, au cas où l'œuvre serait transportée à bord d'une voiture, qu'il y ait un extincteur à bord !

— Des refus ?

— Plutôt des mystères. Il y a des propriétaires qui se cachent. Nous connaissons l'existence de telle ou telle œuvre de Modigliani, mais nous ne savons pas où elle est.

— Est-ce que des prêteurs louent les toiles ?

— Ah non ! Ça ne se fait pas... du moins pas encore. Bien entendu nous prenons à notre charge tous les frais, les transports, les assurances... ne me demandez pas de chiffres, je ne les révélerai pas... et par courtoisie nous pouvons rendre quelques services ; restaurer une toile ou un cadre...

— Nous n'avons pas parlé des douaniers ? Ils ont regardé passer Modigliani sans broncher ?

— Autre corps à corps ! Par exemple les douanes italiennes exigeaient une caution égale à la valeur de l'œuvre... somme qu'elles rembourseraient trois ans plus tard ! Pour notre budget, qui s'élève tout de même à 3 millions, c'était insupportable. Mais en l'occurrence l'ambassadeur d'Italie à Berne est venu à notre secours.

Pas de fromages, pas de desserts. Léonard Gianadda doit garder la ligne et reprendre sa chasse au trésor. Destination : Moscou. Objectif : l'œuvre de Chagall.

La Suisse, 20 octobre 1990.

Il n'y a jamais de répit pour la Fondation. A peine une exposition est-elle accrochée que les deux suivantes doivent être déjà presque prêtes. Depuis *Toulouse-Lautrec*, les grandes manifestations s'enchaînent à un rythme soutenu, avec un défilé de chefs-d'œuvre qui donne le tournis. Ce n'est pas un hasard si les années 1990 sont celles qui vont additionner le plus d'entrées à la Fondation.

Au gré des possibilités et des propositions, Léonard Gianadda alterne les thématiques, les périodes et les points de vue. Il faut dire que tout l'intéresse.

Au printemps 1991, il réalise un pari fou avec la

L'Illustré, 13 février 1991.

Le Confédéré, 5 mars 1991.

Galerie Tretiakov de Moscou. Ayant accepté de prendre en charge, pour quatre cent mille dollars, la restauration des sept panneaux du *Théâtre juif* peints par Chagall en 1919-1920, il obtient la possibilité de montrer en priorité cette œuvre monumentale. Cela se fait à la Fondation, dans le cadre d'une exposition sur l'artiste russe : « Exposer les œuvres de la période russe de Chagall, toutes celles connues dans les collections publiques et privées d'Union soviétique, paraissait une entreprise si peu réaliste que nous hésitions à la tenter. Cela d'autant plus que la plupart de ces œuvres n'avaient jamais quitté l'U.R.S.S... Pourtant, des contacts se nouaient et, peu à peu, l'exposition prenait forme. [...] Ce projet, que nous considérions comme purement imaginaire, commençait à se préciser, même si de nombreux obstacles restaient encore à surmonter... C'était l'ouverture, la *glasnost* tant attendue ou, plus simplement, la perspective d'une ère nouvelle et d'un trait d'union culturel entre deux pays que tout séparait depuis longtemps.

» Le miracle a bel et bien eu lieu. Les œuvres de Chagall ont franchi une frontière trop longtemps close et sont parvenues jusqu'à nous, à Martigny. »[6]

Ce premier lien entre la Fondation et les musées russes débouchera sur d'autres fructueuses collaborations, dont les trois expositions sur les *Icônes russes*, *Kandinsky et la Russie*, la *Peinture française* du Musée Pouchkine, etc.

Audace et ténacité, art de s'entourer des bonnes personnes, voilà les ressorts utilisés par Léonard Gianadda pour que sa Fondation brille.

Bilan, juillet-août 1991.

Vernissage de l'exposition *Chagall en Russie*, 1er mars 1991.

[6] « Retour aux sources », préface de Léonard Gianadda, *Marc Chagall*, 1991.

12/VI/'92/'91

Леонард!
Спасибо Вам!
Большое спасибо!
Губенко.

for
leonard...
Imagine!
one man bringing
Russia and Chagall
to
Martigny!!!

David Douglas Duncan

Dédicaces de Gubenko et David Douglas Duncan dans le *Livre d'or* de la Fondation. Sur la photo : Fortunato Visantini, Léonard, Leonid Astafiev, Katia Selezneva, Lidia Romachkova, Alexeï Kovalev, Galina Youchkevitch, Youri Korolev et André Chambovey.

A l'occasion de la commémoration du 700ᵉ anniversaire de la Confédération, la Fondation Pierre Gianadda met sur pied deux expositions spéciales, la première dédiée à Ferdinand Hodler, la seconde sur la sculpture suisse du XXᵉ siècle : « C'est en discutant avec Jura Brüschweiler, le spécialiste du peintre Hodler, que l'intérêt m'est apparu de feuilleter avec lui quelques chapitres de l'Histoire suisse, au travers d'une exposition que nous consacrons cet été à cet artiste si typiquement helvétique. […] Pourtant, une étape essentielle manquait à ce parcours. Le visiteur se voyait assigner un simple rôle d'observateur muet, de spectateur penché avec nostalgie sur son passé : il y manquait la Suisse vivante de 1991. L'idée m'est alors venue de présenter, dans les jardins, sous le soleil d'Octodure, un panorama de la sculpture suisse moderne qui témoignerait du dynamisme culturel de notre temps. André Kuenzi, dont les compétences ont déjà été si souvent mises à contribution par notre Fondation, accepta avec enthousiasme de se charger de ce projet. »⁷

Puis, jusqu'à la grande exposition *Braque* en été 1992, la Fondation ne chôme pas : Mizette Putallaz, Franco Franchi, la Colombie précolombienne, les estampes du Fonds Jacques Doucet, dont Léonard Gianadda finance la restauration de trois mille d'entre elles… (Encore une belle histoire, mais nous ne pouvons pas tout raconter !)

Exposition *Hodler*, été 1991.

Exposition *Sculpture suisse 1961-1991* dans le parc de la Fondation.

⁷ Préface de Léonard Gianadda, *Hodler*, 1991.

En 1992, un nouveau commissaire entre en scène : Jean-Louis Prat. De même qu'André Kuenzi, Pierre Gassier et Daniel Marchesseau, le directeur de la Fondation Maeght va rapidement devenir un ami fidèle et un soutien inconditionnel de la Fondation, pour le plus grand bonheur de Léonard : « La collaboration qui a pu s'instaurer entre nos deux fondations, au-delà des frontières, constitue une manifestation de solidarité exemplaire et un signe tangible d'amitié. Jean-Louis Prat a consacré à cette exposition le meilleur de lui-même. »[8] Pour Léonard, l'exposition *Braque*, tout en brisant un silence de trente ans en Suisse sur cet artiste, exauce un vœu gravé dans sa mémoire : « Il y a une dizaine d'années, j'évoquais déjà l'idée d'une exposition de cet artiste avec Dora Vallier. En effet, tout musée d'art moderne – et toute fondation – caresse le désir de réaliser un jour une exposition Braque, car ce créateur est l'un des pionniers de l'art de notre époque et il indique de toute évidence l'évolution de la peinture du XXe siècle. L'idée de présenter son œuvre peint et gravé était devenue une priorité pour nous. »[9]

Et le public, avec 166 971 visites, répond, une fois encore, présent à l'invitation martigneraine.

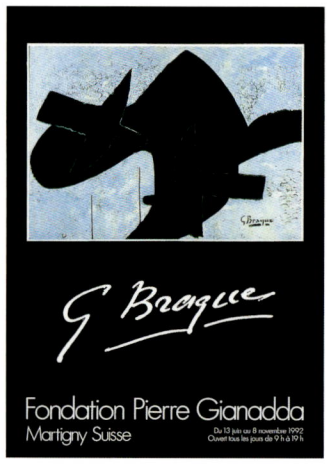

Défilé de mode dans l'exposition, 1er octobre 1992.

Accrochage de l'exposition *Braque* avec Jean-Louis Prat.

La Cote des arts, juillet-septembre 1992.

[8] « La règle et l'émotion », préface de Léonard Gianadda, *Georges Braque*, 1992.

[9] *Ibidem*.

Aux côtés des grands succès de la Fondation, il est des expositions qui, bien que moins fréquentées par le public, sont tout aussi importantes pour Léonard Gianadda. Parmi elles : *Ben Nicholson, Jean Dubuffet, Marie Laurencin, Egon Schiele, Larionov-Gontcharova*… Si ces expositions ne séduisent pas autant de monde, elles permettent en revanche de renforcer la crédibilité de la Fondation auprès des musées et des collectionneurs. Léonard s'emploie donc à organiser l'ensemble avec un sens de l'alchimie consommé, tout en se riant de ce que pensent les éternels mécontents. A partir de ce qui lui plaît, son leitmotiv est de choisir ce qui plaira au public et, surtout, de faire en sorte que sa Fondation soit toujours un lieu vivant, dynamique, où l'on a plaisir à revenir pour découvrir du nouveau.

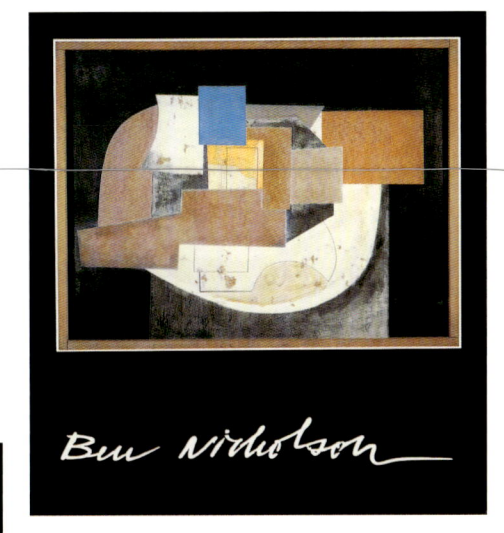

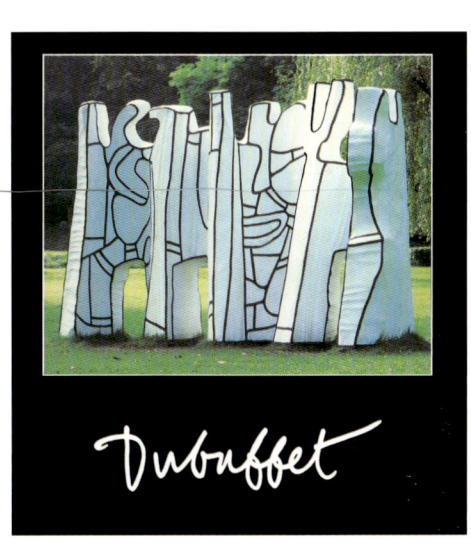

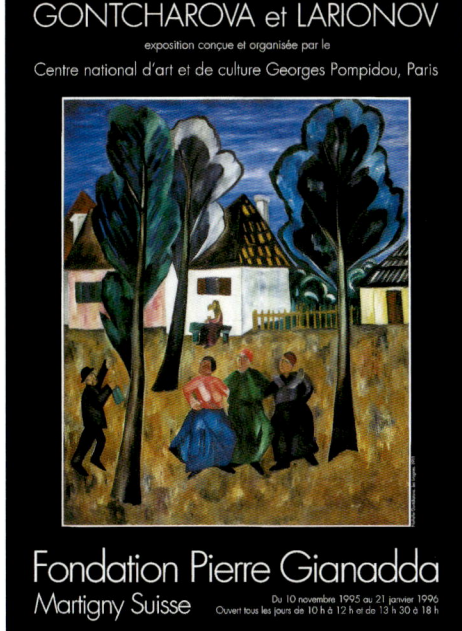

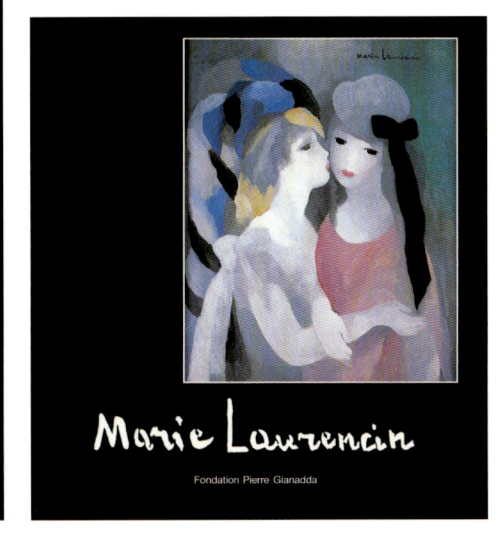

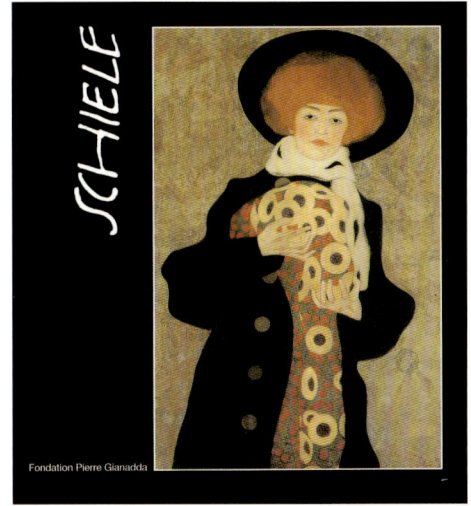

Voilà déjà quinze ans que Léonard Gianadda mène inlassablement sa double vie : ingénieur-bâtisseur et directeur de la Fondation. Sans répit, il passe de l'une à l'autre, travaillant sans cesse et dormant peu ; par amour pour le travail bien fait, par amour de l'Art, par amour pour son frère Pierre et pour le plaisir de faire plaisir.

En 1993, il tire une forme de bilan de ces années passées à faire vivre la Fondation Pierre Gianadda : « Je n'imaginais pas, en 1978, que la construction projetée pour abriter les collections archéologiques et protéger le temple gallo-romain découverts à Martigny prendrait un tel essor, recevrait des millions de visiteurs, deviendrait un lieu de rencontre d'artistes mondialement connus, tant dans le domaine de la peinture que de la sculpture ou de la musique. [...] Hier des rêves devenus réalité, aujourd'hui *Degas*, demain *Marie Laurencin*, *Rodin*, puis les *Chefs-d'œuvre de la Collection Jacques et Natasha Gelman* [...] : quinze ans, une page se tourne, l'avenir est déjà présent. »[10]

Il est pourtant encore loin de se douter que le quatuor d'expositions organisées avec l'aide de l'historien d'art Ronald Pickvance va faire monter encore d'un cran la cote de son institution. La première de la série, *Degas*, en été 1993, est une réussite dûment saluée par la presse : « La Fondation Pierre Gianadda à Martigny ne faillit pas à sa réputation et transforme encore la petite ville de Martigny en un haut lieu culturel. »[11]

Vernissage de l'exposition *Degas*, concert avec Tibor Varga, 19 juin 1993.

Serge Sierro, Adolf Ogi, Ronald Pickvance, 19 juin 1993.

[10] « Quinze ans déjà », préface de Léonard Gianadda, *Degas*, 1993.
[11] *L'Objet d'art*, juillet-août 1993.

Quel impact peut avoir une fondation sur les écoliers ? Un maître d'école a demandé à ses écoliers de dessiner quinze ans d'impact de la Fondation Gianadda.

Jérôme Hugentobler : *Quand Léonard Gianadda a créé cette fondation à la mémoire de son frère disparu, ces petits Martignerains ne sont pas encore nés. Aujourd'hui, élèves de classes primaires, c'est à eux pourtant que l'on a demandé de retracer concrètement quinze ans d'expositions. Non par des reproductions serviles, mais à la manière d'un peintre.*

Michel Bovisi : *En partant d'un sujet donné, les enfants ont choisi une reproduction. Après, ils devaient extrapoler et inventer, dans une démarche très créative, tout l'environnement, transformer un tableau ou alors continuer un paysage, refaire un portrait…*

J. H. : *Ce matin, on placardait les derniers dessins, choisis parmi les six cents réalisés en trois mois.*

Julie, 13 ans : *C'est difficile parce que trouver une idée déjà on ne sait pas quoi prendre. On choisit entre deux peintures. On dit : « Oui celle-ci elle est mieux ou bien je prends celle-ci. » Et puis il faut la réaliser. Alors, je me demandais comment les peintres ont réussi à le faire.*

J. H. : *Ces quinze ans d'expositions de la Fondation Gianadda, revus par le crayon et par les pinceaux des écoliers valaisans, constituent un itinéraire étonnant à découvrir tout l'été en ville de Martigny.*

Quinze ans à travers le regard des enfants, Radio Télévision Suisse, 3 juin 1993 (www.rts.ch/archives).

Deux expositions viennent conclure la période 1990-1995 si riche en émotions. Il y a tout d'abord la Collection Jacques et Natasha Gelman, *De Matisse à Picasso*, en 1994. Cette première européenne marque le début d'une fructueuse collaboration avec le Metropolitan Museum of Art de New York et son directeur, Philippe de Montebello. Suit, en 1995, *Nicolas de Staël* que Léonard Gianadda espérait avec impatience depuis douze ans. Ces expositions ont été conçues au fil de rencontres et d'échanges, pour se conclure sur une confiance et un bonheur réciproques, celui de pouvoir faire partager une collection à un large public.

La référence et la préférence

217 977 entrées pour l'exposition de Matisse à Picasso.

MARTIGNY. – Le compte est bon et Léonard Gianadda un président heureux. L'exposition de Matisse à Picasso, qui a fermé ses portes dimanche, fait un très beau score, puisqu'elle totalise, à l'unité près, 217 977 visiteurs. Dans l'histoire de la fondation, vieille de quinze ans, c'est le troisième meilleur résultat absolu, après les 263 332 entrées recensées pour Modigliani (1990) et les 241 295 pour Degas, l'an dernier.

Ce millésime 1994 va sans doute permettre à l'espace culturel octodurien de figurer, une nouvelle fois, en tête des statistiques de fréquentation à l'échelon de la Suisse, du moins pour ce qui concerne les présentations temporaires. Ce résultat est d'autant plus flatteur qu'il s'inscrit dans un contexte général relativement morose, de l'aveu même des «galéristes».

Mercredi pluvieux

Petite comparaison: la Fondation Edelman de Pully qui accueillait cet été également Picasso a totalisé quelque 25 000 personnes. «On en attendait bien davantage», note déçue l'une des responsables. Même son de cloche, ou presque, au Kunstmuseum de Bâle. L'exposition Fernand Léger, encore en cours, connaît un succès considéré comme mitigé. Les chiffres – 36 000 entrées en cinq semaines – sont très sensiblement inférieurs au pronostic émis par le conservateur. «Et c'est le bout du monde si, à l'heure du baisser de rideau, le musée parviendra à tutoyer la barre des 50 000 fans de Léger», dit-on au bord du Rhin.

Retour au coude du Rhône. Pour relever, poids des chiffres, que la présentation de Matisse à Picasso a accueilli quotidiennement une moyenne de 1453 personnes, cent cinquante jours durant. La plus forte affluence? Elle a été établie le 17 août dernier – «un mercredi pluvieux» se souvient Carole Bircher, l'une des hôtesses. Ce jour-là, le temple gallo-romain de la rue du Forum a vu défiler 4401 amateurs d'art. C'est la deuxième plus grande fréquentation, après les 4464 entrées dénombrées en 1991, à l'occasion de l'exposition Chagall.

César, Viatte...

Hommes politiques ou artistes de renom, on ne dressera pas l'inventaire des hôtes célèbres qui ont fait, cet été, le déplacement de la Fondation Gianadda. Nous pourrions parler du sculpteur français César; ou encore du peintre Sam Szafran, l'un des trois artistes vivants, avec Balthus et Rouan, à figurer dans la collection Gelman.

La visite qui... compte le plus? «Incontestablement, celle de Germain Viatte, le grand patron du centre Pompidou de Paris», relève Léonard Gianadda. Viatte n'a pas fait le voyage en touriste, mais en vrai professionnel. Il a d'ailleurs passé l'essentiel de la journée à admirer les œuvres accrochées aux cimaises de la fondation.

La prochaine exposition sera dédiée au peintre valaisan Albert Chavaz. A partir du 25 novembre, Martigny montrera les œuvres de «maturité» de l'artiste, le Musée cantonal de Sion se proposant, parallèlement, de faire voir les tableaux de «jeunesse» de Chavaz.

(gram)

Les files d'attente? Un lot quotidien cet été pour la Fondation Gianadda de Martigny.   cretton

Nouvelliste, 15 novembre 1994.

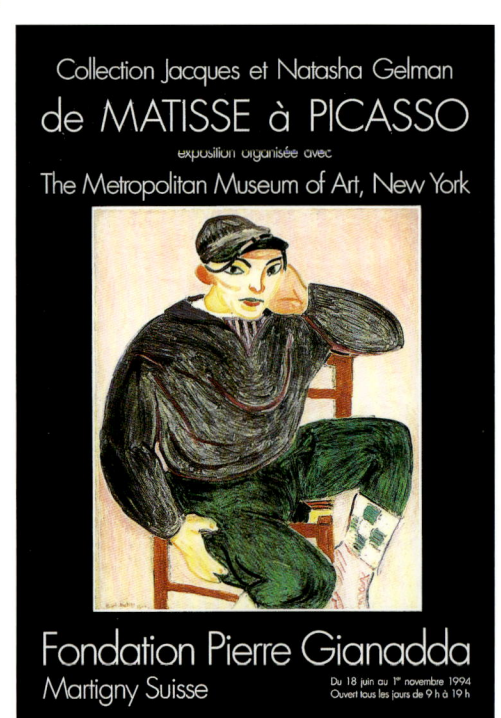

Sam Szafran, Natasha Gelman, Léonard, vernissage de l'exposition *De Matisse à Picasso*, 1994.

Devant Elément d'architecture contorsionniste V
de Jean Dubuffet, parc de la Fondation, 1993.

L'Echo Magazine, 25 juin 1994.

De Matisse à Picasso
La collection Jacques et Natasha Gelman à Martigny

Le succès appelle le succès et ce n'est sans doute pas la nouvelle exposition de la Fondation Pierre Gianadda qui va faire mentir l'adage… De Matisse à Picasso, 80 œuvres rassemblées par Jacques et Natasha Gelman, à voir absolument, du 18 juin au 1er novembre.

L'année dernière, la Fondation Pierre Gianadda à Martigny avait tenu à marquer son quinzième anniversaire avec une exposition déjà remarquable, celle du peintre Edgar Degas. Mais que pourrait-on dire cette année où, dès le 18 juin, nous aurons le privilège d'admirer la Collection privée de Jacques et Natasha Gelman, un ensemble exceptionnel de chefs-d'œuvre de la peinture moderne déjà présenté avec grand succès en 1989 au Metropolitan Museum of Art de New York. Celui-ci se dit aujourd'hui fier d'avoir été chargé par Madame Gelman d'organiser cette présentation à Martigny, en première européenne.

Unité dans la diversité

Quatre-vingts œuvres de maîtres du XXe siècle, peintures, sculptures, dessins se trouvent ainsi rassemblées, réunies patiemment par un couple profondément uni dans l'amour de l'art. Pendant près de quarante ans, les Gelman ont acquis des pièces dont la sélection exprimait à l'origine des goûts parfois différents mais qui, finalement et par une communication spirituelle intense, devenait un choix entièrement partagé avec, pour résultat, un ensemble d'une cohérence exceptionnelle. C'est probablement ce détail qui révèle le côté si attachant de cette réunion de maîtres de l'art moderne, français pour la plupart.
Dans cette prestigieuse collection, le peintre Henri Matisse occupe une place importante à travers des œuvres qui comptent parmi les plus représentatives de sa longue carrière d'artiste, par exemple une *Vue du village de Collioure*, le petit port méditerranéen où Matisse aimait faire de longs séjours de travail, situé à proximité de Céret, où les Cubistes se retiraient volontiers à partir de 1911. C'est là qu'il réalisa une de ses toiles les plus célèbres, *Le jeune marin*. Citons encore *Laurette en robe verte*. Le peintre qui aime particulièrement présenter des nus féminins, et le fait avec les techniques les plus variées,

Henri Matisse, «Vue de Collioure», 1907–1908; huile sur toile, 92 x 65,5 cm, Metropolitan Museum of Art, New York.

peinture, crayon, fusain, ou même papier découpé, a réalisé ici une de ses rares œuvres habillées.
Georges Braque, que Jacques Gelman admirait profondément, est lui aussi largement présent dans la Collection, car les quatre tableaux qui s'y trouvent constituent une rétrospective extrêmement représentative des étapes de sa création.

Les expositions, 1990-1996

Années	Dates	Expositions	Commissaires	Visiteurs
1990	1.2-2.4	Louis Soutter	André Kuenzi, Annette Ferrari	19 053
	5.4-10.6	Fernando Botero (Fondation et Parc)	Solange Auzias de Turenne	32 528
	19.6-11.11	Modigliani	Daniel Marchesseau	263 332
	16.11-24.2.91	Camille Claudel	Nicole Barbier	106 031
1991	1.3-9.6	Chagall en Russie	Christina Burrus	169 082
	13.6-20.10	Ferdinand Hodler, peintre de l'histoire suisse	Jura Brüschweiler	86 695
	13.6-17.11	Sculpture suisse en plein air 1960-1991 (Parc)	André Kuenzi, Annette Ferrari	
	25.10-17.11	Mizette Putallaz	Walter Ruppen	5 101
	25.10-17.11	Franco Franchi	Roberto Sanesi	
	28.11-8.3.92	Calima, Colombie précolombienne	Marie-Claude Morand	25 856
1992	13.3-8.6	De Goya à Matisse, estampes du Fonds Jacques Doucet	Pierre Gassier	51 542
	13.6-8.11	Georges Braque	Jean-Louis Prat	166 971
	14.11-24.1.93	Ben Nicholson	Jeremy Lewison	13 029
		Antoine Poncet (Parc)		
1993	29.1-24.2	Georges Borgeaud		13 138
	4.3-10.6	Jean Dubuffet	Daniel Marchesseau	45 349
	19.6-21.11	Edgar Degas	Ronald Pickvance	241 295
	26.11-6.3.94	Marie Laurencin	Daniel Marchesseau	41 438
1994	11.3-12.6	Rodin, dessins et aquarelles	Claudie Judrin	48 058
	18.6-1.11	De Matisse à Picasso, Collection Jacques et Natasha Gelman		217 977
	25.11-29.1.95	Albert Chavaz	Marie-Claude Morand	17 830
1995	3.2-14.5	Egon Schiele	Serge Sabarsky	78 370
	19.5-5.11	Nicolas de Staël	Jean-Louis Prat	148 671
	10.11-21.1.96	Larionov-Gontcharova	Jessica Boissel	15 798
		Alicia Penalba (Parc)		

Extrait de Connaissance des Arts, *1992*

« La Fondation est aussi, outre une programmation musicale permanente de haute tenue, un formidable lieu d'expositions temporaires. Et quelles expositions ! Chacune d'entre elles relève du défi car contrairement aux autres institutions muséales, la Fondation ne dispose d'aucune monnaie d'échange. Ici, seule la capacité de persuasion de son président, Léonard Gianadda, permet d'obtenir les pièces maîtresses des plus grandes collections. A raison d'environ quatre expositions par an, la Fondation a assis sa réputation. [...] Toutes furent montées grâce à la collaboration d'éminents spécialistes. [...] l'on pourrait supposer que la Fondation ne présente que les œuvres de maîtres incontestés ; mais elle fait aussi place au contemporain [...] de prestigieuses institutions parisiennes ont demandé à recevoir les expositions de Martigny : Camille Claudel vint ainsi au musée Rodin, et les estampes du fonds Doucet (restaurées grâce au mécénat de la Fondation) vont être exposées à la Bibliothèque nationale. Quel meilleur gage de réussite ! »

« En 1983 déjà, le 14 septembre, avec Lucile Manguin, la fille du peintre Henri Manguin, je me rendais à Ménerbes dans le Vaucluse où j'avais pu obtenir un rendez-vous avec Mme Françoise de Staël. A l'extrémité de ce pittoresque village provençal, sur un éperon rocheux semblable à la proue d'un navire, se dresse le Castelet : la demeure où Françoise et Nicolas de Staël habitaient, où l'artiste peignait. Moment privilégié, plein d'émotion, au cœur des paysages qui inspiraient le peintre.

» En cette année 1983, nous célébrions le cinquième anniversaire de notre Fondation et, pour marquer cet événement, nous préparions un ouvrage retraçant notre brève histoire. Je me souviens en avoir montré la maquette à Françoise pour essayer de la convaincre de nous faire confiance... Les années qui suivirent furent jalonnées de contacts, de rencontres, de promesses. [...] Bien des années plus tard, Françoise m'accueillait en compagnie de Jean-Louis Prat au 7 de la rue Gauguet, dans l'atelier parisien de Nicolas de Staël : l'exposition était enfin décidée, le projet esquissé devenait réalité. »[12]

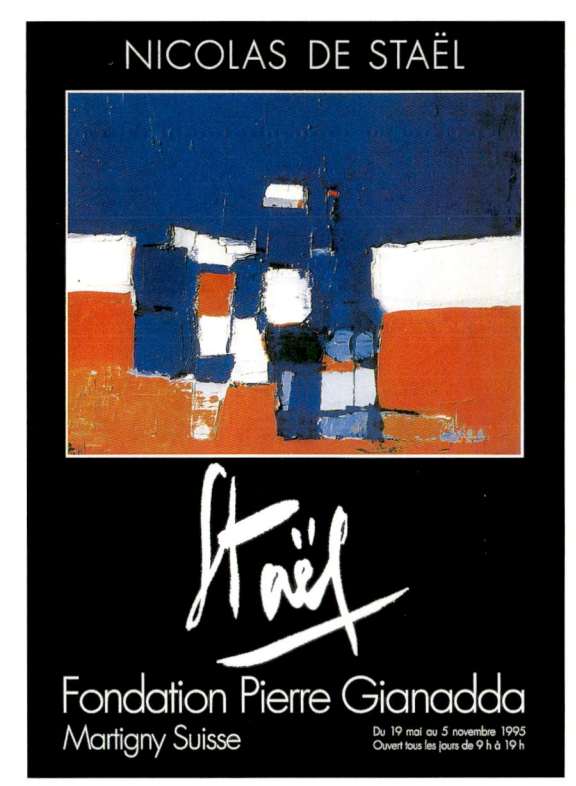

Le 23 août 1995, le jour de ses soixante ans, pendant l'exposition *Nicolas de Staël*, Léonard Gianadda reçoit les insignes de Chevalier de la Légion d'honneur, par l'ambassadeur de France à Berne, Bernard Garcia.

[12] « Douze ans plus tard », préface de Léonard Gianadda, *Nicolas de Staël*, 1995.

La sculpture mise en valeur

Depuis son premier voyage en Italie en 1950, puis ses premiers achats en 1973, la sculpture prend une place toujours plus importante dans le cœur de Léonard.

Le vaste panorama suisse brossé durant l'exposition de 1991, dans le parc, a montré la voie. L'année suivante, les jardins sont mis à la disposition de l'artiste franco-suisse Antoine Poncet. De fait, le parc est devenu un véritable atout complémentaire aux expositions qui sont organisées à l'intérieur de la Fondation. Il y a accueilli Rodin, Moore, Botero, Dubuffet… En 1995, 1996 et 1997, c'est Alicia Penalba qui y est à l'honneur.

Au fil des années et des rencontres avec des artistes, Léonard achète des œuvres qui comptent à ses yeux – Miró, Calder, César, Segal, Richier, Maillol… Soigneusement et minutieusement disposées dans le parc, elles racontent à leur manière une histoire liée à la Fondation, car elles ne sont jamais arrivées là par hasard.

La création de ce parc au cœur de la ville de Martigny est une belle satisfaction pour Léonard, qui se plaît à s'y promener au gré des saisons avec son épouse Annette. Mais il peut et veut en faire encore plus. En 1994, il propose à la Commune d'agrémenter de sculptures, à ses propres frais, les trois premiers ronds-points réalisés en ville. C'est une nouvelle histoire qui commence ; nous y reviendrons.

Exposition *Antoine Poncet*, 1993.

Annette, Léonard, César et François, Martigny, 1994.

Dédicace de César dans le *Livre d'or* de la Fondation, 1994.

Penalba
en plein air

«Grande absente», bronze, 1967. ldd

Les jardins de la Fondation présentent tout l'été les étranges sculptures d'Alicia Penalba.
Une première depuis la mort de l'artiste en 1982.
Sont-ce des termitières? Sont-ce des rochers accumulés? Sont-ce des totems sauvages? Dans les jardins de la Fondation Gianadda, entre les formes chromées de Brancusi et de Arp, les sculptures d'Alicia Penalba se démarquent tout de suite par leurs volumes anarchiques et leur couleur d'un vert de bronze sombre. Les visiteurs des jardins sont d'ailleurs un peu habitués à cette présence, puisque la Fondation possède déjà depuis 1988 une de ses œuvres monumentales intitulées «Le Grand Double.» Cette femme sculpteur est née à Buenos Aires en 1913, où elle étudia très tôt la peinture et la sculpture. Elle s'est ensuite installée à Paris dès 1948. Il lui faudra à peine dix ans pour imposer son style, son originalité plastique, inspirée en grande partie des roches et des paysages de son pays natal, en particulier de la Patagonie et des provinces de Cuyo. «Volcans et glaciers du grand Sud d'Amérique, écrit à son sujet le poète Pablo Neruda, ont été de bons professeurs pour nous autres, petits créateurs nés en ce lointain silence.»

A partir de 1960, son renom devient international, grâce notamment au galeriste Claude Bernard, grand marchand de sculptures parisien. On retrouve alors ses œuvres dans les espaces les plus cotés. Puis elle va entrer dans les grands musées de Paris, Stuttgart, Pittsburgh, Washington ou Rio de Janeiro. Ses œuvres monumentales font également le bonheur de plusieurs architectes. En Suisse par exemple, elle a réalisé douze sculptures monumentales pour l'Université de Saint-Gall. L'artiste a vécu entre la France et l'Italie. Elle est décédée prématurément en 1982 à la suite d'un accident. Depuis lors, c'est la première fois que l'on peut voir un tel ensemble de ses sculptures.
Des œuvres qui sont en bonne compagnie dans les jardins de la Fondation Gianadda, côtoyant celles de César, Segal, Mirò, Calder ou Dubuffet. En marge de l'exposition Nicolas de Staël, le visiteur se doit bien une promenade dans un autre monde de formes, de matière et de mouvements.
Il ne risque pas d'être déçu, tant le contenu des jardins est riche et varié.

ric

Nouvelliste, supplément été 1995.

Quelques concerts, 1990-1996

Années	Dates	Concerts
1990	3.8	Radu Lupu
	3.9	Yo-Yo Ma, Emmanuel Ax
	18.9	Frank Peter Zimmermann, OCL
	18.9	Lazar Berman
	26.9	Barbara Hendricks, Camerata Bern (Thomas Füri)
1991	16.1	Beaux Arts Trio New York
	22.3	György Sebök
	17.4	Maurice André, Festival String Lucerne
	29.8	Radu Lupu
	6.9	Collegium Vocale de Gand (Philippe Herreweghe)
	8.9	Martha Argerich, Alexandre Rabinovitch
	13.12	Christian Zacharias
1992	4.1	Anne Sofie von Otter, OSR (Armin Jordan)
	9.2	Margaret Price, Graham Johnson
	22.4	Augustin Dumay, Maria João Pires
	22.8	Les Arts Florissants (William Christie)
	5.9	Camerata de Salzbourg (Sandor Végh)
	26.9	András Schiff, Yuuko Shiokawa, Nobuko Imai, Miklós Perényi
	15.10	Dénes Várjon
	4.11	Teresa Berganza, Juan Antonio Alvarez Parejo
1993	5.3	Barbara Hendricks, Staffan Scheja
	31.8	Pinchas Zukermann, English Chamber Orchestra
	19.11	I Solisti Veneti (Claudio Scimone) (15ᵉ anniversaire de la Fondation)
	4.12	Heinz Holliger, Elmar Schmid, Radovan Vlatković, Klaus Thunemann, András Schiff
1994	28.1	Alicia de Larrocha
	22.7	Montserrat Figueras, Ensemble Hespèrion XX (Jordi Savall)
	30.7	Teresa Berganza, Juan Antonio Alvarez Parejo
	26.8	Maurice André, Orchestre de Chambre de Zurich (Edmond de Stoutz)
1995	2.9	Maxim Vengerov, Itamar Golan
	21.9	Wolfgang Holzmair, London Classical Players (Roger Norrington)
1996	8.3	Pinchas Zukerman, English Chamber Orchestra
	18.9	Il Giardino Armonico

Maria João Pires, 22 avril 1992.

Récital de Margaret Price, 9 février 1992.

Le réseau s'étoffe

Les compétences, l'entregent et le réseau de Léonard lui valent d'être invité à siéger dans de nombreux conseils. Deux ans après son entrée au Conseil de la Fondation Béjart Ballet de Lausanne en octobre 1990, Léonard Gianadda est introduit au Conseil de l'Académie de musique Tibor Varga. Puis, en janvier 1993, il devient membre du Conseil de l'Ente Veneto Festival de Padoue, dirigé par Claudio Scimone. La même année, il est élu membre correspondant à l'Académie des Beaux-Arts et membre du Conseil de la Société de la Bibliothèque d'art et d'archéologie, Fonds Jacques Doucet, de Paris.

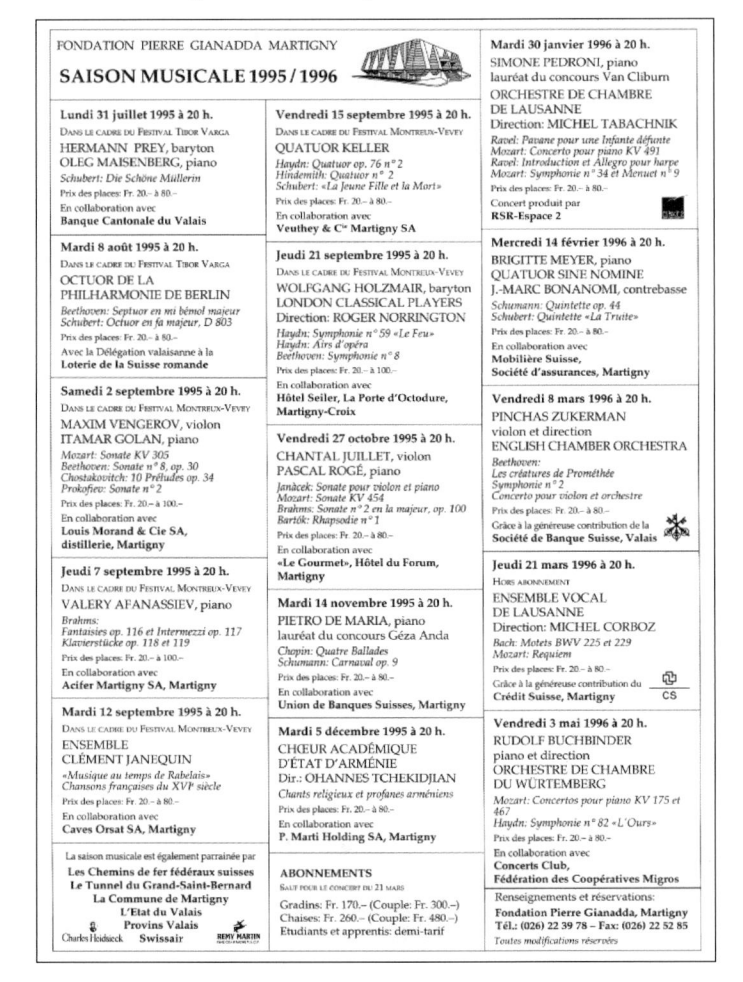

Nouvelliste, supplément été 1995, p. 12.

Une question commence à nous tarauder : comment fait-il pour que tout lui réussisse ? A coup sûr, il sait s'y prendre : « Je parlais un jour avec Henri Loyrette, le directeur du Musée d'Orsay à Paris, et j'ai appris qu'il avait une passion : le chant. Il prenait des cours, et avait l'habitude de chanter à tue-tête même dans sa voiture, les fenêtres fermées, ce qui étonnait les autres automobilistes… Il avait aussi une idole : Margaret Price. Là-dessus, je ne sais pas ce qui m'a pris, je lui ai dit qu'elle allait bientôt venir à Martigny, un pur mensonge ! Comme il était extrêmement intéressé, je me suis immédiatement mis à sa recherche, et – ô miracle – je suis parvenu à l'engager pour la saison suivante. J'ai invité Henri Loyrette et son épouse Domitille au concert, leur ai offert une place au premier rang – là où on 'voit avec les mains' – et depuis, les relations avec le temple des impressionnistes sont au beau fixe… »[13]

Au niveau musical, le temps est aussi au beau fixe à la Fondation Pierre Gianadda. Les concerts s'étoffent avec un choix de répertoire très large. Comme avec les expositions, il y en a pour tous les goûts.

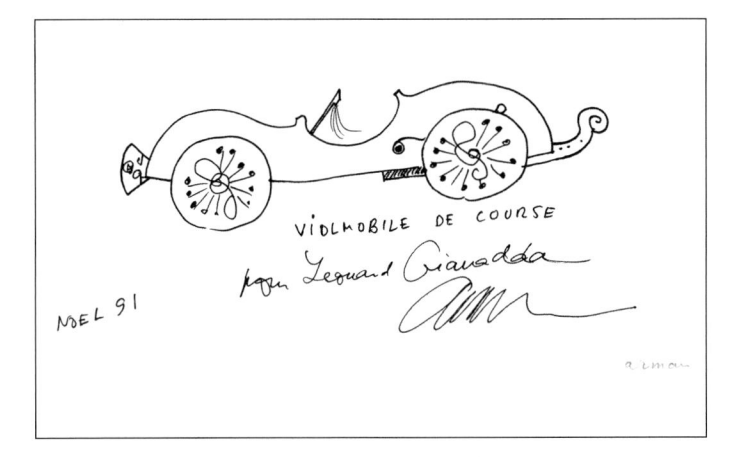

Dédicace d'Arman dans le *Livre d'or* de la Fondation, 1991.

[13] *Les Coups de cœur de Léonard Gianadda*, vol. 2, 2003.

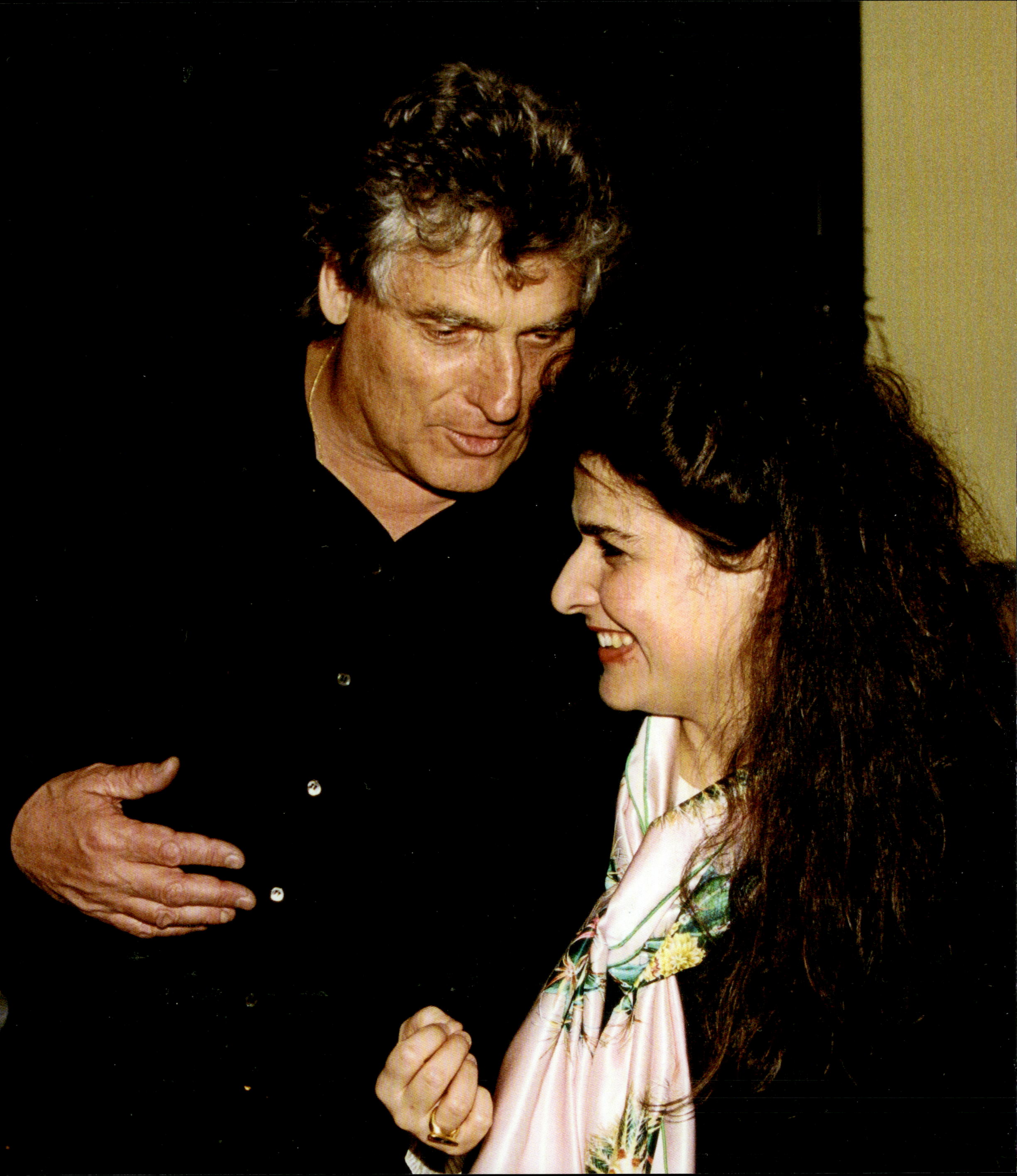

En attendant Van Gogh, 1996-2000

Où il advient que les rêves les plus fous se transforment en réalité.

Entretien *Léoguide* n° 12, 20 avril 2015.

Un jour, j'ai rêvé tout haut : « Pourquoi ne pas monter une exposition Van Gogh *? » Je suis allé au musée qui lui est dédié à Amsterdam. C'était en 1985. On m'a répondu : « Pour faire une exposition* Van Gogh, *ce n'est pas si simple. Il faut un commissaire, un thème. – Avez-vous quelqu'un à me proposer ? – Un spécialiste comme Ronald Pickvance, par exemple. » Je ne le connaissais pas. C'était une sommité, une autorité sur Van Gogh et bien d'autres artistes.*

Une année plus tard, je suis invité à l'inauguration du Musée d'Orsay à Paris. La veille, il y avait une réception à la Galerie Robert Schmit, où j'avais acheté plusieurs œuvres. A table, j'entends le nom « Pickvance ». Je le repère, vais vers lui, lui explique qui je suis et ce que je souhaitais. Connaissant la Fondation, il me propose de le retrouver le lendemain matin. Je suis donc allé le rencontrer près de l'Hôtel Lutetia et lui demande s'il est possible de faire une exposition Van Gogh. *Il me répond : « J'ai réfléchi. Vous avez exposé les trésors de São Paulo où il y avait l'intégrale de la sculpture de Degas. Est-ce que vous pourriez l'obtenir de nouveau ? – Peut-être. – On pourrait faire une exposition* Degas, *autour des grands thèmes de la sculpture : les baigneuses, les danseuses, les nus, les chevaux… Si ça marche, on pourrait envisager, deux ans plus tard, une exposition* Manet *; oui Manet, ce serait bien. Si ça marche, on peut imaginer une exposition* Gauguin. *Et si ça marche, on peut faire* Van Gogh. *»*
Tout s'est déroulé ainsi. Nous avons eu les quatre expositions.

◄ Cecilia Bartoli et Léonard, 30 mars 1999.

Ronald Pickvance ou la persévérance

Léonard Gianadda est heureux, sa Fondation tourne, les visiteurs sont là, fidèles, et des projets d'expositions, il en a plein la tête.

L'année 1996 commence avec *Suzanne Valadon*, une artiste jamais exposée en Suisse auparavant. Daniel Marchesseau en est le commissaire. Les réactions médiatiques sont enthousiastes face à l'accrochage des œuvres de cette « grande dame de la peinture » : « L'exposition de Martigny est une des plus émouvantes. Elle suggère à tous qu'il reste à réviser bien des points dans l'histoire de l'art français du début du siècle. »[1]

Comme prévu, la collaboration avec Ronald Pickvance se poursuit en 1996, avec *Manet*. Tout un programme, et ce n'était pas gagné d'avance… : « L'œuvre de Manet est restreint, la production de l'artiste peu abondante. Pour notre Fondation, regrouper autant de chefs-d'œuvre alors qu'il n'y a ni musée, ni fondation, ni famille Manet, relevait de la gageure. Après de longues recherches, Ronald Pickvance, commissaire de l'exposition – à qui nous avions déjà confié en 1993 celle consacrée à Degas –, a néanmoins pu réunir une centaine de dessins, aquarelles, pastels et tableaux en provenance des cinq continents. Si invraisemblable que cela puisse paraître, il s'agit de la première exposition en Suisse consacrée à Manet, décédé il y a cent treize ans, en 1883, à l'âge de 51 ans seulement. […] Je suis très heureux […] du fait qu'autant d'œuvres aussi importantes, en provenance de collections publiques et privées du monde entier, soient aujourd'hui rassemblées à Martigny. »[2]

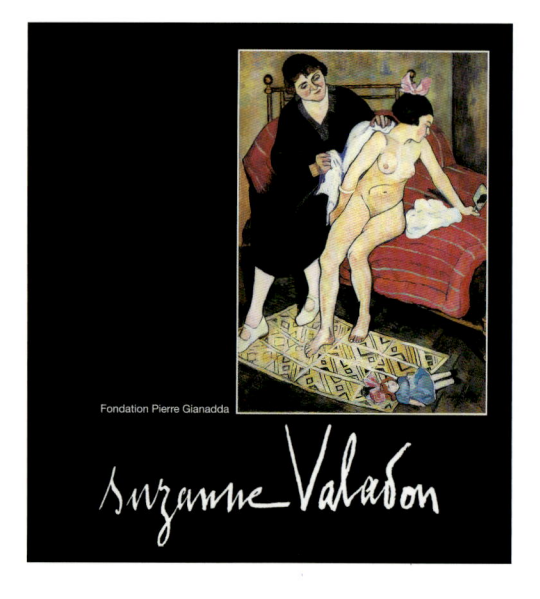

Le jeu en valait la chandelle. Si 241 295 visiteurs s'étaient déplacés pour *Degas*, ils sont 290 336 pour *Manet*, un nouveau record d'affluence pour la Fondation, six ans après *Modigliani* et ses 263 332 visiteurs. Les chiffres

Le Matin, 6 juin 1996.

---

[1] « Suzanne Valadon, les dents de la mère », *Le Figaro*, 6 février 1996.

[2] « Pour la première fois en Suisse », préface de Léonard Gianadda, *Manet*, 1996.

ne disent évidemment pas tout, mais les nombreux articles qui paraissent dans la presse viennent confirmer l'enthousiasme du public : « La Fondation Gianadda réunit, cet été, un échantillonnage prodigieux de ce laboratoire d'éternité. Par les croquis et les esquisses, on suit les étapes de la transmutation. Par les chefs-d'œuvre, on en reçoit l'énorme provocation. »[3] ; « L'événement est d'importance : non seulement il dispense l'amateur d'art d'un dispendieux tour du monde, mais c'est tout bonnement la première exposition de Manet en Suisse. Et pour certaines toiles, leur premier voyage en Europe depuis bien longtemps. »[4]

Le bonheur est complet pour Léonard, puisque, à l'occasion du vernissage, il reçoit le Prix 1996 du Rayonnement français, un hommage décerné chaque année à des personnes au service du patrimoine culturel.

Mais les honneurs ne s'arrêtent pas là, puisqu'en septembre, c'est l'Etat du Valais qui le récompense avec son prestigieux Prix Rünzi.

Affluence record lors de l'exposition *Manet*, été 1996.

Tandem gagnant

Leonardo Gianadda-Ronald Pickvance. L'un finance, l'autre choisit. "Le charme anglais et la force suisse", dit le second. A moins qu'il ne s'agisse du contraire... L'homme d'affaires et l'historien d'art londonien ont récidivé cette année dans leur association, déjà triomphale en 1993 lors de l'exposition Degas. Pour les 20 ans de la fondation, qui accueille chaque année 300 000 visiteurs, Manet constitue un événement : la première exposition suisse consacrée à l'artiste ! Sa préparation a permis de localiser un certain nombre de toiles dans des collections locales insoupçonnées. *Une Jeune fille et enfant* de 1877, par exemple, surgie un matin à Martigny, du coffre d'une voiture. La toile était depuis un siècle à 40 km de là. Prochaines expositions prévues : "**Les noirs de Dufy**" en janvier prochain (décidément !) ; "**Miró**" en 1997, avec Jean-Louis Prat ; "**Diego Rivera et Frida Kahlo**" en 1998 ; "**Turner**" pour 1999, en collaboration avec la Tate Gallery. F.M.

Un hommage ministériel
Le garde des Sceaux Jacques Toubon hôte de la Fondation Gianadda.

MARTIGNY. – La Fondation Pierre-Gianadda a accueilli un visiteur de marque hier peu après midi. L'actuel ministre de la Justice et ancien responsable de la culture en France, Jacques Toubon, avait en effet rallié, en compagnie de son épouse, l'espace culturel de la rue du Forum afin d'y découvrir la magnifique exposition consacrée à Edouard Manet. Sous le charme des portraits, des vues de mer ou des scènes de café dus au talent du peintre, pastelliste et dessinateur français, Mme et M. Toubon ont ensuite été les hôtes de l'une des meilleures tables du pays, celle des frères Vallotton du Gourmet.

Un habitué

Entre le traitement de deux dossiers chauds – notamment celui de la loi antiraciste et du délit à la provocation à la violence, à la haine et à la discrimination raciale qu'il aimerait étendre aux provocations indirectes – et un passage au Journal de 20 heures de TF1, M. Jacques Toubon s'est donc accordé quelques heures de détente à Martigny. Noyé dans la foule des visiteurs de la Fondation Pierre-Gianadda, le garde des sceaux a pu visiter en toute quiétude l'exposition consacrée à Edouard Manet sous la conduite de Léonard Gianadda qui entretient d'excellentes relations avec l'ancien ministre de la Culture et qui avait d'ailleurs été accueillir son illustre hôte sur le tarmac de Cointrin. Hier, M. Jacques Toubon n'en était pas à son premier passage à la Fondation Pierre-Gianadda. A deux reprises déjà, le garde des sceaux avait été l'hôte de ce musée dans lequel il avait notamment admiré l'exposition Degas et décoré le violoniste Tibor Varga. Très décontracté, M. Toubon n'a pas caché son admiration pour cette exposition qui a déjà été vue par plus de 191 786 autres visiteurs.

Pascal Guex

Mme et M. Jacques Toubon posent en compagnie de M. Léonard Gianadda, de son épouse et de son fils François devant un tableau du musée d'Orsay.

Nouvelliste, 16 septembre 1996.

Muséart, septembre 1996.

---

[3] « Manet ou la provocation du présent », *V Magazine*, 14 juin 1996.
[4] *Le Monde*, 23 juillet 1996.

De nouveaux espaces

Pour compléter les événements de l'année 1996, il faut aussi évoquer l'inauguration, au mois de mai, du Vieil Arsenal, entièrement restauré. Construit par le grand-père de Léonard, Baptiste Gianadda, pendant la Seconde Guerre mondiale, ce bâtiment militaire qui jouxte le parc de la Fondation est devenu propriété de la Commune de Martigny en 1993[5]. La Ville l'a mis à la disposition de la Fondation pour qu'elle puisse compléter ses activités culturelles. Rénové, restauré et équipé aux frais de la Fondation (env. 2 millons de francs) pour pouvoir y accueillir diverses manifestations, il ouvre officiellement ses portes au public au mois de mai. Il faut toutefois attendre la saison estivale suivante pour que ces nouveaux espaces accueillent une première exposition, *Charlie Chaplin*. Celle-ci inaugure une collaboration appelée à se poursuivre avec la Médiathèque Valais - Martigny et son directeur, Jean-Henry Papilloud. Durant l'été 1998, l'exposition est complétée par un deuxième volet avec les photographies de Charlie Chaplin réalisées par le photographe suisse Yves Debraine, un ami de Léonard depuis l'époque des photoreportages. Par ailleurs, les projections en plein air, dans le parc de la Fondation, de *The Kid*, *La Ruée vers l'or*, *Les Lumières de la ville*, et *Les Temps modernes*, obtiennent un réel succès.

En termes d'aménagements, notons également, en 1997, l'achat par la Fondation Pierre Gianadda de la petite école *Le Belvédère*, toute proche. Réaménagée et reliée au bâtiment principal par une galerie, elle servira de lieu de réunion. La partie souterraine est transformée en salle d'exposition permanente pour une collection de dix chefs-d'œuvre mis en dépôt pour une durée de quinze ans par Louis et Evelyn Franck. Ce petit bijou est inauguré à l'occasion des vingt ans de la Fondation. Le public peut y admirer des tableaux de Paul Cézanne, Vincent Van Gogh, James Ensor, Henri de Toulouse-Lautrec, Kees Van Dongen et Pablo Picasso.

Le Confédéré, 17 mai 1996.

[5] *Sculptures en lumière*, 2014, pp. 14-15.

Léonard et Michael Chaplin, vernissage de l'exposition *Charlie Chaplin*, 22 mai 1997.

Les musées de la Fondation Gianadda croissent et se multiplient

AU DÉBUT, en 1978, il y eut un bâtiment très austère, assez obscur, aux parois obliques de béton, celui que Léonard Gianadda, ingénieur et entrepreneur, conçut et construisit en mémoire de son frère cadet Pierre, mort deux ans auparavant. Ce bâtiment enveloppait les vestiges d'un temple gallo-romain dédié à Mercure et abritait les découvertes archéologiques faites à Martigny, qui fut une importante cité romaine. On y a trouvé des monnaies, des bijoux, des armes, des poteries, mais surtout une tête de taureau et des fragments de statues de bronze qui avaient été découverts en 1883.

A ce premier musée archéologique se sont adjoints très vite un Musée de l'automobile, entièrement souterrain et relié à la Fondation par un couloir, un jardin de sculptures où figurent des œuvres de Brancusi, d'Arp, de Calder et de Miró et, surtout, à l'initiative de Léonard Gianadda, des expositions monographiques de plus en plus ambitieuses.

Ce sont elles qui, tout au long des années 80, ont assuré à la Fondation sa notoriété, parce qu'elles étaient consacrées à Klee, à Giacometti, à Schiele, à Rodin, à Moore, à Braque, à Degas, à Dubuffet, à Dufy, à Manet. C'est là que l'on vit pour la première fois en Occident les admirables peintures de Chagall pour le Théâtre Juif, qui étaient demeurées captives en Union soviétique. Là aussi que bien des musées européens et américains prirent l'habitude de prêter leurs œuvres alors que la Fondation, dénuée de collection permanente, ne pouvait proposer aucun échange.

HOMMAGE À CHARLIE CHAPLIN

Désormais, forte de sa fréquentation et de sa notoriété, la Fondation s'agrandit. Elle a acquis, à proximité de la construction initiale, un arsenal désormais désaffecté, vaste construction qui servait à entreposer les armes et les munitions des citoyens-soldats helvétiques. Convenablement restauré et réaménagé, il fait désormais un lieu d'exposition très commode.

Pour son inauguration, il accueille un hommage à Charlie Chaplin – lequel vécut à Vevey, non loin de là. Affiches, photos de tournages, correspondances, articles, objets : le propos n'est pas hagiographique mais froidement historique. Il va de pair, naturellement, avec la projection permanente des premiers Chaplin, ces courts métrages qui, dès leur arrivée en France, séduisirent Apollinaire et Picasso, Breton et Reverdy, Picabia et Tzara.

Le deuxième agrandissement est passé par l'acquisition d'un autre immeuble, une ancienne petite école toute proche. Là encore, terrassements, coffrages, corridors souterrains sur des plans du maître des lieux. Transformée, renforcée, l'école doit accueillir à la fin de l'année rien de moins que deux Cézanne, deux Van Gogh, un Picasso, un Van Dongen, un Lautrec : le meilleur d'une collection privée suisse dont les propriétaires ont souhaité n'être plus les seuls contemplateurs.

Aussi ont-ils demandé à la Fondation Gianadda ce qu'il aurait été plus habituel de demander à un musée, le dépôt de leurs chefs-d'œuvre pour une durée de quinze ans. Ils se trouveront donc intégrés désormais au parcours des visiteurs. Il se pourrait de surcroît que deux autres collections privées suivent la même voie – ce qui permettrait à la Fondation de bénéficier de ce qui lui faisait défaut jusqu'à présent, une collection permanente.

Ph. D.

Le Monde, 8 août 1997.

Signature du contrat de dépôt de la Collection Louis et Evelyn Franck, Martigny, 15 mai 1997.

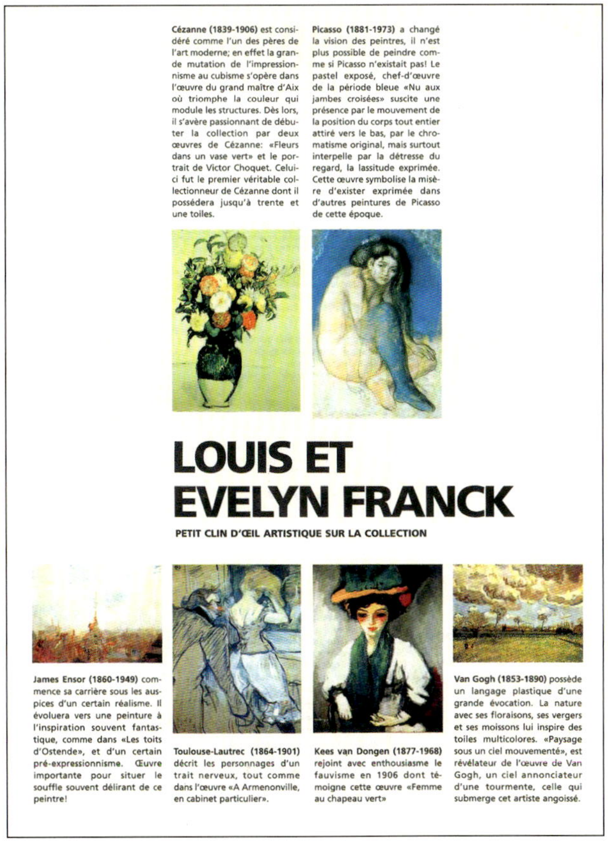

Nouvelliste, supplément été 1998.

Feux d'artifice picturaux

Pour la période 1997-1999, nous pouvons parler de véritables feux d'artifice picturaux, tant la palette est riche et diversifiée. Les « petites » expositions dialoguent agréablement avec les grands succès, tout en dévoilant des mondes moins connus, mais qui gagnent à l'être.

Nous l'avons déjà évoqué plus haut, Léonard Gianadda se préoccupe d'offrir une vitrine aux artistes suisses. Cette constante, fort appréciée dès les débuts de la Fondation, demeure présente au fil des années. Ainsi, 1996 se termine avec un triplé : les photographies de Marcel Imsand, les sculptures de Michel Favre et les découpages d'Anne Rosat.

Pendant l'hiver 1998, la Fondation célèbre les nonante ans de Hans Erni avec une importante rétrospective de cet artiste humaniste qui fait définitivement partie du panthéon culturel suisse. En 1999, parallèlement à *Turner dans les Alpes*, montée avec la Tate Gallery de Londres, c'est au tour de l'ami photographe Michel Darbellay de présenter une rétrospective sur sa quête de la « belle lumière » du Valais. Enfin, plus sur l'histoire que sur un artiste suisse, l'exposition célébrant le bicentenaire du passage des Alpes par Napoléon Bonaparte, en 2000, vient retracer, dans le Vieil Arsenal, une page importante du canton.

Exposition *Hans Erni*, 1998.

Marcel Imsand et Léonard, Martigny, 1996.

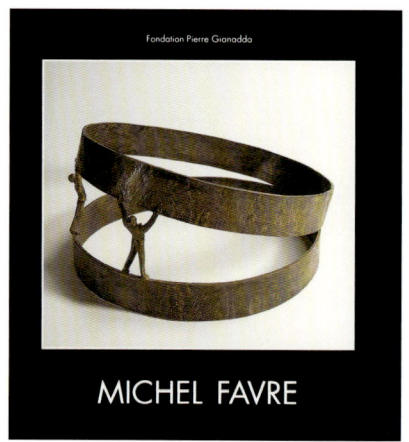

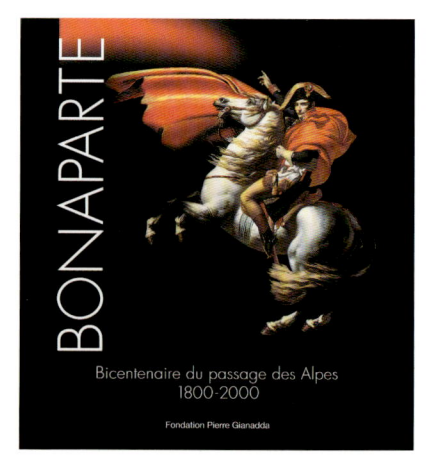

Raoul Dufy ouvre la marche en 1997, comblant une absence de quarante ans en Suisse : « Est-ce pour cette seule raison que, depuis l'annonce de cette exposition, de nombreux échos nous parviennent de toutes parts pour nous confirmer que, finalement, c'est une très bonne idée que d'ouvrir à Dufy les cimaises de la Fondation ? […] En Europe occidentale, Dufy jouit d'une réputation paradoxale : tous les amateurs d'art connaissent (ou croient connaître) son œuvre […] Car Dufy est un artiste au style et à la manière immédiatement identifiables, de surcroît très présent dans certains lieux de l'art […], mais singulièrement absent des cimaises des musées, tant dans les accrochages de leurs collections permanentes que dans leurs choix d'œuvres pour les expositions temporaires, monographiques ou thématiques. […] Voilà donc une exposition qui, nous nous plaisons à le croire, renouvellera le regard du public, de la critique et des historiens de l'art sur un artiste dont on croit tout savoir. »[6]

En été, la Fondation place une nouvelle fois sa confiance en Jean-Louis Prat pour organiser une exposition sur Joan Miró : « Je n'ai jamais ouvert la Fondation à des artistes qui n'auraient pas rencontré mon adhésion, tant du point de vue culturel que de l'émotion qu'ils inspirent. Aussi est-ce une chance de pouvoir accueillir cette année Joan Miró, que j'apprécie autant pour son œuvre que pour la liberté évidente qu'il exprime. »[7] L'exposition, réalisée avec un commissaire qui connaît la matière sur le bout des doigts, est une réussite.

Année après année, Léonard, bien que parfois fatigué par les nombreux voyages et téléphones, les éternelles complications à résoudre pour chaque exposition, continue de faire vivre sa Fondation, de courir après les œuvres – « tâche ingrate, mais ô combien passionnante » – et les prêteurs pour obtenir le meilleur.

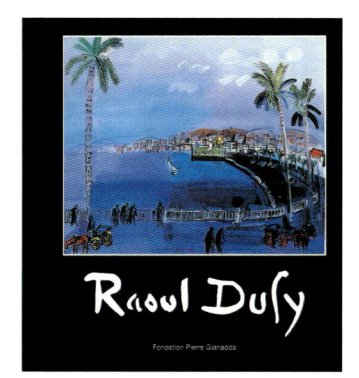

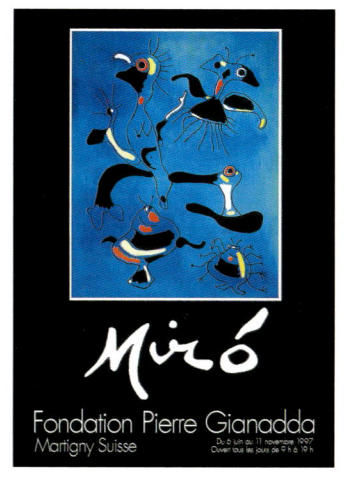

Gazette de Martigny, 12 juin 1997.

[6] « Raoul Dufy. Séries et séries noires », préface de Léonard Gianadda, *Raoul Dufy*, 1997.

[7] « Ceci est la couleur de mes rêves », préface de Léonard Gianadda, *Joan Miró*, 1997.

Léonard et la Russie, une amitié qui dure

Après *Chagall* et *Larionov-Gontcharova*, la Fondation Pierre Gianadda propose, durant l'hiver 1997-1998, une exposition d'icônes russes en provenance de la célèbre Galerie Tretiakov de Moscou : « La Fondation Pierre Gianadda, pour marquer son 20e anniversaire, remonte le cours du temps et propose quelques-unes parmi les plus admirables icônes de Russie. Les plus anciennes datent du XIVe siècle [...] La Galerie Tretiakov, Musée national d'art russe à Moscou, nous a largement ouvert ses collections, proposant spontanément cette exposition, la plus importante en nombre et en qualité jamais consentie à ce jour par cette institution. Certaines pièces quittent même la Russie pour la première fois. »[8] Au moment de boucler le catalogue de cette exposition, Léonard Gianadda souligne « l'accueil amical et chaleureux qui nous était réservé à Moscou. Des liens étroits se sont tissés et de nouveaux projets de collaboration se dessinent déjà. Notre plus cher désir est qu'ils se réalisent. »[9] Son vœu sera amplement exaucé : en janvier 2000 est inaugurée *Kandinsky et la Russie*, après sept ans de tractations, puis, en décembre, une seconde exposition sur les icônes russes, *Les Saints* ; toutes deux sont fruits d'une collaboration étroite avec la Galerie Tretiakov. Encore des rêves devenus réalités…

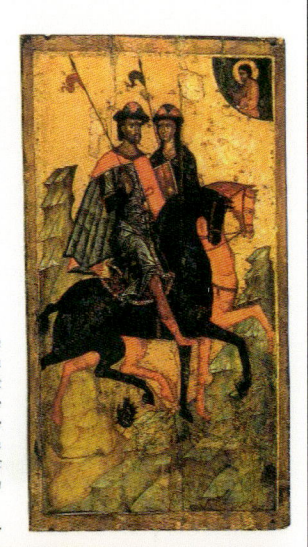

L'Objet d'art, décembre 2000.

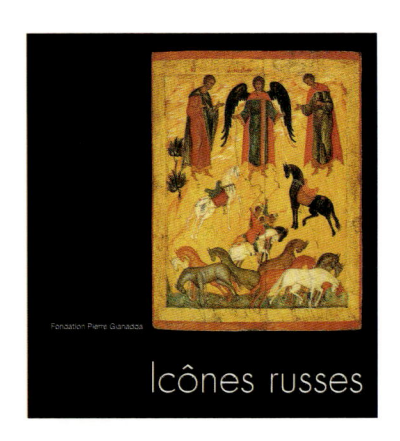

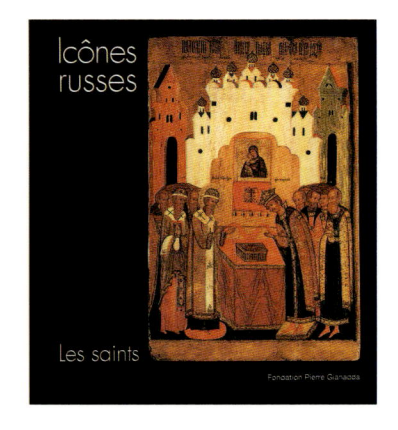

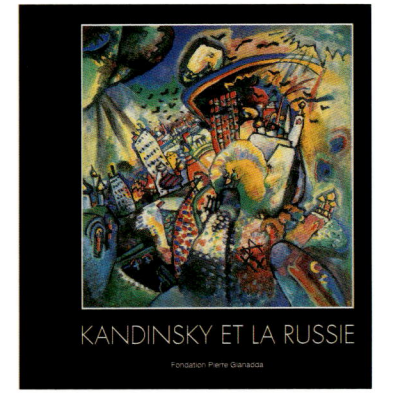

---

[8] « Moscou Martigny, une longue amitié », préface de Léonard Gianadda, *Icônes russes*, 1997.

[9] *Ibidem*.

A la Fondation Pierre Gianadda, les femmes artistes, bien que minoritaires, sont tout de même bien représentées. Il suffit d'en dresser la liste depuis les débuts pour s'en rendre compte : Camille Claudel, Marie Laurencin, Suzanne Valadon, Alicia Penalba, Mizette Putallaz, Marie Antoinette Gorret, Isabelle Tabin-Darbellay, Nathalie Gontcharova. Frida Kahlo vient compléter la série en 1998. Elle n'est pas présentée seule, mais aux côtés de son mari fantasque, Diego Rivera : « En 1961, à l'occasion de notre voyage de noces, nous découvrions, Annette et moi, l'épopée de la Révolution mexicaine incarnée dans les fresques monumentales de Diego Rivera, au Palais national, en plein cœur de Mexico : c'était quatre ans seulement après la mort de l'artiste. […] Trente ans plus tard, je retournai au Mexique avec mon fils, Olivier. C'est avec un regard différent que je visitai à nouveau les fresques du Palais national, la Collection Olmedo, les musées qui abritaient les œuvres de Diego Rivera et de Frida Kahlo, les lieux que ceux-ci fréquentèrent et la Casa Azul de Frida à Coyoacán […]

Entre-temps, la Fondation avait accueilli l'exposition de la prestigieuse Collection Jacques et Natasha Gelman. A cette occasion, William S. Lieberman, directeur du Département de l'art du XXe siècle du Metropolitan Museum of Art de New York, avait suggéré d'y associer les œuvres de Frida Kahlo, dont le magnifique portrait de Natasha Gelman. A l'époque, je craignais que ces œuvres majeures ne puissent déployer leur véritable ampleur au milieu de la collection européenne et je songeais plutôt à une exposition exclusivement consacrée à la célèbre artiste mexicaine. J'en fis part à Christina Burrus, commissaire de notre exposition *Chagall en Russie* en 1991, qui proposa toutefois de réunir Diego Rivera et Frida Kahlo dans un rapprochement historique jamais encore réalisé à ce jour : 'Le mariage d'un éléphant et d'une colombe', comme disait le père de Frida, plutôt réticent à leur union. »[10]

Cette exposition inédite et compliquée à mettre sur pied obtient un beau succès, avec plus de 100 000 visiteurs : un premier cadeau pour les vingt ans de la Fondation.

Gala, février-mars 1998.

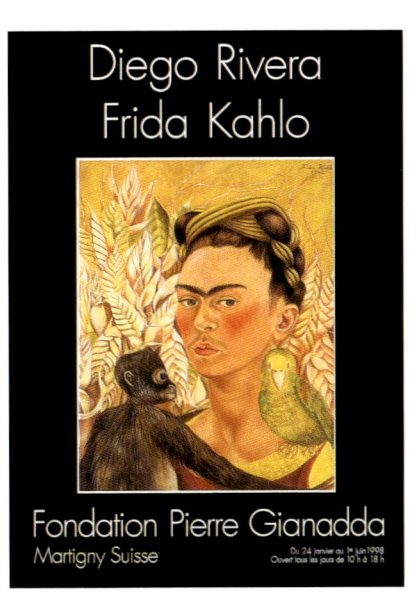

L'Evénément du jeudi, 5 février 1998.

[10] « L'éléphant et la colombe », préface de Léonard Gianadda, *Diego Rivera-Frida Kahlo*, 1998.

Pour fêter dignement ses vingt années d'existence, la Fondation offre aux visiteurs une exposition des œuvres de César dans le parc, et surtout de Paul Gauguin grâce à Ronald Pickvance qui tient sa promesse, après *Degas* et *Manet*…

Malgré des pronostics certes positifs, Léonard Gianadda ne peut s'imaginer que les grands succès précédents vont encore être dépassés. C'est ici le cas avec 379 260 visiteurs. Un nouveau miracle, mais qui, loin d'être le fruit du hasard, est celui d'un travail acharné, patient, obstiné.

En prime, Léonard reçoit la médaille d'Officier des Arts et des Lettres le jour du vernissage, et la Fondation se voit attribuer le Prix d'honneur de la Ville de Martigny le jour de son vingtième anniversaire, le 19 novembre 1998.

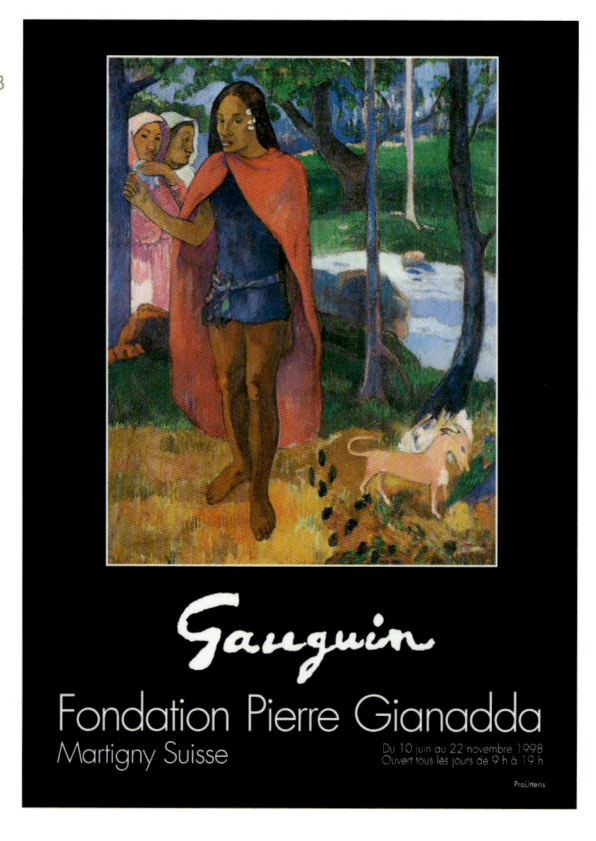

Léonard au travail, vu par son fils Olivier, 23 août 1996.

« Combien de voyages avez-vous effectués pour monter l'exposition Gauguin ? » A cette question posée par une journaliste lors du vernissage, Léonard Gianadda avait eu cette réponse laconique : « *Un seul qui a duré trois ans* ». Entre les lignes, cela signifie que de l'idée à la réalisation d'un projet, il n'y a pas de jours de congé. Et, à peine le dernier tableau de Gauguin accroché aux cimaises de la fondation, voilà Léonard Gianadda à l'assaut d'un autre défi. En fait, il serait plus juste d'affirmer que depuis vingt ans, date de l'inauguration de cet espace culturel, l'animateur de la fondation n'a fait qu'un voyage autour du monde. Un voyage avec arrêt sur une galerie, une exposition, un artiste, un tableau. Ce périple a permis de présenter à Martigny des expositions extraordinaires que l'on n'aurait même pas osé imaginer. Il y a eu Modigliani, Manet, Picasso, Toulouse-Lautrec, Rodin… Il y a Gauguin, un musée de l'automobile, une collection Louis et Evelyn Franck avec notamment des œuvres signées Cézanne, Van Gogh, Picasso. Il y aura du 28 novembre au 28 février 1999 Hans Erni. Et ensuite ? La réponse appartient à Léonard Gianadda mais l'on salive déjà à l'annonce d'autres rendez-vous.

« Un voyage de 20 ans », *Gazette de Martigny*, 29 octobre 1998.

Martigny dans la cour des grands

Grâce à «Paul Gauguin», la **Fondation Pierre-Gianadda** a accueilli l'une des dix expositions les plus vues sur la planète en 1998.

L'événement est d'importance: l'an passé, la Fondation Pierre-Gianadda a abrité l'un des dix événements culturels les plus visités de la planète. Son exposition consacrée à Paul Gauguin figure en effet au neuvième rang des expositions les plus vues en 1998, dans un classement établi par le très sérieux «Giornale dell'Arte», dans son édition de mars.

Grâce au succès phénoménal de l'exposition consacrée à «Paul Gauguin» – du 10 juin au 22 novembre dernier, elle avait attiré à Martigny 379 260 visiteurs, soit 2'283 personnes par jour – la Fondation Pierre-Gianadda s'offre le luxe de côtoyer les plus grands espaces culturels du monde. Comme le Metropolitan Museum de New York ou le Grand Palais de Paris. C'est donc une consécration et une confirmation de plus pour l'espace cher à Léonard Gianadda qui peut par exemple se targuer d'avoir enregistré, l'année de son 20e anniversaire, la même fréquentation journalière que le Musée d'Orsay à Paris, dont l'affiche était tout de même tenue par Manet et Monet.

Grâce à ce triomphe, Martigny fait ainsi son entrée dans la cour des grands centres culturels, comme New York, Paris, Londres, Boston, Madrid ou Minneapolis. Ceci d'autant plus qu'une autre exposition à l'affiche l'an passé du côté de la rue du Forum figure également dans le classement des cent vingt expositions internationales ayant attiré plus de 100 000 visiteurs en 1998. Il s'agit de l'expo Frida Kahlo - Diego Rivera. Avec 103 660 visiteurs – soit une moyenne journalière de 1006 personnes – cet événement figure au 114e rang de ce classement, juste devant l'exposition que le Musée impérial de Londres a consacrée à Henry Moore.

PASCAL GUEX

Le «top ten» des expos

1. 675 208 visiteurs (2171 par jour) pour le Musée de la culture byzantine de Salonique et ses «trésors du Mont-Athos».
2. 565 992 visiteurs (5290 par jour) pour le Musée d'art de Boston et son exposition «Monet au XXe siècle».
3. 538 479 visiteurs (5917 par jour) pour le Guggenheim de Bilbao et son expo «Chine: 5000 ans».
4. 528 267 visiteurs (5 128 par jour) pour le Metropolitan Museum de New York et «La collection de Degas».
5. 480 496 visiteurs (5 339 par jour) pour la National Gallery de Washington et son «Van Gogh de Van Gogh».
6. 420 160 visiteurs (4 824 par jour) pour le Grand Palais de Paris et l'expo «Georges De la Tour».
7. 410 357 visiteurs (4062 par jour) à nouveau pour le Metropolitan Museum de New York et l'expo consacrée à Gianni Versace.
8. 398 596 visiteurs (1871 par jour) pour les Sedi varie de Napoli et la «Civiltà dell'Ottocento».
9. 379 260 visiteurs (2283 par jour) pour la Fondation Pierre-Gianadda et son expo «Paul Gauguin».
10. 360 000 visiteurs (2926 par jour) pour le Kunsthistorisches Museum de Vienne et l'exposition «Breughel Breughel».

Affluence record pour les expositions de la Fondation Pierre-Gianadda.

Nouvelliste, 10 mars 1999.

Annette et Léonard, dîner de vernissage.

Léonard Gianadda décoré

Placée sous le haut patronage de Flavio Cotti, président de la Confédération, et de Jacques Chirac, président de la République française, l'exposition Paul Gauguin a été inaugurée mercredi soir.

A cette occasion, Léonard Gianadda a été décoré officier des Arts et des Lettres, pour sa fidélité aux artistes français. Cette distinction lui a été remise par André Gadaud, ambassadeur de France à Berne. *«J'ai beau avoir l'habitude, ça fait tout le temps plaisir»*, a déclaré Léonard Gianadda. Cette décoration était la première qu'il acceptait de recevoir en public. *«J'ai franchi le pas à l'occasion des 20 ans de la fondation»*, a-t-il ajouté visiblement ému, devant les quelque 700 personnes présentes lors du vernissage.

NATHALIE TERRETTAZ

Nouvelliste, 12 juin 1998.

Le miracle de la Fondation Pierre Gianadda

« Au départ, rien n'avait été programmé, pensé, ni même rêvé, qui puisse ressembler à la vocation que la Fondation poursuit aujourd'hui.

» La fatalité d'un drame familial [...], le hasard d'un sous-sol généreux en vestiges antiques, des images surgies de l'adolescence et peut-être aussi un vague désir de dévoiler aux habitants de Martigny un peu du passé commun qui les unissait à mes ancêtres immigrés du Piémont : tous ces éléments se sont brutalement confondus. C'était il y a vingt ans.

» A l'époque, la défense du patrimoine historique et le développement des activités artistiques revêtaient un caractère plutôt élitaire et ne suscitaient qu'un intérêt poli, surtout auprès des experts patentés ou des amateurs éclairés. Le Valais moderne se construisait sous nos yeux. Il privilégiait une culture populaire, bien ancrée dans le terroir. Des conditions de vie assez rudes avaient soudé ses habitants qui, presque tous, fraternisaient au sein de sociétés musicales ou folkloriques. Dans ce contexte, nos expositions apparurent un peu comme une culture importée à grands frais, sans référence réelle avec leur point d'ancrage. Puis, peu à peu, le public se mit à apprivoiser les œuvres des 'grands' artistes qui évoquaient des noms aux consonances familières, appris parfois laborieusement à l'école : Rodin, Renoir, Degas, Goya, Picasso… Et, soudain, on pouvait les approcher, les 'toucher', sans qu'il soit nécessaire d'entreprendre de coûteux et longs déplacements vers les musées des métropoles.

» Et le public est venu, de plus en plus nombreux et d'horizons de plus en plus lointains. Faut-il voir dans cet engouement populaire un besoin purement esthétique ou plutôt celui de trouver des repères, des traces d'humanité, historiques, culturelles, dans un monde où tout va trop vite et se dilue trop rapidement ? Je l'ignore.

» Mais le fait est là : plus de quatre millions de visiteurs ont franchi nos murs en vingt ans.

» Au cours des années, la Fondation s'est enrichie d'un parc de sculptures et de saisons musicales. Au Musée archéologique gallo-romain est venu s'ajouter un Musée de l'automobile, qui témoigne du génie technique des générations qui nous ont précédés. Depuis cette année, la Fondation abrite les œuvres de la Collection Louis et Evelyn Franck. Peut-être constitueront-elles le noyau d'une collection permanente ?

» Un bref regard rétrospectif m'incite à la reconnaissance : envers les nombreux prêteurs – tout particulièrement ceux de nos premières expositions qu'il s'agissait de convaincre un par un – qui ont mis leurs chefs-d'œuvre à la portée d'un grand public alors qu'ils auraient pu les conserver jalousement chez eux ; envers les visiteurs qui nous accordent aujourd'hui une immense confiance et, enfin, envers toutes celles et tous ceux qui ont contribué à l'essor de la Fondation.

L'art, qui devrait avoir la vertu d'adoucir les mœurs, n'est certainement pas encore accessible à tous. Mais l'heureuse évolution, bien visible au cours de ces vingt dernières années, laisse présager qu'il concernera toujours plus de monde.

» Je serais heureux d'y avoir contribué. »[11]

[11] « Souvenirs… », préface de Léonard Gianadda, *Gauguin*, 1998.

L'entreprenant Léonard Gianadda fête ses vingt ans de mécénat

PEINTURE / Ouverte en 1978, la Fondation Pierre-Gianadda doit tout à cet homme à la fois convaincant, obstiné et sanguin, qui a fait de Martigny un haut lieu du tourisme d'art. L'exposition Gauguin ouvre le 10 juin.

Pour certains journalistes, c'est «Léonard le magnifique» ou «Le magicien de Martigny». Cela fait sans doute beaucoup. Mais il faut dire que l'homme en impose. Grand, costaud et surtout sonore, Léonard Gianadda aime à dominer la situation. L'interlocuteur sent bien que l'entrepreneur valaisan est habitué à commander, même si ses humbles origines italiennes sortent souvent dans la conversation. Il suffit de l'entendre parler à l'une des «petites mains» qui s'agitent dans sa fondation. Le ton est plutôt ferme. «Faites-moi ci.» «Changez-moi ça.»

Le succès de la Fondation Pierre-Gianadda tient sans doute à cette autorité. Lorsqu'il inaugure le 19 novembre 1979 ce mémorial dédié à son frère disparu dans un accident en Egypte, Léonard Gianadda a en effet tout contre lui. Sauf son argent. Il ne fait pas partie du sérail des amateurs d'art. Il ne possède alors aucune collection personnelle pouvant lui servir de monnaie d'échange. Il ignore le milieu des musées, qui le lui rend bien.

Un bloc de béton

Martigny n'a rien de très engageant non plus. Encaissée et grise, la ville demeure un lieu de passage. Nul ne songerait à s'arrêter pour y voir les restes romains d'Octodurum. D'ailleurs, à cette époque, ils sont bien moins nombreux à avoir émergé de terre. L'architecture choisie par Léonard Gianadda, qui a jusque-là construit des milliers d'appartements, n'arrange rien. Extérieurement, la fondation reste et restera un bunker de béton, fiché au pied de la montagne.

Seulement voilà! Léonard Gianadda a du caractère. Un vrai caractère. Il sait s'obstiner. Il écoute. Il aime comprendre. L'insuccès relatif des premiers accrochages, où l'on montrait de tout, c'est-à-dire n'importe quoi, lui a vite fait sentir l'importance du commissaire d'expositions. Il lui faut quelqu'un pour rechercher les œuvres et les cautionner scientifiquement. La respectabilité est indispensable pour attirer le grand public, qui demeure par ailleurs incapable de distinguer un vrai Manet d'un faux.

L'art de séduire

Léonard Gianadda, qui sait très bien jouer l'humilité quand il le faut, se met donc vite à l'écoute de Pierre Gassier, de Daniel Marchesseau, de Jean-Louis Prat ou de Ronald Pickvance. Ils lui amènent leurs connaissances artistiques, leurs carnets d'adresses et leur savoir-faire. L'entrepreneur ne se

Léonard Gianadda face à une sculpture d'Henry Moore. C'était en 1988.
Marcel Imsand/TSR

borne pas à tendre les chèques. Il est là quand il faut, c'est-à-dire fréquemment et souvent longtemps. Le voyage pour demander des œuvres et séduire leurs propriétaires, comme Natasha Gelman, qui lui prêta en première sa collection léguée le mois dernier au «Met» de New York. Qu'il organise une exposition ou un concert, car la fondation abrite aussi des récitals, Léonard Gianadda sait se montrer convaincant. Barbara Hendricks, qui n'avait encore aucun lien avec Verbier et son festival, raconte ainsi avoir accepté de venir chanter à Martigny sans savoir où la localité pouvait bien se trouver.

Convaincre le grand public a été une entreprise de plus longue haleine. Montées à grands frais pour Martigny, les expositions coûtent cher. Même en perdant chaque année une somme coquette, Léonard Gianadda doit penser à leur succès. Pour cela, pas de miracles. Il faut des noms. La fondation les aura. Ce sont ceux de Chagall, Miró, Hodler (un demi-échec sur le plan de la fréquentation), Degas, Manet, Braque, Lautrec, Klee, Frida Kahlo et surtout de Modigliani, qui attira 263 332 visiteurs en 1990. Ce seront encore ceux de Turner en 1999 et de Kandinski en 2000. Cela n'empêche pas quelques risques calculés. Léonard Gianadda a ainsi osé la rétrospective Suzanne Valadon, que personne ne montre jamais. Il se dit fier du Ben Nicholson, qui ne flattait guère les goûts supposés du public.

Grandes invitations

Ce public-là, il faut cependant le conserver. C'est là que Léonard Gianadda retrouve ses qualités d'entreprise. La fondation possède son secrétariat à Martigny, certes, mais aussi son attachée de presse à Paris. Il n'y a pas que les milliers d'affiches collées et les centaines de milliers de papillons distribués. Tout un travail est fait pour convaincre les journalistes internationaux de parler de la fondation, et si possible en bien. Certains invités français se souviennent de grands repas sur l'Alpe avec troupeau affrété pour l'occasion. A en croire *Beaux-Arts*, Léonard Gianadda offrira pour l'ouverture prochaine de l'exposition Gauguin un feu d'artifice à 600 personnes. Tiré depuis la montagne. Ce sont des choses auxquelles on se montre sensible. Le Gauguin fera sans doute plusieurs couvertures de magazines, indépendamment de ses qualités propres.

Est-ce à cause de tout ce tintamarre médiatique? Il demeure de bon ton, dans les milieux cultivés, de critiquer les expositions de la fondation, comme ce fut le cas pour celles de l'Elysée à Lausanne. «Très commercial.» «Pas suffisamment scientifique.» «Répétitif.» Il n'en faut pas moins admettre que le susceptible Léonard Gianadda peut aujourd'hui se permettre ce que le secteur public est trop pauvre pour faire. Il a en outre pour lui la rapidité. La mobilité. Le dynamisme. La fondation n'est pas lourde de toutes les pesanteurs administratives.

Et dans vingt ans?

Se résumant à son chef d'orchestre, cette dernière reste aussi extrêmement personnalisée. Ce sera à terme sa faiblesse. Fondée pour un homme, elle est littéralement incarnée par un autre. Qu'en sera-t-il lorsque la Fondation Pierre-Gianadda aura non plus 20 mais 40 ans?

Etienne Dumont □

L'exposition Paul Gauguin ouvre le 10 juin à la Fondation Gianadda pour se clore le 22 novembre. La fondation dévoilera parallèlement les Van Gogh, Cézanne et Ensor de la Fondation Franck, déposée à Martigny. Renseignements, ☎ (027) 722 39 78.

La Tribune de Genève, 5 juin 1998.

La Fondation fête ses 20 ans

Le Valais, ce n'est pas seulement Sion 2006, le canton de Pascal Couchepin ou les déboires de son club de football fétiche... Le Valais, c'est aussi de nouveaux horizons, marqués du sceau de la culture.

Grâce à la Fondation Gianadda, depuis maintenant vingt ans, grands peintres d'hier et d'aujourd'hui, musiciens compositeurs ne cessent d'animer une vie culturelle qui a su rayonner bien au-delà du théâtre antique de Martigny. 77 expositions, 321 concerts, 4,5 millions de visiteurs; rien que la dernière exposition, consacrée à Paul Gauguin, a attiré 378 960 amateurs de peinture: des chiffres éloquents!

Sous l'impulsion de Léonard Gianadda, la Fondation ne s'est pas contentée d'accrocher les toiles célèbres à ses cimaises, ou de planter des sculptures réputées dans ses jardins: elle a aussi largement ouvert ses portes à des artistes suisses ou des génies méconnus, tout en maintenant un niveau de qualité rarement pris en défaut.

C'est ainsi que se façonnent les grandes institutions! Et pour clore son année anniversaire, la Fondation accueillera du 28 novembre au 28 février un artiste suisse et célèbre: Hans Erni, l'homme aux chevaux éthérés.

My

Journal des arts et métiers, décembre 1998.

De nouvelles collaborations naissent en 1999, tout d'abord avec l'exposition *Turner et les Alpes*, coorganisée avec la Tate Gallery de Londres, puis avec *Pierre Bonnard*, dont la mise sur pied demande de jongler, comme à l'ordinaire, avec une multitude de sources : « La rétrospective que la Fondation Pierre Gianadda consacre au peintre est particulière. Sur environ soixante-dix tableaux, dix seulement proviennent de collections ouvertes au public […] La vingtaine de lithographies qui complète l'ensemble a été prêtée par la Bibliothèque Doucet de Paris. Tout le reste, soixante tableaux, plus une cinquantaine de dessins, vient de collections privées. C'est dire si un tel ensemble est rare, et ne se reverra pas de si tôt. »[12]

Comme le souligne Léonard Gianadda, « le peintre n'aurait sans doute pas imaginé les difficultés rencontrées pour rassembler ses œuvres »[13].

Enfin, l'année se termine avec une première rétrospective sur Sam Szafran, organisée par Gérard Régnier, alias Jean Clair, directeur du Musée Picasso à Paris : « Si l'on peut découvrir l'œuvre de Sam Szafran, l'une des plus poétiques et des plus marginales de ce temps, c'est grâce

L'Express, 30 septembre 1999.

Sam Szafran et Léonard, 19 novembre 1999.

[12] *Le Monde*, 8 août 1999.

[13] « Il ne s'agit pas de peindre la vie, il s'agit de rendre vivante la peinture », préface de Léonard Gianadda, *Bonnard*, 1999.

à l'initiative d'une fondation privée suisse, la Fondation Gianadda à Martigny. »[14]

Sam et Léonard se sont rencontrés lors de l'exposition de la Collection Gelman en 1994 et ils vont dès lors entretenir de solides liens et une grande affection mutuelle, qui déboucheront sur plusieurs échanges artistiques : « Nous ne nous connaissons que depuis quelques années et pourtant notre amitié semble remonter si loin… »[15]

RÉTROSPECTIVE *Premier hommage à l'une des œuvres les plus poétiques de ce temps*

Les vertiges de Sam Szafran

Martigny :
de notre envoyé spécial
Jean-Marie Tasset

Portes closes. Bien verrouillées. Jamais l'œuvre de Sam Szafran (Paris 1934), qui se trouve dans les plus importantes collections privées françaises, anglaises et américaines, n'a été présentée dans son ensemble par un musée ou par un centre d'art contemporain français. Il est l'exemple même de l'exclusion culturelle dont souffrent aujourd'hui un grand nombre d'artistes, victimes du technocratisme idéologique et du caporalisme sectaire qui pèsent de tout leur poids dans le domaine des arts plastiques. On constate que le dogmatisme est un état d'esprit qui peut tout imprégner.

L'art institutionnel français rejette avec dégoût toute expression qui ne se réclame pas du discours des sciences humaines ou qui ne fabrique pas des « actions sociales plastiques ». Mais quand le jeu de la création artistique est humilié, quand il est méprisé, prohibé, écrasé par une vérité officielle ou par une idéologie dominante, la culture entière se trouve bloquée. Voici venu le règne de la culture répressive.

Prenons-y garde : la création artistique dépérit par torpeur, par lassitude, par timidité ou par crainte. Mais quand elle baisse le ton, la clameur d'un autre discours grandit : celui de l'action directe, celui de la violence. La mission de ces services publics que sont les musées d'art moderne et les centres d'art contemporain n'est-elle pas que toute création vivante y soit entendue, reçue, sans que personne ait le dernier mot, sans qu'il y ait le mot de la fin ?

Si l'on peut découvrir l'œuvre de Sam Szafran, l'une des plus poétiques et des plus marginales de ce temps, c'est grâce à l'initiative d'une fondation privée suisse, la fondation Gianadda à Martigny. Le commissaire de cette première rétrospective, Jean Clair, directeur du musée Picasso-Paris, a sélectionné rigoureusement une centaine de pastels, aquarelles, fusains, gravures et sculptures, qui couvrent la période de 1958 à 1999.

Discret, loin des modes et des médias, ce fils de parents émigrés de Pologne qui grandit au cœur des Halles de Paris poursuit une œuvre où chaque thème marque un recommencement. L'art figuratif de Sam Szafran, indifférent à la rhétorique, plonge ses racines dans la banalité de la vie quotidienne et n'a pas l'ambition de transformer le monde, ni de l'expliquer. Il prend ses thèmes et ses sujets dans son entourage immédiat : ses ateliers parisiens, rue du Champ-de-Mars, rue de Crussol, celui de Malakoff, rue Vincent-Morris, mais aussi l'atelier Bellini de taille douce où il tire ses lithographies ; les imprimeries ; les cages d'escalier ; les serres où prolifèrent jusqu'au vertige les philodendrons. Ses modèles : sa femme, des galeristes collectionneurs.

De simples craies de couleurs, un peu d'eau, des pinceaux, de l'aquarelle, des fusains, du papier ou de la soie, suffisent à l'artiste pour nous entraîner dans l'univers de la quotidienneté de l'extraordinaire-ordinaire. L'idée est là, et la main sait quoi en faire. Son répertoire d'images, dans son détail, contient à peine plus d'objets qu'un employé de bureau français moyen n'en voit défiler au fil d'une journée banale. Mais il en est tout autrement des combinaisons qu'il leur impose. Sa poésie couvre la banalité qu'elle explore inlassablement. Et pour connaître le vertige, il suffit de voir les cadrages, les plans séquences, les prises de vue aériennes entre ombre et lumière, de ses ateliers et de la plongée folle des rampes sinueuses des cages d'escalier où surgit timidement sur un palier une silhouette fugitive.

Szafran oriente ainsi le regard du spectateur, l'oblige à porter successivement son attention sur tel détail, tel objet, tel élément de la composition. Ainsi morcelée dans l'espace et reconstituée dans le temps, la réalité est interprétée par l'artiste et imposée au spectateur qui subit la vision arbitraire de Szafran, tout en ignorant ce qui se trouve en dehors du champ de l'image qu'il a sous les yeux.

La poésie chez cet ami de Riopelle, de Giacometti, d'Arthur Adamov et de Django Reinhardt, qui apprit le dessin dans les cours du soir de la Ville de Paris et la peinture à l'atelier de la Grande Chaumière avec Henri Goetz, n'est que ce qu'elle doit être : le réel mis à nu, troublant, étrange. Elle se déploie avec plus d'aisance dans ses grands formats que dans ses petites compositions.

Elle nous enchante en donnant un nouveau sens, un sens étrange, au monde le plus familier. L'œil écoute Szafran.

Martigny (Suisse), Fondation Pierre Gianadda, ouvert jusqu'au 23 janvier 2000, de 10 h à 12 h et de 13 h 30 à 18 h.

« Escalier », pastel de Sam Szafran réalisé en 1981. (DR.)

Le Figaro, 4 janvier 2000.

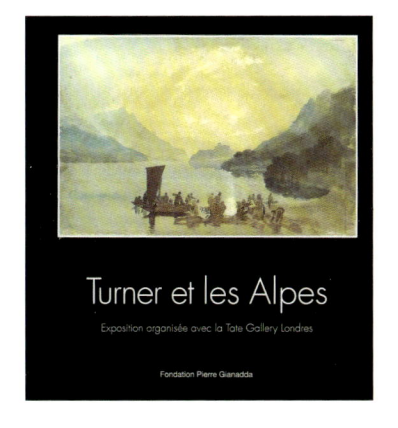

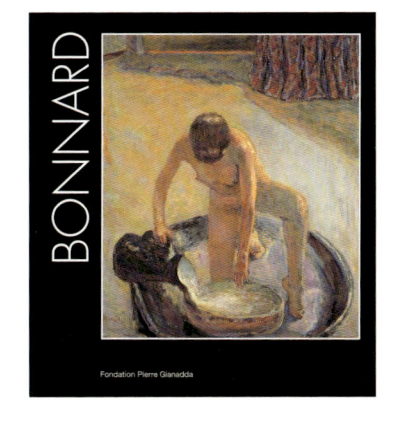

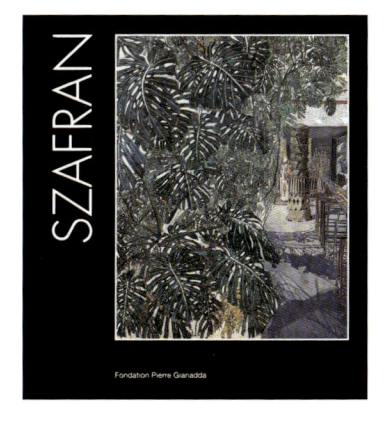

[14] *Le Figaro*, 4 janvier 2000.

[15] « Mon cher Sam », préface de Léonard Gianadda, *Szafran*, 1999.

L'entrée dans le nouveau millénaire se termine en apothéose avec l'exposition *Van Gogh* qui vient clore les quatre événements imaginés avec Ronald Pickvance. Au moment de cette grande heure de la Fondation (447 584 visiteurs se déplacent à Martigny), Léonard Gianadda peut vraiment écrire que « le rêve devient réalité » : « Tout n'a pas toujours été aussi simple et c'est souvent dans la douleur que ces expositions ont été enfantées. Ronald n'est pas facile, m'avait-on prévenu, moi non plus. Malgré son flegme légendaire, il change difficilement d'idée. Il est certain qu'une solide amitié s'est instaurée entre nous pendant ces quinze années. Grâce à Ronald, nous avons pu mettre sur pied des expositions exceptionnelles, qui relevaient de l'utopie pure et qui ont drainé à Martigny – ville de 14 000 habitants – plus d'un million de visiteurs… Ensemble, nous avons vécu de beaux moments […] que de souvenirs lors de nos nombreux voyages dans toute l'Europe, en Russie, en Israël ou aux Etats-Unis, à la chasse aux trésors ! Je me souviens aussi tout particulièrement d'une promenade à Arles, le 13 septembre 1998, à la recherche de l'endroit précis où se trouvait Van Gogh pour peindre le Rhône… ce Rhône qui passe à Martigny. »[16]

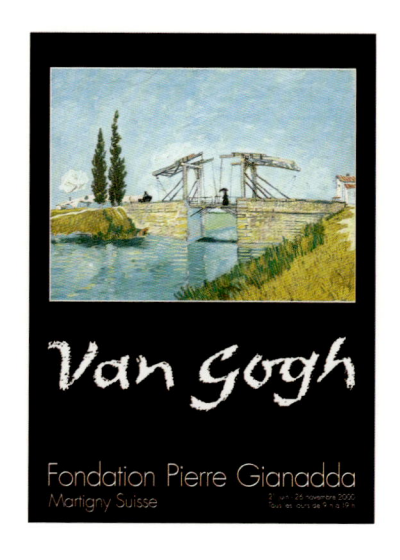

Gazette de Martigny, 13 janvier 2000.

[16] « Quand le rêve devient réalité », préface de Léonard Gianadda, *Van Gogh*, 2000.

Van Gogh s'achève en fanfare à Martigny : 440 000 visiteurs

GILBERT VOGT/25.11.2000

EXPOSITION
Les derniers jours n'ont pas été les pires. Tour de piste avant la fermeture.

MARTIGNY
ÉTIENNE DUMONT

Samedi. Les visiteurs ont beau arriver comme des chenilles processionnaires depuis la gare, ou descendre de voitures immatriculées dans les différents cantons, en France ou en Italie. L'entrée à l'exposition *Van Gogh*, qui vit ses dernières heures, se révèle relativement facile.

«Le dernier week-end n'est jamais le plus chargé», précise Léonard Gianadda, qui surveille son monde depuis la galerie intérieure de la Fondation. «Les gens ont trop peur de la foule pour venir ces jours-là.» Les semaines précédentes, l'attente allait jusqu'à vingt minutes. «Lorsque les gens nous téléphonaient, nous leur conseillions de venir tôt le matin ou deux heures avant la fermeture, explique une dame de la caisse. C'est en pleine journée que survenaient toujours les pointes de fréquentation.» La chose tient aux groupes. «Nous avons eu jusqu'à 25 autocars en une journée», raconte Léonard Gianadda avec un air suffisamment neutre pour qu'on ne sache pas s'il le déplore, ou s'il s'en réjouit.

Un record pour la Suisse

Ouverte le 21 juin, la rétrospective Van Gogh aura donc battu tous les records helvétiques. «Nous devrions arriver dimanche soir à 440 000 entrées», assure la caissière. Certains directeurs de musées ont beau prétendre que les chiffres tiennent compte de diverses allées et venues. Le chiffre n'en demeure pas moins énorme. Aucune exposition parisienne ne l'aura atteint cette année. Le Kunsthaus de Zurich a dû se contenter, à son grand dépit, de 191 000 personnes pour son récent *Cézanne – Achevé, inachevé*. Il faut dire qu'à Martigny le terrain était préparé. L'an dernier, *Gauguin* avait attiré 379 260 amateurs, ce qui le mettait en neuvième position sur la liste mondiale des succès, publiée par le très sérieux *Giornale dell'Arte*.

Indifférents à ces calculs, les gens tournent dans la vaste salle. Ils sont sur deux rangs. Parfois trois. «J'ai très bien vu les dessins, mais j'ai toujours eu l'impression qu'il me manquait un bout de tableau», regrette une dame venue de Lyon. Il faut dire que peu de gens sont habitués à la technique de «la plongée», qui fait se précipiter les petits malins dans les «trous» face aux œuvres. Car il y en a toujours. Il y en avait même lors du mémorable *Monet* de la Royal Academy de Londres (800 000 visiteurs!), qui reste le souvenir le plus oppressant de ces dernières années.

Une polémique qui aura fait long feu

Beaucoup de gens voient en effet ici leur unique exposition de l'année. «Je suis heureux que les gens gardent ce besoin de voir les originaux dans un monde où tout est médiatisation et reproduction», se félicite Léonard Gianadda. On ne le chicanera pas sur la polémique allumée cet été par *L'Illustré*. Un «expert» avait comme il se doit détecté six ou sept faux. L'affaire avait fait long feu. Le commissaire de l'Exposition, Ronald Pickvance, pèse autrement plus lourd que son opposant. N'est-ce pas lui qui avait monté les hommages à Van Gogh de New York?

Le public passe donc respectueusement devant les tableaux, même si la discussion ne porte pas toujours sur l'artiste hollandais. Entre les Italiennes élégantes qui se faufilent comme à un cocktail et les gens qui ont étrangement choisi ce lieu pour débattre de leurs problèmes familiaux, il y en a pour toutes les oreilles. «Les visiteurs n'en ont pas moins un très grand besoin d'apprendre, précise une conférencière. Lors de nos exposés du mercredi soir, avec projections, nous avons eu jusqu'à 310 amateurs.»

Une montagne de caisses

Alors que les alarmes se font pour le moins discrètes, si l'on pense à Paris où tout sonne souvent, personne ne touche. «Nous n'avons eu aucun incident à déplorer», assure un gardien. Il ne dormira pas moins sur ses deux oreilles – contrairement à Van Gogh – que lundi. Faut-il voir là le respect du beau? Du précieux? Difficile à dire. «Les peintures que tu vois valent des millions et des millions», déclare ainsi un père à l'un des très nombreux bambins qui accomplissent sans doute l'un de leurs premiers pèlerinages muséaux.

Au centre de la pièce, une pyramide de caisses intrigue beaucoup. Il y a celles en bois qui portent le nom de Thyssen. D'autres arborent le sigle du Stedelijk Museum d'Amsterdam. Deux véritables coffres-forts, d'une couleur de crème anglaise, repartiront en Allemagne. «Ce sont les caisses qui ont amené et qui remporteront les tableaux, explique une surveillante à une visiteuse. Nous les avons installées hier. Elles doivent prendre la température ambiante. Il faut éviter les chocs thermiques.»

Dès lundi, le ballet des arrivées de conservateurs et des départs de convois, parfois placés sous escorte policière, commencera en effet. Le «planning» que montre Léonard Gianadda impressionne. Il faut pourtant que tout soit réglé avant l'arrivée des Russes. Le 15 décembre s'ouvrira *Les saints russes – Icônes de la Galerie nationale Tretiakov de Moscou*. Une institution publique se serait accordée une plus longue pause. «Dieu merci, il n'y a ici qu'un prêteur», conclut le maître des lieux. ■

Fin d'exposition à la Fondation Gianadda. Les caisses attendent leur contenu pour le voyage de retour des œuvres d'art.

L'été 2001 «Sous le soleil de Mithra»

«Le concept a été arrêté il y a deux jours.» Samedi, Léonard Gianadda pouvait enfin parler de l'exposition de l'été prochain, qui s'ouvrira le 29 juin 2001. Annoncée comme *Picasso et la mythologie*, elle a en effet été recentrée sur la figure magique du taureau. «La première fois que Jean Clair, le directeur du Musée Picasso qui en sera le commissaire, est venu à la Fondation, il a été frappé par notre tête de bronze romaine.»

Le temple de Mithra, divinité antique d'origine orientale liée au taureau, n'avait pas encore été découvert, puis mis en valeur, juste en face. «L'exposition se placera donc *Sous le soleil de Mithra*. Elle partira de Mésopotamie et traversera la Crète ou l'Egypte des Apis avant de se terminer avec les Temps modernes.» Admirateur du Minotaure et grand amateur de courses de taureau, Picasso se retrouvera alors en vedette. «Il y aura de nombreux prêts archéologiques, notamment du Louvre.» Et Léonard Gianadda de conclure: «A l'heure où certains critiques romands parlent d'«absence de sujet» pour nombre d'expositions suisses – ndlr: une allusion à un article de L'Hebdo –, voilà un thème qui me semble bien réel.» Il risque cependant d'être moins «porteur» que le simple «nom Van Gogh.»

E. D.

La Tribune de Genève, 27 novembre 2000.

Les expositions, 1996-2000

Années	Dates	Expositions	Commissaires	Visiteurs
1996	26.1-27.5	Suzanne Valadon	Daniel Marchesseau	63 414
	5.6-11.11	Edouard Manet	Ronald Pickvance	290 336
	16.11-19.1.97	Marcel Imsand – Michel Favre – Anne Rosat		16 103
		Alicia Penalba (Parc)		
1997	24.1-1.6	Raoul Dufy	Didier Schulmann	84 036
	6.6-11.11	Joan Miró (Fondation et Parc)	Jean-Louis Prat	208 278
	22.5-11.11	Charlie Chaplin (Vieil Arsenal)		
	18.11-18.1.98	Icônes russes. Galerie nationale Tretiakov, Moscou	Ekaterina L. Selezneva	39 182
		Alicia Penalba (Parc)		
1998	24.1-1.6	Diego Rivera-Frida Kahlo	Christina Burrus	103 660
	11.3-8.11	Charlie Chaplin, par Yves Debraine (Vieil Arsenal)		
	10.6-22.11	Paul Gauguin	Ronald Pickvance	379 260
	28.11-28.2.99	Hans Erni, rétrospective	Andres Furger	41 057
		César (Parc)		
1999	5.3-6.6	Turner et les Alpes	David B. Brown	74 714
	5.3-6.6	Michel Darbellay		
	11.6-14.11	Pierre Bonnard	Jean-Louis Prat	215 813
	19.11-23.1.00	Sam Szafran	Jean Clair	11 957
2000	28.1-12.6	Kandinsky et la Russie	Lidia Romachkova	125 843
	20.5-22.10	Bicentenaire du passage des Alpes par Bonaparte 1800-2000 (Vieil Arsenal)	Frédéric Künzi	
	21.6-26.11	Vincent Van Gogh	Ronald Pickvance	447 584
	15.12-17.6.01	Icônes russes – les Saints. Galerie nationale Tretiakov, Moscou	Lidia I. Iovleva	80 806

Les honneurs

La période 1996-2000 est à plus d'un titre riche en émotions pour Léonard Gianadda. D'abord, il y a tous les accrochages qui tiennent du miracle, ensuite il y a les honneurs reçus, « qui font toujours plaisir », et les sollicitations d'institutions majeures dans le domaine de la culture. Non seulement les grands musées accordent désormais leur confiance à Léonard Gianadda, mais certains lui demandent de participer à leur Conseil. Pour un homme qui n'est pas du sérail, il faut bien reconnaître que cela est étonnant. Ainsi, en 1997, Léonard est nommé membre du Conseil d'administration du Musée Rodin de Paris. Le mandat sera renouvelé deux fois. L'année suivante, il entre au Conseil d'administration du Musée Toulouse-Lautrec d'Albi et dans celui de la Fondation Hans Erni de Lucerne. Il y est toujours.

Pour terminer cette première série, mentionnons que Léonard fait partie des membres fondateurs du Conseil de la Fondation Balthus, mise sur pied en 1999.

Cecilia Bartoli et les autres

Une des rencontres musicales les plus importantes de Léonard pour la période 1996-2000 est celle avec Cecilia Bartoli : « L'origine de notre rencontre remonte à une émission de télévision qu'avait suivie mon épouse Annette. Elle avait noté son nom sur un bout de papier. Quelque temps plus tard, j'ai appris qu'elle chantait *La Cenerentola* à Zurich. J'ai cherché à la rencontrer et l'ai trouvée par hasard chez Conti, le restaurant où se retrouvent les artistes après l'opéra. Prenant mon courage à deux mains, je l'ai abordée et lui ai parlé des concerts de Martigny, où je souhaitais vivement l'inviter. Elle m'a alors donné le nom de son impresario à New York, mais ça n'a rien donné. L'année suivante non plus. J'ai essayé de la revoir, je lui ai envoyé des lettres… Et finalement, à force de persévérance, j'ai obtenu son accord. Elle est venue à Martigny une première fois, et depuis, elle y revient chaque année. C'est encore aujourd'hui le seul lieu de Suisse romande où elle s'est produite. Une amitié s'est tissée entre nous. Figurez-vous que je lui ai fait découvrir Vérone ! C'est tout simplement fabuleux. »[17]
Durant toutes les saisons, des artistes de choix continuent de venir avec plaisir à la Fondation, pour Léonard, pour le public chaleureux, pour le plaisir de jouer parmi les œuvres d'art. Nous retrouvons les amis fidèles, comme les Solisti Veneti, présents notamment lors du vingtième anniversaire de la Fondation, Maurice André, Ruggero Raimondi, Margaret Price, Daniel Barenboim…

Concert de Cecilia Bartoli, 30 mars 2000.

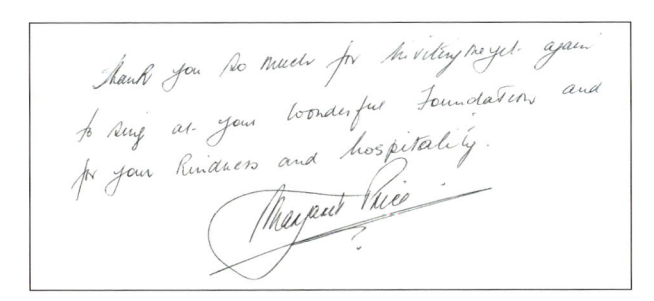

Margaret Price, *Livre d'or*, 23 juillet 1997.

Annette et Léonard avec Cecilia Bartoli, Martigny, 2000.

[17] *Les Coups de cœur de Léonard Gianadda*, vol. 1, 2001.

Quelques concerts, 1996-2000

Années	Dates	Concerts
1996	8.3	Pinchas Zukerman, English Chamber Orchestra
	18.9	Il Giardino Armonico
1997	6.2	Barbara Hendricks, Staffan Scheja
	23.4	I Solisti Veneti (Claudio Scimone)
	23.7	Margaret Price, Thomas Dewey (Festival Tibor Varga)
	26.8	Vadim Repin, Boris Berezovsky (Festival Tibor Varga)
1998	25.3	Heinz Holliger, Camerata Bern
	22.8	György Sebök, Orchestre de Chambre du Festival Ernen Musikdorf
	9.9	Maurice André, Béatrice André, Nicolas André, Festival Strings Lucerne (Rudolf Baumgartner)
	14.10	Itzhak Perlman, Bruno Canino
	19.11	I Solisti Veneti (Claudio Scimone) (20ᵉ anniversaire de la Fondation)
	3.12	Tokyo String Quartet
1999	16.1	Quatuor Pražák
	20.2	Melos Quartett de Stuttgart
	6.3	Quatuor Emerson
	29.4	Quatuor Kocian
	30.3	Cecilia Bartoli, György Fischer
	9.9	Murray Perahia
	19.10	Ruggero Raimondi, Ann Beckman
2000	31.1	Christian Benda, Les Virtuoses de Moscou (Vladimir Spivakov)
	30.3	Cecilia Bartoli, Gérard Wyss
	7.7	Daniel Barenboim
	23.8	I Solisti Veneti (Claudio Scimone)
	8.9	Ruggero Raimondi, Ann Beckman
	16.9	Murray Perahia

Un plateau de rêve

La 19ᵉ saison musicale sera somptueuse à la Fondation Pierre Gianadda.

MARTIGNY. — Les mélomanes de la région sont décidément de sacrés veinards. Pour sa 19e saison musicale, la Fondation Pierre Gianadda va en effet leur proposer un plateau de choix, huit mois durant. Du 18 juillet prochain au 13 mars 1997, ce ne sont ainsi pas moins de quatorze concerts compris dans l'abonnement ainsi qu'un récital hors abonnement donné par Barbara Hendricks (le 6 février 1997) qui résonneront dans le décor magnifique du centre culturel de la rue du Forum.

L'apport des festivals

La qualité remarquable du programme proposé par la Fondation Pierre Gianadda ne doit rien au hasard. Cette année encore, l'espace culturel octodurien va en effet à nouveau bénéficier de la collaboration du Festival Tibor Varga et de celui de Vevey-Montreux. Ainsi, les trois concerts des 18 juillet, 31 juillet et 9 août - avec la venue du Fine arts quartet, des virtuoses de la Philharmonie de Berlin et de Denes Varjon, le lauréat du concours Géza Anda - seront proposés dans le cadre du Festival Tibor Varga. De même, les rendez-vous du 19 août avec le «Tölzer Knabenchor», du 11 septembre avec le trio Shlomo Mintz, Itamar Golan et Matt Haimovitz, du 18 septembre avec Il Giardino Armonico et du 23 septembre avec le pianiste Stephen Hough seront placés sous l'égide du Festival Montreux-Vevey.

En deuxième partie de saison, les fidèles de la Fondation Pierre Gianadda pourront découvrir le trompettiste Bernard Soustrot et l'Orchestre symphonique européen le 16 octobre, Christian Benda et l'orchestre symphonique de Radio Cracovie le 19 novembre, puis le pianiste Michel Dalberto le 21 décembre. Enfin, le Chœur Novantiqua sera présent le 18 janvier 1997 sous la baguette de Bernard Héritier, avant que l'Orchestre de chambre de Lausanne n'entre en scène le 9 février. Le 13 mars, I solisti Veneti, avec Claudio Scimone, mettront un terme à cette saison. Auparavant, le 6 février, Barbara Hendricks, accompagnée au piano par Staffan Scheja, auront donc donné, toujours dans le même lieu, un concert exceptionnel, hors abonnement.

Record des abonnements?

Grâce à la générosité de la commune de Martigny et des différentes institutions et entreprises qui parrainent la Fondation Pierre Gianadda, celle-ci pourra, cette saison encore, pratiquer une politique de bas prix. L'abonnement annuel pour les quatorze concerts n'a ainsi pas augmenté depuis neuf ans et demeure fixé à 170 francs pour les gradins (300 francs pour les couples) et 260 francs pour les chaises numérotées (480 francs pour les couples), les étudiants et apprentis bénéficiant toujours du demi-tarif. Des conditions avantageuses propres à augmenter encore le nombre d'abonnés qui a littéralement explosé la saison dernière après avoir quelque peu marqué le pas entre 1990 et 1994. Alors que la fondation avait vendu 354 abonnements en 1994-1995, ce sont ainsi 471 abonnements qui ont trouvé preneur la dernière saison.

(pag/c)

Barbara Hendricks à Martigny le 6 février prochain pour un concert exceptionnel. ldd

Nouvelliste, 7 juin 1996.

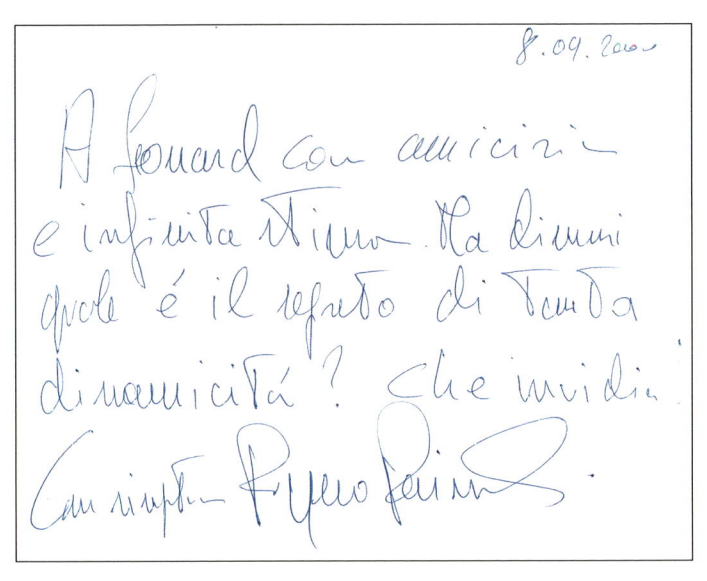

Ruggero Raimondi, *Livre d'or*, 8 septembre 2000.

L'ambassadeur d'Italie Onofrio Fornara, Ruggero Raimondi, l'ambassadeur de France André Gadaud, Jean-Louis Prat, Léonard et Annette, Martigny.

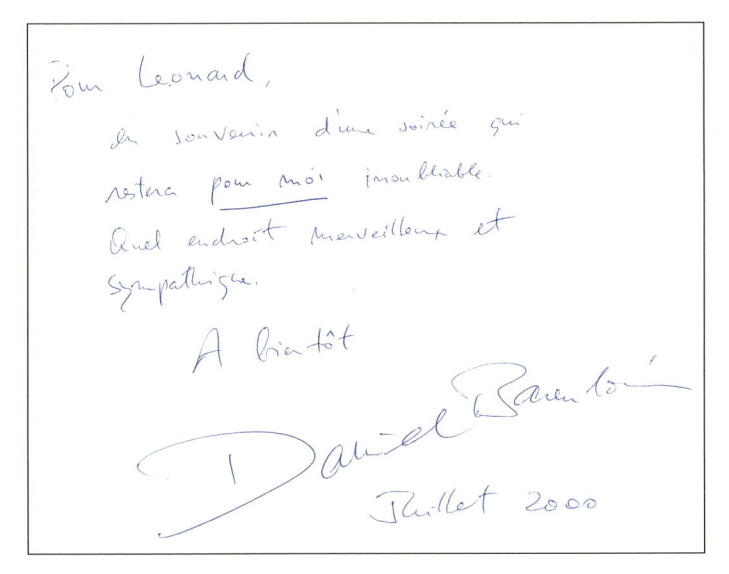

Daniel Barenboim, *Livre d'or*, 7 juillet 2000.

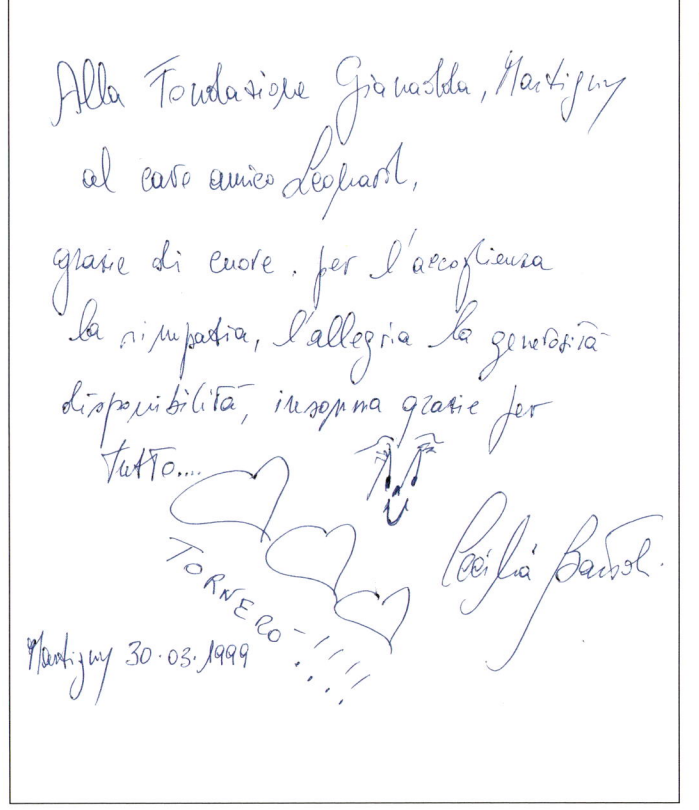

Cecilia Bartoli, *Livre d'or*, 30 mars 1999.

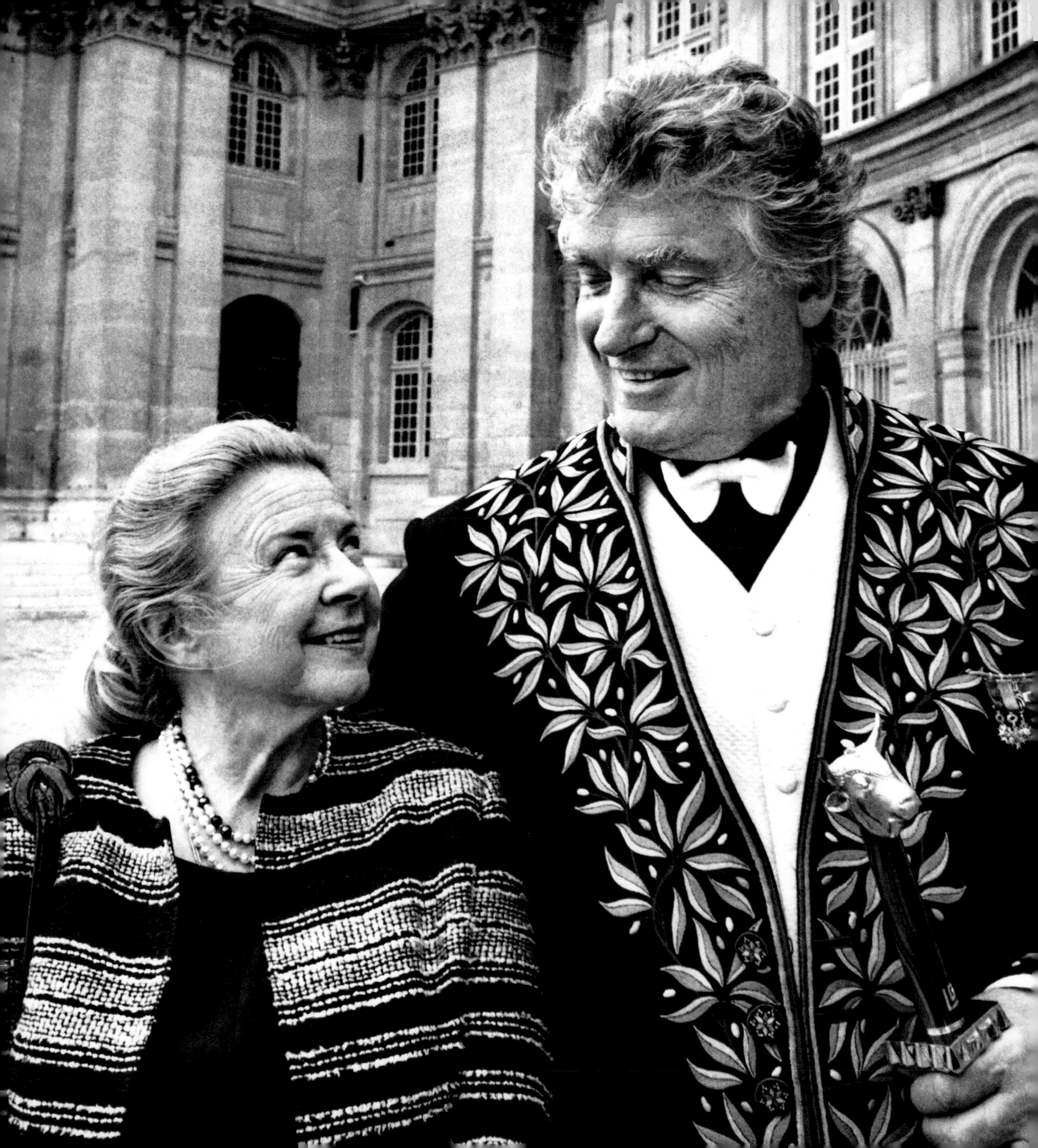

Honneurs et consolidation, 2001-2007

Quand un Valaisan est reçu en grande pompe sous la Coupole.

Entretien *Léoguide* n° 13, 20 avril 2015.

Un Suisse, un Valaisan, un Martignerain sous la Coupole ! Pourtant, je n'ai rien demandé, comme du reste pour toutes les décorations que j'ai reçues. Ce n'est pas le style de la maison.

Alors que j'étais membre correspondant de l'Académie des Beaux-Arts, je suis invité par le secrétaire perpétuel de l'Académie, Bernard Zehrfuss, qui me reçoit chez lui, en compagnie de Jean Cardot, sculpteur, dans son appartement de fonction à l'Institut de France : « Vous êtes pressenti comme membre de l'Académie. Le cas échéant, accepteriez-vous ? »

Sans trop de respect pour les usages établis, je réponds : « Oui, avec honneur, remerciements et reconnaissance ! A deux conditions cependant : d'abord, il n'est pas question que je fasse une visite, un téléphone, un courrier à qui que ce soit, car cela est contraire à mes principes ; ensuite, je ne veux pas être élu au fauteuil de M. X. dont je ne veux pas prononcer l'apologie. » Selon la confidence que m'a faite Daniel Wildenstein, j'ai été élu à l'unanimité.

La réception a été, évidemment, un moment de grande émotion. J'imaginais mes parents, mon grand-papa, assister à un tel événement avec tous ces académiciens, les invités, mes amis… C'est un souvenir inoubliable !

◀ Annette et Léonard, Institut de France, Paris, 4 juin 2003.

La série Picasso

Une série d'expositions autour de Picasso démarre en 2001. La première, intitulée *Picasso. Sous le soleil de Mithra*, se concrétise grâce à l'appui de son ami Gérard Régnier : « Il aura fallu patienter vingt ans pour qu'une exposition Picasso voie enfin le jour. En effet, c'est à Noël 1980 déjà qu'une première tentative avait failli aboutir quand, invité par Jacqueline Picasso, j'avais eu le privilège de passer quelques jours à Notre-Dame-de-Vie, cette grande demeure près de Mougins où Picasso vécut les dernières années de sa vie…

» Dix années plus tard, la Fondation Pierre Gianadda organisait une exposition Henri Cartier-Bresson. Lors de la préparation de cette manifestation, j'avais demandé à Henri comment il entendait procéder pour l'accrochage de ses photographies et de ses dessins. En toute simplicité, il m'avait répondu : 'Mais je demanderai à Gérard de s'en occuper.' Je savais Henri proche de Gérard Régnier, mais je n'imaginais tout de même pas que le directeur du Musée Picasso de Paris viendrait à Martigny résoudre des problèmes d'intendance. Et pourtant ! C'est ainsi que je fis la connaissance de Gérard… Par la suite, ma route croisa souvent la sienne. Il me déclarait, à juste titre : 'D'accord pour une exposition, mais il faut trouver un thème. On ne peut pas simplement imaginer une exposition intitulée Picasso.' Jusqu'au jour où il me proposa : 'J'ai pensé à un rapprochement entre l'Antiquité et Picasso, autour du mythe du taureau, de Mithra.' »[1]

Au même moment, dans le Vieil Arsenal de la Fondation se tient l'exposition photographique *Picasso vu par David Douglas Duncan*.

Deux ans plus tard, la Fondation inaugure *De Picasso à Barceló. Les artistes espagnols*. Comme aime à le rappeler Léonard Gianadda, l'art espagnol du XXᵉ siècle prend alors une place importante dans les collections de la Fondation : *Tête* de Miró achetée en 1985 ; *De Musica II* et *Tierra Lurra* de Chillida, en 1982 et 1996 ; *Le Fou* de Picasso, en 1981 ; *Spray noir*, *Visio Primero* et *Mural Monumental* d'Antoni Tàpies, en 1989, 2001 et 2005. A ces œuvres s'ajoute encore, dans la collection Franck, le *Nu aux jambes croisées* de Picasso.

Pour clore la série et la période, en 2007 l'exposition *Picasso et le cirque* est réalisée avec le Musée Picasso de Barcelone.

Jacqueline Picasso, Notre-Dame-de-Vie, 30 décembre 1980.

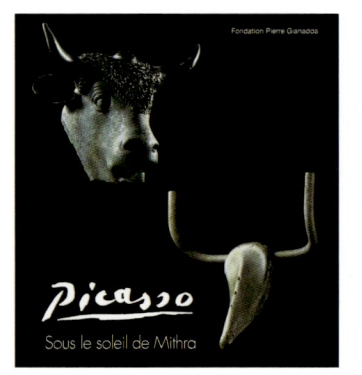

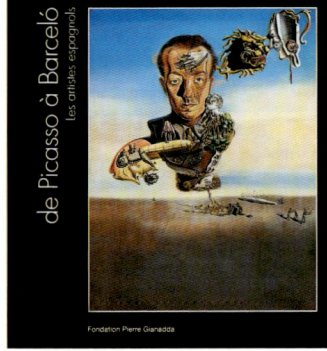

[1] « Et le mythe devint réalité », préface de Léonard Gianadda, *Picasso. Sous le soleil de Mithra*, 2001.

'Le Déjeuner des canotiers' de Renoir, ce tableau mythique, il est là au milieu des Van Gogh, Picasso, Braque, Monet, Degas, Cézanne ou Giacometti.

Pour la Fondation Gianadda, accueillir la prestigieuse Phillips Collection, c'est un miracle : L. G. : « C'est une des grandes collections mondiales.

La Phillips Collection est constituée par Duncan Phillips et sa femme, dans les années 1920. Il a commencé avec l'ouverture du premier musée d'art moderne au monde. C'est inimaginable de penser qu'un jour on puisse avoir le chef-d'œuvre de l'impressionnisme. »

A la sortie des caisses, les tableaux sont minutieusement examinés par les experts. Soudain, c'est l'effervescence : le big boss de la Phillips Collection débarque de Washington. Jay Gates : « Nous avions une seule opportunité de montrer cette collection en Europe. Et ce que fait Léonard, son agenda d'expositions, sa capacité magique à communiquer de façon intime avec le public et à le faire venir… Il a une réputation qui le précède.

C'était merveilleux de travailler avec lui. Je n'ai aucun doute sur le fait qu'ici, au cœur de l'Europe, cette exposition sera vue par beaucoup, beaucoup de monde.

Parce qu'il se passera longtemps avant que ces tableaux ne voyagent à nouveau et je ne vous cache pas qu'à Washington tout le monde veut déjà les voir revenir. »

La Phillips Collection, Radio Télévision Suisse, mai 2004 (www.rts.ch/archives).

Les collections américaines à Martigny

La chance sourit à Léonard en 2002 : le directeur de la Phillips Collection, Jay Gates, entre en contact avec lui pour proposer une exposition avec, notamment, *Le Déjeuner des canotiers*, chef-d'œuvre absolu de Renoir. Comment refuser, quand les tableaux vous tombent presque dans les bras : « Sans hésiter, je prends le premier avion pour Washington… et signe un contrat définitif, réglant tous les problèmes de ce vrai miracle. C'est ainsi que nous accueillons pendant quatre mois cinquante-cinq chefs-d'œuvre de la Phillips Collection […] pour cette unique étape européenne. […] A plusieurs reprises, la Phillips Collection nous avait prêté des tableaux pour nos expositions, la première fois, c'était déjà un chef-d'œuvre, pour la rétrospective Ben Nicholson en 1992. Mais aujourd'hui, c'est une exposition entière, totale, exceptionnelle, qui nous est confiée […] et j'en suis profondément ému. »[2] Bien évidemment, cet accrochage attire la foule : 298 455 visiteurs en quatre mois !

Depuis leur premier échange, à l'occasion de l'exposition de la Collection Jacques et Natasha Gelman, Léonard Gianadda entretient de bons rapports avec le Metropolitan de New York. En 2001, il intervient notamment pour lui obtenir deux œuvres de Roublev de la Galerie Tretiakov. Le geste ne sera pas oublié et permettra de réaliser un deuxième miracle américain en 2004 : « Le 15 mars dernier, j'étais invité à New York pour le vernissage de l'exposition *Byzantium : Faith and Power (1261-1557)* : un événement, un monument, une somme […]

» Une dizaine de jours après mon retour en Suisse, Mahrukh Tarapor [vice-directrice du MET] me demandait si la Fondation Pierre Gianadda était intéressée à reprendre et à exposer toutes les œuvres prêtées par le monastère de Sainte-Catherine : icônes, parchemins et pièces d'orfèvrerie, le cœur de l'exposition du MET ! »[3] Ce sera l'exposition *Trésors du monastère Sainte-Catherine du mont Sinaï* en 2004.

Deux autres collaborations avec le MET suivront : l'une en 2006 avec *Les Chefs-d'œuvre de la peinture européenne*, l'autre en 2008, *Offrandes aux dieux d'Egypte*.

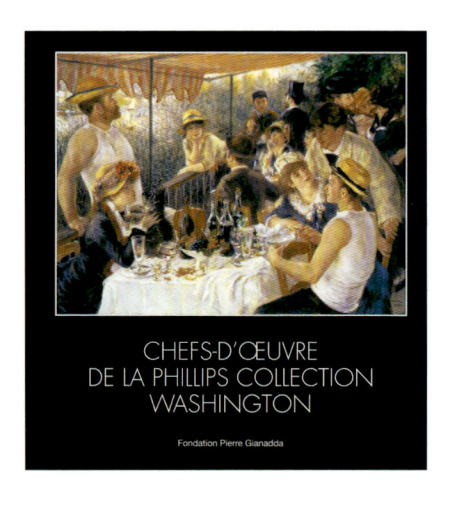

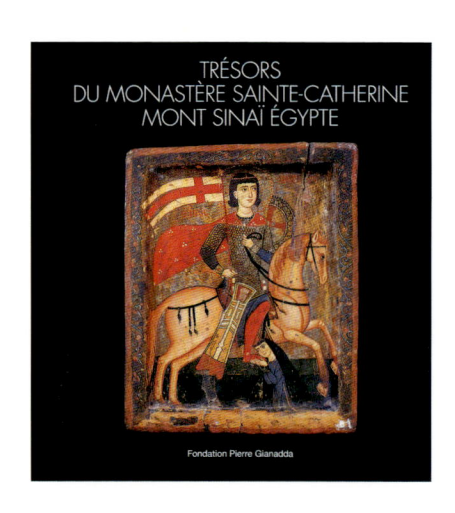

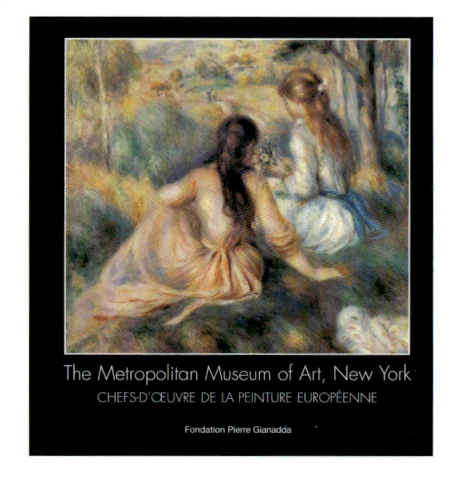

---

[2] « Un demi-siècle plus tard… », préface de Léonard Gianadda, *Chefs-d'œuvre de la Phillips Collection, Washington*, 2004.

[3] « Le miracle de Sainte-Catherine », préface de Léonard Gianadda, *Trésors du monastère Sainte-Catherine. Mont Sinaï. Egypte*, 2004.

Des icônes miraculeuses

La **Fondation Pierre Gianadda** à Martigny accueille des icônes du monastère Sainte-Catherine du mont Sinaï, dont elles ne sont jamais sorties...

« C'est un miracle », a lancé avec émotion Léonard Gianadda hier soir à l'occasion du vernissage de l'exposition « Les trésors du monastère Sainte-Catherine ». Sorties pour la première fois du plus ancien monastère chrétien en activité depuis le VIe siècle, des icônes parmi les plus anciennes au monde seront exposées jusqu'au 12 décembre à la Fondation Pierre Gianadda, avant de retourner en Egypte et après avoir été accueillies à New York pendant l'hiver et au Musée Benaki à Athènes pendant les Jeux olympiques. L'exposition comportera 37 icônes, uniques au monde, la plupart du XIIIe siècle, voire du XIIe, mais également trois parchemins rarissimes de l'époque des croisades ainsi que le calice donné au monastère par le roi de France Charles VI en 1411. En présence notamment des autorités égyptiennes, des révérends pères du monastère, lier le patriarche Damianos et les moines du monastère Sainte-Catherine, ainsi que le Metropolitan Museum of Art de New York, avec lequel nous entretenons une longue et fructueuse collaboration. Celle-ci a permis la réalisation de cette exposition qui tient du miracle. »

N'ayant pratiquement jamais quitté l'enceinte du lieu sacré, les icônes, ces « images » de la foi orthodoxe, ont été bénies en langue grecque par Monseigneur Damianos. « Comme la Fondation les accueille, j'en profite également pour bénir les lieux, ainsi que vous tous ici présents. »

et de Son Excellence Monseigneur Damianos, archevêque du Sinaï, Léonard Gianadda a tenu à remercier « en particu-

Romy Moret

En guise de remerciements, Léonard Gianadda a offert au nom de la Fondation une croix épiscopale à l'archevêque du Sinaï Damianos.
le nouvelliste

Nouvelliste, 5 octobre 2004.

Léonard et Philippe de Montebello, directeur du Metropolitan Musem of Art, 2004.

Des surprises de taille

Et Léonard n'est jamais au bout de ses surprises : « Nous étions assis autour d'une table pour la préparation de l'exposition, une douzaine de personnes : onze du MET et moi. Je répondais à leurs questions et à la fin de l'entretien, je leur demande : 'Est-ce qu'on pourrait aller dans les réserves ? – Dans les réserves ? Pourquoi ? – Pour voir les tableaux. On regarde des reproductions, mais, comme je suis ici, cela m'intéresserait de voir les originaux. – Et pourquoi dans les réserves ? – Pour les regarder en face, en apprécier la grandeur, etc. – Mais les tableaux sont accrochés à nos cimaises.' J'étais confus. Evidemment, quand nous avons fait le tour des galeries, je reconnaissais les toiles. A un moment donné, arrivés devant le Rembrandt qu'ils nous prêtaient, j'ai fait remarquer que le Rembrandt accroché à côté était beau aussi ! 'Vous préférez l'autre ? Pas de problème !' Il en a été ainsi durant toute ma visite dans l'un des plus prestigieux musées du monde ! »[4]

[4] Entretien *Léoguide*, 20 avril 2015.

L'amitié russe se resserre…

Il n'y a pas que l'Amérique qui attire Léonard ; la Russie est aussi de la partie, tout aussi fidèle et généreuse. En avril 2004, le Choeur du patriarcat de Moscou, dirigé par le hiéromoine Ambroise, se produit à la Fondation. Déjà présent à Martigny en 1990, pendant *Chagall*, il y reviendra ensuite lors des différentes manifestations en lien avec la Russie (Chagall, les icônes).

Puis, en 2005, le Musée Pouchkine occupe toutes les cimaises avec *La peinture française* : « Depuis de nombreuses années, j'ai fréquemment rencontré Madame Irina Antonova, directrice générale du Musée d'Etat des Beaux-Arts Pouchkine à Moscou. Avec une grande régularité, nos expositions ont eu le privilège d'être enrichies par des prêts de la célèbre institution russe. Mais comment rêver qu'un jour le Musée Pouchkine organiserait une exposition, toute une exposition, sur la peinture française de ses collections ? C'est d'autant plus inouï qu'à ce jour jamais le Musée Pouchkine n'a prêté, en Europe, un tel ensemble, autant de chefs-d'œuvre, pour une seule et même exposition. »[5]

Art de vivre — PEINTURE

Les chefs-d'œuvre français du Musée Pouchkíne s'exportent à Martigny

Pour la première fois en Europe, le Musée d'Etat des Beaux-Arts Pouchkíne de Moscou prête sa prodigieuse collection d'art français. Le réceptacle qui accueille ce trésor jusqu'au 13 novembre prochain, est la Fondation Pierre Gianadda à Martigny qui fête en beauté, avec cette exposition, son 30e anniversaire.

De Poussin à Derain, en passant par les Impressionnistes, par Corot, Gauguin et Picasso, la collection des maîtres français du Musée Pouchkíne est fascinante, non seulement pour la qualité de ces chefs-d'œuvre, mais aussi pour son histoire, puisqu'elle provient de différents fonds de collectionneurs éclairés. La première qui, sur conseil de Diderot et du baron Frédéric Melchior Grimm, a commencé à investir dans l'achat d'œuvres d'art a été l'impératrice Catherine II la Grande, passée à l'Histoire avec la mention de monarque éclairée du XVIIIe siècle européen. Mais la partie dédiée à l'art français a pu se constituer grâce aux donations de riches marchands moscovites qui, en fins connaisseurs, ont eu le flair d'investir dans des peintures avant-gardistes, tandis que la France s'interrogeait s'il fallait faire entrer dans les musées nationaux l'Olympia de Manet ou la collection de Caillebotte. C'est le cas de Sergueï Chtchoukine qui parcourt avidement les galeries d'art contemporain à Paris à la découverte de tableaux impressionnistes. Il se passionne également pour deux artistes en particulier, Matisse et Picasso, dont il achète d'importantes réalisations qui orneront les murs de son hôtel particulier du Maly Znamenski et de la galerie Chtchoukine, avant de décider d'en faire don à la ville de Moscou. Autre mécène qui a marqué les deux premières décennies du XXe siècle, Ivan Morozov a eu une approche moins émotionnelle que son compatriote Chtchoukine. Plus intellectuelle, sa démarche vise plutôt à illustrer l'évolution d'un peintre, comme il l'a fait par exemple avec Matisse et Picasso.

575 000 objets d'art

Rebaptisé du nom du poète russe, en 1937, lors du centième anniversaire de la mort de ce dernier, le Musée national des Beaux-Arts Pouchkíne fut fondé par le professeur Ivan Tsvetaev de l'Université de Moscou. L'architecte néoclassique Roman Klein en dessina la structure à la façade grécisante ornée de colonnes de style ionique. Il ouvrit ses portes en 1912 sous le nom de Musée Alexandre III des Beaux-Arts et abritait surtout des moulages en plâtre. Ce n'est qu'à partir des années 20 que le musée commença à s'enrichir d'œuvres originales, notamment après la fermeture des musées nationaux, après la révolution de 1917, et le transfert de collections, dont celle de l'Ermitage. A partir de 1948, les œuvres des maîtres français provenant des collections Chtchoukine et Morozov sont également transférées au Musée Pouchkine sur ordre de Staline qui les considérait comme de l'art corrompu. En 1960 seulement, on recommence à les exposer.

Aujourd'hui, le musée compte environ 575 000 objets d'art, soit 50 fois plus qu'à son ouverture. Actif dans des projets artistiques divers dont l'importante exposition en 1981-1982 Paris-Moscou, Moscou-Paris qui remontrait pour la première fois les œuvres de l'avant-garde russe. Quelques années plus tard, sur un même concept, c'était le tour du Berlin-Moscou, avec des œuvres de la période totalitaire en Allemagne et en URSS. Il a été aussi le premier musée russe à exposer Chagall et Salvador Dali.

Dans la lignée des événements artistiques auxquels la Fondation Pierre Gianadda nous a habitués en 30 ans d'existence, ce choix de chefs-d'œuvre français du Musée Pouchkíne restera certainement dans les annales des différentes collaborations entre le centre culturel valaisan et les hauts lieux de l'art mondial.

Nicole KUNZ

Chefs-d'œuvre de la peinture française dans la collection du Musée d'Etat des Beaux-Arts Pouchkíne de Moscou, Fondation Pierre Gianadda à Martigny. Infos au 027 722 39 78 et www.gianadda.ch

Edgar Degas, La Répétition, vers 1875, pastel sur carton

Banque et Finance, septembre-octobre 2005.

---

[5] « Pour notre centième exposition… un demi-siècle plus tard », préface de Léonard Gianadda, *La peinture française. Musée Pouchkine. Moscou*, 2005.

Tout se passe bien. L'exposition est un succès. Mais la fin débouche sur un drame : « Une personne habitant en Suisse et qui avait une créance sur la Russie a demandé la saisie des œuvres exposées pour garantir ses prétentions. A la fin de l'exposition, un juge de Martigny a imposé le séquestre de toute l'exposition. Le séisme a été mondial ! Heureusement, tout a fini par s'arranger. Dans l'urgence, le Conseil fédéral, invoquant la raison d'Etat, a débloqué la situation en prenant une décision contraire à celle du juge. Tout est finalement rentré dans l'ordre, mais pour nous, cela a vraiment été un rude coup ! »[6]

Point de rancune du côté russe, mais plutôt des remerciements pour l'aide reçue dans la gestion de la crise, puisque, le 21 novembre 2006, par décret de Vladimir Poutine, Sergueï Lavrov, ministre des Affaires étrangères, remet la médaille de l'Ordre de l'Amitié à Léonard Gianadda.

Annette et Léonard dans la voiture du tsar Nicolas II, avec Irina Antonova, directrice du Musée Pouchkine de Moscou, et Nato Visentini, 17 juin 2005.

Enfin, seize ans après la présentation du *Décor du théâtre juif* de Moscou, le Musée Tretiakov revient à Martigny avec *Chagall, entre ciel et terre*, l'occasion de célébrer le 120e anniversaire de la naissance du peintre.

Sergueï Lavrov, 21 novembre 2006.

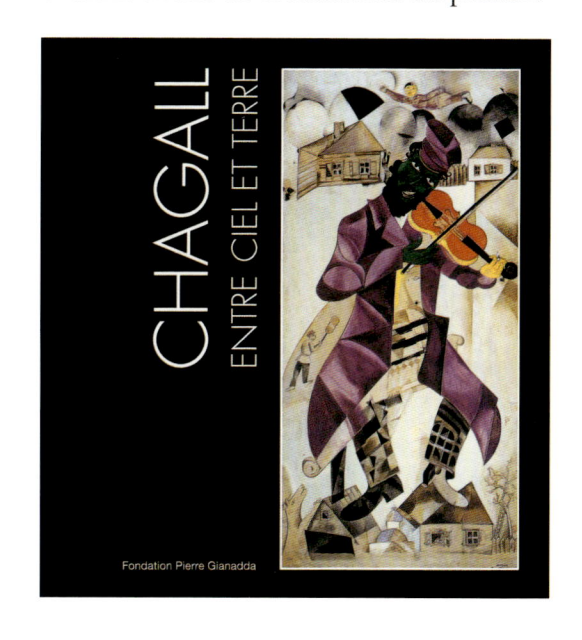

[6] Entretien *Léoguide*, 20 avril 2015.

A côté des événements organisés avec la participation des grandes institutions américaines et russes, d'autres expositions viennent marquer les années 2002-2007. Prise en charge par Daniel Marchesseau, qui n'en est désormais plus à son coup d'essai à la Fondation, l'exposition *Van Dongen* en 2002 a comme point de départ la *Femme au chapeau vert*, une œuvre appartenant à la collection en dépôt de Louis et Evelyn Franck : « La Fondation Gianadda nous donne un Van Dongen renouvelé. Ce n'est pas rien. »[7]

Avec l'exposition *Picasso. Sous le soleil de Mithra* en 2001, reprise ensuite par le Musée Picasso de Paris, et avec celle de *Berthe Morisot* en 2002, réalisée conjointement avec le Palais des Beaux-Arts de Lille, débute une nouvelle ère pour la Fondation Pierre Gianadda : celle du partenariat avec d'autres institutions. Cette collaboration permet d'alléger les finances et les démarches à entreprendre pour réunir toutes les œuvres nécessaires à une exposition, ce qui n'est pas négligeable pour Léonard Gianadda, après tant d'années de « chasse aux trésors » en franc-tireur avec ses commissaires.

Claudel et Rodin : la rencontre de deux destins, organisée en 2006, sera aussi le résultat d'un partenariat réussi avec plusieurs musées, soit, à côté de l'incontournable Musée Rodin, le Musée national des beaux-arts du Québec et le Detroit Institute of Arts.

Dédicace d'Anne Pingeot, conservatrice au Musée d'Orsay, *Livre d'or* de la Fondation, 24 février 2006.

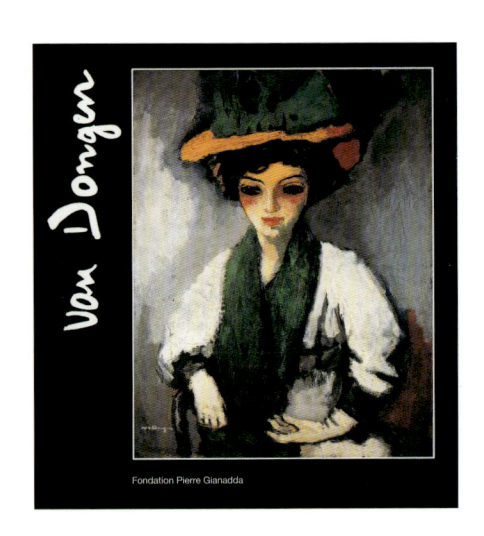

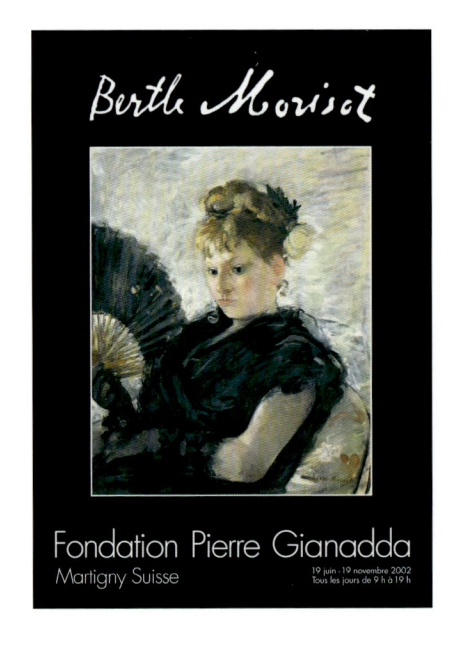

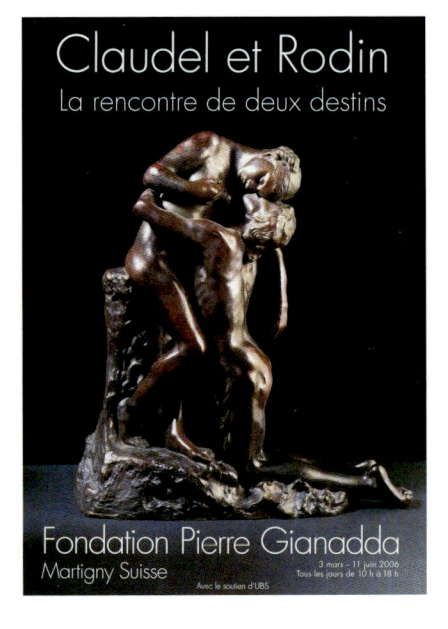

---

[7] *Le Figaro*, 1er février 2002.

La Pensée de Rodin sera exclusivement prêtée à Martigny. Anne Pingeot s'en explique : « C'est toujours embêtant de se séparer d'une œuvre qui fait partie du circuit principal d'Orsay. Nous avons accordé ce prêt à titre exceptionnel parce que l'exposition est intéressante, très sérieuse et parce que Léonard Gianadda est un grand mécène des musées français. »[8]

Pour continuer les réjouissances de son 25e anniversaire, inaugurées avec l'exposition *De Picasso à Barceló* pendant l'été 2003, la Fondation Pierre Gianadda accueille les visiteurs au cours de l'automne avec la rétrospective *Paul Signac*, une première en Suisse.

Cette exposition est pour partie le fruit du hasard. Cependant, l'élément clé demeure l'amitié, un facteur de réussite essentiel : « Depuis de nombreuses années, nous avions programmé une exposition *Alberto Giacometti* pour l'été 2003. En novembre de l'année dernière, j'appris brutalement que ce projet devait être reporté, pour diverses raisons. Complètement désemparé, je téléphonai à Françoise Cachin [directrice des Musées de France et petite-fille de Paul Signac] pour lui demander si elle acceptait d'organiser l'exposition Signac… Quelques mois seulement pour la mise sur pied d'une telle manifestation est un délai bien court, trop court, et la proximité de la grande exposition de Paris ne simplifiait pas les choses. Aussi demanda-t-elle quelques jours de réflexion. Pourtant, le lendemain déjà, consciente du désarroi dans lequel je me trouvais, elle m'appelait pour me confirmer son accord. »[9]

Jean Fautrier vient boucler l'année 2004. L'artiste est peu connu du grand public, mais l'exposition s'avérera être un point fort vis-à-vis des institutions prêteuses : « La qualité de son œuvre, subtile, délicate, sensible autant que puissante et parfois dramatique, fait que ce sont des expositions comme celle-ci qui donnent sa crédibilité à notre Fondation. »[10]

---

[8] « Entretien avec Anne Pingeot », *Nouvelliste*, 3 novembre 2006.

[9] « Un quart de siècle plus tard », préface de Léonard Gianadda, *Paul Signac*, 2003.

[10] « Pour le 40e anniversaire de la disparition de Jean Fautrier », préface de Léonard Gianadda, *Jean Fautrier*, 2004.

La religion de la couleur

Rétrospective Signac à la Fondation Pierre-Gianadda

■ PAUL SIGNAC, jusqu'au 23 novembre, Fondation Pierre-Gianadda, Martigny, Suisse, tél. +41 27 722 31 13, tlj 9h-17h, www.gianadda.ch. Catalogue, 290 p., 31,50 euros.

Après la rétrospective "Paul Signac" au Grand Palais, à Paris, en 2001, l'exposition de la Fondation Gianadda à Martigny, en Suisse, permet de redécouvrir des œuvres du peintre conservées dans les collections privées du pays. Le parcours chronologique suit l'évolution de l'artiste, de ses débuts timides dans un style impressionniste, aux environs de Paris, jusqu'à ses dernières visions du sud de la France.

MARTIGNY. Dans la lignée des expositions proposées par la Fondation Pierre-Gianadda, à Martigny, "Paul Signac" nous livre un ensemble d'œuvres issues de collections privées suisses, peu connues et rarement accessibles au public, augmenté de quelques chefs-d'œuvre prêtés par des musées internationaux. Françoise Cachin, petite-fille de l'artiste et ancienne directrice des Musées de France, et Marina Ferretti-Bocquillon, avec laquelle elle a rédigé le catalogue raisonné du peintre, en sont les commissaires.

Si le parcours chronologique permet d'aborder plus aisément l'œuvre du peintre, l'accrochage manque de repères : les influences de Monet, Pissarro et Van Gogh ou le travail commun avec Seurat ne bénéficient pas d'une mise en exergue particulière. Belle illustration de l'enfermement bourgeois de la fin du XIXe siècle, *Un dimanche* (1890) semble noyé au milieu des nombreuses marines et autres vues de berges qui l'entourent. Découragente et indigeste, une enfilade de treize panneaux retrace la biographie de l'artiste dans le couloir annexe, alors que les cartels collés au ras du sol requièrent de la part des visiteurs quelques acrobaties désagréables. Un bel ensemble d'aquarelles et de fusains sur papier vient néanmoins ponctuer avec légèreté les explorations du peintre, une alternative bienvenue à ses extravagances tropéziennes qui témoignent de sa passion pour la couleur.

Une passion inaltérable

Avant de trouver sa voie avec Georges Seurat (1859-1891) et le divisionnisme, Paul Signac (1863-1935) est un jeune peintre fasciné par l'impressionnisme. Influencé par Claude Monet, il a pour compagnons de route Armand Guillaumin et Camille Pissarro. La rencontre avec Seurat en 1884 est déterminante pour l'artiste qui ne cessera jamais de théoriser sur la couleur.

Un après la mort de ce dernier, Signac s'installe en 1892 à Saint-Tropez. Sa grande connaissance scientifique lui permet alors d'exprimer des sensations colorées sans retenue. Il voyage, continue d'explorer les musées, découvre William Turner à Londres et s'enthousiasme pour les fauves. Il adopte l'aquarelle à partir de 1910 et travaille son sujet de prédilection : les bateaux, deuxième passion. Dès 1895, nombre de ses toiles illustrent les ports européens : Venise, Constantinople, Rotterdam, Marseille, Gênes et, bien entendu, Saint-Tropez. En introduction à la réédition de l'essai théorique de Signac publié à l'origine en 1899, Françoise Cachin analyse parfaitement l'aura de l'artiste : la lecture du traité *"n'a converti définitivement aucun grand peintre. Mais il a pu par sa religion de la couleur jouer un rôle auprès des fauves ; par son ascétisme auprès des cubistes ; par son effort d'analyse rationnelle auprès de Matisse ; par sa volonté de style, son détachement de la nature et son obsession de la peinture pure et de la couleur auprès de Delaunay, Klee, Kandinsky, pères de l'abstraction."* (1)

Maureen Marozeau

(1) in Paul Signac, d'Eugène Delacroix au néo-impressionnisme, 1899, éd. de 1978, Hermann, Paris.

Le Journal des Arts, 12-25 septembre 2003.

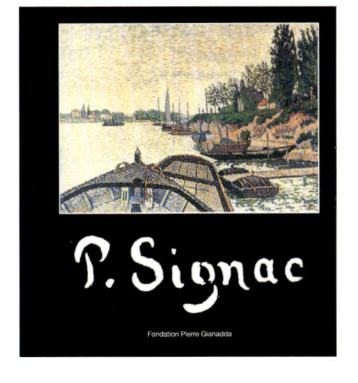

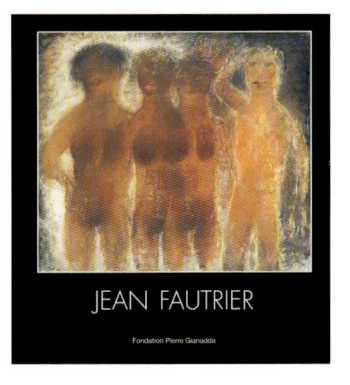

La Suisse à l'honneur

Les collaborations avec des artistes et des institutions suisses se multiplient durant la période 2001-2007, car décidément, « la Fondation Pierre Gianadda ne se borne pas à exposer les grands noms de la peinture ou de la sculpture ancienne et moderne. L'art suisse s'est illustré à maintes reprises dans son enceinte et c'est heureux. »[11]

La première en date, en hiver 2001, est celle liée à l'exposition *Marius Borgeaud*. Léonard Gianadda est alors approché par Jean-Claude Givel, président de l'Association des amis de Marius Borgeaud, et Jacques Dominique Rouiller, historien d'art[12].

L'année suivante, il met sur pied, aidé par son vieil ami Michel Thévoz[13], ancien directeur de la Collection de l'Art Brut à Lausanne, une rétrospective *Jean Lecoultre*. *Albert Anker* prend la relève à la fin de l'année 2003, pour le plus grand plaisir du public romand, puisque aucune exposition n'avait encore été organisée en Suisse romande : « En 1991, à l'occasion du 700e anniversaire de la Confédération suisse, nous avions mis sur pied une exposition *Hodler, peintre de l'histoire suisse*. Un vrai défi, un pari difficile, un gouffre financier, mais que je n'hésiterais pas à reconduire aujourd'hui. Pour ce jubilé, c'était ma façon de témoigner ma reconnaissance à ce pays qui a accueilli ma famille voici trois générations seulement. Dans la continuité, cette exposition *Anker* devrait permettre de déposer une pierre dans le *Röstigraben*, de lancer une passerelle – je suis aussi ingénieur – entre la Suisse allemande et la Suisse française, ces régions dont la richesse et la complémentarité ne sont pas suffisamment perçues, cultivées, appréciées. »[14]

Cette manifestation permet également à Léonard Gianadda de rencontrer Matthias Frehner, futur directeur du Kunstmuseum de Berne, avec qui il aura l'opportunité de développer par la suite quatre expositions, dont *Félix Vallotton. Les couchers de soleil* en 2005.

En 2006 et 2007, ce sont *Edouard Vallet* et *Albert Chavaz* qui occupent les cimaises de la Fondation. Jacques Dominique Rouiller endosse la casquette du commissaire comme il l'avait fait pour *Marius Borgeaud* en 2001.

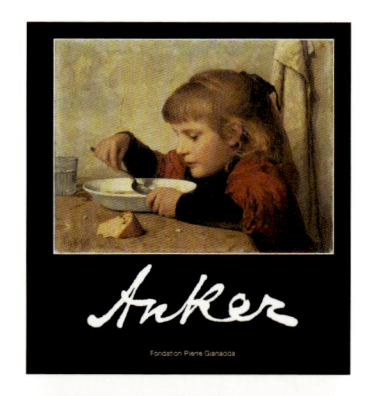

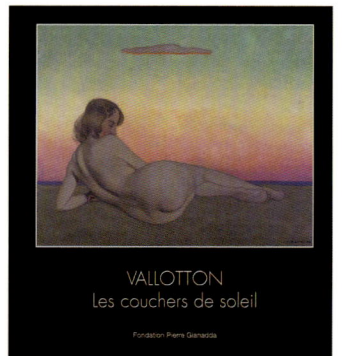

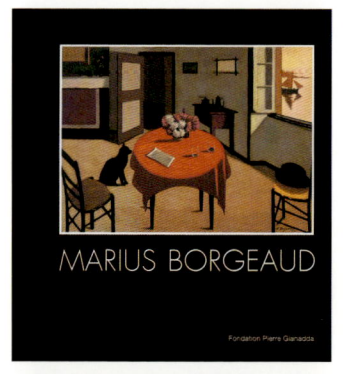

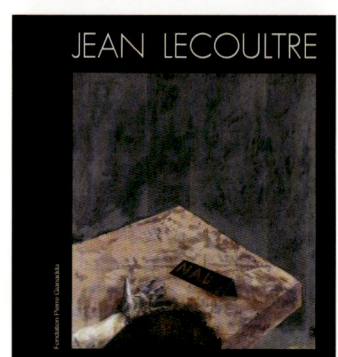

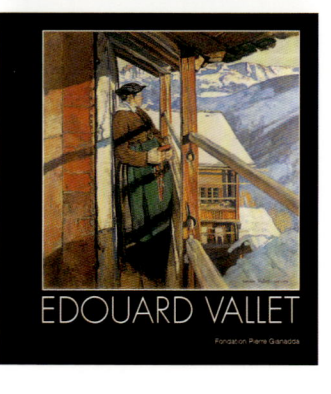

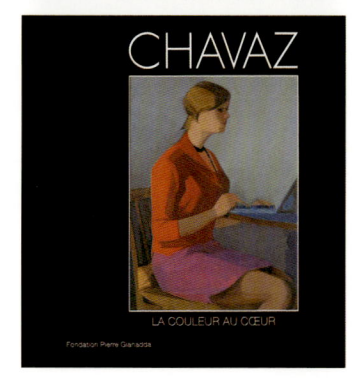

---

[11] « Vallet en son pays », préface de Léonard Gianadda, *Edouard Vallet*, 2006.

[12] Le 15 mai 2002, Léonard est nommé membre d'honneur de l'Association des amis de Marius Borgeaud à Lausanne.

[13] Michel Thévoz et Léonard se sont connus à Lausanne durant leurs études universitaires. Ils fréquentaient la même pension.

[14] « Pour la première fois en Suisse romande », préface de Léonard Gianadda, *Albert Anker*, 2003.

Léonard Gianadda – ein grosser Mäzen / un grand mécène
par Matthias Frehner, directeur du Kunstmuseum de Berne

Es ist einfach unglaublich: Léonard Gianadda, unser jugendlicher, unentwegt aktiver Freund, wird am 23. August 2015 80 Jahre alt! Alle, die mit ihm arbeiten oder eng verbunden sind und ihm deshalb regelmässig begegnen, nehmen über Jahre und Jahrzehnte hinweg keine Veränderungen an diesem so aussergewöhnlichen Menschen wahr. Nie, nie ist ihm irgendetwas zu viel. Stets engagiert er sich ungemein spontan und tatkräftig für „seine" Stiftung in Martigny sowie für all die anderen Institutionen in Frankreich, Italien und Russland, in deren Führungsgremien er einsitzt, und natürlich für uns, seine Freunde, sowie ganz generell für Menschen in materieller und sozialer Not. Nichts entgeht seiner Aufmerksamkeit und Liebenswürdigkeit. Wie oft hat er mich am Bahnhof Martigny schon überrascht, wenn er trotz Hochbetrieb vor einer Vernissage oder einem Konzert persönlich da war, um mich auf dem Perron in Empfang zu nehmen. – Unermüdlich im Einsatz, so kennen wir ihn alle: immer für andere da. Dazu gehört auch sein immer gleiches Outfit. Jahrein jahraus trägt er dieselbe praktische Arbeitskleidung: verwaschene Bluejeans, schwarzes Hemd, zerbeulte Lederjacke. Für seine Crew ist er am Morgen der Erste und am Abend der Letzte. Er kümmert sich buchstäblich um alles. Erst wenn die letzten Verkaufs- und Eintrittszahlen in seiner auseinanderfaltbaren Statistik nachgetragen sind, die er immer bei sich hat, beginnt für ihn meist sehr spät der Feierabend. Doch auch dann, im Auto, im Zug, beim Essen mit Freunden, zückt er, wie wir alle wissen, plötzlich sein Diktiergerät aus der Jackentasche und notiert sich eine Frage, die er am Folgetrag geklärt haben will, oder er erteilt Mitarbeitern Aufträge und hält Ideen fest, die sich aus dem Gespräch ergeben. Genauso ist sein Umgang mit dem Natel; rund um die Uhr und den Globus kommuniziert er mit seinen Freunden und Partnern. – Als ich bei einem gemeinsamen Abendessen im Herbst 2012 im Gespräch über den wunderschönen Skulpturen-Park in Martigny erwähnte, ich würde gerne eine Ausstellung über Germaine Richier machen, nahm Léonard Gianadda sein Natel zur Hand und rief

C'est tout simplement incroyable : Léonard Gianadda, notre jeune ami, toujours en mouvement, aura 80 ans le 23 août 2015 ! Tous ceux qui travaillent avec lui ou lui sont proches ne remarquent aucun changement en cet homme exceptionnel. Rien n'est de trop pour lui. Il s'engage toujours avec une spontanéité et une énergie extrêmes pour sa fondation de Martigny et pour toutes les autres institutions de France, d'Italie et de Russie où il siège aux comités directeurs, tout comme il s'engage naturellement pour nous, ses amis, ainsi qu'en général pour ceux qui sont dans le besoin matériel et social. Rien n'échappe à son attention et à sa bienveillance. Combien de fois m'a-t-il fait la surprise de m'accueillir en personne sur le quai de la gare de Martigny, alors qu'il était en pleine préparation d'un vernissage ou d'un concert ! Infatigable dans l'engagement, c'est ainsi que nous le connaissons tous : toujours là pour les autres. A cela s'ajoute sa tenue immuable. Année après année, il porte toujours la même tenue pratique, jean délavé, chemise noire, veste de cuir. Pour son équipe, il est le premier le matin et le dernier le soir. Il se préoccupe littéralement de tout. C'est seulement lorsqu'il a enregistré les derniers chiffres de vente et d'entrées que s'achève sa journée de travail, la plupart du temps fort tard. Mais là encore, en voiture, dans le train, en dînant avec des amis, il sort soudain son dictaphone de sa poche – comme nous l'avons tous vu faire – et note une question à résoudre le lendemain, des instructions pour des collaborateurs, ou des idées que lui inspire la conversation en cours. C'est la même chose avec son téléphone portable ; à toute heure du jour et de la nuit, il communique avec ses amis et partenaires dans le monde entier. – A l'automne 2012 au cours d'un dîner, alors que nous parlions du magnifique parc de sculptures de Martigny, j'ai dit que j'aimerais organiser une exposition sur Germaine Richier, Léonard Gianadda a alors pris son portable et appelé notre ami commun Jean-Louis Prat. Celui-ci avait fait une rétrospective sur Richier et connaissait sa nièce. Jean-Louis Prat m'offrit spontanément son soutien – il était déjà dix heures et demie du soir – et me mit aussitôt en relation

unseren gemeinsamen Freund Jean-Louis Prat an. Dieser hatte früher eine Retrospektive über Richier gemacht und kannte deren Nichte. Jean-Louis Prat sagte mir – es war bereits halb elf Uhr – spontan seine Unterstützung zu. Anschliessend wurde ich mit der Nichte verbunden. Am selben Abend war die Richier-Ausstellung in Bern beschlossen, ein Jahr später wurde sie eröffnet.

So aktiv ist Léonard seit dem 19. November 1978, als er die zum Andenken an seinen Bruder Pierre ins Leben gerufene Stiftung eröffnet hatte, für die Kunst. Der Einsatz für andere, der seinem jüngeren Bruder Pierre das Leben gekostet hatte, als er nach einem Flugzeugabsturz seine Freunde aus dem Wrack retten wollte, ist sein grosses Lebensvorbild. Der Einsatz für die Kunst strahlt nach aussen. Ebenso wichtig ist ihm jedoch das soziale Engagement, das er ohne jedes Aufheben über die 2009 gegründete „Fondation Annette & Léonard Gianadda" betreibt – so gegenwärtig die Unterbringung von fünf syrischen Flüchtlingsfamilien für fünf Jahre in einem soeben fertiggestellten Apartmenthaus.

Léonard 80? – einfach unmöglich! Und weil es trotzdem stimmt, müssen wir unsere Vorstellungen korrigieren. Es ist nicht unmöglich, sondern einzigartig. Ich kenne nur eine Person, die sich mit Léonard Gianadda vergleichen liesse – nämlich Eberhard W. Kornfeld in Bern, der, einige Jahre älter, gleichzeitig sein 70-Jahr-Jubiläum als Kunsthändler und Auktionator feiern kann. Wir, seine Freunde, und das Publikum, das von seinen Ausstellungen beglückt wird – wir alle danken ihm und wünschen ihm ungebrochene Schaffenskraft für die nächsten Dezennien. Was ich mir weiter wünsche ist, dass sein mäzenatisches Vorbild Schule macht. Eine grosszügige Schenkung zu machen ist keine Kunst. Man übergibt der Öffentlichkeit ein Kunstwerk oder gar eine ganze Sammlung samt einem Gebäude. Die momentane Strahlkraft des Geschenkes ist dann jeweils so gross, dass niemand über die Folgekosten zu sprechen wagt. Oft übersteigen diese den Wert des Geschenkes bereits nach wenigen Jahren. Stifterunsterblichkeit auf Kosten der Beschenkten – leider kommt das häufig vor. Léonard Gianadda ist dagegen das leuchtende Beispiel

avec la nièce. L'exposition *Richier* de Berne fut décidée le soir même et eut lieu l'année suivante.

Léonard déploie toute cette activité depuis le 19 novembre 1978, quand il inaugura la fondation pour l'art créée en mémoire de son frère Pierre. L'engagement pour les autres, qui a coûté la vie à son frère cadet lorsque, après un accident d'avion, il a voulu sortir ses amis de l'épave en feu, est pour lui un modèle de vie. Son engagement pour l'art est rayonnant, mais il accorde la même importance à l'engagement social qu'il pratique en toute simplicité grâce à la « Fondation Annette & Léonard Gianadda » fondée en 2009 – ou encore en hébergeant pour cinq ans cinq familles de réfugiés syriens dans cinq de ses immeubles.

Léonard, 80 ans ? C'est tout bonnement impossible ! Et comme c'est tout de même vrai, nous sommes bien obligés de rectifier notre point de vue. Ce n'est pas impossible, c'est unique. Je ne connais qu'une personne qui supporte la comparaison avec Léonard Gianadda : Eberhard W. Kornfeld, de Berne. Plus âgé de quelques années, celui-ci célèbre en même temps le 70ᵉ anniversaire de son activité de marchand d'art et de commissaire-priseur.

Nous, ses amis, et le public gâté par ses expositions, nous le remercions tous et lui souhaitons une créativité intacte pour les prochaines décennies. Pour ma part, je souhaite que son mécénat fasse école. Faire un don généreux n'a rien de difficile. On remet au public une œuvre d'art, ou même toute une collection et un lieu où l'abriter. Le rayonnement momentané du cadeau est chaque fois si grand que personne n'ose parler des frais de fonctionnement qu'il va entraîner. Ils en dépassent souvent la valeur après quelques années seulement. Le donateur passe à la postérité aux frais des bénéficiaires – c'est malheureusement fréquent. Contrairement à cela, Léonard Gianadda est l'exemple éclatant d'un mécène responsable. Il a doté ses fondations de capitaux assez importants pour qu'elles puissent encore à l'avenir remplir leurs missions avec leurs propres ressources. Et son exemple montre également qu'en tant que mécène et public, on ne peut apprécier l'art que si l'on n'ignore pas les problèmes sociaux de son époque. Jouir de l'art dans une tour d'ivoire est impensable pour Léonard

eines verantwortungsvollen Mäzens. Seine Stiftungen hat er mit grossen Kapitalien ausgestattet, sodass diese auch in Zukunft ihre Aufträge aus eigener Kraft erfüllen können. Und sein Beispiel zeigt auch, dass man sich als Mäzen und Kunstpublikum erst an der Kunst erfreuen kann, wenn man die sozialen Probleme seiner Zeit nicht ignoriert. Kunstgenuss im Elfenbeinturm ist für Léonard Gianadda undenkbar. Er wird deshalb unbestritten als einer der grossen Mäzene unserer Zeit gefeiert.

Léonard und seiner unvergesslichen Gattin Anette verdanke ich viele persönliche Begegnungen, die mir sehr kostbar sind. Die erste datiert vom April 2002. Ich war gerade zum Direktor des Berner Kunstmuseums gewählt worden, hatte meine neue Stelle jedoch noch nicht angetreten. Mit einer Ausstellung über Albert Anker wollte ich als erstes mein Bekenntnis zur Berner Sammlung zum Ausdruck bringen und auch die negative Rechnung korrigieren. Doch musste ich von meinen neuen Mitarbeitern vernehmen, dass das Thema bereits vergeben sei, denn die Fondation Pierre Gianadda plane gerade eine Ausstellung über diesen Künstler. Schweren Herzens rief in Martigny an und wurde sogleich mit Léonard Gianadda verbunden. Er sei demnächst zum Zürcher Sechseläuten eingeladen, ich solle doch am Montagmorgen ins Hotel Storchen zum Frühstück kommen, wir könnten dann alles regeln. Ich machte mich auf eine schwierige Begegnung gefasst, denn wie sollte ich ihm klar machen, dass ich vor ihm eine Anker-Ausstellung realisieren wollte? – Frau Gianadda bestellte sogleich ein Frühstück für mich und erkundigte sich, ob ich auch Kinder hätte. Das Gespräch mit den beiden war von Anfang an sehr persönlich. Nach fünf Minuten bot mir Léonard Gianadda an, die Ausstellung doch gemeinsam zu machen: zuerst in Bern dann in Martigny. Als ich vor Freude vorerst nichts sagen konnte, nahm er sein Diktiergerät, das neben dem Teller lag, zur Hand, und ich hörte ihn sagen: „Informer les collectioneurs déja contactés qu'on va faire l'exposition Anker ensemble avec Berne." Das war der Beginn einer wunderbaren Freundschaft und einer einmaligen Langzeitpartnerschaft zwischen zwei

Gianadda. C'est ce qui fait indiscutablement de lui l'un des grands mécènes de notre temps.

Je dois à Léonard et à son inoubliable épouse Annette nombre de rencontres personnelles qui me sont chères. La première date d'avril 2002. Je venais d'être nommé directeur du Kunstmuseum de Berne, mais n'avais pas encore rejoint mon poste. Je voulais tout d'abord exprimer mon intérêt pour la collection bernoise par une rétrospective sur Albert Anker. Or, mes collaborateurs m'ont appris que ce thème était déjà pris, la Fondation Pierre Gianadda prévoyait précisément une exposition sur cet artiste. Le cœur lourd, j'ai téléphoné à Martigny où on m'a tout de suite mis en communication avec Léonard Gianadda. Il me dit qu'il était invité à la fête de Sechseläuten à Zurich, je n'avais qu'à venir le lendemain prendre le petit déjeuner à l'Hôtel Storchen, nous pourrions tout régler. Je me préparai à une entrevue difficile. Comment lui faire admettre que je devais réaliser une exposition Anker avant lui ? Madame Gianadda commanda tout de suite un petit déjeuner pour moi et me demanda si j'avais aussi des enfants. La conversation fut d'abord très personnelle, et au bout de cinq minutes, Léonard Gianadda me proposa d'organiser conjointement l'exposition, d'abord à Berne puis à Martigny. Tandis que je restais muet de contentement, il prit le dictaphone posé à côté de son assiette, et je l'entendis dire : « Informer les collectionneurs déjà contactés qu'on va faire l'exposition Anker ensemble avec Berne. » Ce fut le début d'une merveilleuse amitié et d'une extraordinaire collaboration entre deux institutions culturelles de Suisse alémanique et de Suisse romande. La Fondation Pierre Gianadda et le Kunstmuseum Bern ont ainsi véritablement jeté un pont au-dessus du « Röstigraben ». Nous avons déjà réalisé ensemble quatre grandes expositions : en 2003 *Anker et Paris*, en 2004 *Félix Vallotton. Les couchers de soleil*, en 2011 *Ernest Biéler. Réalité rêvée* et en 2014 *Anker, Hodler, Vallotton. Chefs-d'œuvre de la Fondation pour l'art, la culture et l'histoire*. Toutes ont été de grands succès pour nos deux institutions.

Par ailleurs, le caractère exceptionnel du lieu fait de la Fondation Pierre Gianadda l'une des plus importantes institutions culturelles au cœur de l'Europe. Le parc de

Kulturinstitutionen in der Deutschschweiz und der Romandie. Es ist der Fondation Pierre Gianadda und dem Kunstmuseum Bern damit wirklich gelungen, eine Brücke über den „Röstigraben" zu schlagen. Bereits vier grosse Ausstellung konnten wir gemeinsam realisieren: 2003 „Anker und Paris", 2004 „Félix Vallotton. Die Sonnenuntergänge", 2011 Ernést Biéler. Geträumte Wirklichkeit" und 2014 „Anker, Hodler, Vallotton. Chefs-d'œuvre de la Fondation pour l'art, la culture et l'histoire". Alle diese Ausstellungen waren für beide Häuser ein grosser Erfolg.

Des Weiteren liegt es an der Einmaligkeit des Ortes, der die Fondation Pierre Gianadda zu einem der wichtigsten Kunstinstitutionen im Herzen Europas macht. Dazu trägt ganz wesentlich der in der Schweiz einzigartige Skulpturenpark der Stiftung bei, der sich mit Grossplastiken auf den Inseln der Verkehrskreisel über die ganze Stadt ausdehnt. Diese Skulpturen im Stadtraum sowie auch die Glasgemälde von Hans Erni in der protestantischen Kirche und die von Père Kim En Joong in der Kapelle Notre-Dame de Compassion de La Bâtiaz schaffen eine für alle einsehbare reale Symbiose von Kunst und Alltagsleben. Die Fondation Gianadda ist kein abgehobener Tempel mit hohen Schwellen und schweren Türen, sondern ein Ort, wo Kunst auf höchstem Niveau so gezeigt wird, dass sie ihre gesellschaftliche und utopische Wirkung effektiv entfalten kann. Die Fondation Pierre Gianadda ist das Lebenswerk von Léonard Gianadda – ich wünsche ihm viel Energie und Freude, dass er diese Aufgabe noch lange weiterentwickeln kann.

Berne, 22 juin 2015

sculptures de la Fondation, qui s'étend à travers toute la ville avec des œuvres monumentales au centre des ronds-points, y contribue de manière tout à fait décisive. Ces sculptures dans l'espace urbain, de même que les vitraux de Hans Erni dans l'église protestante et ceux du Père Kim En Joong dans la chapelle Notre-Dame de Compassion de La Bâtiaz créent une véritable symbiose de l'art et de la vie quotidienne que chacun peut percevoir. La Fondation Gianadda n'est pas un temple coupé du monde avec de hauts seuils et de lourdes portes, c'est un lieu où l'art au plus haut niveau est montré de telle sorte qu'il puisse déployer pleinement son effet social et utopique. Léonard Gianadda a fait de la Fondation Pierre Gianadda l'œuvre de sa vie – je lui souhaite de poursuivre encore longtemps sa mission, avec beaucoup d'énergie et de joie.

Dora Bösiger, Bruno Stefanini, Matthias Frehner et Léonard, Berne, 6 mars 2014.

M. F.

Les expositions, 2001-2007

Années	Dates	Expositions	Commissaires	Visiteurs
2001	29.6-4.11	Picasso. Sous le soleil de Mithra	Jean Clair	149 719
	11.5-28.10	Au fil du temps (Vieil Arsenal)	Jean-Henry Papilloud	
	29.6-28.10	Picasso, par David Douglas Duncan (Vieil Arsenal)		
	16.11-20.01.02	Marius Borgeaud	J. Dominique Rouiller	19 800
2002	25.1-9.6	Kees Van Dongen	Daniel Marchesseau	91 498
	20.3-20.10	Léonard de Vinci. L'inventeur (Vieil Arsenal)	Otto Letze	
	19.6-19.11	Berthe Morisot	Hugues Wilhelm, Sylvie Patry	211 348
	28.11-26.1.03	Jean Lecoultre	Michel Thévoz	14 124
2003	31.1-9.6	De Picasso à Barceló. Les artistes espagnols	Maria A. de Castro	66 888
	18.6-23.11	Paul Signac	Françoise Cachin, Marina Ferretti-Bocquillon	155 959
	18.12-23.5.04	Albert Anker	Therese B.-Stettler	132 067
2004	27.5-27.9	Chefs-d'œuvre de la Phillips Collection, Washington	Jay Gates	298 455
	27.5-12.12	Luigi le berger, par Marcel Imsand	Jean-Henry Papilloud	
	5.10-12.12	Trésors du monastère Sainte-Catherine, Sinaï	Helen C. Evans	60 279
	17.12-13.3.05	Jean Fautrier	Daniel Marchesseau	22 803
2005	18.3-12.6	Félix Vallotton. Les couchers de soleil	Rudolf Koella	44 645
	17.6-13.11	La peinture française	Irina Antonova	207 243
	18.11-19.2.06	Henri Cartier-Bresson	Daniel Marchesseau	34 722
2006	3.3-11.6	Claudel et Rodin	Antoinette Le Normand-Romain, Yves Lacasse	128 215
	23.6-12.11	The Metropolitan Museum of Art, New York. Chefs-d'œuvre de la peinture européenne	Katharine Baetjer	176 096
	17.11-4.3.07	Edouard Vallet. L'art d'un regard	J. Dominique Rouiller	45 906
2007	9.3-17.6	Picasso et le cirque	Maria T. Ocaña, Dominique Dupuis-Labbé	64 719
	6.7-19.11	Chagall, entre ciel et terre	Ekaterina L. Selezneva	196 640
	6.12-9.3.08	Albert Chavaz. La couleur au cœur	J. Dominique Rouiller	37 107

Les collections de la Fondation

En été 2002, une exposition originale tient le haut de l'affiche au Vieil Arsenal de la Fondation, *Léonard de Vinci – L'inventeur*, réalisée par l'Institut d'échanges culturels de Tübingen. Lorsque Léonard la découvre au Musée national à Zurich, il est immédiatement séduit. Il propose à l'Institut de racheter l'exposition pour que celle-ci puisse demeurer de manière permanente à Martigny. C'est ainsi que de nombreuses maquettes (ponts, machines à but militaire, prémices de la bicyclette et du parachute, etc.) de projets imaginés par Léonard de Vinci sont présentées au public, aux côtés d'une centaine de fac-similés de dessins et croquis originaux de ses études : « Aujourd'hui, un de mes rêves d'enfance les plus fous devient réalité. Tout gosse déjà, j'entendais parler de Léonard de Vinci pratiquement chaque fois qu'un adulte me demandait mon prénom. Au fil du temps, ce personnage mythique, barbu, m'était devenu familier. Plus tard, tout ce qui se rapportait à lui éveillait ma curiosité, ses écrits notamment, et, cela va sans dire, les reproductions de ses œuvres. Comme tout le monde, j'étais fasciné par le sourire de *La Joconde* et par le mystère qui émane de *La Cène*. Et voici que maintenant la présence de Léonard se matérialise à Martigny, devient palpable en quelque sorte, et j'en suis fier. »[15]

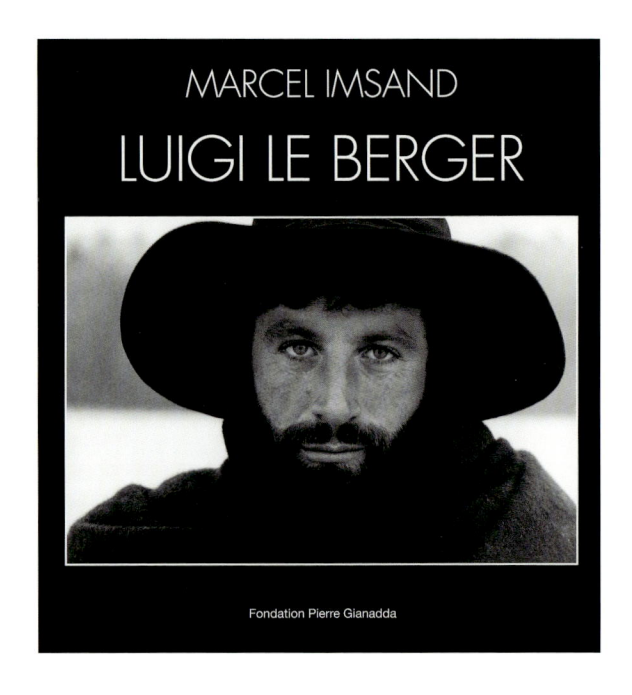

D'autres collections viennent enrichir les fonds de la Fondation. Ainsi, en signe d'amitié et de reconnaissance, le photographe Marcel Imsand, à l'affiche de la Fondation en 1985, 1996, 2004, 2011 et 2012, fait don à Léonard et Annette Gianadda de plusieurs séries photographiques originales : *Luigi le berger* en 2003, *Maurice Béjart* en 2009, *Les Sculptures d'Alberto Giacometti* ainsi que toutes les photos prises à la Fondation en 2011, enfin, une série de paysages et de portraits en hommage à Annette en 2012.

---

[15] « Léonard à Martigny », préface de Léonard Gianadda, *Léonard de Vinci*, 2002.

En 2003, le mécène et collectionneur Georges Kostelitz, avec qui Léonard entretient une relation privilégiée, fait également un don majeur à la Fondation, à l'occasion de son 25ᵉ anniversaire : *La Cour Chagall*, une grande mosaïque colorée entourant un petit bassin qui sera reconstituée à l'identique dans le parc.

La famille Szafran va à son tour faire un geste extraordinaire. Au retour de l'enterrement d'Henri Cartier-Bresson, en août 2004, Sam Szafran prend une décision importante : confier sa collection de photographies d'Henri, son élève en dessin et grand ami, à la Fondation Pierre Gianadda. Deux cent vingt-cinq tirages, la plupart dédicacés, rejoignent les collections de la Fondation. Une exposition de cet ensemble prestigieux suivra en 2005, et les portraits d'artistes (Matisse, Bonnard, Szafran…) seront régulièrement mis en valeur pour compléter les expositions principales.

La Cour Chagall dans le parc de la Fondation.

Lettre d'Henri Cartier-Bresson à Sam Szafran, 1992.

La Fondation face à l'avenir

LÉONARD GIANADDA FAIT LE POINT.

■ La Fondation Pierre Gianadda a été inaugurée en 1978. Elle porte le nom de Pierre, frère de Léonard, mort dans un accident d'avion alors qu'il voulait porter secours à ses camarades. C'est à cette époque qu'a lieu la découverte à Martigny d'un temple gallo-romain sur un terrain appartenant à Léonard Gianadda. La Fondation naît de ce double devoir de mémoire.

La venue de cinquante peintures françaises du Musée d'Etat des Beaux-Arts Pouchkine de Moscou marque la 100e exposition organisée en ces murs.

Pendant vingt-sept ans se sont développés le Musée de l'automobile, le Parc de sculptures (avec la récente donation de la Cour Chagall) ou le trottoir aux signatures, souvenirs des artistes qui ont fréquenté ces lieux. Mais la Fondation renferme aussi des vestiges archéologiques.

Sur le niveau d'accueil, des vitrines courent autour de la galerie, consacrées à la période romaine de Martigny. En 2005, ce musée d'archéologie, dépendant des Musées du canton du Valais, a été entièrement repensé. La muséographie a été revue par les Musées cantonaux en collaboration avec la Fondation: éclairages, disposition des objets, parcours didactique, tout a été remis à jour. Un ouvrage écrit par François Wiblé, archéologue cantonal, viendra bientôt clore le chapitre pour Léonard Gianadda. Mais d'autres chantiers sont en cours, comme le Musée des chiens du Grand-Saint-Bernard, en collaboration avec d'autres institutions.

Cet été, Léonard Gianadda fête ses 70 ans et il annonce une année riche en événements. Cecilia Bartoli viendra le 25 août tout exprès pour son anniversaire. Une grande céramique de quelque 35 m² réalisée par Sam Szafran prendra place sur l'enceinte de la Fondation. Sa création a été filmée par Martine Franck, épouse d'Henri Cartier-Bresson. Rappelons aussi que la Fondation abrite la Collection Louis et Evelyn Franck, les parents de Martine.

En plus de vingt-cinq ans, Léonard Gianadda a créé un fort réseau d'artistes, de prêteurs, de collectionneurs ou de directeurs de musées, avec des liens tout particulier avec la France. Déjà administrateur du Musée Rodin à Paris et du Musée Toulouse-Lautrec à Albi, il est depuis cette année le seul étranger à siéger à la commission des acquisitions du Musée d'Orsay à Paris qui vient d'acheter une version du «Bûcheron» de Ferdinand Hodler, peintre suisse du XIXe siècle. Elu membre de l'Académie des Beaux-Arts en 2002, Léonard siège sous la Coupole. Il estime aujourd'hui que cet honneur lui a donné «un autre poids dans les négociations avec les musées, notamment le Musée Pouchkine cette année et le Metropolitan de New York pour l'été 2006».

N'empêche que le souci des destinées de la Fondation Pierre Gianadda n'est jamais absent. Un Conseil de fondation a été constitué avec la famille de Pierre, les mécènes, les autorités politiques et la commission artistique dont des directeurs d'importants musées. Le Parc de sculptures, la saison musicale «sont en place, mais les expositions sont un problème». Pour Léonard Gianadda, nous vivons «la fin d'une époque»: les expositions de prestige se multiplient, les prix des assurances et des transports ont explosé et le monde de Léonard change: «Jean-Louis Prat, directeur de la Fondation Maeght à Saint-Paul de Vence arrête après trente-cinq ans d'activité. Mon réseau vieillit avec moi.» Pourtant en 2005, Léonard Gianadda a fait don d'un important immeuble locatif à la Fondation, une manière concrète d'en assurer la pérennité.

Véronique Ribordy

Nouvelliste, supplément été 2007.

Le Musée et Chiens du Saint-Bernard

Deux inaugurations majeures doivent encore être relatées. Il ne s'agit pas de collections artistiques au sens propre du terme, mais d'un apport important pour la vie et le parcours culturels de la ville de Martigny. Le 21 juin 2006, après dix-sept ans de démarches ardues, est inauguré le Musée et Chiens du Saint-Bernard, conçu et réalisé par Léonard Gianadda et installé dans le deuxième arsenal restauré de la Ville de Martigny.

Nouvelliste, 19 juin 2006.

En 2015, le Musée et Chiens du Saint-Bernard fusionne avec la Fondation Barry et est transformé en Barryland.

Ce musée a du chien

MARTIGNY ▶ Initialement prévue au début du mois, l'ouverture du Musée et chiens du Saint-Bernard a finalement eu lieu hier dans l'ancien arsenal, près de l'amphithéâtre romain. Petite visite guidée.

OLIVIER HUGON

L'inauguration officielle du Musée et chiens du Saint-Bernard a eu lieu hier à Martigny. L'occasion de découvrir, en primeur, les trois étages de l'ancien arsenal complètement réaménagé.

Au rez

On entre dans le musée, accueilli par deux imposantes peluches de saint-bernards. A gauche, la réception, à droite l'incontournable boutique souvenirs, avec toute la panoplie des produits dérivés, de la boule à neige à la tasse, en passant par les colliers rouges à croix blanche (pour chien, en principe). Sur le même niveau, une grande cafétéria et un espace de projection.

C'est encore au rez que se trouve, déjà, le clou de l'exposition: les chiens, en chair et en nonosse. Ils sont six, dont les trois champions de la Fondation Barry: «Homer-Barry», «Hélios» et «R'Berlin» qui est venue avec ses onze petits chiots.

Pas question de les nourrir ou des les toucher, pour d'évidentes raisons de sécurité. Chaque chien dispose de son box individuel, grand luxe, avec sa fiche signalétique.

Au premier

La véritable exposition occupe le premier étage. L'architecture très boisée fait inévitablement penser au Vieil Arsenal de la Fondation Gianadda... L'exposition est moderne, lumineuse. Panneaux, diaporamas, films, tous les supports sont utilisés pour donner du dynamisme. Une surprise, toutefois, le saint-bernard n'est pas omniprésent. On parle du climat – avec une météo en temps réel du col – de géologie, de l'histoire de saint Bernard ou des Romains. On se perd encore dans un labyrinthe très contemporain.

Au second

Dernier étage, destiné à accueillir des expositions temporaires. Actuellement, le périple de Richard Halliburton qui a gravi le col du Grand-Saint-Bernard en 1935, à dos d'éléphant, sur les traces d'Hannibal, est retracé en photos et au travers d'un film.

Ouvert tous les jours, de 10 à 16 heures.

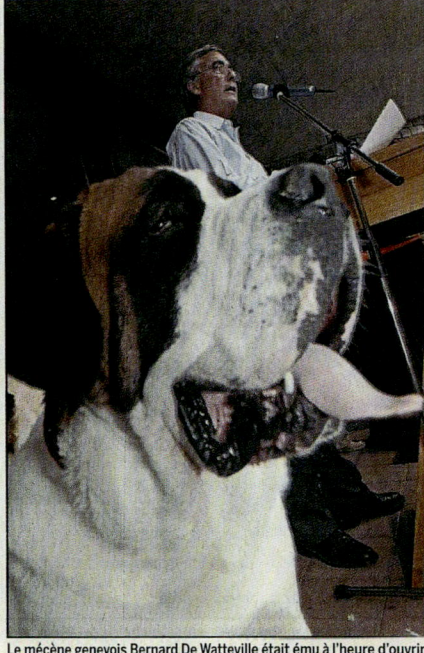

Le mécène genevois Bernard De Watteville était ému à l'heure d'ouvrir son musée, sous l'œil attentif de l'un de ses pensionnaires. HOFMANN

L'architecture intérieure, les supports, le fond, sont splendides. De quoi hypnotiser les visiteurs, même les plus jeunes. HOFMANN

«Le symbole perpétué»
BENOÎT VOUILLOZ
ABBÉ-PRÉVÔT DE LA CONGRÉGATION DU GRAND-SAINT-BERNARD

«Nous sommes très heureux du déroulement de cette aventure: la création de la Fondation Barry qui a repris l'élevage du chenil et la Fondation Bernard et Caroline de Watteville qui a réalisé le musée. Notre souci était de trouver la meilleure solution pour n'avoir plus la charge des chiens sans que cela nuise à l'image touristique et au symbole du chien. Même si ces derniers ne sont plus utilisés pour le sauvetage en montagne depuis les années 50, l'image reste. Le saint-bernard symbolise toujours le dévouement gratuit. Nous sommes très heureux que ce symbole reste dans la région. Les deux fondations vont travailler en collaboration et le musée va contribuer à conserver et perpétuer la grande tradition du chien saint-bernard en le mettant notamment à portée du grand public.»

«Une vraie bonne idée»
LÉONARD GIANADDA
CONCEPTEUR ET RÉALISATEUR DU MUSÉE

«Il y a vingt ans que je pense à ce musée, que je me bagarre pour ça. J'ai usé trois présidents de commune car j'ai toujours cru que c'était une vraie bonne idée. Et tout à coup les conditions sont devenues favorables, on a trouvé un mécène et voilà. Pourquoi le saint-bernard? C'est un chien mythique, sympathique, on le voit dans des films, sur des affiches, dans des publicités. C'est un chien qui met tout le monde de bonne humeur. Il jouit d'une image fabuleuse, porteuse auprès du grand public. Martigny étant au départ du col du Grand-Saint-Bernard, il fallait faire quelque chose et surtout être les premiers. Le projet s'est réalisé en quelques mois. Je remercie d'ailleurs toutes les personnes qui m'ont suivi car aujourd'hui Martigny bénéficie d'un très beau musée dans un cadre extraordinaire.»

«Une opportunité unique»
FABIAN CLAIVAZ
DIRECTEUR DE L'OFFICE DU TOURISME DE MARTIGNY

«Ce musée est génial: trois étages, 700 m2 d'exposition, des chiens vivants, c'est grandiose et vraiment très bien conçu. Le chien saint-bernard fait partie de l'imagerie suisse au même titre que Heidi, le chocolat ou les montres. C'est une icône touristique avec un capital sympathie très important. Et il est connu dans le monde entier. Le fait d'avoir un musée ouvert en permanence à Martigny représente une opportunité unique pour notre tourisme. De plus, ce musée élargit l'offre culturelle de la ville car il s'adresse vraiment à tous les publics.

Depuis le début de l'année, nous communiquons sur l'image du chien. Nous allons pouvoir développer encore cette stratégie. Tout cela place Martigny comme la porte d'entrée du Pays du Saint-Bernard.

«Un musée exemplaire»
CLAUDE ROCH
CONSEILLER D'ÉTAT EN CHARGE DE LA CULTURE

«Quand je pense au chien saint-bernard, il me vient deux images à l'esprit. La première, c'est celle de la montagne, de l'hospice, du rôle que les chanoines et leurs chiens ont joué pendant des années pour porter secours aux montagnards en détresse. La deuxième, c'est la fidélité, la solidarité, des valeurs fortes dans une société qui s'individualise. Ce musée, ici à Martigny, carrefour incontournable déjà au temps des Romains, est une preuve d'ouverture de notre canton. Sa réalisation est exemplaire. Sa conception est futuriste, car le contenu est original, la forme est dynamique, avec des moyens multimédias. C'est un musée innovant. L'exemple de ce que les musées valaisans devraient être. Le rayonnement inévitablement international qu'il aura participera à l'essor culturel et touristique du canton.»

Nouvelliste, 22 juin 2006.

La bibliothèque de la Fondation

L'année suivante, la Ville et l'Etat du Valais procèdent à l'ouverture officielle de la « Bibliothèque de la Fondation Pierre Gianadda », un ensemble remarquable de livres et de documents dédiés à l'art et que Léonard a patiemment rassemblé pour ses activités et pour son plaisir. Au total, plus de quinze mille ouvrages d'art sont mis à la disposition du public par la Médiathèque Valais - Martigny. Cette collection continue de s'accroître au fil des ans. Elle est très prisée des amateurs d'art et participe au succès de l'institution, qui a prêté, en 2014, plus de 160 000 ouvrages au public de la région.

Bibliothèque de la Fondation à la Médiathèque Valais - Martigny.

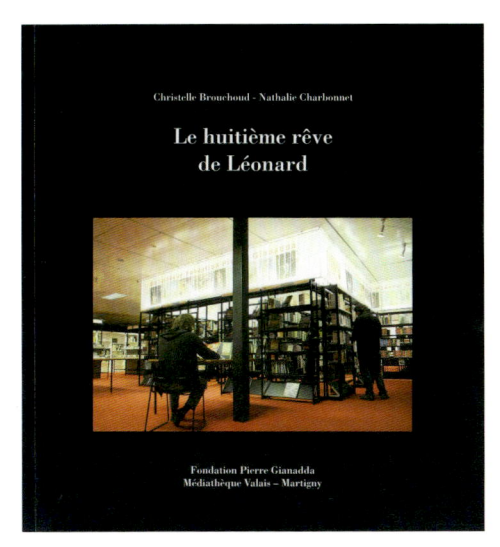

Le huitième rêve de Léonard, travail de diplôme de Christelle Brouchoud et Nathalie Charbonnet, 2007.

L'art à la portée de tous

LA FONDATION PIERRE GIANADDA OFFRE SA BIBLIOTHÈQUE

■ L'empreinte du pouce de César, des dessins de Hans Erni, d'innombrables textes dans diverses langues: les artistes ont dit à leur manière leur relation personnelle avec Léonard Gianadda et l'admiration qu'ils portent à son action. Et quoi de plus naturel que de le faire au début d'un livre, sur le coin d'une photographie, sur la pochette d'un CD!

Au fil des contacts et des activités de la Fondation, Léonard Gianadda a rassemblé une bibliothèque et des archives exceptionnelles. Leur intérêt, à l'image du rayonnement de l'institution, dépasse les frontières de la région et du pays.

Les sources et les provenances sont variées: les ouvrages édités par la Fondation, les écrits et les documents sur ses activités, la documentation rassemblée pour préparer et accompagner les expositions, les concerts, les acquisitions d'œuvres, les échanges avec des musées et des institutions du monde entier, les envois de gratitude de personnes touchées par les émotions vécues à Martigny, sans oublier les achats personnels de l'ingénieur passionné d'art... Derniers venus, les documents audiovisuels complètent les informations intéressantes sur la Fondation.

Dépositaire de ces trésors, la Médiathèque Valais Martigny a traité l'essentiel de la collection de base, soit plus de 12 000 titres qui représentent un large panorama de

Bibliothèque de la Fondation Pierre Gianadda à la Médiathèque Valais. Bittel

l'art et de la vie artistique, avec, évidemment, des points forts représentés par les périodes et les courants qui ont fait la réputation internationale de la Fondation. L'ensemble n'est pas clos. Près de 1000 nouveaux titres annuels passent du bureau de Léonard Gianadda aux étagères de la Médiathèque où ils font la joie des érudits, des amateurs d'art et, des personnes en formation.

Soutenu par le canton du Valais, la Ville de Martigny et la Fondation Pierre Gianadda, le personnel de la Médiathèque Valais les a traités selon les règles de l'art et mis à la disposition du public dans l'espace délimité de la Bibliothèque de la Fondation Pierre Gianadda, inauguré le 11 mai 2007. Les ouvrages sont consultables sur le catalogue en ligne de la Médiathèque (www.mediatheque.ch) et empruntables à distance. Mieux, les documents audiovisuels sont visibles, via l'internet, de tous les ordinateurs de la planète.

En acceptant de relever le défi de la gestion de la bibliothèque de la Fondation Pierre Gianadda, la Médiathèque Valais-Martigny n'a pas seulement reçu du généreux donateur des livres et des documents, elle s'efforce aussi de transmettre son état d'esprit: mettre la culture à la portée de tous.

Jean-Henry Papilloud
avec la collaboration de Christelle Brouchoud et Nathalie Charbonnet

Nouvelliste, supplément été 2007.

Sous la Coupole

Les honneurs pleuvent sur Léonard Gianadda : Chevalier, puis Officier, enfin Commandeur de la Légion d'honneur ; membre de la section des Associés étrangers de l'Académie des Beaux-Arts en 2001 ; membre de la Commission des acquisitions du Musée d'Orsay de 2004 à 2010 ; administrateur de la Phillips Collection à Washington de 2005 à 2014 ; membre de la Commission des acquisitions du Musée Rodin de 2006 à 2012 ; Commandeur de l'Ordre des Arts et des Lettres en 2007. Peut-on encore espérer quelque chose de plus ? La réponse ne tarde pas : oui, une réception à l'Institut de France !

Le 4 juin 2003, Léonard Gianadda entre à l'Académie des Beaux-Arts, deux ans après avoir été élu « associé étranger », au fauteuil précédemment occupé par l'historien d'art Federico Zeri. L'émotion est grande pour l'homme de 68 ans qui a voué une grande partie de sa vie à la culture et au mécénat d'art.

VERNISSAGE DE L'EXPOSITION CHAGALL
Léonard Gianadda honoré

Portant l'habit de l'Académie, Léonard Gianadda est fait commandeur par l'ambassadeur Jean-Didier Roisin. BITTEL

Une foule impressionnante était présente à la Fondation Pierre Gianadda, hier soir, pour le vernissage de l'exposition Chagall. Après des allocutions du directeur de la galerie Tretiakov à Moscou Valentin Rodianov, de la commissaire de l'exposition Katia Selezneva et de la petite-fille de Chagall, Meret Meyer-Graber, S.E. Jean-Didier Roisin, ambassadeur de France à Berne, s'est levé pour remettre à Léonard Gianadda le titre de commandeur de l'Ordre des Arts et des Lettres.

Il salua son *« exceptionnelle réussite au service de la culture »* et se dit très honoré de lui décerner les insignes. C'est les larmes aux yeux que le mécène a reçu cette distinction, qui se trouve être le plus haut grade de la fameuse décoration française: *« Evidemment que je suis heureux et touché. J'aimerais beaucoup remercier la France qui a la bonne idée de produire les meilleurs artistes et de posséder des collectionneurs très généreux, disposés à prêter leurs tableaux. »*

Léonard Gianadda se retrouve ainsi parmi les rares Suisses ayant reçu cette distinction. MD

Nouvelliste, 7 juillet 2007.

Annette et Léonard, Académie des Beaux-Arts, Paris, 4 juin 2003.

Marc Saltet, architecte, introduit le nouvel académicien : « Messieurs les Ambassadeurs, Mesdames, Messieurs, C'est un grand honneur de m'adresser à vous, au nom de l'Académie des Beaux-Arts et sous cette prestigieuse Coupole, pour accueillir Monsieur Léonard Gianadda, qui va siéger désormais, dans nos assemblées, comme Associé étranger. Le personnage est exceptionnel par sa stature, sa nature, son action, sa renommée, en Suisse, en Europe et bien au-delà. » Il ne tarit pas d'éloges sur la Fondation créée par Léonard, son architecture atypique et originale : « Jetons maintenant un regard sur ce volumineux couvercle en béton armé. Il se présente comme une imposante cathédrale, ayant l'apparence extérieure d'un tronc de pyramide rectangulaire, animé sur ses quatre faces par des sortes de chapelles secondaires, aussi en béton armé. […] Un escalier extérieur, beau dans sa simplicité, relie en deux volées le niveau du trottoir de l'avenue urbaine à celui de l'accès des visiteurs. Dès son entrée dans notre cathédrale, le public va recevoir un choc saisissant. En effet, d'un seul coup d'œil, il aura devant lui une vue d'ensemble des espaces où prendront place les expositions, que l'on pourra voir de partout, et en particulier depuis le centre

Marc Saltet et Léonard, Paris, 4 juin 2003.

Marc Saltet, Arnaud d'Hauterives, secrétaire perpétuel.

Roger Taillibert, Jean Cardot.

des vestiges, conservés au rez-de-chaussée inférieur, au milieu desquels on pourra s'asseoir, rêver, aimer à sa guise. […] Ce nouveau monde créé se veut vivant, simple ; on voit tout, globalement, chacun selon son rythme. »

Son discours se termine par la mise en évidence de l'action culturelle du nouvel académicien : « J'aimerais également rappeler que Léonard Gianadda et sa Fondation font acte de mécénat, en participant notamment à des acquisitions d'œuvres dans les musées de France et d'ailleurs, mais également en finançant la restauration d'œuvres comme le *Décor du Théâtre juif* de Chagall, des estampes du Fonds Jacques Doucet, ou encore en dotant de sculptures tous les ronds-points de sa ville de Martigny. Comment fait-il ? Quel est son secret, celui qui consiste à obtenir des prêts remarquables, appartenant aux plus grands musées, à des personnes privées, qui, en général, ne veulent pas s'en séparer aisément ? Là interviennent les qualités hors pair de Léonard Gianadda […] Quel exceptionnel Ambassadeur l'Académie des Beaux-Arts a le privilège de compter aujourd'hui dans ses rangs ! »

Remise de l'épée d'académicien par Jean-Jacques Aillagon, ministre de la Culture et de la Communication.

L'épée reçue par le nouvel académicien a été dessinée par Hans Erni et Annette Gianadda : la fusée en malachite est incrustée des initiales *LG* en or et surmontée de la tête du Taureau tricorne ; la garde est à l'image de l'architecture de la Fondation, avec les noms d'Annette, de François et d'Olivier ; la lame est gravée de noms d'artistes ; et le fourreau est surmonté d'un petit lion en or pour le signe astrologique. Tout un programme…

Arnaud d'Hauterives, Gérard Régnier.

Werner Spies, Isabelle Monod-Fontaine, François Rouan, Didier Schulmann, Jean-Louis Prat.

Marguette Bouvier.

Valentin et Margarita Rodionov, Ekatérina Séleznéva, Daniel Marchesseau.

Sam Szafran.

La journée se termine par une croisière sur la Seine, à bord du bateau *Le Paquebot*.

L'épée d'académicien de Léonard.

Henri Cartier-Bresson et Martine Franck.

Jacques Vilain, Henri Chibret, François Rouan, Françoise Chibret.

Festivités en musique

Les grands anniversaires de la Fondation et de son président sont célébrés avec tambours et trompettes et en présence de fidèles hôtes de marque : I Solisti Veneti et Cecilia Bartoli.

De manière générale, la saison musicale ne cesse de s'étoffer, avec certaines années qui proposent jusqu'à dix-sept concerts prestigieux ! Décidément, entre les expositions et la musique, Martigny s'enflamme…

Ruggero Raimondi, 2002.

Dédicace de Cecilia Bartoli, *Livre d'or* de la Fondation, 2005.

Cecilia Bartoli chante pour les 70 ans de Léonard, 23 août 2005.

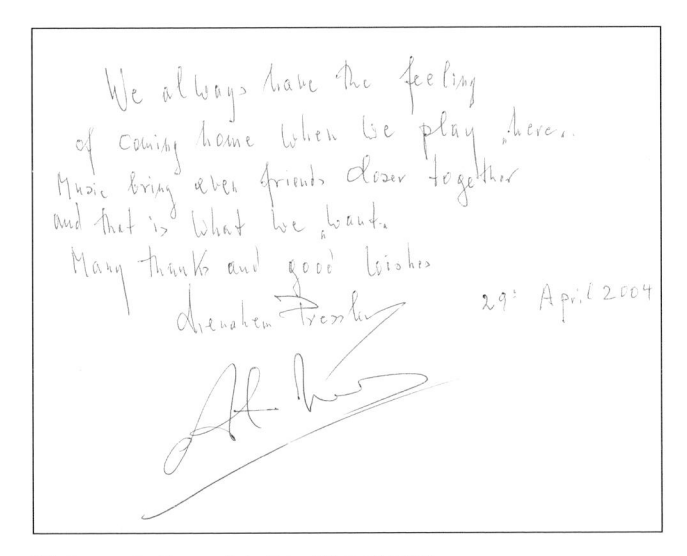

> We always have the feeling of coming home when we play here. Music brings even friends closer together and that is what we want.
> Many thanks and good wishes
> Menahem Pressler
> 29 April 2004

Dédicace du Beaux Arts Trio, 29 avril 2004.

Enthousiasme et générosité

Très rapidement après son apparition vers la fin des années 1970, la Fondation Gianadda s'est affirmée comme une référence incontournable pour le monde culturel valaisan. Pour la première fois de son histoire sans doute, la ville de Martigny – moins bien dotée du point de vue patrimonial que la capitale Sion, et intellectuellement en retrait par rapport à la minuscule mais prestigieuse cité abbatiale de Saint-Maurice – faisait sortir le canton d'une certaine torpeur, d'un provincialisme que même un maître tel que Tibor Varga n'avait que difficilement pu ébranler jusque-là.

Il fallait pour cela toute l'énergie et la force de conviction d'un être hors du commun; homme d'action plus que de réflexion, aux apparences bien souvent rugueuses, et n'échappant pas toujours aux tentations de l'autoritarisme, Léonard Gianadda avait pour lui la séduction de la puissance. Mais aussi bien plus, bien mieux que cela: une générosité naturelle, la volonté de partager ses enthousiasmes, une véritable âme de démocrate sous des dehors de prince florentin.

Ce qu'il a apporté à son pays est inestimable – je ne parle pas ici de notoriété, mais d'invitation au voyage, d'éveil à la Beauté: pour tout cela, il faut lui dire, non pas «bravo», mais «merci».

Revue musicale de Suisse romande, septembre 2003.

Claudio Scimone, 4 septembre 2002.

Quelques concerts, 2001-2007

Années	Dates	Concerts
2001	18.1	Beaux Arts Trio
	27.3	Cecilia Bartoli
	22.4	Itzhak Perlman, Bruno Canino
	7.7	Christian Zacharias, OCL
	24.8	Daniel Barenboim
	20.8	Quatuor de Leipzig, Christian Ockert, Christian Zacharias
2002	18.1	Il Giardino Armonico
	4-9.3	Festival Cecilia Bartoli
	23.3	Radu Lupu
	25.8	Vadim Repin, Boris Berezovsky
	4.9	I Solisti Veneti (Claudio Scimone)
	19.10	Ruggero Raimondi, Ann Beckman
	17.11	Christian Benda, Les Virtuoses de Moscou (Vladimir Spivakov)
2003	5.2	Beaux Arts Trio
	13.2	Cecilia Bartoli, Sergio Ciomei, Mario Pesci, Giuseppe Mulè, Carla Tutino
	1.4	Pinchas Zukerman, Marc Neikrug
	22.7	Bruno Leonardo Gelber
	16.8	Les Solistes du Festival d'Ernen
	10.9	Orchestre de Chambre de Prague
	10.10	Ruggero Raimondi, Ann Beckman
	25.10	Ensemble Vocal et Instrumental de Lausanne (Michel Corboz)
	19.11	I Solisti Veneti (Claudio Scimone) (25ᵉ anniversaire de la Fondation)
	23.11	Christian Zacharias
2004	19.1	Il Giardino Armonico (Luca Pianca)
	14.2	Maxim Vengerov, Fazil Say
	3-4.4	Chœur du Patriarcat de Moscou (hiéromoine Ambroise)
	29.4	Antonio Meneses, Menahem Pressler
	8.6	Cecilia Bartoli (concert de gala pour le 25ᵉ anniversaire de la Fondation)
	2.8	Gyula Stuller, Dénes Várjon
	14.8	Quatuor Michelangelo
	21.8	Les Solistes du Festival d'Ernen
	22.9	Murray Perahia
	12.10	Camerata de Lausanne (Pierre Amoyal)
	11.11	OSR, Joshua Bell (sir Neville Marriner)
	16.12	Vadim Repin, Itamar Golan

2005	18.1	Chœur Novantiqua (Bernard Héritier)
	4.2	Beaux Arts Trio
	23.2	Sol Gabetta, OCL (Okko Kamu)
	6.3	Cecilia Bartoli, Sergio Ciomei
	24.3	Radu Lupu
	7.4	Brigitte Meyer, Brigitte Fournier, Brigitte Balleys
	12.7	Quatuor Michelangelo, Duncan McTier, Dominique Merlet
	22.8	I Solisti Veneti (Claudio Scimone) (70ᵉ anniversaire de Léonard)
	25.8	Cecilia Bartoli, Orchestre La Scintilla (70ᵉ anniversaire de Léonard)
	30.8	Christian Zacharias, OCL
	14.9	Alexei Volodine
	9.10	Le Musiche Nove
	28.10	Boris Berezovsky
	19.11	Beaux Arts Trio, Orchestre de Chambre du Wurtemberg (Ruben Gazarian)
	2.12	Ensemble Vocal et Instrumental de Lausanne (Michel Corboz)
	12.12	Vladimir Spivakov, Christian Benda, Sergeï Bezrodni
2006	14.1	Olivier Cavé, OCL (Christoph König)
	14.2	Augustin Dumay, Orchestre Royal de Chambre de Wallonie
	1.9	Il Giardino Armonico (Luca Pianca)
	18.10	Corey Cerovsek, OCL (Olari Elts)
	19.11	Brigitte Meyer, Camerata de Lausanne (Pierre Amoyal)
	23.11	Cecilia Bartoli, Olivier Widmer
	25.11	Cecilia Bartoli, Freiburger Barockorchester
	3.12	Brigitte Fournier, Ensemble Orlando Fribourg (Laurent Gendre)
2007	12.1	Beaux Arts Trio
	27.2	Joshua Bell, Jeremy Denk
	14.3	Fazil Say
	13.4	Julian Rachlin, OSR (Patrick Davin)
	7.5	Murray Perahia, Academy of St Martin in the Fields
	10.8	Thomas Friedli, Marcio Carneiro, Jean-Jacques Balet
	18.8	Orchestre du Festival d'Ernen
	3.9	Cecilia Bartoli, Orchestre La Scintilla
	5.9	Murray Perahia
	27.9	Fabio Bondi, Europa Galante
	7.10	Chœur du Patriarcat de Moscou (hiéromoine Ambroise)
	17.10	Cecilia Bartoli, Orchestre La Scintilla
	17.11	Beaux Arts Trio
	15.12	Fazil Say, OCL (Christoph König)

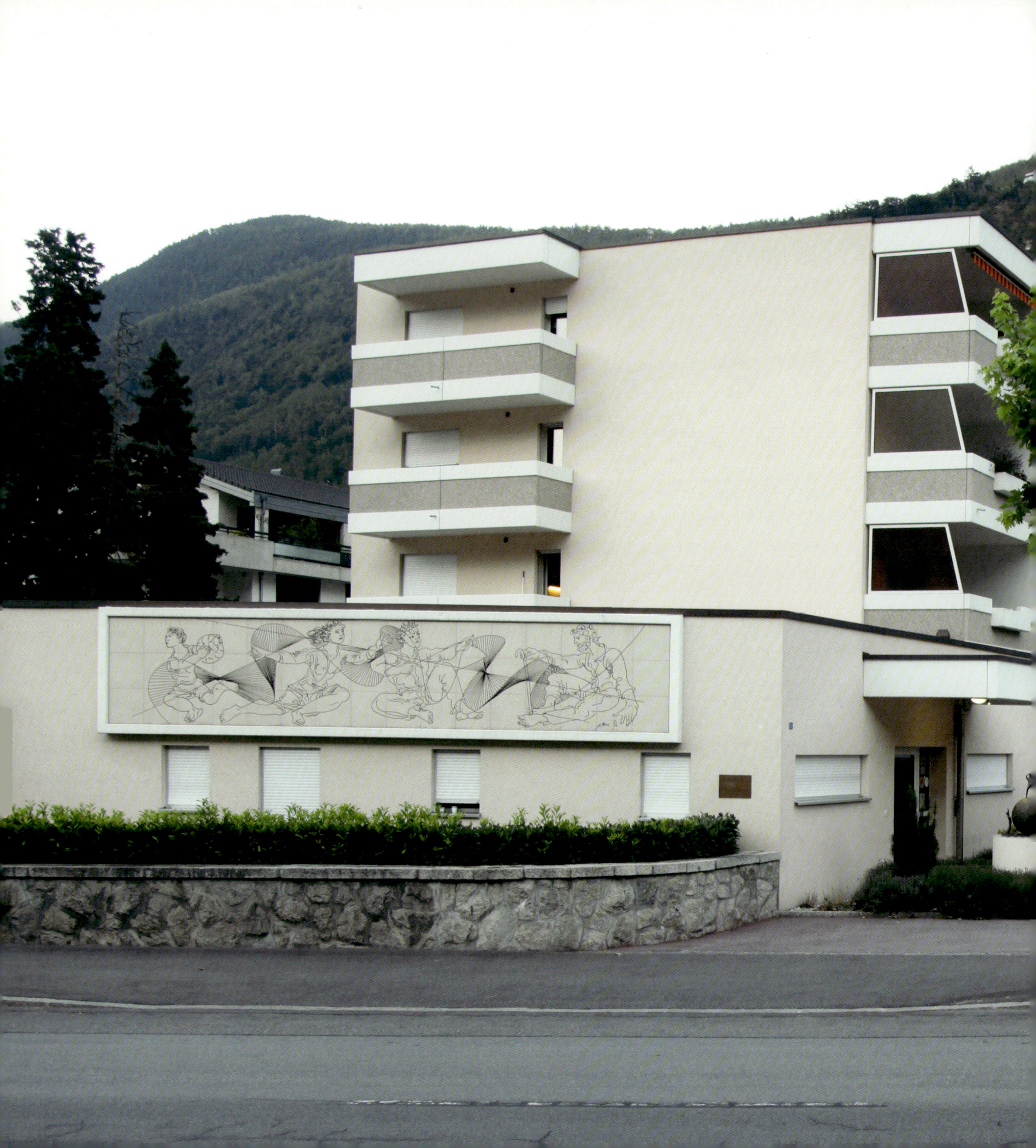

Troisième vie
LE PARTAGE

Moscou, Place rouge, 1957

Révélation d'un photographe oublié, 2008-2015

Une résurgence du passé peut changer les perspectives d'avenir.

Entretien *Léoguide* n° 14, 20 avril 2015.

L'année 2008 a été pour moi un tournant marqué par la redécouverte de mes photographies.

A la fin des années 1950, j'ai abandonné mon travail de photoreporter pour terminer mes études et me lancer dans une carrière technique d'ingénieur et d'architecte. Je ne me suis plus préoccupé de mes reportages, comme si j'avais enterré cet épisode de ma vie. Cinquante ans plus tard, par hasard, Jean-Henry Papilloud, à la recherche de documents sur la Fondation, trouve une première boîte. Une histoire incroyable ! Mes négatifs, mes planches-contacts étaient là. Les 1200 photos de Moscou, et toutes les autres : près de 13 000 au total. En sa qualité de directeur de la Médiathèque Valais - Martigny, il a décidé d'en faire une exposition. Comme personne ne se souvenait que j'avais fait de la photo et que mes enfants eux-mêmes l'ignoraient, la surprise a été grande. Pour moi, ce fut une nouvelle vie : mes propres œuvres étaient exposées ! Elles ont circulé et circulent encore en France, en Italie et, surtout, en Russie.

Dans ses analyses, Jean-Henry Papilloud a relevé très justement que ce n'était pas à quarante ans que j'ai eu une espèce de révélation artistique. Il a montré que la Fondation n'est pas un départ, mais un aboutissement, une suite de tout ce que j'avais vécu, de tout ce que j'avais fait auparavant. Cette évidence, que j'ignorais, a changé mon regard sur ma propre histoire. Elle m'a donné une nouvelle assurance et m'a conforté dans des choix importants que j'hésitais à faire. Pour moi, il y a un avant et un après la redécouverte de mes photos de jeunesse. Grâce à cette résurgence, j'ai pu renouer tous les fils de ma vie, boucler la boucle.

◀ Jardins de la Berbie, Albi, 15 mai 2010.

La découverte de l'œuvre oublié

Les premiers échanges entre Léonard Gianadda et Jean-Henry Papilloud au sujet de la photographie et des médias remontent aux années 1997-1998. Lors de l'ouverture du Vieil Arsenal restauré, avec l'exposition et les projections des films de Charlie Chaplin, le directeur de la Fondation et celui du Centre valaisan du film et de la photographie ont déjà l'occasion d'échanger sur leur intérêt pour les médias. Les allusions de Léonard à son premier métier se précisent lors du montage de l'exposition des photographies d'Yves Debraine, un ami reporter connu dans les années 1950.

Le véritable déclic a lieu à l'ouverture de l'exposition *L'épopée des barrages*, présentée au Vieil Arsenal à l'occasion de l'inauguration du grand projet de Cleuson-Dixence. C'est alors que le responsable des collections photographiques du Valais voit les premières photographies de Léonard et qu'il a le bonheur d'archiver un premier reportage qui a l'air de tomber du ciel : le sauvetage des mineurs prisonniers d'un éboulement dans la galerie de Bieudron, en avril 1956, lors de la construction du barrage de la Grande-Dixence.

Le lien est établi et les discussions autour de l'intérêt des archives et des documents de la plus prestigieuse des institutions culturelles du Valais se poursuivent. Reste à trouver le moyen d'y accéder.

A l'approche du 30ᵉ anniversaire de la Fondation, le directeur de ce qui est devenu la Médiathèque Valais - Martigny propose à Léonard Gianadda d'organiser une exposition sur l'histoire de la Fondation. Cependant, à quelques mois du vernissage, un coup de théâtre vient chambouler le programme établi. Jean-Henry découvre les archives de l'ancien photoreporter dans une caissette dormant dans son bureau d'ingénieur : « Sous la pile de journaux, de magazines entassés, je découvre des classeurs qui me rappellent ceux d'autres photographes. Ce serait trop beau, me dis-je ! Ce sont bien des albums de films : des milliers de négatifs ! Léonard n'en revient pas. Il avoue ne plus savoir quand et comment cette caisse est arrivée là… 'Prenez tout ! me dit-il. Faites-en

Léonard ; Claude Roch, conseiller d'Etat ; Jean-Henry Papilloud ; Benoît Bender, conseiller communal. Vernissage de l'exposition *Léonard Gianadda, d'une image à l'autre*, Médiathèque Valais - Martigny, 14 juin 2008.

ce que vous voulez !' »[1] Jean-Henry Papilloud en fera une exposition de photographies, et tout le monde, le principal intéressé le premier, sera surpris d'apprendre que l'ingénieur et mécène avait été photographe et, qui plus est, photographe talentueux.

Réalisée dans la hâte de la découverte, la première exposition débouche, quelques mois plus tard, sur le dépôt à la Médiathèque Valais - Martigny de toutes les archives audiovisuelles de Léonard Gianadda (13 000 négatifs et quelques tirages de la période 1950-1966, ainsi que les films cinématographiques). Un véritable travail d'identification et d'archivage commence alors qui révèle d'autres surprises et confère au photoreporter de l'époque un statut d'artiste. Et qui dit artiste, dit expositions. Celles-ci vont s'enchaîner dans une étonnante aventure photographique qui s'écrit en France, en Italie et même en Russie et s'articule et rayonne sur trois axes, trois corpus : *D'une image à l'autre*, *Méditerranée* et *Moscou 1957*.

Le voyage des photographies de Léonard Gianadda (2008-2015)

Années	Dates	Titres
2008	14.6-7.11	Exposition et livre *Léonard Gianadda, d'une image à l'autre*, Médiathèque Valais - Martigny
2009	19.6-22.11	Exposition et catalogue *Moscou 1957*, Fondation Pierre Gianadda
	16.9-31.1.10	*Léonard Gianadda, d'une image à l'autre*, Palais Lumière d'Evian, France
2010	26.1-26.2	Exposition et catalogue bilingue français-russe (2ᵉ édition) *Moscou 1957*, Musée Pouchkine, Moscou, Russie
	16.5-16.6	*Moscou 1957*, Toula, Russie
	15.5-31.7	*Léonard Gianadda, d'une image à l'autre*, Jardins de la Berbie, Albi, France
	26.6-5.9	*Léonard Gianadda, d'une image à l'autre*, Maison de Pays, Mornant, France
	26.6-5.9	*Le Valais de Léonard Gianadda*, Anthamatten Meubles, Vétroz
	15.10-14.11	*Moscou 1957*, Kalouga, Russie
2011	7.1-mars	*Moscou 1957*, Joukov, Russie
2012	2.3-24.6	Exposition et catalogue *Portraits-Rencontres*, Fondation Pierre Gianadda
	2.3-24.6	*Hommage à Annette*, Fondation Pierre Gianadda
2013	1.6-31.10	*Léonard Gianadda, Fotoreporter degli anni 50*, Palazzo San Francesco, Domodossola, Italie
	25.9-19.10	*Léonard Gianadda, Enfance autour du monde*, Bibliothèque communale, La Tour-de-Peilz
	1.10-12.12	*Moscou 1957*, Kemerovo, Russie
	29.11- 9.2.14	Exposition et catalogue *Méditerranée (1952-1960)*, Fondation Pierre Gianadda
2014	10.2-20.3	*Moscou 1957*, Prokopievsk, Russie
	31.3-31.10	*Léonard Gianadda, archéologie d'une passion*, Galerie des Origines, Vaison-la-Romaine, France
	29.5-30.6	*Moscou 1957*, Tomsk, Russie
	23.7-décembre	*Moscou 1957*, Novossibirsk, Russie
	12.9-26.10	*Mediterraneo (1952-1960)*, Scuderie di Palazzo Moroni, Padoue, Italie
	14.11-15.12	*Mediterraneo (1952-1960)*, Varese, Italie
2015	27.1-26.4	*Moscou 1957*, Krasnoïarsk, Russie
	30.3-30.10	*Méditerranée antique*, Galerie des Origines, Vaison-la-Romaine, France
	11.4-10.5	*Mediterraneo (1952-1960)*, Palazzo Gromo Losa, Biella, Italie
	19.6-22.11	Exposition et catalogue *Léonard Gianadda, 80 ans d'histoires à partager*, Fondation Pierre Gianadda

[1] « Un parcours en images », Jean-Henry Papilloud, *D'une image à l'autre*, 2008.

D'une image à l'autre

Le parcours de l'exposition *Léonard Gianadda, d'une image à l'autre* commence à la Médiathèque Valais - Martigny.

Du projet initial d'exposition sur les trente ans de la Fondation, il ne reste en fait que les grandes photographies d'Oswald Ruppen qui illustrent les vernissages des expositions depuis le début de la Fondation. La surprise est générale. Personne ne se rappelait que Léonard avait été un reporter. La qualité des photographies impressionne et les médias consacrent de nombreux comptes rendus à cette redécouverte. Le chemin entre la Fondation Pierre Gianadda et la Médiathèque est tracé ; il est emprunté par des visiteurs de marque, telles Anne Pingeot ou Cecilia Bartoli. Le public suit.

Le temps de la préparation est aussi le bon moment pour enregistrer Léonard Gianadda dans la série des Plans-Fixes. Toujours face à Jean-Henry Papilloud, dans son appartement de la Résidence du Parc, Léonard raconte les grands moments de sa carrière : sa découverte de l'art, son métier de photoreporter, ses projets et ses réalisations culturelles avec la Fondation Pierre Gianadda.

Les visiteurs se pressent à l'exposition, qui figure parmi les grands succès médiatiques de la Médiathèque Valais.

Visite guidée de l'exposition par Jean-Henry Papilloud, avec Cecilia Bartoli et Annette, 10 septembre 2008.

Tête-à-tête avec Léonard

VÉRONIQUE RIBORDY

La collection Plans-Fixes consacre cinquante minutes à un portrait de Léonard Gianadda. Il était temps. Peu d'hommes ont autant marqué le Valais de ces trente dernières années que le créateur de la Fondation P. Gianadda. Dans la peau de l'interviewer, Jean-Henri Papilloud, directeur de la Médiathèque Valais, homme d'image autant que de texte. On devine que pour lui aussi, l'interview a ouvert quelques portes, en particulier tout ce qui tourne autour des premières amours de Léonard, le grand reportage et la photographie. L'exposition qui doit commencer à la Médiathèque Valais Martigny la semaine prochaine en est la preuve, nous y reviendrons... Tourné en janvier 2008 à Martigny, ce Plan-Fixe met en scène un Léonard Gianadda d'un calme olympien et d'une douceur angélique, où seul le son d'une main qui s'agite trahit le caractère impétueux du sujet. Léonard raconte trente ans de vie, l'enchaînement de circonstances tragiques qui a entouré la naissance de la Fondation. On l'entend dire, avec humour et un luxe de détails, les étapes marquantes qui ont amené la Fondation à être l'interlocuteur des plus grands musées du monde. Léonard revient aussi sur son éblouissement au cours d'un grand voyage initiatique qu'il fit en Italie avec sa mère et ses deux frères en 1950, au sortir de la guerre: «*La Fondation n'est pas un départ, c'est un aboutissement*». Depuis 1978, Plans-Fixes suit toujours le même canevas, menant ses grandes interviews en noir et blanc et en une seule prise, sans coupure, la caméra fixée sur le sujet filmé. Pour Léonard Gianadda, exercice réussi, le président de la Fondation montre une fois encore qu'il a du souffle sur les grandes distances.
Première du film Plans-Fixes, consacré à Léonard Gianadda, vendredi à 18 h au cinéma Casino, Martigny.

Nouvelliste, 5 juin 2008.

Catalogue de l'exposition *Léonard Gianadda, d'une image à l'autre*, 2008.

En 1956, la crise du canal de Suez amène le jeune reporter à se promener dans les rues du Caire.
L. GIANADDA/MÉDIATHÈQUE VALAIS

EXPOSITION
Léonard Gianadda est devenu ingénieur et a créé la Fondation P. Gianadda il y a trente ans. Il aurait pu devenir journaliste et a montré les talents d'un grand photographe. Retour sur pellicule.

Léonard, une autre image

VÉRONIQUE RIBORDY

Au début, ce devait être juste une exposition sympathique, sorte de retour du berger à la bergère. La Médiathèque Valais offrait gracieusement ses cimaises martigneraines pour marquer les trente ans de la Fondation P. Gianadda. L'année précédente, les collections de l'Etat avaient intégré la bibliothèque artistique de Léonard Gianadda (12 000 entrées au catalogue) et ses archives sonores et visuelles. Le projet sympathique a assez rapidement dérapé.

Une confiance grandissante a poussé Jean-Henri Papilloud, le directeur de la Médiathèque Valais Images et Son, à poser quelques questions subsidiaires au patron de la Fondation. En particulier, il y avait ce trou si intrigant, cette période de quelques années où Léonard Gianadda, jeune étudiant à l'EPUL comme on disait alors, gagnait sa vie en publiant ses reportages dans la presse suisse. Les quelques images que Jean-Henri Papilloud avait pu voir étaient plus que prometteuses. Léonard disait ne pas savoir ce qu'était devenu ce matériel. Plus ou moins sommé d'explorer une caisse abandonnée au pied de son bureau (Qui l'avait amenée? Quand? Léonard dit ne pas s'en souvenir), Léonard Gianadda retrouve des images oubliées, des milliers d'images qui surgissent de l'oubli.

Entre 1953 et 1960, Léonard Gianadda a pris 12 000 clichés. Certains ont fait la couverture de magazines, d'autres ont illustré ses reportages sur la crise du canal de Suez, l'éboulement de Bieudron, le premier vote des femmes en Valais ou les vendeurs de contrebande à Naples. A Cinecittà, il photographie Sophia Loren et John Wayne, Anthony Perkins et Silvana Mangano. Certains se prennent d'affection pour ce jeune reporter culotté et talentueux, Silvana Mangano l'invite chez lui, Georges Simenon lui parle de ses problèmes avec son fils.

Les gens

Son objectif est toujours braqué sur les gens, il est «moins intéressé par les événements que par la vie quotidienne de la population» remarque Jean-Henri Papilloud. Léonard vend ses images, il gagne parfois gros, beaucoup plus gros qu'un salaire d'ingénieur.

Il rapporte des centaines d'images de très longs voyages, quatre mois avec son frère autour de la Méditerranée en 1960, quatre mois aussi, et un vaste périple en Amérique du Nord, pour son voyage de noces en 1961. Peu après, Léonard déposera ses appareils photographiques. Pour toujours.

La suite, on la connaît. La Médiathèque-Valais raconte ce pan de vie, occulté pendant plus de cinquante ans.

Vernissage vendredi à la Médiathèque Valais Martigny à 18 h.
Exposition de photographies de Léonard Gianadda et souvenirs de trente ans de Fondation, à voir jusqu'au 7 novembre, de 10 à 18 h, ouvert tous les jours. Visite guidée le premier lundi de chaque mois à 18 h.

Léonard Gianadda a 22 ans et fait son autoportrait sur la place Rouge. Il est à Moscou pour le festival de la Jeunesse. Il en ramènera 1200 images dont certaines seront publiées. L. GIANADDA/MÉDIATHÈQUE VALAIS

L'année précédente, en 1956, il passe encore ses vacances à travailler à la Poste pour se faire de l'argent de poche. Il photographie ses camarades étudiants et en tire un de ses premiers reportages. L. GIANADDA/MÉDIATHÈQUE VALAIS

DANS LE VIF

Voir l'évidence

Comment se réveille une vocation? Ou plus précisément, pourquoi, comment, Léonard Gianadda est-il devenu entrepreneur culturel, mécène, collectionneur? Jusqu'où va sa curiosité artistique, qu'est-ce qui est chez lui du domaine de la rentabilité, de l'opportunité, sa passion pour l'art est-elle sincère? Ces questions, j'avoue, je me les suis souvent posées. Au fil du temps et des rencontres avec le grand Léo, elles se sont effritées, une à une. Et l'autre jour, il a bien fallu faire table rase du dernier doute.

Léonard assis à son bureau, entouré de ses enregistreurs et de ses dossiers, comme d'habitude. Plus calme que d'habitude. Il feuillette des albums de planches contact, des centaines de photos en noir et blanc. Il raconte comment ces photos, il en avait oublié jusqu'à l'existence.

Il y a d'abord l'ébahissement de l'entendre se souvenir de tout, chaque personne, chaque lieu, gravés très clairement dans son esprit, cinquante ans plus tard. Et petit à petit, les écailles tombent. Ce que j'ai sous les yeux est bon, sacrément bon. Les qualités qui font sa force à la Fondation font aussi un très bon photographe, la vivacité, l'audace, l'intelligence des situations et des gens, une présence aiguë au monde, le soin du détail. L'humour. Mais aussi ces cadrages vifs, ces compositions claires, une utilisation fine de la lumière. Un sens artistique évident. La dernière pièce du puzzle. VR

Nouvelliste, 11 juin 2008.

CHEZ... Léonard Gianadda gère deux expositions, l'une sur Balthus et l'autre sur son travail méconnu de photographe

«Combien passent à côté de leur destin par paresse, par peur?» Léonard Gianadda

Léonard derrière l'objectif

L'Immeuble Miremont où Léonard Gianadda est né voilà presque 73 ans. Photos Isabelle Favre

MARTIGNY (VS)

Le bâtisseur de la célèbre Fondation Pierre Gianadda lève des pans méconnus de son passé grâce à ses propres photos

Joël Cerutti
joel.cerutti@edipresse.ch

Léonard Gianadda avait tout son passé dans une caisse à côté de son bureau. Et il ne le savait pas. Voici quelques mois, il a fini par l'ouvrir et découvrir des milliers de négatifs. Avant d'être le Gianadda de la fondation, il y a eu le jeune Léonard, reporter-photographe. Un parcours initiatique qui a forgé, dans les années 1950, tout ce qu'il allait être par la suite...

■ **Gianadda, à Martigny, c'est un nom facile à porter?**
Je n'oublie pas que je suis un descendant d'immigré. Mon grand-père Baptiste était un réfugié économique arrivé en 1889 à pied en Valais, à l'âge de 13 ans. Etre d'origine italienne durant la guerre, ce n'était pas facile. Ma famille a dû faire sa place, se battre. Mon grand-père était un modèle pour moi. Je pense qu'il serait fier de ce que j'ai fait...

■ **Qu'avez-vous découvert sur votre frère Pierre lors d'un périple autour de la Méditerranée?**
En 1960, ce voyage avec mon frère Pierre a été un moment très fort. Il avait un caractère en or, c'était un bon type, toujours de bonne humeur. De plus, il était mécanicien, c'était un côté pratique non négligeable pour ce périple. C'est vrai que l'on apprend énormément sur quelqu'un quand on est quatre mois avec lui enfermé dans une Coccinelle. Cela marque. La fondation est une conséquence de ce lien. Par la suite, Pierre m'a même invité à son voyage de noces... mais il a aussi pris sa femme!

■ **Comment encaissez-vous les morts de votre père, de votre mère et de votre frère en l'espace de cinq ans?**
Ces trois drames ont changé ma façon de penser. Combien passent à côté de leur destin par paresse, par peur? Moi, je n'ai pas eu peur de m'endetter avec la fondation. Beaucoup de gens pourraient faire la même chose de leur vivant, mais ne le font même pas dans leur testament.

■ **Comment avez-vous connu Annette, votre femme, grâce à Simenon?**
J'ai fait la connaissance de ma femme en 1957 grâce à l'écrivain Simenon. J'ai réalisé une centaine de photos de lui lorsqu'il était arrivé à Lausanne. Je suis allé proposer ces clichés à l'Association des intérêts de Lausanne où travaillait Annette comme secrétaire. Le lendemain, elle était chez moi, avec une amie, et je lui montrais mes photos... C'était quelqu'un de discret, timide et réservé. Elle l'est toujours... Avec moi, c'est difficile de faire autrement...

■ **A qui devez-vous vos passions artistiques?**
Je viens d'un milieu qui ne s'intéressait pas à l'art. J'ai commencé à acheter des livres sur la Renaissance vers mes 15 ans. Ce qui me passionnait. Le soir, je regardais les reproductions en noir et blanc avec ma tante Adèle Ducrey... qui entre dans sa 99e année et habite dans la maison où je suis né.

«Mon frère Pierre m'a invité à son voyage de noces... mais il a aussi pris sa femme»
Léonard Gianadda

■ **On parle beaucoup de votre caractère bien trempé...**
Oui, j'ai du caractère. Pas un sale caractère, mais du caractère. Je n'ai pas de temps à perdre, c'est une des «mauvaises» habitudes de mon métier de constructeur où l'on doit prendre des décisions rapidement. Si je fais une erreur, je la paie cash. Je prends cent décisions pendant que d'autres en prennent une. Dans une commission, il y a toujours un imbécile qui donne une mauvaise idée et qui se croit obligé de la défendre. Il y a un adage qui dit «A chacun son métier et les vaches seront bien gardées», ce que je n'ai jamais mis en pratique!

■ **Vous revoyez ces photos. Votre sentiment?**
J'avais enterré tout ça, j'avais comme un rejet. J'ai choisi d'être ingénieur plutôt que de continuer dans un métier qui devienne lassant avec l'âge. Depuis qu'on a retrouvé toutes ces photos, je trouve même un peu lâche de ne pas avoir poursuivi dans une voie qui me réussissait. J'ai un certain regret, comme si j'étais passé à côté de quelque chose d'important. En même temps, on ne peut pas tout faire à la fois.

■ **«Léonard Gianadda, d'une image à l'autre»** Médiathèque Valais, av. de la Gare 15, Martigny. Dès le 14 juin, de 10 à 18 heures

Annette, la femme de toute une vie, pose en 1957 devant l'objectif de son futur mari. En 2003, à ses côtés, lorsqu'il porte l'habit d'académicien. DR/Léonard Gianadda

LÉONARD GIANADDA

Léonard Gianadda fait découvrir à sa tante Adèle et à François, un de ses deux fils, son recueil de photos. Tante Adèle se souvient avoir sablé le champagne le jour de la naissance de son neveu...

1935 Le 23 août, naissance à Martigny
1953 Premiers reportages
1957 Premier correspondant de la TSR en Valais
1960 Diplôme d'ingénieur civil de l'EPFL
1976 Le 31 juillet, mort accidentelle de son frère Pierre
1978 Le 19 novembre, inauguration de la Fondation Pierre Gianadda
Dès lors, plus de 8 millions de personnes vont venir visiter ses expositions.

Le Matin, 13 juin 2008.

Léonard Gianadda, reporter-photographe

Exposition
Il y a 50 ans, le mécène parcourait le monde pour «L'Illustré» ou «Paris Match». La Médiathèque Valais présente ses travaux

Léonard Gianadda a toujours aimé les images. Les expositions qu'il met sur pied depuis trente ans à Martigny sont fréquemment enrichies par des documents photographiques. Depuis 1998, dans les jardins de la fondation, le Vieil Arsenal accueille sur une base régulière des expositions de photographies. Enfin, l'entrepreneur culturel a toujours cultivé l'amitié de professionnels réputés, comme Henri Cartier-Bresson.

Cet intérêt soutenu pour le médium trouve sa source dans la jeunesse de Léonard Gianadda. Alors qu'il était étudiant, dans la seconde moitié des années 50, le Valaisan avait trouvé un moyen efficace pour découvrir le monde: le photojournalisme. Il a multiplié les reportages pour *L'Illustré*, *Pour Tous* et *Radio-TV Je vois tout* à Lausanne, *Die Woche* en Suisse alémanique. Voire pour *Paris Match*, à qui il a confié ses images du pèlerinage Paris-Chartres. Léonard Gianadda a en outre été pendant une année (en 1957) le premier correspondant de la Télévision romande en Valais.

12 000 négatifs

C'était il y a un demi-siècle. Léonard Gianadda a récemment confié ses archives photographiques – 12 000 négatifs – à la Médiathèque Valais de Martigny. Dès samedi, celle-ci présente une sélection du travail du photographe, activité que le futur ingénieur et mécène abandonnera dans les années 60. Les reportages sautent de Lausanne (le travail de nuit des étudiants à la poste) au Caire (nationalisation du canal de Suez), à la Jordanie et à Moscou, avec une préférence marquée pour le bassin méditerranéen.

«Ce travail méconnu éclaire d'un jour nouveau la passion de Léonard Gianadda pour l'art, note Jean-Henry Papilloud, directeur de la Médiathèque Valais. La dimension esthétique du personnage n'est pas née d'un coup en 1978 avec l'ouverture de la fondation. Son œil attentif à la lumière s'est formé bien avant, sur le terrain, appareil en main.»

Les images prises par Léonard Gianadda lui-même sont précédées dans l'exposition de Martigny par la documentation des trois décennies d'activité de la Fondation Gianadda, par l'entremise d'objets, d'archives, et, une fois encore, de photographies.

Luc Debraine

*Autoportrait sur la place Rouge. Léonard Gianadda (22 ans à l'époque) en reportage à Moscou, 1957.
Il a multiplié les reportages pour «L'Illustré», «Pour Tous», «Radio-TV Je vois tout» et «Die Woche».* ARCHIVES

Léonard Gianadda, d'une image l'autre, Médiathèque Valais, Martigny, du 14 juin au 7 novembre 2008. Vernissage ve 13 juin à 18h. Rens. 027/722 91 92 ou www.mediatheque.ch

Le Temps, 11 juin 2008.

Voyages en France

Un jour de pluie, à la sortie de l'exposition *Balthus*, Léonard Gianadda embarque dans sa voiture Philippe Guichardaz, un habitué de la Fondation qui s'en va prendre le train pour retourner chez lui à Evian. Passant devant la Médiathèque, le passager voit les affiches et demande au chauffeur improvisé de le déposer, car il a encore le temps d'une visite. Enthousiasmé, il attire l'attention des autorités d'Evian et leur suggère d'accueillir l'exposition *D'une image à l'autre* au Palais Lumière, qui vient d'être rénové et met en place ses premières expositions d'envergure.

Dans ce lieu historique, les photographies de Léonard Gianadda prennent une autre dimension. La configuration des salles, les compléments de tirages en grand format ainsi que la scénographie permettent d'affiner la présentation des œuvres et de mieux faire ressortir l'importance de la période des photoreportages dans la vie de Léonard. Les comptes rendus dans la presse, les échos de visiteurs arrivent aux oreilles du groupe qui anime la vie culturelle de Mornant, près de Lyon, et qui est composé d'amis fidèles de la Fondation Pierre Gianadda. D'Evian, l'exposition fait un saut de puce à Mornant en 2010, où elle occupe tous les étages de la Maison de Pays. Un espace totalement différent, une autre mise en scène renouvellent le regard.

Parallèlement, la directrice du Musée Toulouse-Lautrec d'Albi, Mme Danièle Devynck, agréablement surprise par cette facette inconnue d'un des administrateurs de son institution, propose d'exposer, en grands formats, trente photographies dans les jardins suspendus de la Berbie, du 15 mai au 31 juillet 2010.

Deux expositions suivront à Vaison-la-Romaine, en 2014 et 2015, autour de la Méditerranée antique.

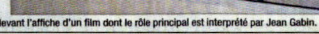

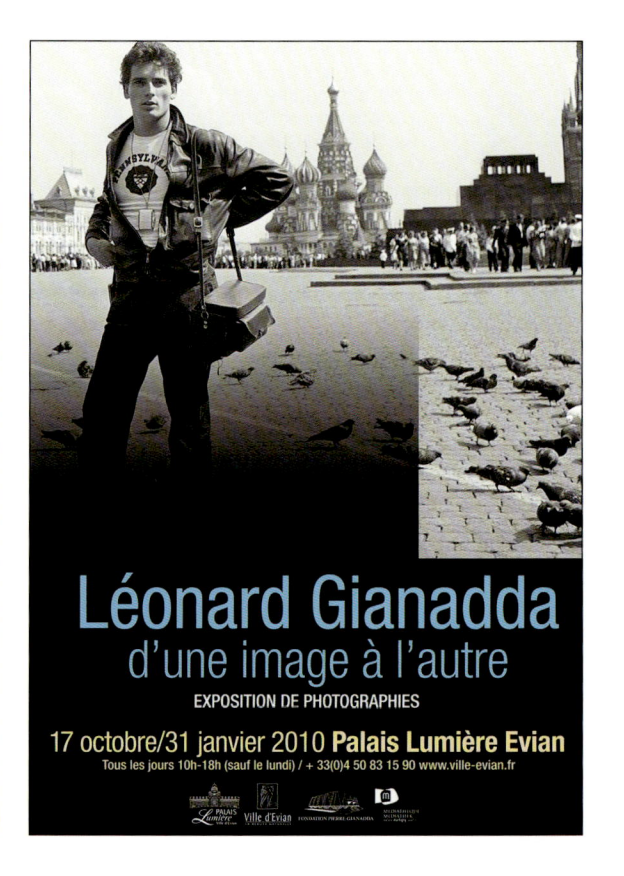

Le Dauphiné libéré, 18 octobre 2009.

Léonard Gianadda d'une image à l'autre, Jardins de la Berbie, Albi, 15 mai 2010.

Vernissage de l'exposition à Mornant, Maison de Pays, 26 juin 2010.

La Vie à Mornant, juillet 2010.

De la Place Rouge au Musée Pouchkine

> « Lors de la dernière exposition avec le Musée Pouchkine, la directrice, Irina Antonova, est venue à Martigny pour le vernissage. Elle a vu mes photos de Moscou qui étaient accrochées dans une salle annexe. Elle-même avait participé au Festival de la jeunesse et des étudiants en 1957. On aurait pu se rencontrer, et peut-être l'a-t-on fait… Elle m'a dit : 'Léonard, je veux exposer ces photos au Musée Pouchkine.' Et cela a eu lieu ! Pour l'occasion, nous avons réalisé un catalogue bilingue, russe-français. Maintenant, l'exposition circule en Russie. Elle a déjà fait une dizaine d'étapes de Moscou à la Sibérie. C'est extraordinaire ! Tout cela a eu des répercussions vraiment inattendues. »[2]

Entre la découverte des photographies par Mme Irina Antonova et leur présentation à Moscou, les commissaires ont à peine trois mois pour organiser un premier voyage de reconnaissance en Russie, faire traduire les textes et légendes, préparer le catalogue bilingue.

Afin d'assurer la qualité des épreuves, les photographies sont tirées à Martigny et transportées, dicrètement, dans un fond de valise. Afin de réduire les coûts d'importation, les catalogues sont imprimés par une entreprise moscovite. De même, les photographies sont encadrées sur place, sous le contrôle des commissaires.

L'accueil du public russe est de la même veine que celui réservé aux jeunes festivaliers de 1957. La chanson emblématique du festival, *Les Nuits de Moscou* (*Le Temps du muguet*) fait couler quelques larmes lors du vernissage, le 26 janvier 2010…

Après Moscou, l'exposition entame un long périple qui l'amène successivement à Toula (16 mai - 16 juin 2010), Kalouga (15 octobre - 14 novembre 2010), Joukov (7 janvier - mars 2011 et été 2012), Kemerevo (1er octobre - 12 décembre 2013), Prokopievsk (10 février - 20 mars 2014), Tomsk (29 mai - 30 juin 2014), Novossibirsk (23 juillet - décembre 2014), Krasnoïarsk (27 janvier - 26 avril 2015). D'autres étapes l'attendent à Yakoutsk, Khabarovsk… Le grand retour à Moscou est prévu en 2017, pour les soixante ans du Festival international de la jeunesse et des étudiants.

Moscou 1957, Fondation Pierre Gianadda, 2009.

[2] Entretien *Léoguide*, 20 avril 2015.

Vue de l'exposition au Musée Pouchkine, Moscou, 2010.

Olga Averianova, Irina Antonova, Léonard, Maria Kostaki.
Conférence de presse au Musée Pouchkine, 26 janvier 2010.

Face-à-face de Léonard avec l'affiche de l'exposition de ses photographies, Musée Pouchkine, Moscou, 26 janvier 2010.

Exposition à Kemerovo, 2013.

Exposition à Tomsk (Sibérie), 2014.

Extrait de presse russe, exposition à Toula, 2010.

Sur la Place Rouge avec Ekaterina Selezneva, directrice du département de l'art moderne et des relations internationales au Ministère de la culture, contact privilégié de Léonard à Moscou.
STANLEY MAUMARY MINK.CH

LÉONARD GIANADDA

Le Martignerain expose au Musée des Beaux-Arts Pouchkine de Moscou les photographies prises il y a cinquante ans lors du 6e festival mondial de la jeunesse et des étudiants. Une exposition qui répare une blessure importante de sa jeunesse.

«La boucle est bouclée»

LE SCANDALE
Léonard Gianadda avec l'ambassadeur suisse à Moscou. Il raconte le scandale qui avait suivi la publication d'une photo de Janos Kadar, homme politique hongrois pro-soviétique, portant le drapeau suisse en boutonnière lors du 1er août 1957 à Moscou.

LA RECONNAISSANCE
«Vous ne pouvez pas savoir ce que cela représente pour moi.» Léonard Gianadda a inauguré son exposition à Moscou en portant la décoration de l'Ordre de l'Amitié reçu sur décret de Poutine en 2006. Pendant ces journées moscovites, il n'a pas caché son émotion: «Quand j'ai fait la fondation il y a vingt-cinq ans, les gens ont pensé que c'était à ce moment que j'ai commencé à m'intéresser à la musique et à la peinture. Cette reconnaissance me donne un formidable bonheur. Ce qui se passe ici, c'est un des plus grands moments de ma vie. La boucle est bouclée.»

DE RETOUR DE MOSCOU
VÉRONIQUE RIBORDY

«*La boucle est bouclée*». Depuis qu'il est à Moscou, la phrase revient régulièrement dans la bouche de Léonard Gianadda. Il voudrait que ce voyage à Moscou, peut-être le 30e, soit aussi le dernier. Pour que les choses restent dans cet état de perfection. Pour ce «*dernier voyage*», il est venu inaugurer à Moscou une exposition et pour une fois, il s'agit de son exposition. Le Musée Pouchkine qui lui a prêté tant de toiles (Chagall, les impressionnistes etc.) expose pendant quelques semaines des photographies que Léonard Gianadda a prises en 1957 à Moscou lors du 6e festival mondial des étudiants et de la jeunesse. Le Martignerain avait 22 ans et ce devait être son dernier reportage photographique. Après son retour en Suisse, il décidait de poser ses appareils.

«*Je ne savais pas, en retrouvant ces photographies il y a deux ans, qu'elles avaient une aussi grande importance pour la Russie, et pour Léonard Gianadda. Il ne voulait ni les publier, ni les montrer. Il a fallu lui soutirer les documents l'un après l'autre*» a relaté Jean-Henri Papilloud, directeur de la Médiathèque Images et Son lors de la conférence de presse à Moscou. «*Lorsque je l'ai découvert, le reportage de Moscou était un reportage parmi cinquante autres. Un an après la première exposition à Martigny en 2008, j'ai pu voir les lettres et la correspondance et comprendre peu à peu ce qui s'était passé*». Il aura fallu cinquante ans pour que Léonard Gianadda revienne sur les conséquences de ce premier voyage en Russie soviétique.

L'annonce d'un dégel
En 1957, le festival de la jeunesse à Moscou attire des dizaines de milliers de jeunes sympathisants communistes. Plus tard, les observateurs y verront l'annonce d'un dégel du régime soviétique. Pour les historiens, le festival est un des événements majeurs de l'après-guerre. Cent trente et un pays sont représentés dont de nombreuses délégations venues de l'ouest de l'Europe.

Léonard saisit l'occasion pour visiter la Russie: «*Je n'allais pas manquer ça, passer de l'autre côté du rideau de fer! Il ne fallait que 300 francs pour trois semaines, nourri, logé*». Et politiquement? «*je n'étais ni pour, ni contre. Je voulais voir ce qui se passait*». Il se fait accréditer comme reporter par «l'Illustré», un magazine pour lequel il a déjà souvent travaillé. A 22 ans, il a déjà quatre ans d'expérience dans le photo-

> «Politiquement, je n'étais ni pour, ni contre, je voulais voir ce qui se passait»
> **LÉONARD GIANADDA**

journalisme. «*Il est à l'apogée de ses moyens*» souligne Jean-Henri Papilloud. Pendant trois semaines, Léonard va partout, sillonnant la ville en métro et à pied. Dans l'annuaire, il trouve le numéro de téléphone de Volodymyr Kuts, médaillé aux Jeux olympiques de Melbourne en 1956. Le champion l'invite chez lui.

Un autre jour, le jeune homme se rend au cirque de Moscou dans l'intention de se présenter au clown Popov. Le culot lui a réussi, puisque là aussi Popov l'accueille dans sa loge.

On peut imaginer Léonard pendant ces trois semaines à Moscou, courant partout, photographiant tout le monde, du métro aux grands magasins Goum sur la place Rouge où il assiste aux défilés de mode et saisit l'air ahuri des badauds devant les étals de bas de soie.

Pour la première fois depuis de longues années, Moscou est en fête. La ville fourmille d'orchestres, les filles ont des robes légères et des sourires ravis. «*C'était la liberté totale, on pouvait faire ce qu'on voulait. Les gens nous touchaient, ils voulaient nous parler. On a eu des contacts formidables*». Il revient avec mille trois cents images, la moisson est énorme.

A coups de pierres
Le retour en Suisse est brutal. Le train des jeunesses communistes est accueilli à coups de pierres à Zurich. L'aventure tourne carrément mal lorsque les premières images sont diffusées dans la presse. La photographie de Janos Kadar, prise lors de la fête nationale à l'ambassade suisse de Moscou, crée le scandale. Le leader hongrois porte le drapeau suisse en boutonnière, quelques mois après avoir participé au côté de l'Armée Rouge à l'écrasement de l'insurrection hongroise. «L'Illustré» publie un communiqué qui désavoue son jeune reporter. Léonard tourne la page et abandonne toute idée de carrière journalistique. Les photographies sont rangées dans une caisse et oubliées. Cinquante ans après, Léonard Gianadda veut bien se souvenir: «*Après coup, j'ai été frappé par ce qui se disait en Suisse. Les gens étaient persuadés que tout ce qu'on avait vu et vécu à Moscou était de la propagande. Mais en Suisse, on n'était pas capable de voir cette même propagande inversée.*»

Il n'y a donc pas de hasard si c'est en Russie que Léonard a ressenti par la suite les relations les «*plus étroites et sincères*» dans le cadre des activités de la Fondation P. Gianadda. Valentin Rodionov, directeur de la Galerie Tretiakov jusqu'à l'an dernier, et Irina Antonova, 88 ans, toujours à la tête du Musée Pouchkine, ont participé à ce festival de la jeunesse où Léonard Gianadda s'était précipité, avec ses 22 ans et une insatiable curiosité.

MADAME ANTONOVA A DIT

«Un regard ouvert»

Entre la Russe et le Suisse, vingt ans d'amitié et d'estime sur la base d'une expérience commune. LE NOUVELLISTE

La directrice du musée Pouchkine, le Louvre russe, est une institution à elle toute seule à Moscou. Grâce à Léonard Gianadda, son musée a accueilli des expositions Modigliani et Ingres. Bien souvent, elle est venue à Martigny à l'occasion de prêts russes à la Fondation. Pendant «De Courbet à Picasso», une exposition du musée Pouchkine, elle a découvert les photographies montrées à ce moment à la Médiathèque Images et Son.

Elle pose un regard lucide sur les images récoltées il y a cinquante ans par le jeune photoreporter suisse: «*J'ai participé au festival de la jeunesse en 1957. Je me souviens très bien de l'atmosphère et je l'ai retrouvée dans ces images. J'aime la sincérité de l'auteur et son regard ouvert, sans préjugé. Cet événement a été très audacieux, le climat politique était en train de changer. Le festival marque une étape importante pour notre pays (ndlr: le dégel débute en 1954 avec Khrouchtchev et se termine en 1964 à son départ). Léonard ne savait pas ce qui se passait, mais il a très bien senti ce qui se dégageait de ces journées. C'est un témoignage direct et très appréciable.*» Si elle avait rencontré Léonard en 1957, elle se dit convaincue que «*l'exposition d'aujourd'hui aurait pu avoir lieu beaucoup plus tôt*».

Nouvelliste, 3 février 2010.

Retour aux origines

Les premiers voyages des expositions nécessitent un approfondissement de l'inventaire et une nouvelle sélection de photographies. Ce travail, effectué par Sophia Cantinotti à la Médiathèque Valais - Martigny, débouche sur des découvertes intéressantes, en particulier dans les domaines où le livre et l'exposition *Léonard Gianadda, d'une image à l'autre* n'avaient fait que mentionner ou effleurer les sujets.

Les nouveautés sont suffisamment importantes pour justifier la présentation de plusieurs expositions ponctuelles à la Fondation Pierre Gianadda. Ainsi, au printemps 2012, en parallèle aux *Portraits* du Centre Georges-Pompidou de Paris, la série photographique *Portraits-Rencontres*, accompagnée d'un catalogue, permet de mieux appréhender les motivations de Léonard et nous révèle « un infatigable besoin de contact avec la vie dans ce qu'elle a de plus simple et de plus têtu » [3].

Des portraits d'Annette, décédée le 8 décembre 2011, rendent également hommage à l'épouse tant aimée.

[3] « Le secret des voyages », *Portraits-Rencontres*, 2012, p. 17.

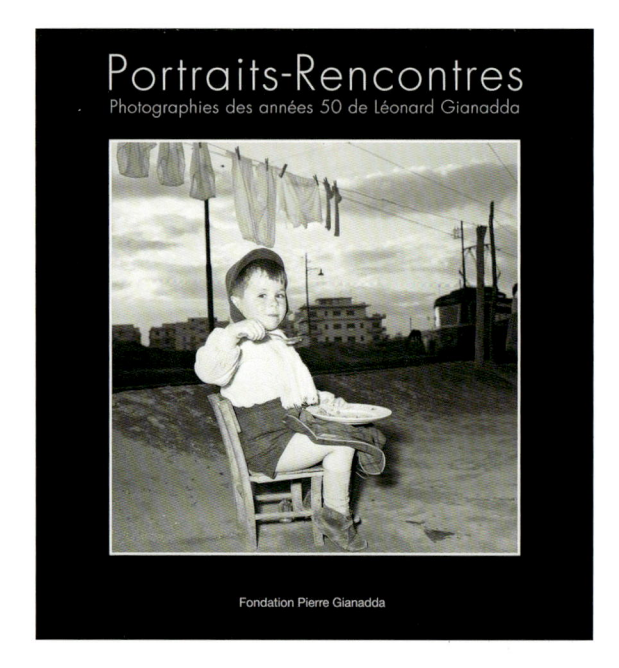

Gianadda, un œil à pleine ouverture

EXPOSITION

Avant d'être promoteur et organisateur d'expos, Léonard Gianadda a été dans les années 50 à l'école du reportage et du voyage au long cours.

PHOTOGRAPHIE A priori, les deux expositions actuelles (attention, jusqu'au 24 juin) de la Fondation Gianadda à Martigny n'ont rien à voir l'une avec l'autre. Mais c'est tout le contraire dont il s'agit. L'une présente une sélection de portraits virtuoses du XXe siècle issue du Centre Pompidou. L'autre, également des portraits, rappelle que Léonard Gianadda était un reporter dans les années 50, en parallèle à ses études d'ingénieur à Lausanne. Rolleiflex sur le nombril, il collaborait alors pour la presse valaisanne et vaudoise, voire française.

Un reportage sur Simenon à peine débarqué en Suisse romande, vendu une belle somme à un éditeur parisien, est le sommet de la première activité professionnelle de Léonard Gianadda. Mais une polémique navrante entourant un séjour en 1957 à Moscou, d'où le Valaisan ramène ses meilleurs clichés 6x6, le dégoûte à jamais du photojournalisme. Mais pas de la photographie, qu'il pratiquera encore quelques années après cette mésaventure. Divisée en thèmes (l'enfance, la séduction, la musique, les uniformes), évoquant la vie quotidienne du Pérou, de l'Egypte ou de Cinecittà, l'exposition montre certes des photos de qualité inégale, mais marquées par une relation simple et chaleureuse à autrui. Cet humanisme du regard peut sembler candide aujourd'hui, mais il était le fait d'une époque, d'un espoir et d'une lumière après la grande nuit de la guerre.

Cet humanisme est surtout la marque d'un œil grand ouvert qui évoluera du photographe au mécène et à l'organisateur d'expositions, dans une continuité assurée par des succès professionnels, mais aussi par les coups du destin. ○ **LUC DEBRAINE**

Martigny, Fondation Pierre Gianadda, jusqu'au 24 juin. www.gianadda.ch

SUR LA PLACE ROUGE Des Moscovites photographiés par L. Gianadda l'été 1957.

L'Hebdo, 14 juin 2012.

Annette, la fille de la photo

Dès le 2 mars, Léonard Gianadda exposera 150 de ses images en pensant beaucoup à son épouse

Philippe Dubath

Nous sommes le 25 février 1957, il y a cinquante-cinq ans exactement. Un jeune reporter-photographe de 22 ans entre à l'ADIL (Association des intérêts de Lausanne), l'Office du tourisme d'alors, où il vient proposer les photographies de l'écrivain Georges Simenon qu'il a accompagné dans la capitale vaudoise. Il est accueilli par une jeune secrétaire, Annette Pavid. Les deux regards ne se lâcheront plus: Léonard Gianadda et Annette se marieront en 1961, et marcheront ensemble jusqu'en décembre 2011. Annette s'éteint alors, vaincue par la maladie.

Elle sera la grande absente du vernissage de l'exposition des cent cinquante photographies que son époux présentera

Léonard Gianadda: «Après la disparition d'Annette, j'ai reçu 1400 lettres d'amitié. C'est vous dire qui était mon épouse»

dès le 2 mars en marge des «Portraits» venus des collections du Centre Pompidou. Annette ne sera pas là, mais sera présente quand même. D'abord dans le cœur de Léonard, qui chaque jour traverse un colosse chancelant et presque égaré de grands moments de solitude et de tristesse. Ensuite dans le beau catalogue de l'exposition, en textes et en images, puisque Jean-Henry Papilloud lui rend un hommage plein de noblesse. Elle sera, enfin, sur certaines des photographies noir et blanc qui égrènent ses sourires et ses regards tout en douceur et font d'elle la star d'un cent-vingt-cinquième de seconde, la star de Léonard.

C'est ainsi que cette exposition, qui dans le fond devait être un simple écho photographique à la présentation des portraits signés par les plus grands peintres du XXe siècle - de Balthus à Modigliani -, devient un salut, un hommage à Annette. «Elle était une femme modeste et discrète, qui savait immensément de choses. Elle m'a appris le goût de la peinture, de la musique. Elle était mon guide et elle me manque. Vous vous rendez compte, après sa disparition, j'ai reçu 1400 lettres d'amitié. C'est vous dire qui elle était…» confie Léonard Gianadda à une semaine du vernissage.

Cela dit, l'idée de l'exposition (la troisième en quatre ans après celle consacrée à Moscou 1957 et celle narrant les années 50 du photographe) est née pour le plaisir. Parce qu'après avoir laissé dormir ses négatifs et ses images dans des cartons pendant des décennies, Léonard Gianadda - aiguillonné et soutenu fraternellement par Jean-Henry Papilloud, de la Médiathèque du Valais - se dit qu'il les aime bien, qu'il en est fier, et que c'est comme ça: «Quand j'ai créé la Fondation en mémoire de mon frère Pierre (*ndlr: décédé des suites d'un accident d'avion en 1976*), des gens se demandaient déjà ce que cette initiative cachait de mal, d'inavouable. Ils cherchent encore! Moi, j'avais juste envie de créer quelque chose de bien, de beau, pour l'art et la mémoire. Et ça dure depuis trente-six ans.» Cette longévité ne doit rien au hasard. «C'est un miracle qui tient sur la passion, le travail et les moyens financiers! Alors, aujourd'hui, on peut bien se demander pourquoi j'expose mes photographies. Mais c'est simplement parce que j'ai 77 ans. Je me fous du mal qu'on peut dire de moi, je suis un homme libre de faire ce qu'il veut. Il y a vingt ans, je n'aurais pas osé!»

De Moscou à Martigny

Ces photographies racontent des pays, des histoires, le monde. Certaines sont allées à Moscou, au Musée des beaux-arts Pouchkine, il y a deux ans, pour décrire aux Russes une part de leur passé. D'autres disent les voyages à Rome, en 1957, où «les habitants de la via Frascati logent dans des cabanes aménagées sous les arches de l'antique aqueduc Alessandrino». Des clichés ont été pris en Floride en 1953, auprès des Indiens Séminoles, en Tunisie, au Guatemala où la sieste semble alors une institution, ou à Martigny-Bourg. On est en 1957, les femmes votent pour la première fois. Tiens, sur l'image de la page 71 du catalogue, la femme qui rit, c'est Birgitta, elle s'est reconnue lors d'une précédente expo. Et sur une autre image, il y a Geneviève qui va voter, il y a un scrutateur. Ils ne se connaissent pas encore, ils ne le savent pas encore, mais ils se marieront.

Marqué par des deuils (son père en 1972, sa maman happée par un train en allant fleurir sa tombe en 1973, son frère Pierre en 1976), Léonard Gianadda transmet, avec ses photographies, la vie qu'il a su voir et retenir quelques instants. Et donne à ces passants de partout, sans qu'ils le sachent, un accès à l'éternité. En compagnie d'Annette, la jeune Lausannoise du 25 février 1957.

Tirée du catalogue de l'exposition proposée à la Fondation Gianadda: Annette en 1957. LÉONARD GIANADDA

Photographie prise par Léonard Gianadda à Martigny-Bourg en 1957.

En 1956, la route de Léonard Gianadda passe par Le Caire.

En dates

1935 Léonard Gianadda naît le 23 août à Martigny.
1961 Il épouse Annette le 14 octobre, voyage de noces aux Amériques.
1976 Mort de Pierre Gianadda, son frère, dans un accident d'avion. Naissance de la Fondation Pierre Gianadda.
2010 Inauguration de la Fondation Annette et Léonard Gianadda à but social.
2011 Décès d'Annette le 8 décembre.
2012 Ouverture le 2 mars de l'exposition «Portraits» à la Fondation Gianadda.

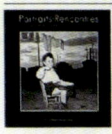

Portraits-Rencontres (catalogue de l'exposition qui débutera le 2 mars), Jacques-Henry Papilloud et Sophia Cantinotti, Ed. Fondation Gianadda, 240 p.

24 heures, 25 février 2012.

D'autres perles du fonds photographique de Léonard Gianadda attendent cependant encore d'être dévoilées au public. Elles vont resurgir au cours d'un curieux jeu de ping-pong entre Martigny et l'Italie.

Tout commence par une demande des autorités de Domodossola, à la recherche d'une exposition pour animer le Palazzo San Francesco, fraîchement restauré. Une nouvelle collection de tirages photographiques étant alors en voie de constitution, il est décidé de l'élargir et de la compléter avec des clichés retrouvés durant les recherches successives dans les archives de Léonard. Pour la circonstance, nous passons les séries de reportages sur les pays de la Méditerranée au crible fin. De belles surprises nous attendent. Et cela s'explique facilement. En 2008, pour des raisons de temps, l'exploration des archives était restée incomplète.

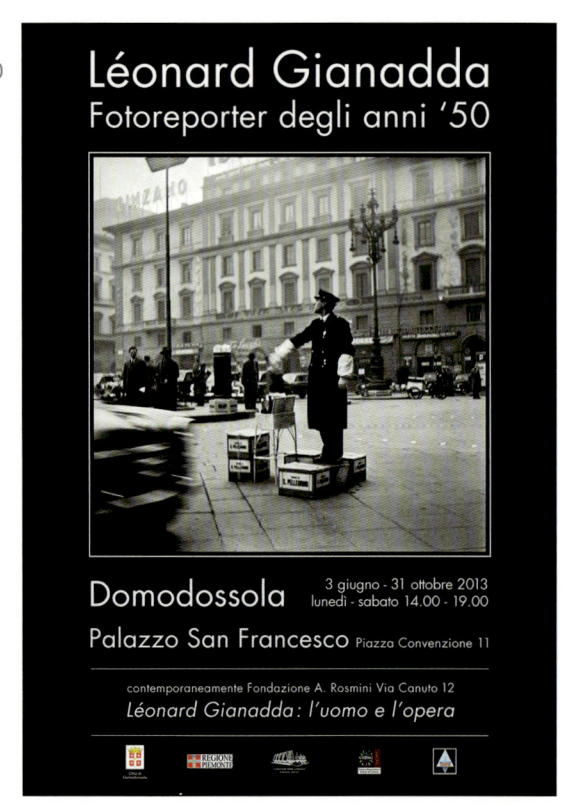

Vernissage de l'exposition *Mediterraneo* au Palazzo San Francesco de Domodossola, 1er juin 2013.

"Sono fiero di essere un domese ad onore"
Léonard Gianadda ha ricevuto la cittadinanza

La Stampa, 2 juin 2013.

Mariano Cattrini, maire de Domodossola, remet à Léonard la citoyenneté d'honneur.

Davantage lisibles sur négatif, ce sont surtout les prises de vue réalisées au Rolleiflex qui ont été mises en valeur en 2008. Or, celles effectuées avec le Leica au format 24 x 36 à partir de 1957 se révèlent tout aussi importantes. Comme nous l'écrivons dans le livre *Méditerranée*, nous ne sommes pas déçus par nos explorations du fonds : « Le voyage dans le monde inversé des négatifs vaut le détour. L'apparition de nouveaux visages et de scènes de rue saisissantes témoigne une fois de plus de la sensibilité du photographe, de sa capacité à poser un regard personnel et attentif sur l'humanité, de sa manière de questionner la vie. »[4]

Et « cette recherche nous permet de prendre conscience de l'importance que revêt la Mare Nostrum dans son apprentissage du monde, dans sa quête des origines »[5].

Ce qui n'aurait dû être qu'une exposition ponctuelle de l'autre côté de la frontière devient ainsi le point de départ d'une nouvelle aventure.

En effet, l'accueil des photographies en Italie, le regard des médias et l'intérêt du public nous motivent suffisamment pour convaincre Léonard de présenter ensuite ses œuvres dans sa Fondation. Et cette fois non pas dans une salle annexe, mais dans l'espace principal.

Vernissage de l'exposition *Méditerranée*, 29 novembre 2013.

[4] *Méditerranée*, 2013, p. 9.

[5] *Ibidem*.

L'opportunité d'un créneau à la Fondation, entre les expositions *Modigliani* et *La Beauté du corps dans l'Antiquité grecque*, permet finalement de réaliser une véritable rétrospective accompagnée d'un catalogue : *Méditerranée, 1952-1960*.

L'exposition suit l'ordre chronologique des reportages effectués par Léonard : la découverte de l'Italie au début des années 1950, les voyages en zigzag de 1954, la Grèce et l'Egypte de 1956, l'Italie et la Tunisie de 1957, l'Espagne et le Maroc de 1958, et, enfin, le désormais célèbre tour de la Méditerranée de 1960 avec Pierre. Des agrandissements géants des vestiges antiques entourent

Générations, décembre 2013.

PALERME Chanteurs de rue. (1957) LÉONARD GIANADDA

TUNIS Femmes déambulant dans le souk. (1957) LÉONARD GIANADDA

LAUSANNE Annette et Karine dans la chambre de Léonard. (1957) LÉONARD GIANADDA

MARTIGNY Une exposition inédite sur le thème de la Méditerranée. Un univers à découvrir.

Gianadda le photographe

JEAN-MARC THEYTAZ

La Fondation Gianadda présente jusqu'au 9 février près de 200 photographies de Léonard Gianadda, une magnifique exposition intitulée «Méditerranée».

Une tournée dans tous les pays au bord de la Méditerranée, Italie, Egypte, Espagne, Tunisie, France... notamment avec son frère Pierre.

Des photos d'une grande vérité, authenticité, avec une science et un art innés de la composition, une sensibilité particulière pour les gens simples avec beaucoup de scènes du quotidien saisies avec pudeur et empathie. Léonard Gianadda possède cette fibre de photographe qui fait de ses clichés des instants privilégiés et de grande valeur.

Un secret...

Un secret bien gardé durant de longues années: Léonard Giana-dda, dans sa jeunesse, a travaillé et œuvré comme photographe. Il y a cinq ans, même ses fils ne savaient pas que leur père avait été photographe dans une autre vie (1952-1960).

Léonard lui-même avait presque oublié cet épisode de son existence si richement remplie. «La plupart de ces photos je les découvre, je ne les ai jamais vues. Je faisais des planches-contacts avec les négatifs que j'avais faits, une dizaine de milliers environ. Personne ne savait que je photographiais.»

Léonard Gianadda a également été reporter: «J'ai été notamment correspondant pour la TSR, un poste intéressant qui procurait de l'enthousiasme et de l'élan au jeune reporter que j'étais.»

Et comme il le dit lui-même: «Il faudrait presque être centenaire aujourd'hui pour se souvenir de ce temps où j'écrivais mes premiers reportages dans la presse locale: c'était en 1953, au retour d'un voyage de quatre mois aux Etats-unis.» «A cette

ATHENES Erechthéion, les Caryatides. (1957) LÉONARD GIANADDA

époque j'ai eu la chance d'avoir un ami photographe, Roger Dorsaz... il m'enseigna les rudiments de la photographie, me conseilla, me guida... et exposa mes photographies dans ses vitrines». Léonard Gianadda avait en lui cette sensibilité, ce rapport au monde si spontané et riche de mille curiosités qui faisait de lui un photographe. Mais un jour, un fait qui peut paraître anodin le détourna un peu de cette première passion: «En 1957, à mon retour de Moscou, j'ai tourné la page photographique, blessé dans mon amour-propre par le déni de «L'Illustré»... qui n'a pas publié un de mes reportages...» Mais comme par un pied de nez amusant de l'Histoire, ces photos furent exposées bien plus tard au Musée Pouchkine de Moscou.

Photoreporter

Ce premier élan pour la profession de journaliste, photoreporter, cameraman, lui avait fait aussi glaner des succès, Léonard Ginandda ayant aussi écrit pour «Le Nouvelliste», le «Confédéré» et le «Radio-TV-Je-vois-tout». Il était payé 15 centimes la ligne dans «Le Nouvelliste» et 10 centimes dans le «Confédéré»... Cet amour et cette passion pour l'image, la photographie, se retrouvent dans certaines expositions de la Fondation Pierre Gianadda notamment avec Marcel Imsand, David Douglas Duncan, Henri Cartier-Bresson. Lors de l'exposition de 2008 à la Médiathèque, de nombreux clichés réalisés dans les années 50 sont sortis de l'oubli. Une mine de trésors à découvrir, une époque et un parcours de vie remarquable.

«BEAU TRAVAIL!»

● Léonard Gianadda rend hommage à Jean-Henry Papilloud qui a beaucoup œuvré pour cette expo avec Sophia Cantinotti. Un livre magnifique a été réalisé avec 280 photos: «Historien de profession il gratte, fouille, cherche et trouve... c'est ce qui est arrivé avec mes photos. Il les avait trouvées intéressantes et les a présentées à Oswald Ruppen qui les a aimées et trouvées dignes d'intérêt. C'est comme cela qu'a eu lieu la première expo... Et comme j'ai eu déjà l'occasion de le dire «La Fondation n'est pas un commencement mais un aboutissement.»

● **Point d'ancrage**: «Cartier-Bresson fait partie de mes références, un tout grand homme. A l'époque il n'y avait pas beaucoup de photos en général, cela coûtait cher et les contraintes étaient nombreuses, mais j'aimais cela.»

● **Et le noir-blanc?**

«Je pratiquais surtout le noir-blanc mais également la couleur. Aujourd'hui la problématique a changé puisque le numérique a amené une révolution totale. Durant sept ans la photo a occupé une grande place pour moi.»

GALERIE PHOTOS
Retrouvez notre complément d'images
www.lenouvelliste.ch + iPad + ePaper

LES ARTISANS DE L'EXPOSITION AVEC LÉONARD GIANADDA, PHOTOGRAPHE

Jean-Henry Papilloud et Sophia Cantinotti, commissaires de l'exposition et auteurs du livre. LE NOUVELLISTE

Léonard Gianadda devant l'une de ses photos, le photographe photographié... LE NOUVELLISTE

Nouvelliste, 13 décembre 2013.

le temple, les clichés des sites archéologiques visités ornent les couloirs annexes : « Pour Léonard Gianadda, la Méditerranée est en effet aussi un vaste territoire d'explorations historiques et artistiques, façonné par des récits immémoriaux fascinants. […] Il oscille ainsi sans cesse entre les pas des hommes et des femmes qu'il se plaît à suivre et les traces de leurs ancêtres. Les deux éléments vont de pair dans les réflexions du photographe. »[6]

L'exposition rencontre plus qu'un succès d'estime ; elle confirme définitivement la révélation d'un photographe de talent.

Dès lors, les événements s'enchaînent comme dans un rêve. Grâce à l'amicale complicité de Tina Fellay, des contacts sont établis et aboutissent à l'organisation d'une véritable tournée de l'exposition en Italie. Partout, Léonard est accueilli comme un artiste. Les autorités lui ouvrent toutes

Visite de l'exposition avec Claudio Scimone, Padoue, 2014.

Devant les Scuderie di Palazzo Moroni, Padoue, 2014.

Remise des « clés » de la ville de Padoue, 12 septembre 2014.

[6] *Méditerranée*, 2013, p. 16.

grandes les portes de leurs cités et lui rendent hommage à l'occasion des vernissages. Après Domodossola qui le nomme citoyen d'honneur, il reçoit les « clés » de la ville de Padoue et est inscrit au livre des personnages illustres de Biella… A Varese, Claudio Scimone et son épouse Clémentine, déjà participants de l'événement à Padoue, lui offrent la surprise d'un vernissage en musique.
Les compatriotes de Léonard se bousculent pour voir ses œuvres. La presse et les médias s'en font l'écho et répercutent le succès des manifestations. Gianadda, photographe, mécène ou créateur d'une institution célèbre, séduit et interpelle. Les Italiens sont fiers d'un compatriote parti de rien et qui a réussi. Dans ce sens, la présentation de l'exposition à Biella, à quelques kilomètres du village d'origine de son grand-père, est la plus émouvante. En présence de ses cousines et cousins de Curino, Léonard est rattrapé par l'émotion quand il rappelle dans quelles circonstances Baptiste Gianadda a quitté le hameau qui porte son nom pour aller en Suisse à la recherche d'un avenir meilleur. Il émeut tout le monde lorsqu'il redit son attachement de toujours pour la patrie de ses ancêtres. Et l'on comprend alors que l'accueil fait à son œuvre participe à la réconciliation intérieure, car il signifie, avant tout, une reconnaissance attendue, sinon recherchée.

Comme il fallait s'y attendre, les échos des succès italiens aiguisent la curiosité des Suisses. Le journaliste Yves Godel réalise alors, pour l'émission « Mise au point » de la Radio Télévision Suisse, un portrait tout en nuances de « Léonard de Martigny ». Présent au vernissage de Biella, il en capte les instants d'émotion, mesure l'importance des racines et s'attache à comprendre les forces et les sentiments qui sont les moteurs des actions de Léonard Gianadda depuis huitante ans.

Vernissage de l'exposition à Varese, 14 novembre 2014.

Couper de ruban au Palazzo Gromo Losa, Biella, 11 avril 2015.

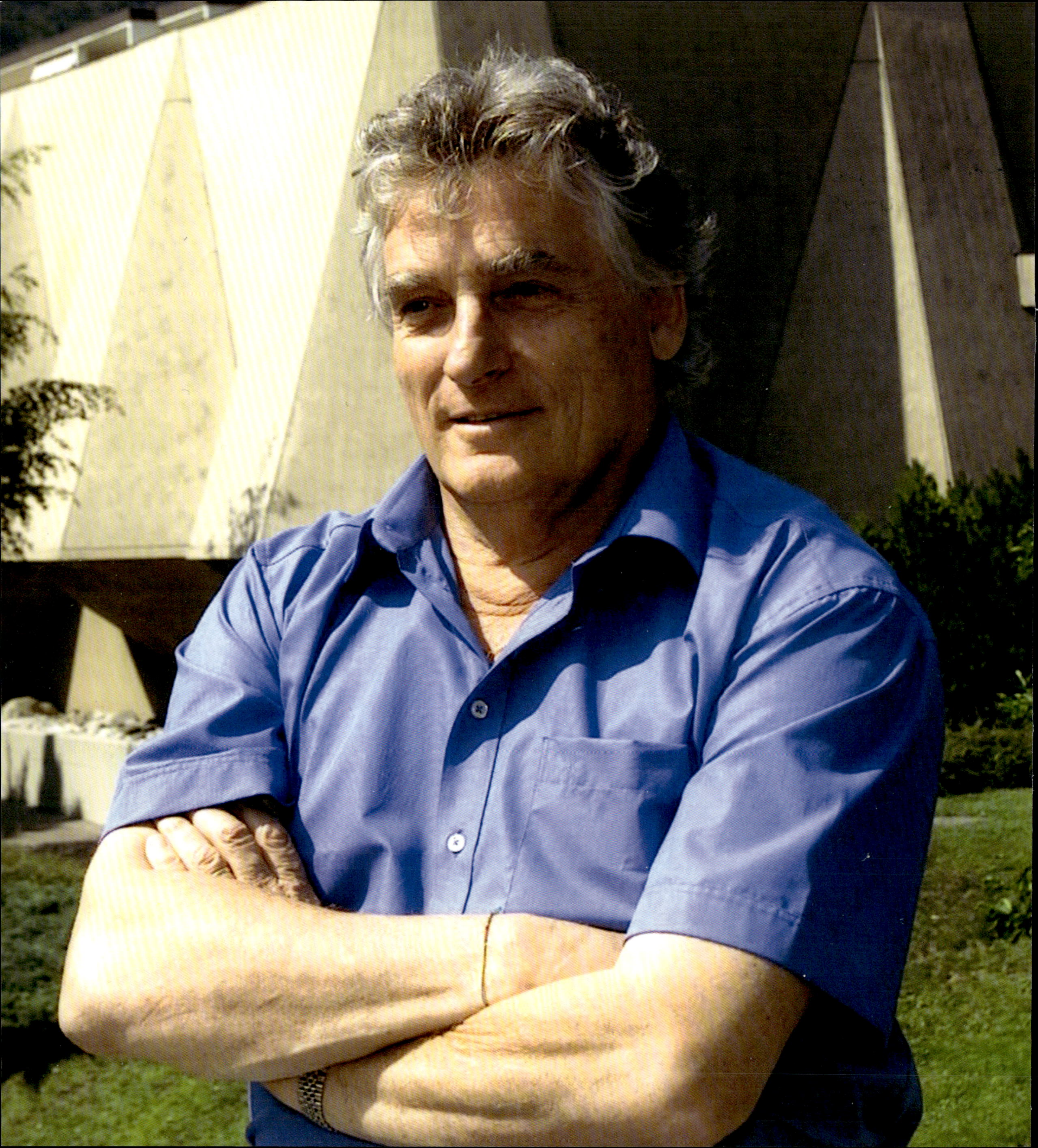

La vie continue, 2008-2015

Où l'on voit Léonard poursuivre inlassablement ses idéaux.

Entretien *Léoguide* n° 15, 20 avril 2015.

A l'âge où l'on pense généralement à la retraite, je me suis préoccupé davantage de ce qui me restait à réaliser. La redécouverte de mes photos m'ayant permis de relier d'une manière tangible tous les grands moments de ma vie, j'ai mieux perçu le fil conducteur de mes actions : l'intérêt pour l'art et l'envie de le partager.

J'ai aussi pris conscience qu'il y avait une certaine cohérence dans ce que j'avais mis en place autour de la Fondation, navire amiral avec ses expositions et ses concerts. Le Musée et Chiens du Saint-Bernard était ouvert, réalisé selon mon idée initiale ; le Vieil Arsenal épaulait la Fondation avec Léonard de Vinci *et les expositions temporaires sur les artistes de la région ; le Musée de l'automobile, achevé, constituait une attraction intéressante ; les livres et archives étaient en de bonnes mains à la Médiathèque Valais - Martigny ; la saga des ronds-points de Martigny s'achevait, provisoirement… Le moment était donc venu de dresser un premier bilan. Fort de la continuité artistique qui, je le percevais, sous-tendait mon parcours, j'ai osé affirmer mes choix et mes réalisations avec, au centre, un domaine qui m'a toujours passionné : la sculpture. Il en est ressorti un livre au titre que d'aucuns pouvaient trouver prétentieux :* Léonard Gianadda, la Sculpture et la Fondation. *Loin d'être un testament, cette réflexion, doublée d'un inventaire provisoire, m'a stimulé et encouragé à poursuivre ma contribution à la diffusion de la culture et au rayonnement de ma ville.*

◄ Dans les jardins de la Fondation, 2010.

Trente ans ont passé depuis la première exposition à la Fondation. Mais l'amour du beau et du partage n'a pas pris une ride chez Léonard Gianadda. Durant cette dernière période, il continue à sortir de grandes expositions de son chapeau de magicien. En raison de la conjoncture, le nombre des visiteurs n'atteint plus les sommets des années *Van Gogh*, mais la qualité et la diversité des thématiques abordées demeurent au rendez-vous. Chaque année offre son lot de surprises.

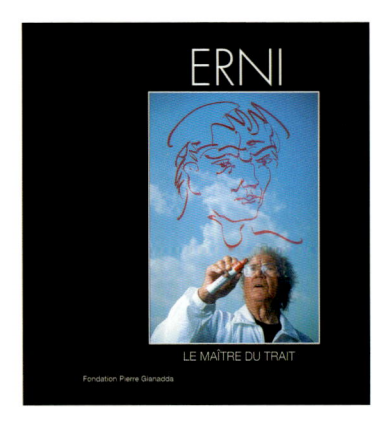

En 2008, la Fondation fête son 30e anniversaire avec un trio de centenaires – *Chavaz, Balthus, Erni* – et une quatrième exposition organisée avec le Metropolitan de New York, *Offrandes aux dieux d'Egypte*.

La Gazette de Martigny, 19 décembre 2008.

Archeologia, mai 2008.

Le Figaro, 16 juin 2008.

L'année suivante, après *Rodin érotique*, c'est un doublé russe qui va créer l'événement : *De Courbet à Picasso* avec le Musée Pouchkine, puis *Images saintes* avec la Galerie Tretiakov.

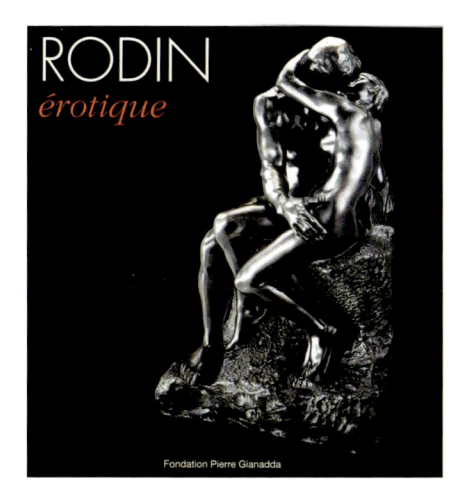

Cecilia Bartoli vaut bien une exposition…

> « Lors d'une rencontre, Irina Antonova, directrice du Musée Pouchkine, me dit : 'Léonard, comment faites-vous pour avoir Cecilia Bartoli à Martigny ?' Irina, très proche de la musique, organise elle-même *Les nuits de décembre* dans son musée, avec des saisons extraordinaires. Je lui réponds : 'C'est étonnant que vous me posiez cette question, parce que Cecilia m'a dit à peu près la même chose : "Léonard, comment fais-tu pour qu'on puisse chanter au milieu de tels chefs-d'œuvre?" Irina, je vous fais une proposition : j'organise un concert de Cecilia à Moscou et vous, vous présentez une nouvelle exposition du Musée Pouchkine à Martigny, sur l'impressionnisme. Après le coup de la saisie des œuvres [en 2005, à la fin de l'exposition *La peinture française*], ce serait une belle revanche.' Elle a été d'accord. Moscou a eu le concert de Cecilia Bartoli au Musée Pouchkine et nous avons eu l'exposition des impressionnistes à Martigny. »[1]

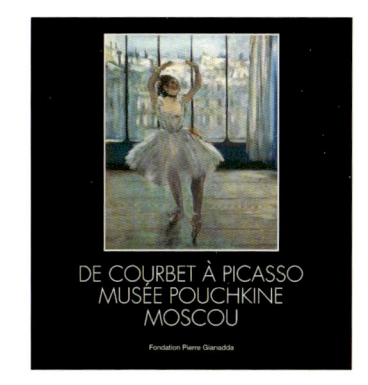

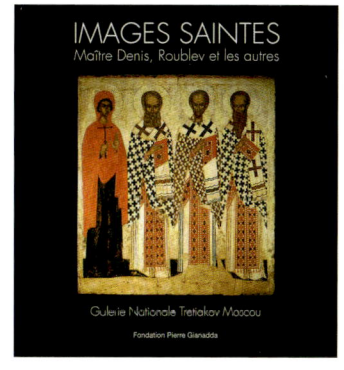

Irina Antonova, Cecilia Bartoli et Léonard, Musée Pouchkine, Moscou, 21 octobre 2008.

[1] Entretien *Léoguide*, 20 avril 2015.

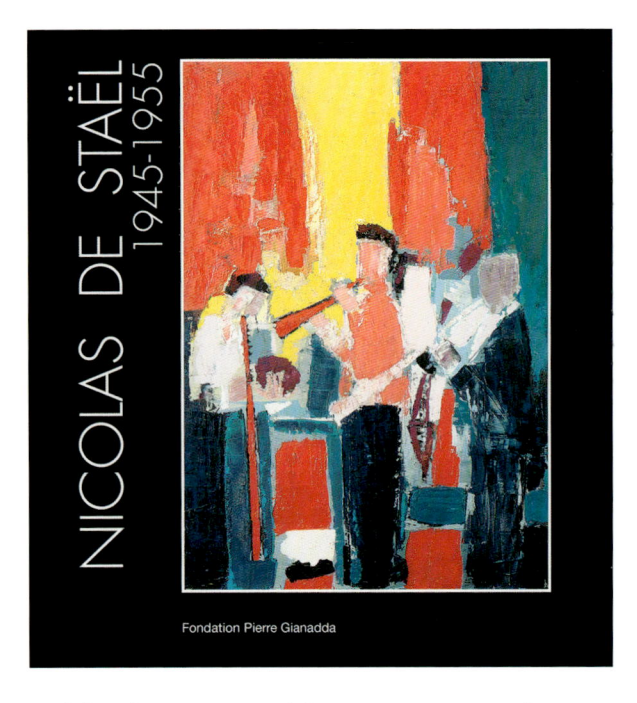

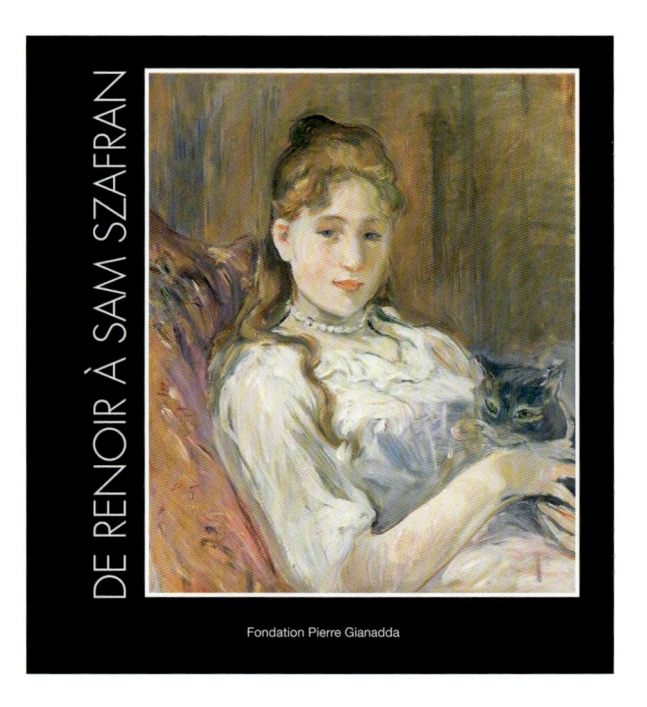

Fidèle dans ses amitiés et constant dans ses goûts artistiques, Léonard Gianadda réitère en 2010 l'expérience *Nicolas de Staël* avec Jean-Louis Prat, quinze ans après le premier épisode. *De Renoir à Sam Szafran* permet ensuite au public de découvrir un choix d'œuvres en provenance d'une seule collection privée (et anonyme), jamais exposée : « Il y a trente-deux ans, en 1978, la Fondation Pierre Gianadda ouvrait ses portes. Au gré des expositions, sa réputation s'est affirmée. Son histoire est liée à celle des expositions, qui ne peuvent s'élaborer sans l'aide des prêteurs, institutionnels et particuliers. Au fil des projets, des rencontres, des échanges et des visites, des liens solides se sont noués entre la Fondation et ceux qui lui ont fait confiance, lui permettant notamment de passer le cap des huit millions de visiteurs depuis son ouverture. Parmi les collectionneurs particuliers, certains firent preuve d'une fidélité inconditionnelle : cette fidélité est à l'origine de notre succès.

» Aujourd'hui, l'exposition *De Renoir à Sam Szafran. Parcours d'un collectionneur* vient couronner une amitié de longue date. Depuis plus d'un quart de siècle, j'ai vu se succéder trois générations d'une famille de collectionneurs enthousiastes qui, dès la première heure, ont compté parmi les véritables piliers de la Fondation. »[2]

Le principe d'exposer une collection est reconduit en 2012 avec Werner et Gaby Merzbacher qui mettent à la disposition de la Fondation un accrochage exceptionnel : *Van Gogh, Picasso, Kandinsky : le mythe de la couleur*.

Monet au Musée Marmottan et dans les collections suisses est le grand succès de 2011, avec 233 000 visiteurs. Il laisse ensuite la place à deux expositions organisées en partenariat avec des institutions reconnues : *Ernest Biéler* et le Kunstmuseum de Berne ; *Portraits* et le Centre Pompidou de Paris.

La collaboration avec Berne sera renouvelée en 2014 avec *Anker, Hodler, Vallotton... Chefs-d'œuvre de la Fondation pour l'art, la culture et l'histoire*. Cet épisode démontre que Léonard Gianadda a durablement réussi à exaucer le vœu, énoncé en 2003 lors de l'exposition *Anker*, de « lancer une passerelle entre la Suisse allemande et la Suisse française ».

---

[2] « Dans l'intimité d'une collection privée », préface de Léonard Gianadda, *De Renoir à Sam Szafran*, 2010.

Miraculeux trésors de la collection Merzbacher

Beckmann, Kandisky, Klee, les fauvistes... une exposition où l'on resterait une éternité

Peinture

Martigny (Suisse)
Envoyé spécial

Dans les livres d'Histoire, la nuit du 9 au 10 novembre 1938 est appelée « la Nuit de cristal ». Synagogues incendiées, commerces saccagés parce que leurs propriétaires sont juifs, violences et assassinats commis dans toute l'Allemagne et en Autriche... Ce pogrom fait comprendre au docteur Julius Merzbacher, qui exerce dans une petite ville du sud de l'Allemagne, qu'il n'y a d'autre issue que l'exil. Il commence par envoyer son fils de dix ans, Werner, en Suisse, où il est recueilli par la famille d'un confrère. Mais ni lui ni son épouse ne réussissent à partir à temps. Déportés, ils sont assassinés à Auschwitz (Pologne).

Cette même année 1938 est montrée à Berlin l'exposition, inaugurée l'année précédente à Munich, qui dénonce l'art *« dégénéré »* des artistes modernes, parmi lesquels des peintres allemands, Kirchner, Heckel ou Beckmann. C'est à eux et à d'autres *« dégénérés »* tels que Kandinsky, Klee ou Feininger qu'est consacré l'essentiel de la collection de Werner Merzbacher, et l'on ne peut croire que ce soit seulement par goût que le fugitif de 1938 rende un hommage aussi manifeste aux proscrits de 1937 et à Kirchner, qui se suicide en 1938.

On le peut d'autant moins que la collection Merzbacher s'est développée à partir de celle de son beau-père, si sauvées. Le Matisse appartient désormais à la collection Merzbacher, en compagnie de toiles de Derain, Vlaminck et Braque, qui forment autour de lui un ensemble fauve avec lequel il n'est guère que le MoMA de New York et le MNAM à Paris pour rivaliser.

Depuis des années, historiens et conservateurs le savent : pour réussir une exposition sur le fauvisme ou sur les avant-gardes en Allemagne avant 1914, des prêts des Merzbacher sont nécessaires. Très longtemps, ces prêts ont été accordés de façon confidentielle. C'est à peine s'il était dit que les toiles étaient conservées à Zurich. Quant à mesurer l'ampleur de la collection, il a fallu une première présentation publique à Jérusalem en 1998. D'autres ont suivi, au Japon, à Londres. Cet été, la collection est à la Fondation Pierre Gianadda, à Martigny, en Suisse, jusqu'au 25 novembre.

> Il n'est guère que le MoMA de New York et le Musée d'art moderne à Paris pour pouvoir rivaliser

Il y a là plus d'une centaine d'œuvres sur toile et sur papier, accrochées par affinités historiques et thématiques : les nus de Kirchner et les paysages d'Heckel, Nolde et Schmidt-Rottluff pour le groupe Die Brücke ; ceux de Derain et Vlaminck pour le fauvisme ; les Werner Merzbacher va à l'effusion et à la jouissance chromatiques, que le monde réel soit représenté, abrégé ou absent.

L'exposition devient ainsi une confrontation de très haut niveau entre des artistes qui expérimentent les effets visuels et sensuels des couleurs, leurs propriétés optiques, les relations qui s'établissent entre elles, les réactions de l'œil sollicité par des tonalités au paroxysme de l'intensité et – question que Matisse n'a cessé de se poser – les rapports de la couleur et du dessin.

Ces derniers peuvent être réglés par une composition nettement géométrique, dont les lignes et les angles tiennent les couleurs captives – Marc, Léger, Campendonck ou Feininger font ainsi –, ou par un renforcement des contours, qui permet de conserver une fonction cipes. Parmi elles, trois portraits féminins de Jawlensky exécutés vers 1910 sont très justement mis en évidence.

Si séduisantes soient-elles, ces œuvres retiennent néanmoins le regard moins longtemps que celles dans lesquelles le risque est pris de se passer du contour autant que possible, de ne pas dessiner et de faire éprouver la profondeur de l'espace, la présence et la densité des choses, leurs mouvements et ceux de la lumière purement par les couleurs posées par points, frottis ou aplats unifiés.

A Murnau, en 1910, Kandinsky tente l'épreuve : un jardin, des toits par-derrière, au-dessus des nuages, tout cela par touches obliques plus appuyées ou par taches aux formes irrégulières. L'œil pourrait s'y perdre. Il s'y retrouve avec aisance, port à telle qualité de tel blanc – car il sait aussi que le blanc n'existe pas. Il y a quelque chose de confondant devant une science si subtile et si empirique à la fois, celle que le peintre a énoncée dans son traité *Du spirituel dans l'art*.

L'expérience visuelle doit être recommencée à chaque Kandinsky. Il faut la reprendre devant chaque Klee et mesurer combien ce dernier de cette science une pratique distanciée et parfois même ironique. Reste encore après cela à étudier de près la mythologique *Femme au serpent* de Beckmann et bien d'autres tableaux, que l'on ne citera pas pour abréger. La visite est donc appelée à durer très longtemps. Et encore repart-on avec l'inquiétude de ne pas avoir consacré tout à fait assez d'attention à chacu-

« Sonnenuntergang über dem Staffelsee » (« Coucher de soleil sur le lac Staffel »), vers 1910-1911, de Gabriele Münter (1877-1962). PETER SCHÄLCHLI/PROLITTERIS ZURICH

Le Monde, 3 août 2012.

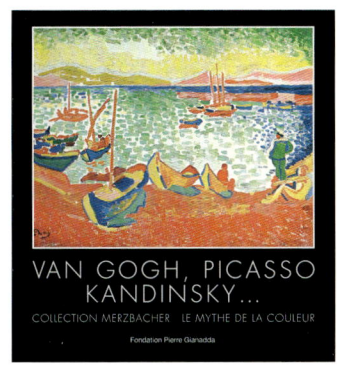

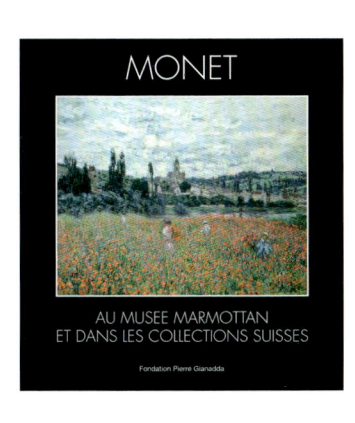

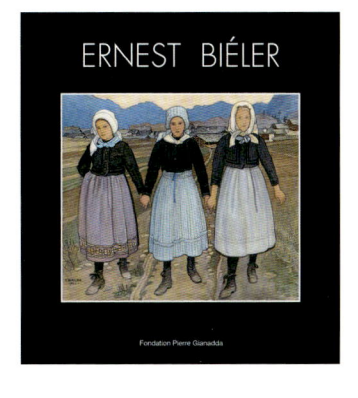

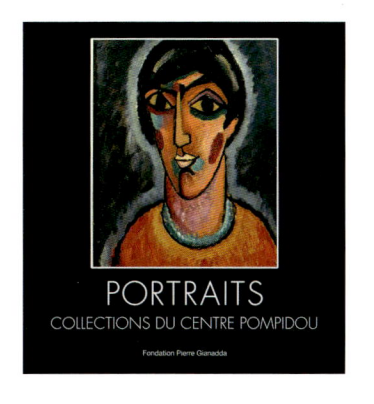

Modigliani et l'école de Paris, puis *Renoir*, enfin *Matisse en son temps* sont les événements estivaux de 2013 à 2015. Ils alternent avec une seconde rétrospective de l'œuvre de Sam Szafran et avec *La Beauté du corps dans l'Antiquité grecque*. Cette dernière exposition offre un face-à-face inédit entre le *Discobole*, le vrai, l'unique, et les deux découvertes exceptionnelles faites le 6 juillet 2011 à Martigny-la-Romaine, l'*Hercule léontè* et l'*Apollon citharède*.

Dans le programme, une belle place est également accordée à la photographie avec les expositions de Marcel Imsand, *Marcel Imsand et la Fondation* et *Maurice Béjart* ; de Michel Darbellay, *Sculptures en lumière* ; et de Léonard Gianadda, *Méditerranée (1952-1960)*, *Portraits-Rencontres*, *Hommage à Annette*.

Ce florilège d'expositions nous rapproche du dix-millionième visiteur. Comme le dit volontiers le président-directeur de la Fondation : « Avouons, après trente-sept ans et devant 350 classeurs fédéraux de coupures de presse, que ce n'est pas mal du tout pour une petite ville comme Martigny ! »[3]

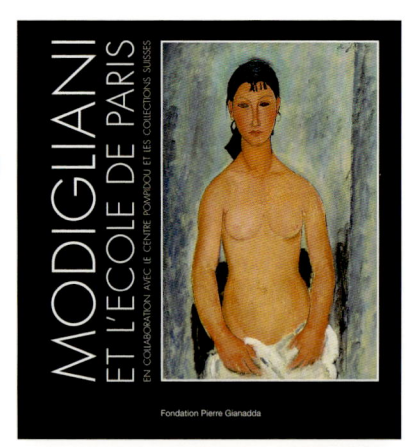

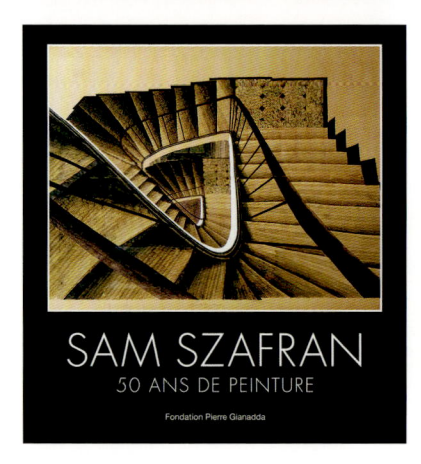

Le *Discobole*, exposition *La Beauté du corps dans l'Antiquité grecque*, 2014.

[3] Entretien *Léoguide*, 20 avril 2015.

LES NOUVELLES STATUES ROMAINES DE MARTIGNY
Importance artistique et historique

VÉNUS, APOLLON ET HERCULE EN OCTODURE

■ Dans une salle de la Fondation, sont exposées les deux statues découvertes à Martigny. (cf. page 16) et une statuette de marbre de Vénus, réplique de l'Aphrodite de Cnide de Praxitèle, également trouvée à Martigny, à l'aube de la Seconde Guerre mondiale.

Lorenz Baumer a procédé à une étude exhaustive desdites statues. Il précise que les deux statues romaines récemment mises au jour, sculptées en marbre, sont rares en Suisse et témoignent d'une grande qualité. En Helvétie, on trouve d'habitude des œuvres sculptées en calcaire local et travaillées par des artisans vernaculaires. Dans le cas de l'Apollon, il s'agit peut-être d'une pièce provenant de la partie orientale de la Méditerranée. Ces trois statues confirment que certains habitants de Forum Claudii Vallensium ne se laissaient pas rebuter par la dépense pour décorer leurs demeures. Ils s'inscrivaient ainsi dans la tradition romaine, soulignant le lien étroit de Martigny avec la culture de la Méditerranée.

■ **Lorenz Baumer/AdW.**

Hercule, en marbre de Paros blanc, II⁰ s. apr. J.-C. La statue est recomposée de plusieurs fragments. Il manque, entre autres, la tête. Hercule est identifiable grâce à la léonté attachée sous le cou avec un grand nœud. La léonté rappelle le premier des douze travaux d'Hercule où le héros tue le lion de Némée.

L'Apollon citharède, en marbre de Paros blanc, II⁰ s. apr. J.-C. La statue, recomposée de plusieurs fragments, montre une figure masculine nue, identifiée comme Apollon par la cithare. Cet Apollon, à l'âge d'un adolescent, comme l'indique l'absence de poils pubiens, se tient debout. La cithare est de type usuel, en forme de trapèze. La chair est modelée avec une grande sensibilité.

Vénus du type de l'Aphrodite de Cnide, marbre de Luni blanc, II⁰ s. apr. J.-C. Cette statuette représente Vénus debout et nue, la main droite portée devant le sexe, alors qu'elle tient dans sa main gauche un vêtement dont les plis retombent sur un vase posé à même le sol. Malgré son petit format, cette œuvre impressionne par la finesse apportée au modelé du vêtement.

PAGE 17

Présentation de l'*Hercule léontè* et de l'*Apollon citharède*. *Nouvelliste*, supplément été 2014.

Les 350 classeurs de presse de la Fondation (1978-2015), exposés à l'Arsenal, été 2015.

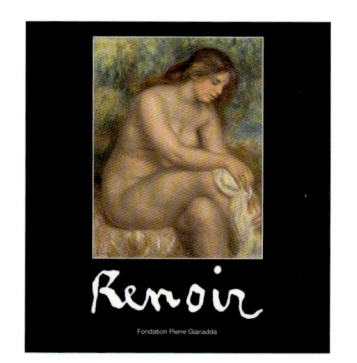

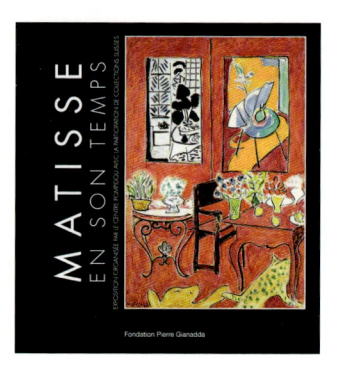

En parallèle au programme principal de la Fondation, une exposition d'un artiste suisse est présentée chaque automne au Vieil Arsenal par Nicolas Raboud. Le public peut ainsi découvrir des œuvres d'Olivier Saudan, Gottfried Tritten, Suzanne Auber, Francine Simonin, André Raboud, Pierre Zufferey, Emilienne Farny et Jean-Claude Hesselbarth. Pour chacune de ces expositions, un catalogue est édité et une œuvre de l'artiste est cédée à la Fondation pour ses collections.

Il faudrait encore parler plus longuement des nombreuses expositions, dont celles de Sam Szafran, Henri Cartier-Bresson, Hans Erni, Alberto Giacometti, Marcel Imsand… que Léonard Gianadda exporte dans ce village de l'autre côté du col du Grand-Saint-Bernard, Etroubles, dont il est citoyen d'honneur. Il le fait en signe d'amitié pour le maire, Massimo Tamone, et afin de renforcer les synergies touristiques entre les deux régions voisines.

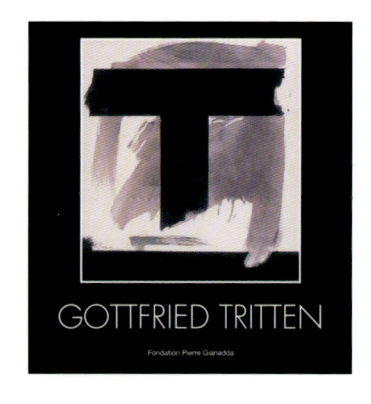

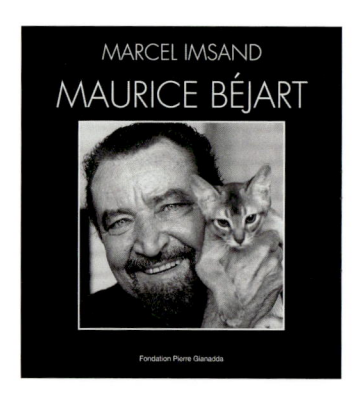

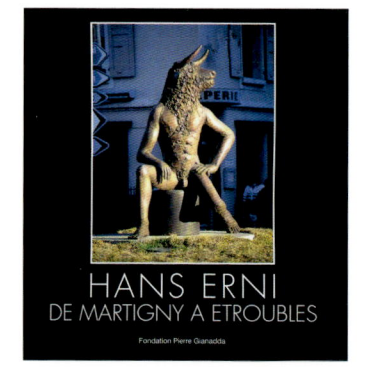

Les expositions, 2008-2015

Années	Dates	Expositions	Commissaires	Visiteurs
2008	17.3-8.6	Offrandes aux dieux d'Egypte	Marsha Hill	56 560
	17.3-8.6	L'Egypte de Monique Jacot	Jean-Henry Papilloud	
	16.6-23.11	Balthus, 100e anniversaire	Jean Clair, Dominique Radrizzani	166 079
	7.11-23.11	Olivier Saudan (Vieil Arsenal)	Nicolas Raboud	
	29.11-1.3.09	Hans Erni, 100e anniversaire	J. Dominique Rouiller	49 946
2009	6.3-14.6	Rodin érotique	Dominique Viéville	59 123
	19.6-22.11	De Courbet à Picasso. Musée Pouchkine, Moscou	Irina Antonova	174 361
	19.6-22.11	Moscou 1957, par Léonard Gianadda	Jean-Henry Papilloud, Sophia Cantinotti	
	8.10-1.11	Gottfried Tritten (Vieil Arsenal)	Nicolas Raboud	
	3.12-13.6.10	Images saintes. Maître Denis, Roublev et les autres	Nadejda Bekeneva	62 262
	3.12-13.6.10	Les gravures du Grand-Saint-Bernard et sa région	Frédéric Künzi	
2010	18.6-21.11	Nicolas de Staël 1945-1955	Jean-Louis Prat	140 793
	2.10-1.11	Suzanne Auber (Vieil Arsenal)	Nicolas Raboud	
	10.12-13.6.11	De Renoir à Sam Szafran. Parcours d'un collectionneur	Marina Ferretti Bocquillon	81 885
2011	17.6-20.11	Monet au Musée Marmottan et dans les coll. suisses	Daniel Marchesseau	233 000
	17.6-20.11	Maurice Béjart, par Marcel Imsand	J.-H. Papilloud, S. Cantinotti	
	18.6-18.9	Hans Erni, de Martigny à Etroubles	Frédéric Künzi	
	30.9-30.10	Francine Simonin (Vieil Arsenal)	Nicolas Raboud	
	1.12-26.2.12	Ernest Biéler. Réalité rêvée	Matthias Frehner, Ethel Mathier	34 960
2012	2.3-24.6	Portraits. Collection du Centre Pompidou	Jean-Michel Bouhours	47 089
	2.3-24.6	Portraits-Rencontres, par Léonard Gianadda	J.-H. Papilloud, S. Cantinotti	
	20.9-21.10	André Raboud (Vieil Arsenal)	Nicolas Raboud	
	20.9-21.10	Pierre Zufferey (Vieil Arsenal)	Nicolas Raboud	
	29.6-25.11	Le mythe de la couleur. Collection Merzbacher	Jean-Louis Prat	168 536
	29.6-25.11	Hommage à Annette, par Léonard Gianadda	J.-H. Papilloud, S. Cantinotti	
	29.6-25.11	Henri Cartier-Bresson. Collection S., L. et S. Szafran	J.-H. Papilloud, S. Cantinotti	
	7.12-3.3.13	Marcel Imsand et la Fondation	J.-H. Papilloud, S. Cantinotti	27 003
2013	8.3-16.6	Sam Szafran. 50 ans de peinture	Daniel Marchesseau	30 137
	21.6-24.11	Modigliani et l'Ecole de Paris	Catherine Grenier	155 515
	20.9-21.10	Emilienne Farny (Vieil Arsenal)	Nicolas Raboud	
	7.12-9.2.14	Méditerranée (1952-1960), par Léonard Gianadda	J.-H. Papilloud, S. Cantinotti	12 572
2014	28.2-9.6	La Beauté du corps dans l'Antiquité grecque	Ian Jenkins	37 502
	20.6-23.11	Renoir	Daniel Marchesseau	171 179
	20.6-23.11	Sculptures en lumière, par Michel Darbellay	J.-H. Papilloud, S. Cantinotti	
	20.6-23.11	Les vitraux de Hans Erni et du Père Kim En Joong	J.-H. Papilloud, S. Cantinotti	
	26.9-2.11	Jean-Claude Hesselbarth (Vieil Arsenal)	Nicolas Raboud	
	5.12-14.6.15	Anker, Hodler, Vallotton… Chefs-d'œuvre de la Fondation pour l'art, la culture et l'histoire…	Matthias Frehner, Valentina Locatelli	
2015	20.6-22.11	Matisse en son temps	Cécile Debray	
	20.6-22.11	Léonard Gianadda, 80 ans d'histoires à raconter (Vieil Arsenal)	J.-H. Papilloud, S. Cantinotti	
	4.12-12.6.16	Zao Wou-Ki	Daniel Marchesseau	

Je suis arrivé à un âge, moi aussi, où je commence à me retourner, et à faire les comptes – et je ne dis pas le avoir été d'un de mes plus chers et précieux amis, et que je ne cesse pas de me réjouir des occasions qui nous ont fait nous rencontrer. Tu restes d'ami magnifique qui m'aura consolé et enchanté toutes ces années.

Fais-moi une promesse : que nous fêtions en petit comité, d'ici Noël, à Paris ou à Nantigny, cette amitié.

Je t'embrasse – avec Laure – dans le souvenir d'Annette.
Gérard

Extrait de la lettre de Gérard Régnier à Léonard, 31 juillet 2015.

La difficulté des échanges

« Notre problème, c'est que nous empruntons et nous ne prêtons pas, car nous n'avons pratiquement pas de collection, ce qui ne facilite pas les négociations. Cependant, petit à petit, j'ai tissé un réseau. Je compte sur des gens comme Jean-Louis Prat, a. directeur de la Fondation Maeght pendant quarante ans ; Gérard Régnier, alias Jean Clair de l'Académie française, a. directeur du Musée Picasso ; Daniel Marchesseau, a. directeur du Musée de la vie romantique ; et, plus récemment, Matthias Frehner, directeur du Musée des beaux-arts de Berne. Tous font partie de notre Conseil de Fondation. Ce sont des appuis solides, des références incontestées. Mais la réalisation d'exposition comme *Renoir* en 2014 est un grand défi, car il n'y a pas de Musée Renoir. Il n'y a donc pas de réservoir, de fonds de famille ou de fondation, comme c'est le cas avec Monet et le Musée Marmottan, Rodin et le Musée Rodin, Lautrec et le Musée d'Albi... Pour obtenir huitante tableaux de Renoir, ce sont quelque deux cents négociations, deux cents corps à corps. C'est difficile, pénible ! Alors, je m'approche des grands collectionneurs privés, des musées, pour obtenir des collections homogènes, comme cela a été le cas avec le Musée Pouchkine, la Galerie Tretiakov, le Metropolitan de New York, São Paulo ou la Phillips Collection... »[4]

Conseil de la Fondation Pierre Gianadda en 2014

Bureau
Léonard Gianadda, président de la Fondation ;
Esther Wæber-Kalbermatten, conseillère d'Etat ;
Marc-Henri Favre, président de Martigny.

Membres
Famille : François Gianadda ; Laurent Gianadda.
Mécènes : Jacques Jottrand ; Kristen van Riel.
Scientifiques : Charles Delaloye, programmation musicale ; Matthias Frehner, Kunstmuseum de Berne ; Daniel Marchesseau et Jean-Louis Prat, commissaires d'expositions ; Jean-Henry Papilloud, Collections photographiques ; Gérard Régnier, de l'Académie française ; Fortunato Visentini, Musée de l'Automobile.

Membres associés
Willy Joris, secrétaire ; Brigitte Mavromichalis, mécène ; Claude Roch et Serge Sierro, anciens conseillers d'Etat.

Dédicace de Jean-Louis Prat à Léonard, 30 juillet 2015.

[4] Entretien *Léoguide*, 20 avril 2015.

Fréquentation cumulée de la Fondation

Visiteurs	Dates
500 000	21.9.1985
1 000 000	11.7.1988
2 000 000	13.9.1991
3 000 000	25.5.1995
4 000 000	4.7.1998

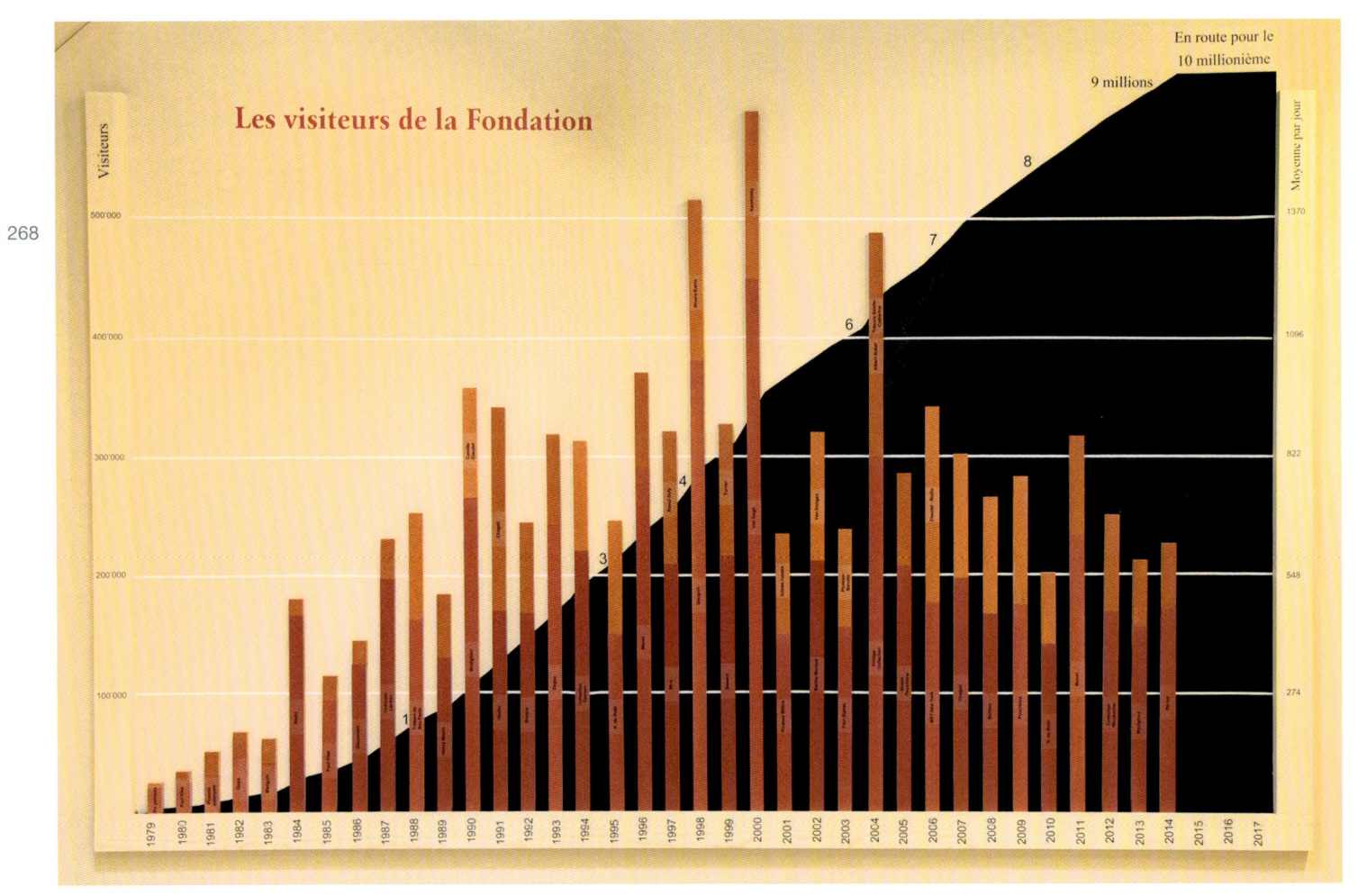

5 000 000	19.8.2000
6 000 000	30.9.2003
7 000 000	17.7.2006
8 000 000	15.11.2009
9 000 000	9.2.2014
9 343 245	23.8.2015

Fréquentation des expositions de 1979 à 2015, tableau affiché dans l'exposition à l'Arsenal, 2015.

ENTRE NOUS

9 MILLIONS!

MARCEL GAY
RÉDACTEUR EN CHEF

On peut faire dire ce que l'on veut aux chiffres, il y a parfois un chiffre qui veut tout dire: 9 millions! Si on met en face de ce total le nombre 1, on se demande quel exercice d'algèbre on nous propose. En fait, l'équation est enfantine car elle ne comporte même pas une inconnue. Le premier résume le nombre de visiteurs que la Fondation Pierre Gianadda a accueilli depuis son ouverture, en 1978; le second la personne par qui le succès est arrivé. Léonard Gianadda, et lui seul, a fait venir à Martigny 9 millions de personnes en provenance du monde entier! Il a accroché aux cimaises de sa fondation tous les chefs-d'œuvre. Il a inscrit en lettres d'or sur ses affiches le nom des plus grands artistes. Il a convaincu les collectionneurs privés de lui prêter leurs trésors cachés; lié des liens de confiance avec les commissaires des musées de référence; rencontré des hommes d'état; reçu des distinctions internationales… Pourquoi en fait répéter ce que l'on sait déjà? Pourquoi remettre en lumière le parcours fabuleux de Léonard Gianadda? Parce qu'il y a un chiffre, 9 millions, qui nous éclate en plein visage tel le feu d'artifice du premier août octodurien que l'on doit en grande partie à qui vous savez… Et il y a la Fondation Annette et Léonard Gianadda qui permet de soutenir les plus faibles. Les giratoires de la ville, les vitraux de Hans Erni au temple. Des immeubles qu'il a légué à la fondation pour assurer sa pérennité financière… Et surtout, il y a encore et toujours un alerte septuagénaire qui carbure à cent à l'heure… à la quête du graal, qui pour lui est une sculpture pour le jardin de la fondation ou un autre tableau d'exception pour une future exposition. 9 millions de visiteurs! C'est plus que la Suisse entière qui a passé la porte de la fondation! Chapeau bas et respect Monsieur l'ambassadeur de notre pays, du Valais et de Martigny.

La Gazette de Martigny,
31 mars 2014.

UN JOUR DANS LA VIE DE…

Léonard Gianadda
Le dernier empereur

Veste en daim, chemise ouverte, crinière au vent. Il est 10 h 30 à Martigny, Léonard Gianadda reçoit la presse pour la présentation de *Léonard Gianadda – La sculpture et la fondation*. Café, croissants. La Fondation Gianadda, créée deux ans après le décès de son frère Pierre dans un accident d'avion, fête trente ans de succès. A 73 ans, Léonard, qui en paraît 15 de moins, est à «l'heure des bilans». Tout le monde est là, sa femme Annette, son fils François, le président de Martigny, monsieur Culture de la ville, monsieur Culture du canton. Page 212, le buste du patron par Gabriele Garbolino Ru. «Oui, j'ai osé…» Sa femme Annette chuchote à son voisin. «Pchtt, Annette!» Annette se tait. Page 290, Léonard signe un texte sur la fonte à la cire, écrit pour l'expo Rodin de 1994. «Pour montrer que je ne suis pas seulement le cochon de payeur.»
11 h 30. Le petit train touristique emmène son monde faire le tour des treize ronds-points décorés des sculptures d'André Raboud, Didier Dana ou Michel Favre, données à la ville par Léonard. Midi. Asperges et jambon cru du Valais à la fondation. A son cou, la médaille de sa première communion offerte par sa mère. Elle est morte en 1973 renversée par un train alors qu'elle se rendait sur la tombe de son mari, mort en 1971 d'un infarctus. Léonard a 36 ans. En 1976, son frère Pierre meurt à son tour. «La fondation, c'était pour eux. Elle n'a pas été un début, mais un aboutissement. L'art m'habite depuis toujours. J'organisais déjà des expositions à l'âge de 18 ans à Martigny.»

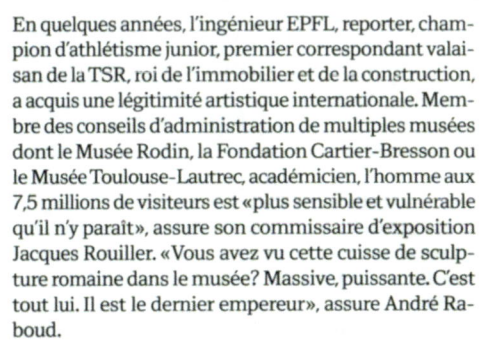

En quelques années, l'ingénieur EPFL, reporter, champion d'athlétisme junior, premier correspondant valaisan de la TSR, roi de l'immobilier et de la construction, a acquis une légitimité artistique internationale. Membre des conseils d'administration de multiples musées dont le Musée Rodin, la Fondation Cartier-Bresson ou le Musée Toulouse-Lautrec, académicien, l'homme aux 7,5 millions de visiteurs est «plus sensible et vulnérable qu'il n'y paraît», assure son commissaire d'exposition Jacques Rouiller. «Vous avez vu cette cuisse de sculpture romaine dans le musée? Massive, puissante. C'est tout lui. Il est le dernier empereur», assure André Raboud.
Le repas se termine. Léonard demande comme chaque jour les chiffres des visiteurs, des ventes de posters et glaces à la buvette. «Je veux tout savoir. S'il y a un problème je veux le régler de suite.» 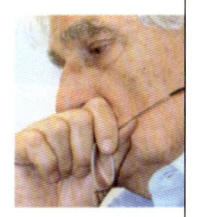
Dans son appartement de Martigny, il se lève à 7 h, se couche à 1 h. Il ne mange ni le matin, ni à midi. Il n'a ni agenda électronique, ni ordinateur, passe des heures à aligner les sudokus niveau 4, ne regarde pas la télévision, se déplace en VW Golf – «Je n'aime pas particulièrement les voitures. Le musée de l'automobile existe parce que c'était une bonne idée. Comme le Musée et Chiens du Saint-Bernard.» Il ne s'étale pas sur sa collection d'art privée. «Il y en a chez moi, oui.» Parfois il prête un tableau de Modigliani au Japon, un Klee à Berne.
Il file à Canal 9. Demain il sera à Toulouse pour Toulouse-Lautrec, puis à Paris. Après lui? «La Fondation marche bien. Les choses peuvent continuer sur leur lancée. Me remplacer? Impossible. Qui peut trouver un million de budget par mois?» Le planning des expositions est bouclé jusqu'en 2010. Il n'est pas lassé, mais «fatigué». Et «très serein». Emu, aussi. Il le jure: le petit-fils de «Magut» du Val d'Aoste n'a «jamais rien fait par revanche». ○ **ISABELLE FALCONNIER**

«Léonard Gianadda. D'une image à l'autre».
Médiathèque Valais, Martigny.
Du 14 juin au 7 novembre.

L'Hebdo, 5 juin 2008.

Quelques concerts, 2008-2015

Années	Dates	Concerts
2008	15.1	Sir András Schiff
	7.3	Pinchas Zukerman, Marc Neikrug
	12.8	Sol Gabetta, Maurice Steger, Kammerorchester Basel
	31.8	Gidon Kremer, Kremerata Baltica
	9.9	Cecilia Bartoli, Sergio Ciomei
	3.10	Ensemble Vocal et Instrumental de Lausanne (Michel Corboz)
	5.11	Christian Zacharias, Orchestre de Chambre de Lausanne
	19.11	I Solisti Veneti (Claudio Scimone) (30ᵉ anniversaire de la Fondation)
	4.12	Olivier Cavé
2009	21.4	Alexei Volodine
	4.8	Francesco De Angelis, Ulrich Eichenauer, Enrico Dindo, Bruno Canino
	1.9	Cecilia Bartoli, Orchestre La Scintilla
	15.9	Maria João Pires, Kammerorchester Basel (David Stern)
	17.10	Vladimir Spivakov, Les Virtuoses de Moscou
	11.11	Heinz Holliger, Camerata Bern
	5-6.12	Chœur du Patriarcat de Moscou (hiéromoine Ambroise)
2010	29.1	Trio Kopatchinskaja, Gabetta, Sigfridsson
	17.2	Fabio Biondi, Europa Galante
	20.4	Radu Lupu
	13.7	Solistes du Metropolitan Opera de New York
	25.7	Opéra de Lausanne (Philippe Béran)
	22.8	Cecilia Bartoli, Kammerorchester Basel (75 ans de Léonard Gianadda)
	23.8	I Solisti Veneti (Claudio Scimone) (75 ans de Léonard Gianadda)
	17.9	Alain Planès
	13.10	Jonathan Gilad
	11.11	Menahem Pressler, American String Quartet
2011	25.2	Ensemble Vocal et Instrumental de Lausanne (Michel Corboz)
	16.3	Olivier Cavé
	5.4	Viktoria Mullova, Kammerorchester Basel (Giovanni Antonini)
	14.4	Joshua Bell, Sam Haywood
	22.6	Cecilia Bartoli, I Barocchisti (Diego Fasolis)
	20.7	Konstantin Scherbakov
	17.9	Antonio Meneses, Menahem Pressler
	25.10	Vadim Repin, Itamar Golan
	19.11	Alexei Volodine
	4.12	Pietro de Maria, Massimo Quarta, Enrico Dindo
	11.12	Dénes Várjon, OCL (Gilbert Varga)
2012	23.1	Emmanuel Pahud, Kammerakademie Postdam (Trevor Pinnock)
	26.2	Isabelle Faust, Miklos Perenyi, Kristian Bezuidenhout, Kammerorchester Basel (Giovanni Antonini)
	14.3	Patricia Kopatchinskaja, Fazil Say

	24.7	Philippe Cassard, Quatuor Michelangelo
	13.9	Cecilia Bartoli, I Barocchisti (Diego Fasolis)
	11.10	I Solisti Veneti (Claudio Scimone)
	18.11	Sol Gabetta, Sergio Ciomei
	8.12	Chœur du Patriarcat de Moscou (hiéromoine Ambroise)
2013	3.2	Menahem Pressler
	16.2	Renaud Capuçon, Jérôme Ducros
	15.3	Ensemble Vocal et Instrumental de Lausanne (Michel Corboz)
	11.4	Olivier Cavé
	3.5	Maria João Pires, Kammerorchester Basel (Trevor Pinnock)
	19.7	Abdel Rahman El Bacha
	3.9	Fazil Say
	14.9	Cecilia Bartoli, Orchestre La Scintilla (20e concert de Cecilia Bartoli à la Fondation)
	25.9	Murray Perahia
	2.10	Europa Galante (Fabio Biondi)
	16.10	Renaud Capuçon, Yan Levionnois, David Kadouch
	16.11	Antonio Meneses, Maria João Pires
	8.12	Béatrice Berrut, Orchestre de la Camerata-Valais (Francesco de Angelis)
2014	17.1	Da Sol, Erik Schumann, David Pia
	2.2	I Solisti Veneti (Claudio Scimone)
	19.9	Tchaikovsky Trio
	16.10	Mikhaïl Rudy
	19.11	Paul Meyer, OCL (Jaime Martín)
	8.12	Cecilia Bartoli, I Barocchisti (D. Fasolis) (offert par Cecilia Bartoli en hommage à Annette)
2015	11.2	Sol Gabetta, Bertrand Chamayou
	8.3	Emerson String Quartet
	9.5	Christian Zacharias, Kammerorchester Basel
	29.5	Augustin Dumay, Kansai Philharmonic Orchestra
	21.7	Konstantin Scherbakov
	23.8	I Solisti Veneti (Claudio Scimone) (80 ans de Léonard Gianadda)
	2.9	Cecilia Bartoli, I Barocchisti (Diego Fasolis)
	15.9	Christian Zacharias, Scharoun Ensemble de la Philharmonie de Berlin
	14.10	Murray Perahia, OCL
	19.11	Radu Lupu
	8.12	Ensemble Vocal et Instrumental de Lausanne (Michel Corboz)

Les saisons de 2008 à 2015 couvrent toute l'année, avec des moments clés dans la vie de la Fondation. Le 14 septembre 2013, Cecilia Bartoli vient donner son 20e concert à Martigny, qui a toujours l'exclusivité de la diva en Romandie. Claudio Scimone célèbre les 30 ans de la Fondation le 19 novembre 2008 et accueille son ami Léonard dans sa 80e année le 23 août 2015. Entre-temps, celui-ci a été nommé président d'honneur des Solisti Veneti en 2013. Cecilia et Claudio étaient bien sûr également présents pour célébrer les 75 ans de l'académicien en 2010.

Inutile d'ajouter que depuis des années les abonnements annuels des concerts de la Fondation, limités à cinq cents, ont trouvé preneurs, et que la liste d'attente est longue. La politique des prix n'est pas étrangère à cette situation : « Léonard Gianadda le déclare lui-même sans ambages : 'Je préfère vendre 2000 catalogues à dix francs que 1000 catalogues à vingt francs !' Sa véritable passion est en effet de faire partager ses enthousiasmes ; et cette volonté de partage, loin d'être un concept théorique, prend une forme toute concrète lorsqu'on connaît la politique des prix pratiqués : pour un abonné, le coût moyen de la place n'est que de 25 francs, 15 francs même s'il s'agit d'un gradin non numéroté ; les étudiants et apprentis bénéficient en outre du demi-tarif : difficile de faire plus accessible ! »[5]

Anniversaire en musique

FONDATION GIANADDA | Après avoir offert un feu d'artifice, Léonard Gianadda célèbre son anniversaire en musique. Avec Cécilia Bartoli et I Solisti Veneti...

CHARLES DELALOYE

Enfant de Martigny, Léonard Gianadda aura marqué plus que tout autre sa cité natale d'une empreinte indélébile. Sur le plan architectural et urbanistique d'une part, il est impossible de prendre de la hauteur sans apercevoir les immeubles qu'il a construits, ni se promener en ville sans admirer les nombreux chefs-d'œuvre dont il a orné façades et ronds-points. Mais c'est surtout au niveau culturel qu'il a propulsé la ville au niveau international en créant et animant sans relâche la Fondation Pierre Gianadda qui, en novembre de l'an passé, avait atteint le seuil de huit millions de visiteurs.

Dans le domaine social, ses largesses furent nombreuses et très souvent discrètes. L'an passé, il créait la Fondation Annette et Léonard Gianadda, qu'il dotait d'un terrain sur lequel il construisit l'immeuble locatif Résidence « à tout âge » et qui sera inauguré le jour de son 75e anniversaire, le lundi 23 août prochain à 11 heures.

Cet anniversaire sera marqué, tant sur le plan culturel que celui de l'amitié, par deux concerts prestigieux. Dimanche soir 22 août à 20 heures, Cecilia Bartoli donnera un concert de gala consacré entièrement à des œuvres de Haendel. Elle sera accompagnée par le Kammerorchesterbasel dans sa grande formation. Lundi 23, à 20 heures également, ce sera celui qui fut de toutes les commémorations de la Fondation, Claudio Scimone avec son ensemble I Solisti Veneti. Le programme particulièrement festif s'ouvrira par la «Musique pour un Feu d'Artifice Royal» de Haendel et se terminera par la suite pour trois trompettes de Bach, avec également des œuvres de Marcello, Paganini, Vivaldi et Chopin.

Les réservations pour ces deux concerts anniversaire se font auprès de la Fondation Pierre Gianadda, tél. 027 722 39 78.

Cécilia Bartoli est une habituée de la Fondation Pierre Gianadda. Mais elle a un tel talent que chaque concert est un moment d'émerveillement. CRETTON

La Gazette, 20 août 2010.

[5] *Revue musicale de Suisse romande*, septembre 2003.

La Fondation en musique

« Pour moi, la musique est aussi importante que les expositions. Ici aussi, les débuts n'ont pas été faciles. Je me souviens d'un concert de violoncelle et piano donné par Pierre Fournier et son fils Jean Fonda. Il y avait une septantaine d'auditeurs. Puis, j'ai eu la chance de rencontrer René Klopfenstein, que j'avais croisé au Collège de Saint-Maurice et qui était directeur du Festival Montreux-Vevey. Il a été d'accord d'exporter trois, quatre ou cinq concerts par saison à la Fondation. C'est ainsi qu'ont débuté chez nous le Beaux Arts Trio, les Solisti Veneti, Isaac Stern, Alfred Brendel… Les plus grands artistes venaient à Martigny dans le cadre du prestigieux Festival, dont j'ai même été président d'honneur en 2014 !

» La rencontre avec Claudio Scimone est aussi surprenante. J'avais entendu parler de lui par ma mère qui, au moment du Septembre musical, était allée écouter les Solisti Veneti à Montreux. Elle s'exclamait : 'Ah ! on a entendu Claudio Scimone !' Cela voulait tout dire. Il est venu une quinzaine de fois chez nous et, aujourd'hui, je suis président d'honneur des Solisti Veneti ! Claudio est un fidèle ami. Il vient notamment jouer pour mes anniversaires. Il sera également présent cette année, pour mes huitante ans, avec *Les Quatre saisons* de Vivaldi et *Fireworks* de Haendel. Ce sera une belle soirée…
Constituer un public n'a pas été facile, mais aujourd'hui, nous avons en moyenne près de 800 personnes par concert.

» Nous avons réussi à instaurer une tradition, avec de très belles et riches saisons, avec les meilleurs artistes et à des prix avantageux pour le public. Tout cela s'organise avec un ami, Charles Delaloye, que j'ai mis dans le bain et qui s'occupe maintenant de la programmation musicale. Ailleurs, pour de moins bons résultats, il y a un bureau, un loyer, un téléphone, une secrétaire… »[6]

« La passion ne connaît pas de limite, elle se partage. Je souhaite que ma passion pour la musique s'inscrive dans le temps et prépare l'avenir, comme une sculpture ou une esquisse. »[7]

Claudio Scimone et Léonard, Padoue, 23 mai 2014.

[6] Entretien *Léoguide*, 20 avril 2015.
[7] *Trajectoire*, n° 64, 2003.

> 30ème de la Fondation
> le grand jour
> la grande émotion
> la' immense JOIE!
>
> c'est aussi la 50ème saison de
> « I Solisti Veneti »
>
> la plus grande MERVEILLE le plus grand' honneur
> pour moi pour nous c'est de célébrer les anniversaires
> de la
> FONDATION GIANADDA
> Au revoir peut être au 50ème
> de la Fondation !!!!
>
> *Claudio* « Te leonardum laudamus »
>
> Lau-au-da-mus lau-da-mus, Gia-na-dam-la-u-de-mus-la.

Claudio Scimone, *Livre d'or* de la Fondation, 19 novembre 2008.

Martigny-la-Romaine

Intimement liés à la Fondation Pierre Gianadda, les vestiges archéologiques ont pris une grande place dans le cœur de Léonard Gianadda. Si grande qu'il a investi, en près de quarante ans, beaucoup de temps et d'argent pour les préserver et les mettre en valeur.

En 2008, sous l'égide de l'archéologue cantonal François Wiblé, une nouvelle scénographie du Musée gallo-romain est réalisée et un ouvrage, *Martigny-la-Romaine*, répertorie l'histoire et les découvertes archéologiques de la ville d'Octodure. Dans la préface du catalogue édité par la Fondation, Léonard Gianadda note : « Né en 1935, je me souviens très bien qu'enfant j'allais jouer au Vivier, au milieu des seuls vestiges romains visibles à Martigny : les restes de l'amphithéâtre antique… Tout un monde disparu, enfoui, hantait mon imagination d'enfant. A la même époque et au même endroit, j'emmenais régulièrement paître le bétail de mon grand-père maternel.

» Comment aurais-je pu imaginer être rattrapé par le destin et me voir investi activement dans la sauvegarde de vestiges archéologiques de ma ville natale et dans la création du Musée gallo-romain d'Octodure ? Issu d'une famille de bâtisseurs, je pense avoir été atteint depuis mon enfance par la 'maladie des pierres' : des vieilles pierres de l'Antiquité comme des pierres 'modernes' qui m'ont permis de construire quelque mille appartements [aujourd'hui plus de 1400] à Martigny.

» Je constate que j'ai permis la sauvegarde de tous ces vestiges, sans exception [temple dédié à Mercure, mur du Temenos, thermes, Villa Minerva, Mithraeum]. Pour ces diverses réalisations, j'ai dû modifier, bouleverser parfois, projets, plans et implantations. J'ai investi et je me suis investi pour conserver ces patrimoines… Rien n'entamait véritablement ma volonté de préserver la mémoire de nos ancêtres. »[8]

Afin de poursuivre ce désir de faire mieux connaître l'histoire de Martigny et d'augmenter l'attractivité touristique de la ville, Léonard Gianadda trouve en Brigitte Mavromichalis un généreux appui pour rendre visible le Tepidarium enfoui à côté du parking de la Fondation. Le monument qui coiffe les vestiges des bains est inauguré le 11 octobre 2011.

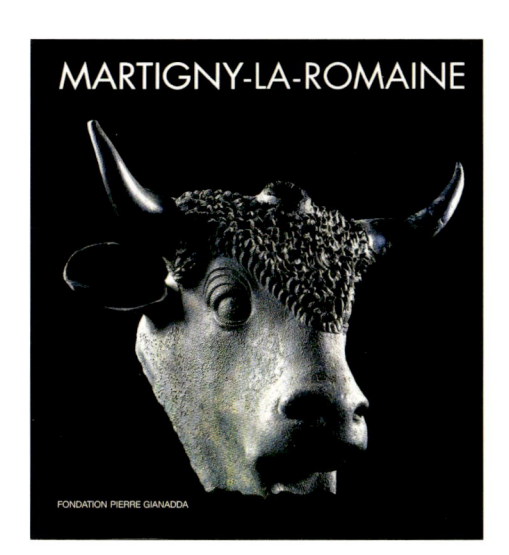

Le Tepidarium, à côté de la Fondation, 2011.

[8] « … et le rêve devint réalité », préface de Léonard Gianadda, *Martigny-la-Romaine*, 2008.

1 Domus Minerva (I^e-IVe siècle ap. J.-C.) : grande maison de maître
2 Rue de la Basilique (I^e-IVe siècle ap. J.-C.) : maisons avec boutiques, thermes publics, latrines, égout
3 Cave privée et caldarium des thermes publics (I^e-IIe siècle ap. J.-C.)
4 Mithraeum (fin du IIe-IVe siècle ap. J.-C.) : sanctuaire de Mithra, dieu solaire d'origine iranienne
5 Temple dédié à Mercure
6 Temenos (enclos sacré)
7 Amphithéâtre (IIe-IVe siècle ap. J.-C.)
8 Voie Poenine (I^e-IVe siècle ap. J.-C.)
9 Tepidarium
10 Domus du Génie domestique (IIe-IVe siècle ap. J.-C.) : maison d'un notable

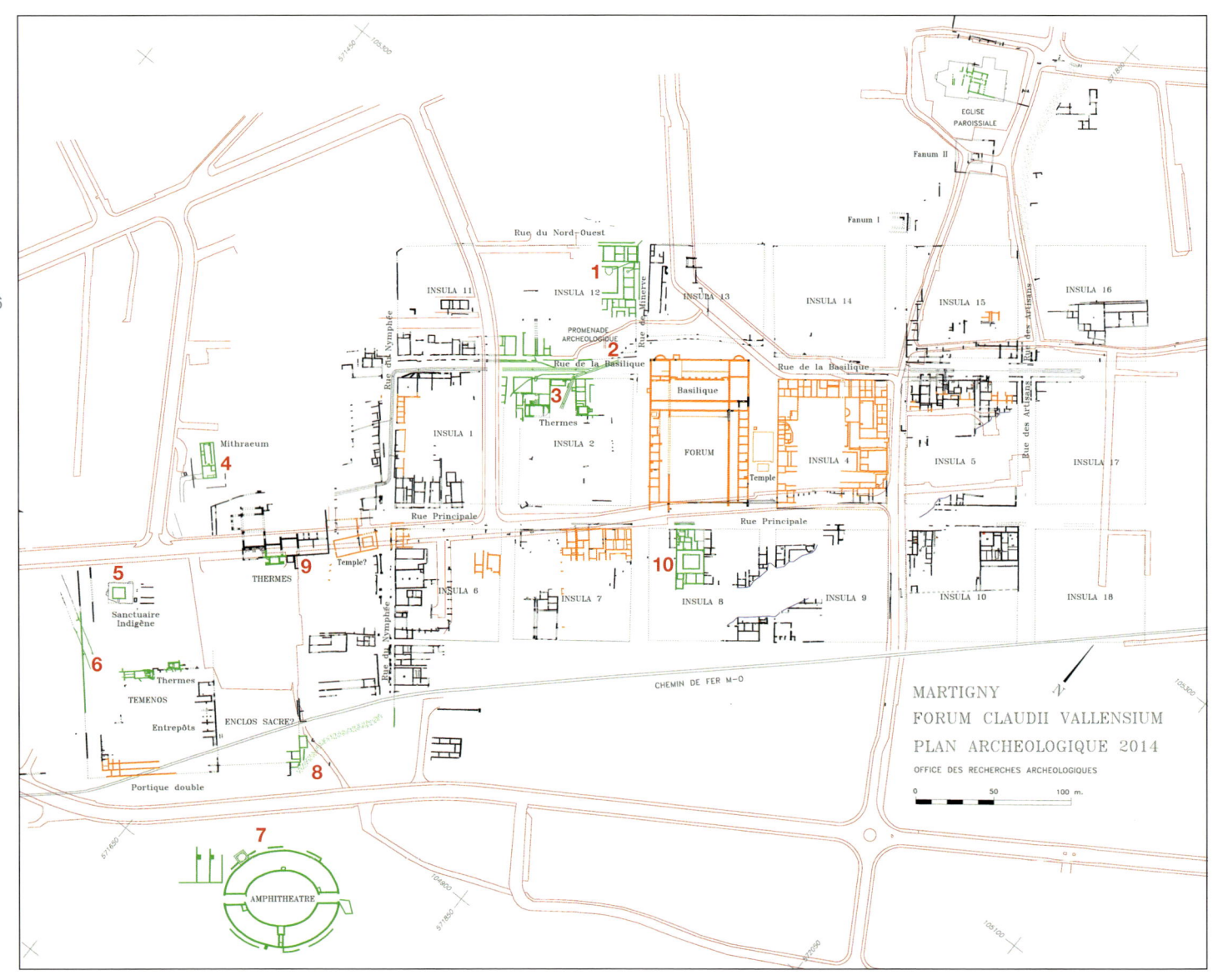

Plan de la promenade archéologique à Martigny, 2015.

Reconnaissances

Si Léonard Gianadda a construit sa fortune à Martigny, il a également beaucoup donné à cette ville, même si la cohabitation avec les autorités n'a pas toujours été un long fleuve tranquille : « J'ai une grande reconnaissance pour la ville de Martigny et ses habitants qui m'ont permis de me faire une situation confortable et de créer la Fondation. Cela paraît prétentieux, mais la générosité en retour est de consacrer la Fondation à faire partager un peu de mon bonheur. »[9]

MARTIGNY ▶ Cela fait plus de 30 ans que le Prix de la ville aurait pu (dû) lui être attribué, la faute à d'obscures querelles politiques. Mais hier, c'était soir de fête. Pas de place pour la polémique.

OLIVIER HUGON

Enfin! Léonard Gianadda, icône de la culture martigneraine, valaisanne, suisse et au-delà, a enfin été reconnu par sa ville. Hier, il a reçu le «Prix de la ville de Martigny». Hier, c'était un soir de fête. Personne n'a osé gâcher ce beau moment en rappelant que cela faisait un certain temps que tel honneur aurait dû être rendu a celui qui cumule les reconnaissances…en France: ordre national du mérite, Légion d'honneur, Commandeur de l'ordre des arts et des lettres et, distinction suprême, Académicien. Il a été fait citoyen d'honneur de Curino, le village italien de son grand-père, Baptiste. Il a reçu chez lui, à la Fondation Pierre Gianadda, les plus grands peintres: Picasso, Van Gogh, Goya, Klee…Les plus grandes cantatrices: Barbara Hendricks, Cecilia Bartoli. Les plus grandes baguettes, à l'instar de Claudio Scimone. Il possède l'un des plus beaux parcs de sculptures du continent, avec une cinquantaine de pièces des artistes qui ont marqué le XXe siècle. Mais hier, c'était un soir de fête, chez lui, dans sa Fondation. Et personne n'a osé remettre cette vieille histoire sur la table. Personne? ç'aurait voulu dire que Léonard Gianadda avait changé. *Je n'ai pas changé, c'est vous qui avez changé.* Et Léonard Gianadda dit ce qu'il pense, avec ironie, avec malice, avec raison, aussi. Et il pense qu'il a «*attendu six présidents et neuf conseils*» pour recevoir ce prix. Et il pense qu'on peut dès lors difficilement le considérer - comme c'est souvent le cas - comme quelqu'un d'impatient. Hier, c'était un soir de fête. Un 19 novembre de plus dans un parcours hors norme: naissance de son frère Pierre, qui aurait eu 72 ans, ouverture de la Fondation, il y a 32 ans. «*Une date mythique, symbolique, pour mille raisons*», dira, la voix chargée d'émotion, le mécène octodurien. Et fier de l'être. «*Je ne veux pas me répéter. Mais tout ce que je fais c'est par reconnaissance pour ce pays, pour cette ville qui m'a accueilli. Vous qui êtes suisses, vous devriez être conscients de votre privilège.*» Léonard Gianadda a aussi parlé des projets qu'il avait «*même à 75 ans*»: l'expo Monet de l'été 2011, les «*Portraits*» du Centre Pompidou dans deux ans, la céramique d'Erni pour l'immeuble récemment offert à la commune, une céramique qu'il comptait payer avec le prix de la ville…Ou la nouvelle sculpture de Raphaël Moulin gentiment «*imposée*» au conseil communal - présent in corpore - pour le rond-point de la rue du Levant. Un conseil communal qualifié de «*courageux*» par l'hôte d'un soir. Un conseil communal qui a dit, par son président Marc-Henri Favre, la fierté et la gratitude des Martignerains de compter parmi eux un Léonard Gianadda qui ne change pas.

Près de 400 personnes ont assisté à la remise du prix. Dont un seul ancien président de Martigny, Pierre Crittin, qui avait remis un prix à la Fondation en 1998. «C'était déjà pas mal», dira Gianadda. HOFMANN

Nouvelliste, 20 novembre 2010.

[9] *Trajectoire*, n° 64, 2003.

En signe de remerciements pour ce que le mécène a fait pour la région depuis l'inauguration de la Fondation, la Commune lui remet le Prix de la Ville de Martigny le 19 novembre 2010. Cette fois, pas d'enveloppe pour le nominé, mais un prix adapté au personnage : une sculpture de l'ami artiste, Michel Favre, *Le Visionnaire* ! Celle-ci sera installée devant la Fondation à but social Annette & Léonard Gianadda et une reproduction agrandie viendra agrémenter le quinzième rond-point de Martigny.

Autre grand moment d'émotion le 18 juin 2011, lors de la soirée du vernissage de l'exposition *Monet*. Le président de l'Assemblée nationale française, Bernard Accoyer, remet les insignes de Commandeur de la Légion d'honneur à Léonard Gianadda, « un précieux ambassadeur de la culture française ».

Michel Favre, *Le Visionnaire*, 2011.

Nouvelliste, 20 novembre 2010.

Nouvelliste, 18 juin 2011.

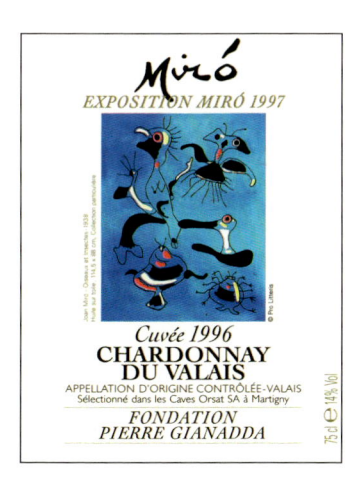

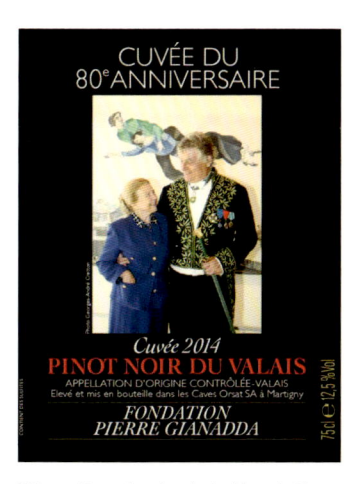

Il y aurait encore tant à dire sur le personnage et sa Fondation, comme par exemple sur les deux crus sélectionnés chaque année depuis 1988 avec le concours des quatre chefs triple étoilés que sont Frédy Girardet, Gérard Rabaey, Bernard Ravet, Didier de Courten et l'œnologue Marie-Thérèse Chappaz. Estampillées avec l'étiquette de l'exposition d'été, les bouteilles sont commercialisées et ont rapporté, à ce jour, près d'un demi-million de francs à la Fondation…

Ce qui est sûr, c'est qu'en près de quarante ans, et après l'échec de la première exposition, Léonard Gianadda a rondement mené son institution culturelle. Il lui a donné une assise locale, une notoriété mondiale, une dynamique à chaque saison renouvelée. Et tout cela a été réalisé grâce au moteur de la passion, du plaisir de partager, de transmettre, et toujours avec le souci du détail, de l'excellence. Une belle aventure…

Quelle est la suite alors ? Elle reste ouverte, car il n'est pas question pour Léonard Gianadda de s'arrêter en si bon chemin. Ne se plaît-il pas à répéter, depuis ses soixante-cinq ans : « A mon âge, je ne peux plus perdre de temps » ? Et il en perd si peu, qu'il en a encore pour soigner aussi ses racines valaisannes. En 1916, Baptiste Gianadda acquérait la bourgeoisie de Salvan. Presque cent ans plus tard, le 28 août 2015, quelques jours après ses huitante ans, Léonard reçoit la bourgeoisie d'honneur de sa commune d'origine. La cérémonie est un moment touchant, chargé d'émotion. En remerciements, et pour montrer la place que ce petit village occupe dans son cœur, le mécène offre « un montant à six chiffres » à la commune pour qu'elle en fasse le meilleur usage.

Etiquettes du vin de la Fondation.

Léonard entouré de Roland Voeffray, président de Salvan, et Nicolas Voide, président du Grand Conseil valaisan, Maison de Commune, Salvan, 28 août 2015.

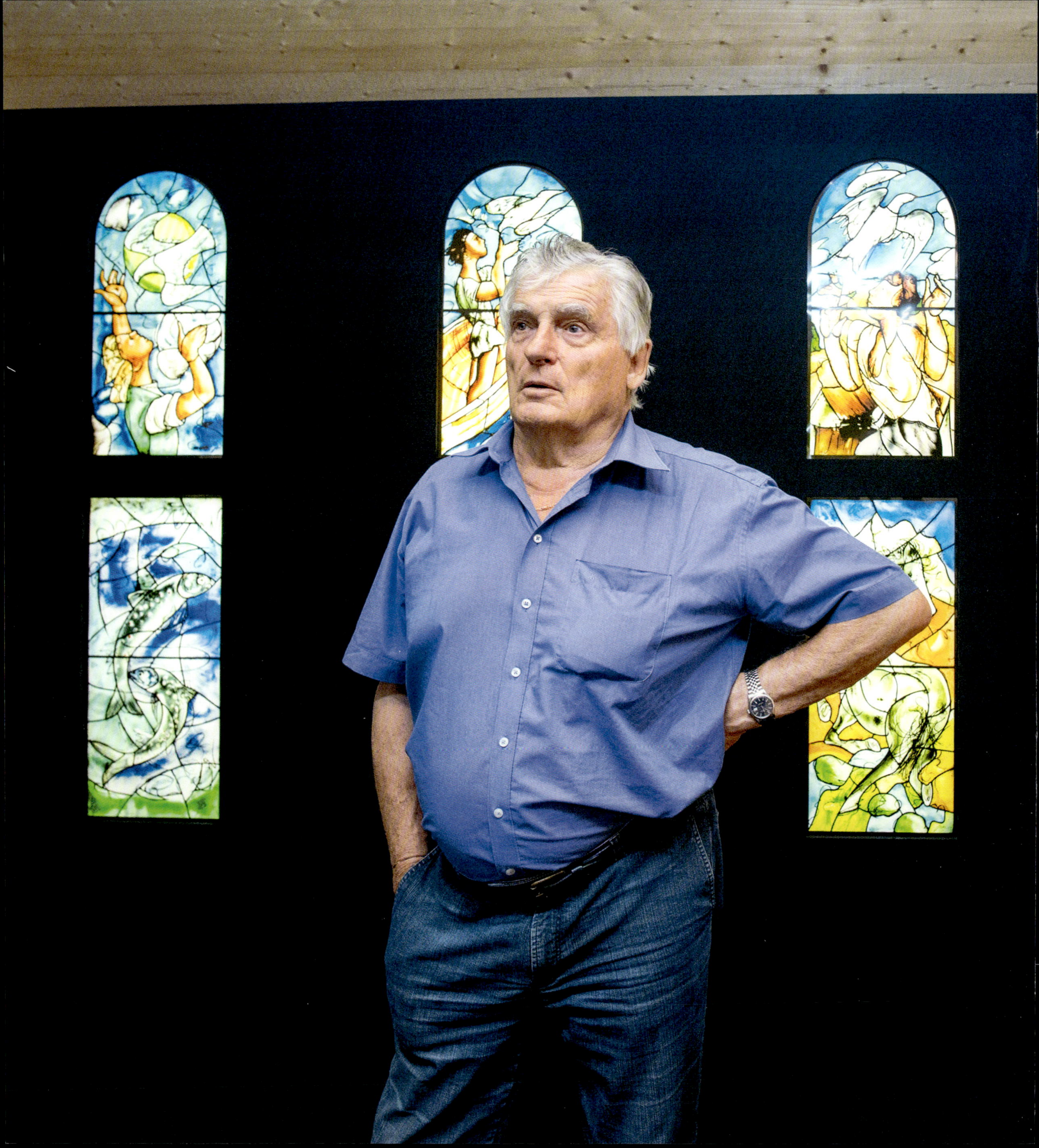

Du mécénat culturel…

Comment transformer une ville en musée à ciel ouvert.

Entretien *Léoguide* n° 16, 20 avril 2015.

Il y a quatre ans, le pasteur de la paroisse protestante de Martigny, Pierre Boismorand, est venu me trouver : « Comme vous connaissez bien Hans Erni, pourriez-vous lui demander de dessiner un vitrail pour notre chapelle ? » Je l'ai fait. Un jour, Hans Erni me téléphone pour m'annoncer qu'il a réalisé trois projets pour ce vitrail. Je vais les chercher à Lucerne et les présente au pasteur : « Choisissez celui que vous voulez. – Combien coûte-t-il ? – Ne vous en occupez pas, je vous l'offre, choisissez ! – C'est que… nous avons trois fenêtres identiques. – Dans ce cas je vous offre les trois vitraux. » Lors de la cérémonie de présentation de ces trois vitraux, au début janvier 2012, nous nous sommes rendu compte qu'à leurs côtés, il y avait quatre autres baies. J'ai alors proposé au pasteur et à Hans Erni d'offrir quatre autres vitraux. Puis, nous avons vu les fenêtres à l'arrière de la chapelle rénovée : dix autres ! Au total, ce sont dix-sept vitraux. Hans Erni a terminé son travail à cent cinq ans et il était très fier d'avoir une chapelle consacrée à son œuvre.

Peu après, un conseiller communal de Martigny, David Martinetti, m'aborde : « M. Gianadda, vous avez fait quelque chose de bien pour les protestants. Et pour les catholiques ? – Vous avez quelque chose à proposer ? – La chapelle au pied du château de la Bâtiaz… »

J'ai alors commandé au Père Kim En Joong – un artiste coréen qui a réalisé les vitraux de la cathédrale d'Evry et de la basilique de Brioude – les sept vitraux de la chapelle de La Bâtiaz. Dans la foulée, j'ai financé la restauration de toute la chapelle : peinture, toiture, éclairage, etc. Si je ne vais pas au paradis avec tout cela !

Au milieu des vitraux, exposition *Léonard Gianadda, 80 ans d'histoires à partager*,
◄ Vieil Arsenal, 19 juin 2015.

En 1983, Bernard Comby, conseiller d'Etat valaisan, soulignait : « La Fondation Pierre Gianadda est là, année après année, pour nous rappeler très concrètement l'existence du mécénat privé... Nous souhaitons que l'exemple de la Fondation Pierre Gianadda suscite, en d'autres villes et même dans nos villages, d'autres initiatives visant à offrir à la population et aux hôtes du Valais une vie culturelle enrichissante. »[1] Dans le même sens, vingt-deux ans plus tard, *L'Hebdo* du 9 juin 2005 note : « Léonard Gianadda, à l'origine ingénieur et promoteur, a ressuscité la figure antique du mécène de l'espace public. »

Tout cela est bien dit, mais qu'en est-il dans les faits ? Est-il seulement possible de dresser un bilan, même non exhaustif, du mécénat culturel de Léonard Gianadda ?

Il y a d'abord tout ce qui se passe dans l'enceinte de la Fondation : les expositions et les concerts, dont nous avons rapidement, trop rapidement, brossé l'historique dans les chapitres précédents. Ces éléments sont certainement les plus visibles et les plus connus. Précisons simplement ici que Léonard Gianadda est allé au bout de sa démarche, en songeant à la pérennité de sa Fondation. Ainsi, en avril 2005, il construit et offre l'immeuble *Floréal* à son institution et, deux ans après, il réitère son geste avec *Les Clématites*. Même si cela ne résoudra bien sûr pas toutes les questions lorsqu'il ne sera plus là pour faire avancer le navire, l'argent engrangé grâce aux locations mensuelles permettra déjà de financer une partie du fonctionnement du musée.

Un homme sensible et généreux

Il en impose, physiquement, financièrement, culturellement. Connu et reconnu dans les principales villes du monde, Léonard Gianadda pourrait se contenter de son aura internationale. Il n'en est rien. Le sang italien qui coule dans ses veines a besoin de sentir l'amour de la famille, de ses amis et de ses concitoyens pour irriguer un cœur à la taille du bonhomme. Mais comment gagner l'amour des autres quand on est riche, célèbre, jalousé et craint? Comment se protéger aussi des sollicitations quotidiennes, des innombrables casse-pieds enclins à lécher les bottes pour revendiquer le droit d'être un «ami de Léonard»? Léonard Gianadda a trouvé la parade: il avance le portable collé à l'oreille ou le dictaphone à la bouche et scrute l'horizon. Difficile pour le quidam de le déranger... Sur la terrasse de l'Express, il choisit les froids matins du printemps et de l'automne pour recevoir sa coterie. Inatteignable, intouchable, le mécène? Que nenni. Il ne se passe pas un jour sans qu'il délie sa bourse pour aider un club sportif, un organisateur de spectacle, un artiste, une société... Il est sollicité de toutes parts alors il trie mais il distribue plus souvent qu'à son tour - ne le répétez pas, les requêtes vont affluer de partout! A l'heure de souffler septante bougies, Léonard Gianadda vient d'offrir un immeuble de plus de 6 millions à la Fondation et un feu d'artifice à 50 000 francs à sa ville. Les œuvres qui ornent les ronds-points de Martigny sont un cadeau inestimable. Comment chiffrer l'impact de la fondation sur la région et le canton? 6 500 000 visiteurs!!! La liste pourrait s'allonger encore. Mais aujourd'hui, c'est lui qui se trouve dans le rôle du récipiendaire. Que lui offrir le 23 août prochain? La santé. Car, égoïstement, on n'ose pas imaginer la ville sans Léonard Gianadda. **Marcel Gay**

Gazette de Martigny, 19 août 2005.

---

[1] Préface de Bernard Comby, *La Fondation Pierre Gianadda*, 1983, p. 11.

Un parc unique

Les événements temporaires, qui doivent continuellement être renouvelés, ont leur pendant fixe : le parc de sculptures. Cet univers arboré et reposant, au cœur de la ville, est né de l'imaginaire de Léonard Gianadda et a grandi avec l'histoire de la Fondation : « J'ai transformé les lieux, donnant mes instructions par talkie-walkie depuis la corniche de Chemin-Dessus, surplombant de trois cents mètres Martigny, telle une maquette vue d'en haut. De ce belvédère, j'ai modelé le terrain, tracé les allées, dessiné les cheminements, les pièces d'eau, les vallonnements. »[2]

Enrichie au fil des années et des expositions, la collection de sculptures compte aujourd'hui quarante-sept œuvres, réparties dans un parc d'une superficie d'environ 7000 mètres carrés. Fier de cette création, qui représente au final un panorama de la sculpture du XXe siècle, le mécène a édité deux livres sur le sujet : le premier en 2008, *Léonard Gianadda, la Sculpture et la Fondation*, pour le 30e anniversaire de l'institution ; le second en 2014, *Sculptures en lumière*, avec les photographies « au fil des saisons » de son ami Michel Darbellay.

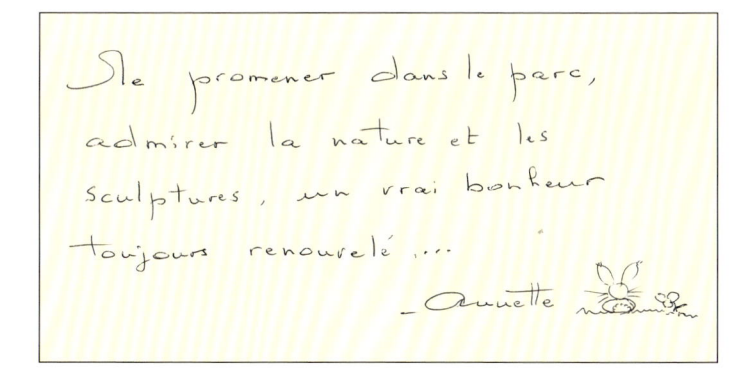

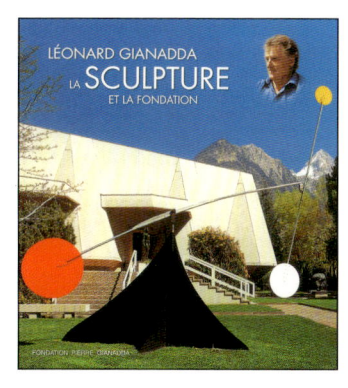

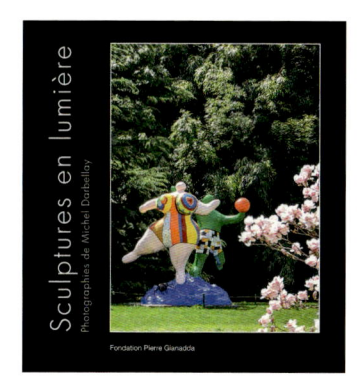

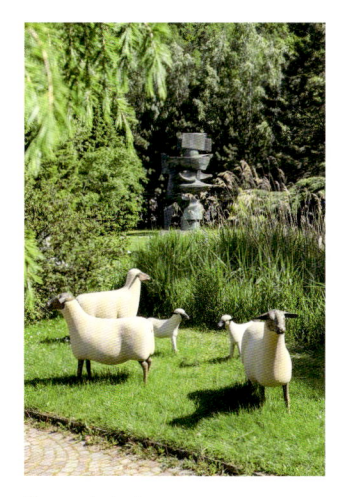

François Lalanne,
Moutons et Agneaux.

Roland Cognet, *Loup et Louveteau.*

Auguste Rodin,
La Méditation avec bras.

[2] *Léonard Gianadda, la Sculpture et la Fondation*, 2008, p. 11.

César, *Pouce*.

Brâncuși, *Grand Coq* ; Calder, *Stabile-Mobile* ; Chillida, *De Música*.

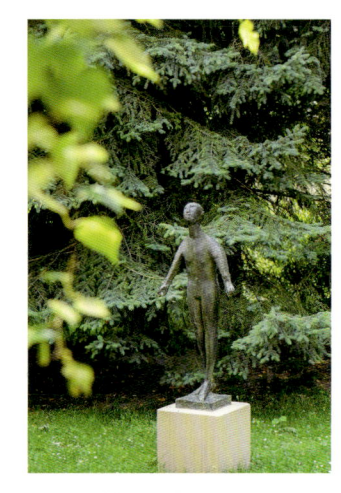

Marino Marini, *Danseur*.

Germaine Richier, *La Vierge folle*.

Renoir et Richard Guino, *Grande Laveuse accroupie* ; Joan Miró, *Tête*.

Auguste Rodin, *Le Baiser*.

Pol Burry, *Fontaine*.

César, *Sein*.

Jean Arp, *Roue Oriflamme*.

Albert Rouiller, *Printemps 85* ; Antoni Tàpies, *Mural*.

Segal, *Woman with Sunglasses* ; Henry Moore, *Large Reclining Figure*.

Une collection au fil du temps

« Pour moi, le parc de sculptures est peut-être l'élément le plus important de la Fondation. Au départ, il y avait environ 7000 mètres carrés de terrain autour du musée. Je me suis dit : jamais je n'aurai les moyens de constituer une collection de peintures, car on ne fait pas une exposition avec dix tableaux. Mais c'est possible avec dix sculptures. Or, il y a quarante ans, tous les musées de Suisse se trouvaient au centre des villes, entre quatre rues. Je vais tirer parti de notre avantage. La nature, avec la tapisserie du Mont-Chemin d'un côté et la palette des vignes de l'autre, dessine un décor magnifique et changeant. Les jardins peuvent être suffisamment agrandis pour y monter une exposition. J'ai donc commencé par acheter des sculptures au gré des possibilités et des opportunités. Quand on a exposé Moore, j'ai acheté une sculpture, et une autre pour Rodin, etc. Comme pour les tableaux, j'en achetais pour avoir un collectionneur de moins à convaincre !

» Un jour, on m'a fait remarquer que notre parc constituait un véritable panorama de la sculpture mondiale du XXe siècle. Personne n'imagine qu'il y a une cinquantaine d'œuvres, parce qu'elles respirent. Je l'ai voulu ainsi. Le parc est vallonné, accueillant. C'est, je pense, ce dont je suis le plus fier. Et qui restera. Il n'y a pas besoin de créer l'événement, l'événement est là. »[3]

Alicia Penalba, *Le Grand Dialogue*.

C. Lalanne, *La Pomme* ; Arman, *Contrepoint pour violoncelles*.

[3] Entretien *Léoguide*, 20 avril 2015.

Willem de Kooning, *Reclining Figure*.

Max Ernst, *Grand Génie*.

Aristide Maillol, *Marie*.

Bernar Venet, *Indeterminate Line*.

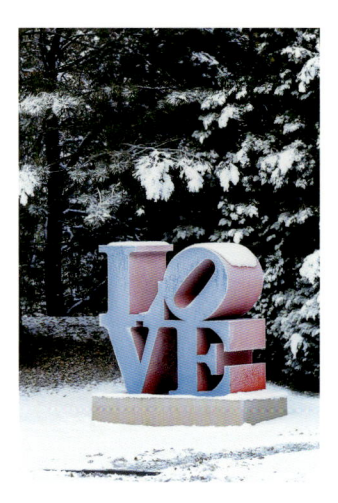

Robert Indiana, *Love*.

Plan des sculptures du parc.

Sculptures du parc de la Fondation*

1. Aristide Maillol, *Marie* (1931), 2002
2. Eduardo Chillida, *De Música II* (1988), 1996
3. Joan Miró, *Tête* (1974-85), 1985
4. Pierre-Auguste Renoir et Richard Guino, *L'Eau* ou *Grande Laveuse accroupie* (1917), 2007
5. Jean Ipoustéguy, *La Terre* (1952), 2007
6. Emile-Antoine Bourdelle, *Grand Guerrier de Montauban* (1898-1900), 2003
7. César, *Pouce* (1965), 1998
8. Marc Chagall, *La Cour Chagall* (1964), 2003
9. Auguste Rodin, *Le Baiser* (1886), 2008
10. Auguste Rodin, *La Méditation avec bras* (1885), 1982
11. Constantin Brâncuși, *Grand Coq IV* (1949), 1985
12. Alexander Calder, *Stabile-Mobile Brasília* (1965), 1996
13. César, *Sein* (1966), 1993
14. Carl-Albert Angst, *Jeune Fille* (1947), 2014
15. Elisheva Engel, *Les Pique-niqueurs du dimanche* (1986), 2001
16. André Tommasini, *Expansion I* (1984), 1987
17. Albert Rouiller, *Printemps 85* (1985), 1987
18. Antoni Tàpies, *Mural* (2004), 2005
19. Aloïs Dubach, *Absence* (1991), 1991
20. Willem de Kooning, *Reclining Figure* (1969-1983), 2012
21. Bernar Venet, *Indeterminate Line* (1996), 1996
22. Jean-Pierre Raynaud, *Grande Colonne noire* (1982), 2007
23. Henry Moore, *Large Reclining Figure* (1982), 1987
24. François-Xavier Lalanne, *Moutons* et *Agneaux* (1977-1996), 1993-1998
25. George Segal, *Woman with Sunglasses on Bench* (1983), 1985
26. Jean Arp, *Roue Oriflamme* (1962), 1999
27. Alicia Penalba, *Le Grand Double* (1972), 1988
28. Robert Indiana, *Love* (1966-1998), 2013
29. Jean Dubuffet, *Elément d'architecture contorsionniste V* (1969-1970), 1985
30. Roland Cognet, *Loup* et *Louveteau* (2004-2011), 2012
31. Henri Laurens, *Grande Maternité* (1932), 2007
32. Marino Marini, *Danseur* (1954), 2002
33. Germaine Richier, *La Vierge folle* (1946), 1994
34. Henri Etienne-Martin, *Grand Couple* (1947), 2010
35. Max Bill, *Surface triangulaire dans l'espace* (1966), 2005
36. Antoine Poncet, *Translucide* (1979), 1991
37. Max Ernst, *Le Grand Assistant* ou *Grand Génie* (1967), 1996
38. Arman, *Contrepoint pour violoncelles* (1984), 2003
39. Alicia Penalba, *Le Grand Dialogue* (1964-1971), 1995
40. François Stahly, *Colonne croissance* (1967-1968), 2010
41. Claude Lalanne, *La Pomme de Guillaume Tell* (2004), 2006
42. Pol Burry, *Sept Sphères dans une demi-sphère, fontaine* (1984), 2006
43. Niki de Saint Phalle, *Les Baigneurs* (1984), 2002
44. Sam Szafran, *Philodendrons* (2005), 2005
45. Sam Szafran, *L'Escalier* (2004), 2005
46. Auguste Rodin, *Cybèle* (1905), 2002
47. Hans Erni, *La Fontaine Ondine* (2003), 2003

* (date de création de l'œuvre), date de l'achat

Léonard, collectionneur

A côté des sculptures exposées, accessibles au public, la Fondation possède une importante collection d'œuvres sur différents supports, exposées, parfois prêtées. Depuis 1973, Léonard Gianadda a régulièrement acquis des œuvres suivant ses coups de cœur : « Enfant, je collectionnais déjà

Panneau de la collection d'œuvres de la Fondation et de Léonard Gianadda, exposition au Vieil Arsenal, 2015.

des timbres-poste avec acharnement. Et puis le métier de collectionneur d'œuvres d'art s'est imposé. A un moment donné, j'ai arrêté de constituer une collection personnelle pour me lancer dans une collection de sculptures destinées au parc de la Fondation. Je voulais que d'autres personnes aient la possibilité de voir quelque chose d'unique. »[4]

[4] *Musée de l'Automobile*, 2004, p. 16.

La présence de nombreux amis, artistes ou musiciens contemporains passés par la Fondation est concrètement visible dans les empreintes coulées dans les plaques de bronze qui ornent les abords de la Fondation.
On y trouve ainsi évidemment : Claudio Scimone, Henri Cartier-Bresson, Marcel Imsand, Cecilia Bartoli, Hans Erni, Sam Szafran… Annette et Léonard viennent compléter l'ensemble.

Annette Gianadda
14 octobre 2002

Mario Botta
Architecte
17 novembre 2003

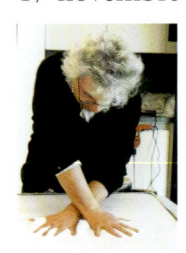

Cecilia Bartoli
Cantatrice
8 mars 2002

Henri Cartier-Bresson
Photographe
30 août 2002

Maurice Béjart
Chorégraphe
23 janvier 2003

Maurice Chappaz
Ecrivain
28 juin 2002

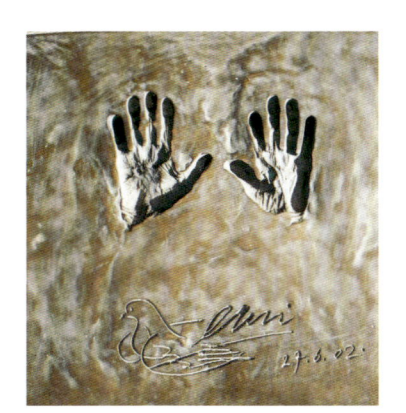

Hans Erni
Peintre, graveur, sculpteur
27 juin 2002

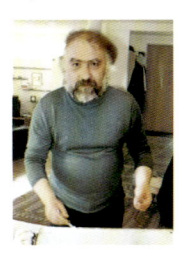

Ruggero Raimondi
Chanteur-acteur
19 octobre 2002

Marcel Imsand
Photographe
21 novembre 2002

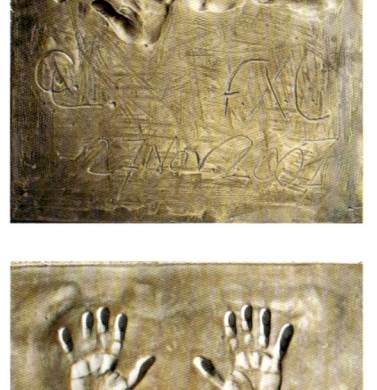

Claudio Scimone
Chef d'orchestre
4 septembre 2002

François-Xavier et
Claude Lalanne
Sculpteurs
27 novembre 2007

Sam Szafran
Peintre, aquarelliste, pastelliste
31 janvier 2003

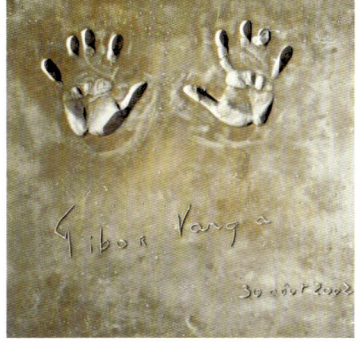

Radu Lupu
Pianiste
25 février 2003

Tibor Varga
Violoniste
30 août 2002

Le Prix de la Fondation Pierre Gianadda

Attribué pour la deuxième fois cette année, le prix de la Fondation Pierre Gianadda a été créé par Leonard Gianadda, Associé étranger de l'Académie. Ce prix, ouvert à toutes les formes d'expression sculpturale, récompense un sculpteur pour l'ensemble de son œuvre.

Le Prix de Sculpture 2012 est décerné à **Martine Demal**. Sculpteur, diplômée de l'École Nationale des Beaux-Arts de Nancy, Martine Demal vit et travaille à Paris. Elle expose régulièrement en France et à l'étranger. L'originalité de son art a été couronnée de plusieurs prix. Formée au graphisme, Martine Demal travaille dans la ligne et le trait. La notion de vide est, pour elle, importante. Tout y est ombre et lumière, question-réponse, mémoire et vibration, dans un souci d'architecture, de rencontre de formes statiques et en mouvement, d'une interpénétration des plans. Si la densité de ses sculptures est donnée par la matière et par la patine, ce n'est qu'en tournant autour qu'elles prennent forme. Les regarder, se les approprier, c'est dialoguer avec soi-même. ◆

Lettre de l'Académie des Beaux-Arts, n° 71, hiver 2012-2013.

En parallèle au monde de la Fondation, Léonard Gianadda apporte son soutien au gré des occasions et des rencontres : la restauration du *Décor du théâtre juif* de Chagall, de trois mille estampes de la Collection Jacques Doucet, de la tombe de Modigliani, de l'atelier de Balthus ; la participation à l'achat d'un Fautrier pour le Centre Pompidou ; le don de la stèle tombale de Balthus à Rossinière et d'une céramique monumentale de Hans Erni au village d'Etroubles…

On comprend dès lors mieux les raisons de toutes les décorations, hommages, et honneurs qu'il reçoit. D'ailleurs, sitôt nommé à l'Académie des Beaux-Arts, Léonard Gianadda crée le *Prix de la Fondation Pierre Gianadda*, afin de récompenser un sculpteur pour l'ensemble de son œuvre. Mais c'est sans aucun doute dans sa ville natale que Léonard s'investit le plus. Par où, par quoi commencer ? Par les feux d'artifice de la fête nationale, auxquels il participe depuis des années (plus de 600 000 francs offerts à ce jour) ? Par son soutien fidèle aux manifestations sportives, culturelles, sociales afin de contribuer à l'essor touristique et

Massimo Tamone, Doris et Hans Erni, Annette et Léonard. Inauguration de la céramique *Pégase* de Hans Erni à Etroubles, 11 novembre 2005.

Nouvelle carte de visite archéologique pour Martigny

SPECTACULAIRE Dans un écrin de marbre, Martigny a inauguré hier le passage souterrain flambant neuf de sa gare CFF. Une réalisation due à Léonard Gianadda (ici avec sa femme) et fort appréciée des Octoduriens et de leur président Marc-Henri Favre (à droite). Six vitrines y présentent des trésors archéologiques. **PAGE 7**

Nouvelliste, 13 juillet 2011.

économique de la Ville ? Par le don de pendules « romaines » à tous les arrêts de bus de la cité ? Par l'embellissement du passage sous-gare avec du marbre et des copies du buste de César et du Taureau tricorne ? Par l'impression de sets de table répertoriant les lieux culturels de Martigny ? Par la conservation et la mise en valeur de tous les vestiges archéologiques découverts sur ses chantiers (le temple dédié à Mercure, les thermes, le mur du Temenos, la Villa Minerva, le Mithraeum, le Tepidarium) ?

Nous pourrions dire que tout commence déjà avec son travail entièrement bénévole à la Fondation Pierre Gianadda depuis quarante ans !

Pendule romaine en ville, Martigny.

Tout Martigny en un clin d'œil

La **Fondation Gianadda** édite un nouveau plan de Martigny la Romaine.

Les hôtes de Martigny sont des petits veinards. La Fondation Pierre Gianadda a en effet pensé à faciliter leurs déplacements à l'intérieur de la cité en sortant un nouveau plan. Imaginée et dessinée par Olivier Gianadda, cette carte présente de manière lisible et décontractée les particularités de Martigny la Romaine et les chemins les plus courts pour les atteindre.

Visite des ronds-points

Comparée à ses devancières, cette édition s'est enrichie d'une nouvelle rubrique intitulée «L'art dans la ville». Elle répertorie les différentes sculptures qui ornent les ronds-points et certaines rues d'Octodure.

L'hôte de Martigny la Romaine a ainsi une vision globale et complète des divers pôles d'intérêts de la cité. En bleu les informations générales (parking, gare, poste, Foire du Valais, piscine, etc.). En jaune la Promenade archéologique avec sa borne milliaire, son Mithraeum, sa domus à péristyle ou son Musée gallo-romain. En brun les visites et les monuments, du château de La Bâtiaz au Musée de l'automobile, en passant par la Fondation Louis Moret, Le Manoir de la ville, le Vieux-Bourg ou le moulin Semblanet. Et le violet enfin est attribué aux sculptures.

PASCAL GUEX

500 000 sets de table

Disponible en trois langues, ce nouveau plan sera diffusé dans le grand public sous la forme de sets de table (500 000 exemplaires vont être distribués ces prochains jours), de prospectus touristiques (un tirage de 250 000 unités) ainsi que d'affiches de format mondial qui devraient très prochainement fleurir en ville de Martigny. Coût de cette opération qui va profiter à tout le tourisme octodurien: 250 000 francs. Un montant pris en charge, à parts inégales, par la Fondation Pierre Gianadda et par la distillerie Morand.

Le nouveau plan de Martigny la Romaine édité par la Fondation Pierre Gianadda sous forme d'affiches et de sets de table. Une réussite.

Les sets de table dessinés par Olivier Gianadda, *Nouvelliste*, 8 juin 2000.

Un parc de sculptures en ville

Ce désir de participer à l'embellissement de Martigny est venu naturellement, une chose en amenant une autre. L'histoire des seize ronds-points vaut à lui seul le détour. Au début des années 1990, la mode des giratoires atteint Martigny. Evidemment, l'ingénieur civil y prête attention. En octobre 1994, il propose à la Commune « un concept général pour l'aménagement de l'ensemble de ces ronds-points en donnant à Martigny une image en rapport avec sa vocation de

Le cadeau du mécène

Les giratoires octoduriens poussent un peu partout. Pour la plus grande joie des automobilistes. A leur fonction pratique, les jardiniers de la ville ont ajouté un rôle décoratif en fleurissant avec goût les axes des carrefours. Aujourd'hui, on franchit une étape supplémentaire avec la pose au niveau du Saint-Michel d'une œuvre d'art. Offerte par Léonard Gianadda, cette sculpture remplace les drapeaux initialement prévus. Le moins que l'on puisse dire est que le résultat est positif. Cette œuvre d'art réalisée est magnifique. Et Martigny de prouver son titre de centre culturel de Suisse romande.

La Gazette, 27 avril 1995.

Antoine Poncet, *Secrète*.

LÉONARD GIANADDA
Ing. dipl. EPFL-SIA

Avenue de la Gare 40
CH - 1920 MARTIGNY
Tél. bureau 026 22 31 13
fax 026 22 31 63

Greffe Municipal le 2 NOV. 1994

Administration Communale
de Martigny
1920 – Martigny

lg/re   Martigny, le 31 octobre 1994

Monsieur le Président, Madame, Messieurs,

Pour faire suite à l'entretien que j'ai eu avec M. Pascal Couchepin, président, lundi 8 août dernier, et après mûre réflexion, je suis en mesure aujourd'hui de vous proposer ce qui suit :

– au cours de cette année, vous avez procédé à l'aménagement de deux ronds-points en Ville de Martigny, l'un à la Chapelle du Bourg (départ de la route de Chemin-Col des Planches), l'autre au carrefour rue Simplon-avenue du Léman. Par ailleurs, vous avez l'intention de transformer en ronds-points une série d'autres carrefours de Martigny.

– cette situation nouvelle pourrait être l'occasion d'imaginer un concept général pour l'aménagement de l'ensemble de ces ronds-points en donnant à Martigny une image en rapport avec sa vocation de ville d'accueil et ville d'art. Il serait judicieux qu'une unité préside à la conception de ces ronds-points.

– J'ai pensé à l'opportunité de placer sur chacun de ces ronds-points une sculpture importante.

– l'idée me semble originale dans la mesure où, à ma connaissance, aucune autre ville n'a, à ce jour, tenté une telle opération de manière systématique. Cette initiative constituerait une carte de visite intéressante, marquerait l'identité de Martigny en confirmant sa vocation artistique.

– les sculptures pourraient être des réalisations des meilleurs artistes suisses contemporains et le choix des œuvres pourrait s'effectuer en fonction de divers critères : diversité des styles (figuration, abstraction, réalisme, art brut, etc.), des matériaux (acier, bronze, marbre, granit, etc.), des dimensions, des formes et des couleurs. Il s'agirait bien entendu de tenir compte de l'intégration au site.

– une telle opération coûte évidemment assez cher puisqu'on peut estimer à environ Fr. 50'000.— à Fr. 200'000.— le prix d'achat d'une seule œuvre. De plus, elle devrait se réaliser au moment où les collectivités publiques sont dans une situation financière difficile. Une telle décision pourrait même paraître choquante aux yeux des citoyens et citoyennes qui rencontrent aujourd'hui des difficultés économiques, notamment en raison des pertes d'emplois, si la dépense occasionnée devait grever le budget communal.

Pour toutes ces raisons, mais surtout parce que j'aime ma ville, que je suis reconnaissant à ses ressortissants d'avoir accueilli ma famille, que je sais aussi que je leur dois de bénéficier d'une situation privilégiée et aussi parce que je souhaite contribuer à l'effort consenti d'une manière constante par l'autorité pour rendre la ville attrayante, j'ai décidé si vous consentez à ce projet d'offrir à la communauté martigneraine les deux premières sculptures pour les ronds-points déjà aménagés.

– je précise d'ores et déjà que mon intention est d'offrir également les sculptures des prochains ronds-points projetés ceci pour autant que ma situation financière me permette de l'envisager le moment venu.

– pour ne pas imposer à la collectivité des choix purement personnels et un concept essentiellement subjectif, j'ai soumis ce projet à plusieurs personnes, notamment à Mme Marie Claude Morand, directrice des Musées Cantonaux, et à MM. Bernard Attinger, architecte cantonal, Jean-Paul Darbellay, architecte et urbaniste à Martigny et Michel Veuthey, anciennement conseiller culturel à l'Etat du Valais.

Lettre adressée à la Commune de Martigny, 31 octobre 1994, p. 1.

ville d'accueil et ville d'art »⁵. Son idée de départ est de choisir des sculptures des meilleurs artistes suisses contemporains, en étant attentif à l'environnement, à la diversité des styles et des matériaux utilisés. Ce parc de sculptures urbain viendrait ainsi compléter le panorama proposé dans les jardins de la Fondation. La réponse des principaux intéressés est positive. Vingt ans plus tard, seize œuvres, la plupart objets de commandes spécifiques, agrémentent les seize giratoires de la ville.

> Je précise que j'ai également fait part de cette intention à M. Gabriel Magnin, ingénieur cantonal, pour ce qui concerne les éventuels problèmes de sécurité. Toutes ces personnes se sont montrées enthousiastes quant à ce projet.
> – concrètement et dans l'immédiat, je vous soumets les propositions suivantes :
>
> a) pour le rond-point de la chapelle du Bourg, sculpture d'Antoine Poncet, membre de l'Institut, Académie des Beaux-Arts,
> SECRETE
> Marbre Bardiglio
> 210 x 160 x 90 cm
> Prix de la sculpture : Fr. 180'000.—
>
> b) pour le carrefour avenue du Léman-rue du Simplon, une œuvre de Silvio Mattioli :
> TRIAS
> 1991
> Acier au zinc laqué
> 600 x 500 x 400 cm
> Prix de la sculpture : Fr. 80'000.—
>
> Je joins à la présente deux dossiers concernant ces œuvres et précise que ces deux sculptures faisaient partie du groupe d'artistes invités dans le cadre de l'exposition
> SCULPTURE SUISSE EN PLEIN AIR
> organisé en 1991 dans les jardins de la Fondation Pierre Gianadda à l'occasion du 700ème anniversaire de la Confédération suisse. La sélection des artistes et des œuvres avait été effectuée par MM. Marcel Joray et André Kuenzi, autorités reconnues et indiscutées sur le plan suisse en matière de sculpture contemporaine.
> – éventuellement j'envisagerai une démarche similaire auprès de la Commune de Martigny-Croix pour le rond-point du restaurant Transalpin (voir en annexe copie de la lettre adressée à Bernhard Luginbühl).
> – l'aménagement des ronds-points et la mise en place des sculptures – en principe avec la collaboration des artistes – devraient être réalisés par la municipalité.
> Il s'agit notamment de la confection des socles, des plaquettes signalétiques, du transport et de la mise en place des œuvres, de l'éclairage, arrosage, engazonnement, entretien et sécurité des sculptures (assurances éventuelles ?).
> – toutes les sculptures pourraient être présentées sur un terrain engazonné, pour conférer une unité à l'ensemble et mettre en valeur l'œuvre d'art. Je précise par ailleurs que cet engazonnement se révèlerait moins coûteux à l'entretien que les massifs floraux actuellement réalisés.
> Il va évidemment de soi qu'oriflammes et autres décorations sont incompatibles avec la présence des sculptures.
> – si des modifications urbanistiques devaient intervenir dans le futur, par exemple déplacement ou suppressions des ronds-points, ou que les œuvres ne devaient plus remplir le but pour lequel elles ont été offertes, j'exprime le vœu que la Fondation Pierre Gianadda puisse en disposer à son gré.
> – je souhaiterais que vous vous prononciez sur cette proposition dans des délais assez brefs car j'aimerais concrétiser cette offre cette année encore, ce qui me permettrait notamment de ne pas subir le nouveau régime de la TVA pour ces acquisitions.
> Je reste à votre disposition pour tous les renseignements que vous pourriez souhaiter et dans l'attente de vos nouvelles je vous prie de croire, Monsieur le Président, Madame, Messieurs, à l'expression de mes sentiments les meilleurs.
> Copie, à :
> – Mme Marie Claude Morand
> – M. Bernard Attinger, architecte cantonal
> – M. Jean-Paul Darbellay, architecte et urbaniste à Martigny
> – M. Michel Veuthey, ex-conseiller culturel à l'Etat du Valais
> – M. Gabriel Magnin, ingénieur cantonal
> Annexes : ment.

Lettre adressée à la Commune de Martigny, 31 octobre 1994, p. 2.

Silvio Mattioli, *Trias*.

Maurice Ruche, *Verticale*.

---

⁵ *Léonard Gianadda, la Sculpture et la Fondation*, 2008, p. 268.

Yves Dana, *Archives 1/3*.

Rudolf Blättler, *Dreiweib*.

André Ramseyer, *Constellation*.

Josef Staub, *Symphonie*.

Hans Erni, *Le Minotaure*.

Bernhard Luginbühl, *Tige Martigny*.

Silvio Mattioli, *Triangle*.

André Raboud, *Le Grand Couple*.

Michel Favre, *Synergie du Bourg*.

Raphaël Moulin, *Stèle du temps*.

«J'ai l'âge des bilans»

FONDATION GIANADDA A 73 ans, trente ans après les débuts de la Fondation, Léonard Gianadda tourne quelques pages. Le parc de la Fondation serait terminé, tout comme les treize giratoires de la ville.

VÉRONIQUE RIBORDY

Hier devant les journalistes et les amis artistes, Léonard affirmait venue l'heure des bilans. A 73 ans, le lion de Martigny s'offre le luxe de tirer quelques traits: le parc de sculptures, tout comme les treize giratoires de Martigny, tout cela serait terminé, pile l'année du trentième anniversaire de la Fondation. Pour s'en convaincre, Léonard en a fait un livre. Sur presque 400 pages, il énumère ce qui fait à juste titre sa fierté, le parc, les giratoires, mais aussi les rencontres, les amitiés, l'aboutissement d'une idée et d'un travail acharné (voir encadré).

Panorama de la sculpture

Avec ce livre, et d'autres qui vont suivre, Léonard grave sa légende dans le marbre. Il donne aussi un formidable outil de compréhension à qui veut bien comprendre.

Fidèle aux côtés de Léonard depuis 1986 et l'exposition Giacometti, Daniel Marchesseau, par ailleurs directeur du Musée de la Vie romantique à Paris, estime que le parc de sculptures de la Fondation est un des plus beaux d'Europe. On sait que Léonard s'est inspiré du parc de la Fondation Maeght à Saint-Paul-de-Vence, on sait moins que le parc de Martigny est un des seuls en Europe à ne pas s'arrêter à un artiste ou à un groupe d'artistes, mais à tenter un panorama de la sculpture du XXe siècle. Ce panorama débute avec les grandes figures de la fin du XIXe siècle, Renoir (un bronze racheté au Musée de Pasadena aux USA), Bourdelle, Maillol, et bien sûr Rodin, un artiste qui a pris définitivement place dans la vie de Léonard en 1997, quand il entre dans le conseil d'administration du Musée Rodin à Paris. Cette année, un des trois tirages en bronze du prestigieux «Baiser» (le marbre est au Musée Rodin) est même installé sur le perron de la Fondation.

Cent ans séparent en effet les bronzes de Rodin et la «Grande Colonne Noire» du Français Jean-Pierre Raynaud (l'auteur du «Pot Doré» installé sur la place devant le centre Pompidou) ou les aciers de l'argentin Eduardo Chillida. Entre deux, Léonard a rencontré César, l'auteur du «Pouce» et du «Sein», monté une exposition avec le frère de Diego Giacometti, joué à saute-mouton avec François-Xavier Lalanne. Il est tombé amoureux plein de fois, à Saint-Paul-de-Vence devant la sphère de Pol Bury (1984, achetée à sa veuve en 2006), dans l'atelier de Calder (1965, un grand mobile acheté à sa fille en 1996), devant le Grand Coq de Brancusi (1949, acheté à la Galerie Beyeler en 1985), aujourd'hui encore une pièce maîtresse de la collection.

Dans Martigny, c'est la sculpture suisse qui a fait les beaux jours des touristes, cartes en main, qui déambulent dans la ville pour voir le Minotaure d'Erni ou la Tige rouge de Luginbühl. Hier après-midi, même le président Olivier Dumas lui tirait son chapeau, toutes aigreurs bues.

Facettes

Parce qu'il faut bien le dire, Léonard Gianadda n'est pas «seulement le cochon payeur», comme il dit en présentant un de ses textes qui figure dans le catalogue. En lui se côtoient plein de personnages, dont on ne sait lequel domine les autres, de l'entrepreneur averti au collectionneur passionné, du fou de sculpture au chef d'entreprise tatillon, de l'ami généreux au visionnaire intransigeant. Sans trop exagérer ni paraître prétentieux, Léonard Gianadda peut s'accorder ce mot de la fin: *«Pas si mal.»*

> «Ce livre a un ton plus personnel. J'assume»
> **LÉONARD GIANADDA**
> FONDATION P. GIANADDA

Les expositions passent, le parc demeure. Léonard Gianadda a assemblé dans les jardins de la Fondation un panorama de la sculpture du 20e siècle. BITTEL

LEURS COMMENTAIRES SUR LES GIRATOIRES

MICHEL FAVRE SCULPTEUR
«Une extraordinaire carte de visite»

ANDRÉ RABOUD SCULPTEUR
«Une commande marquante»

GILLIAN WHITE SCULPTEUR
«Il m'a tout de suite comprise»

YVES DANA SCULPTEUR
«L'énorme honneur de participer à l'aventure»

La sculpture et la fondation

OLIVIER RAUSIS

Présenté hier aux médias, l'imposant livre «Léonard Gianadda, la sculpture et la fondation» est le second de la trilogie que le mécène octodurien s'était promis de publier avant la célébration des 30 ans de la Fondation Pierre Gianadda: *«Le premier livre, consacré au Musée de l'automobile, est sorti en 2004. Le second, qui traite de la sculpture, est désormais entre vos mains. Quant au troisième, consacré à l'archéologie, il sortira également de presse cette année, en même temps que l'inauguration de la nouvelle présentation du musée gallo-romain. Pour ce qui est des trente ans, nous sommes encore dans les temps puisque la fondation a ouvert ses portes le 19 novembre 1978.»* Ce nouveau livre, conçu sous la direction de Daniel Marchesseau, conservateur général du Patrimoine, traite de tout ce qui concerne la sculpture en lien avec la fondation et avec Léonard Gianadda.

Le premier chapitre présente le célèbre Parc de sculptures de la fondation. L'auteur y dresse un inventaire de chaque œuvre, d'une façon didactique, avec un clin d'œil à la biographie des artistes. Au fil des pages, illustrées par de belles photographies, défilent les 40 sculptures du parc, agrémentées d'anecdotes et de portraits souvenirs. Un texte décrit également les différentes essences d'arbres plantées dans le parc.

Le deuxième chapitre, intitulé «Les choix d'un collectionneur», dévoile les coups de cœur de Léonard Gianadda pour les sculptures non exposées dans le parc. Quant au troisième chapitre, «L'art dans la ville», il traite des sculptures qui agrémentent les treize giratoires de Martigny. Enfin, 30e anniversaire oblige, l'ouvrage évoque encore la Fondation, sa création, son histoire et ses activités, sans oublier la vie de Léonard Gianadda.

Nouvelliste, 27 mai 2008.

Le mécène au milieu des giratoires

Valais Léonard Gianadda offre à Martigny un itinéraire artistique en ornant ses ronds-points de sculptures

Xavier Filliez

Ce qui devait être une valse tranquille entre les giratoires sculpturaux de Martigny s'est transformé en tango de feu. Léonard Gianadda ne sait pas valser. Il court, il trépigne. Il coupe la parole, il agit en saccades. Léonard Gianadda est déchaîné. Il ne laisse de répit ni à ses dévoués employés ni aux journalistes qui lui gravitent autour.

La balade débute dans le somptueux jardin de la Fondation, sous un ciel prêt à pleurer. La vénérable institution fête ses 30 ans cette année. Et son fondateur célèbre du même coup plusieurs événements marquants de sa vie de mécène.

Dans quelques semaines, la Médiathèque Valais dévoilera le parcours photographique de Léonard Gianadda. Le photojournalisme, qu'il a pratiqué il y a plus de cinquante ans, est une autre facette de lui qu'on ne soupçonnait pas. Mais si le fougueux septuagénaire fourmille d'enthousiasme c'est surtout pour dire son amour de la sculpture. Il vient d'éditer un ouvrage qui le rend plus fier encore que son costume d'Académicien. Le livre* de 400 pages est un voyage à travers la sculpture internationale du XXe siècle tel qu'il en offre un formidable extrait dans le parc de sa Fondation.

Lettre à Pascal Couchepin

C'est autre chose qui vaut notre visite: l'aboutissement d'une aventure artistique au cœur de la cité. Treize giratoires, chacun ornés d'un monument, tracent aujourd'hui un itinéraire urbain unique à travers la sculpture suisse, cette fois-ci. Léonard Gianadda, le fleuve impétueux, n'a pas su se contenir entre les berges. Il a débordé dans la ville. Et il a payé pour cela: sans sa confirmation, on estime le prix de ces œuvres à 2 millions de francs. Il dit que ça n'a aucun intérêt.

En 1994, Léonard Gianadda propose au président de Martigny, un certain Pascal Couchepin alors, de décorer les deux premiers carrefours de la ville transformés en giratoires. Dans sa lettre, il dit pressentir que la démarche prendra tout son sens au fil des ans. Lorsque le mélange subtil des matériaux, des contours et des couleurs, formera une composition cohérente.

Ainsi, deux présidents plus tard, l'art a-t-il investi la ville par petits points. Ainsi de monumentales œuvres d'art ont-elles pris la place des bancs de bégonias et des gazons minimalistes communs à tant de municipalités. L'art en offrande à la communauté: cela décrit très fidèlement la personnalité de Léonard Gianadda. L'homme est un mélange aigre-doux d'ingérence et de générosité. Il l'a écrit lui-même dans son ouvrage. Le projet a parfois pu être «perçu comme une intrusion intolérable». Il reconnaît aussi qu'il est progressivement devenu une fierté pour les Martignerains.

Le jardin de Léonard

D'un giratoire à l'autre, d'un «Grand Couple» en granit noir d'Afrique qui file vers le ciel (André Raboud) à une «Symphonie» d'acier au chrome torsadé (Josef Staub), en passant par l'excentricité ferreuse de la «Tige» rouge pétante de Bernhard Luginbühl, le parc urbain disséminé d'un bout à l'autre du tapis routier de Martigny nourrit un paradoxe.

Que Michel Veuthey, premier conseiller à la Culture pour l'Etat du Valais a relevé: quoique placées au cœur de la ville, les œuvres n'en paraissent pas moins intouchables. En voiture, on les frôle des yeux, on leur danse autour sans avoir le temps de les saisir complètement.

A pied, on n'a accès à leur promontoire qu'en traversant impétueusement le trafic. Comme il s'enlace maintenant autour du *Minotaure* de Hans Erni pour la photo, Léonard Gianadda s'est emparé de la cité octodurienne. Sa trace est partout. Il le rappelle, à chaque carrefour, avec la fierté indécente des grands entrepreneurs.

«Cet immeuble est à moi. Ces promontoires aux arrêts de bus, avec l'horloge, c'est moi qui les ai imaginés. Et qui les ai payés.» On trouve qu'ils donnent une belle unité urbanistique à la ville. Il répond que s'ils donnent l'heure c'est déjà pas mal.

Tout près de la «Grand Synergie du Bourg» de Michel Favre, voici le quartier où il a grandi. A un bloc de Pascal Couchepin, à quelques pâtés de maisons de Christian Constantin. Sur l'avenue du Grand-Saint-Bernard, ce bâtiment qu'il pointe du doigt est encore à lui. Il veut installer sur sa façade une céramique d'Erni. Il nous raconte encore le sous-voie de la gare, taillé dans le marbre, qu'il a offert à la ville à l'époque. Plus tard, il nous emmènera le contempler.

Victime de son abondance

Léonard Gianadda est un peu la victime consentante de son abondance. Il est un mécène respecté par les uns. Il est détesté par d'autres pour sa boulimie prétentieuse. Pas toujours très cordial dans la forme, intransigeant sur le fond. Le projet des giratoires n'a pas fait l'unanimité. Il a suscité une opposition à Martigny-Croix. L'affaire a traîné durant près de quinze ans. Les très traditionalistes Amis de Plan-Cerisier voulaient décorer leur rond-point avec un raccard et des ceps de vigne. Il en rit encore. Il rit surtout du jour de l'inauguration. Les autorités avaient parsemé leurs discours de remerciements dithyrambiques. «Cela m'a fait penser à l'histoire de la veuve qui assiste à l'enterrement de son mari. Et elle se dit que l'homme décrit par le curé n'est pas celui qu'elle a connu.»

Cette œuvre, la plus imposante du pays, dit-il – 50 tonnes et 15 mètre de haut – est finalement une de ses plus belles «réussites». «Tricolore, elle s'intègre parfaitement au site. Elle symbolise le carrefour entre la Suisse, l'Italie et la France.»

«Montrer l'art caché»

Léonard Gianadda voudrait qu'on interprète différemment sa générosité envahissante. Selon lui, la ville de Martigny doit la considérer comme un retour sur investissement. «Je lui rends ce qu'elle m'a donné, lorsqu'elle m'a accueilli, ma famille, mon grand-père...

Et puis, décorer les giratoires, c'est réaffirmer le rôle de Martigny en tant que ville de culture. C'est montrer l'art, trop souvent caché.» La complainte du vent, de Gillian White, en est un exemple explicite. «Elle était cachée à un coin de rue à Nyon. Je l'ai commandée. Je crois qu'ici elle a trouvé sa place, non?»

Parfaitement aligné dans le coude du Rhône, l'énorme parallélépipède penche vers le haut de la vallée, comme aspiré par le climat venteux qui alimente les éoliennes voisines. Des projets pour la ville, Léonard Gianadda en a mille autres sous son costume de mécène. Il voudrait faire trôner des bustes romains à l'amphithéâtre. Comment l'entrepreneur ne s'essouffle-t-il pas? «J'ai du temps. J'aime ce que je fais. Que ferais-je si je ne faisais pas ça?» Fin du tango. Le ciel n'a pas pleuré. Léonard Gianadda a presque fini par rire, lui aussi, de ses excès.

Léonard Gianadda, la sculpture et la Fondation, édité par la Fondation Gianadda.

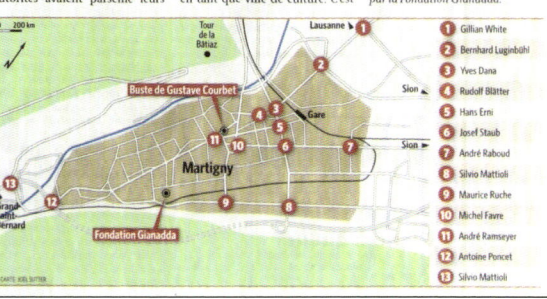

Léonard Gianadda et l'œuvre de Hans Erni, «Minotaure» (1999). Les giratoires de Martigny sont l'aboutissement d'une aventure artistique au cœur de la cité. MARTIGNY, 28 MAI 2008

Trois des treize giratoires de Martigny ornés d'une sculpture: (de haut en bas et de gauche à droite) Silvio Mattioli, «Triangle» (2006), Gillian White, «Complainte du vent» (2003) et Antoine Poncet, «Secrète» (1992). MARTIGNY, 28 MAI 2008

1. Gillian White
2. Bernhard Luginbühl
3. Yves Dana
4. Rudolf Blätter
5. Hans Erni
6. Josef Staub
7. André Raboud
8. Silvio Mattioli
9. Maurice Ruche
10. Michel Favre
11. André Ramseyer
12. Antoine Poncet
13. Silvio Mattioli

Le Temps, 31 mai 2008.

Dossier

Valentin Carron, Huit jours pour convaincre, 2012, sculpture installée à un carrefour giratoire de la route de Fully, à Martigny (CH).
Photo Michel Darbellay / Fondation Pierre Gianadda

À la croisée des chemins, Léonard Gianadda à Martigny

Par Antoine Poncet, membre de la section de Sculpture

Dire en quelques signes qui est Léonard Gianadda et ce qu'il a fait pour l'art est une gageure. Je ne rédigerai pas une froide biographie. Je n'énumèrerai pas les expositions passées et les projets à venir, la liste serait trop longue. Laissez-moi commencer par un souvenir, celui d'une voix tonitruante au téléphone : « Allo, c'est Léonard. Magnifique. » Le critique d'art André Kuenzi m'avait offert d'exposer l'une de mes sculptures à la Fondation Pierre Gianadda de Martigny. *Translucide* venait d'être déballée.

Cet épisode résume assez bien ce que je sais de Léonard Gianadda : une énergie surprenante, une spontanéité joyeuse, une générosité bienfaisante. Lorsqu'il parle de sa vie, il évoque les hasards, sa formation d'ingénieur, son amour de l'art, les drames, les découvertes et les rencontres.

En 1976, il prend une décision capitale : il crée une fondation en souvenir de son frère brutalement disparu, un lieu de mémoire et de vie qu'il construit autour des vestiges d'un temple gallo-romain, un lieu d'expositions mais aussi une salle de concert, un musée vivant, où, pour reprendre ses termes, « il se passe quelque chose ».

Il fallait être bâtisseur pour entreprendre cela, mais, par une nécessité heureuse ou par amitié, Léonard Gianadda est devenu mécène. Sa force, il la met au service de l'art et des artistes. Encore. Toujours.

Au-delà des murs de la fondation, s'étend l'un des plus beaux jardins de sculptures. Là, au pied des montagnes, les œuvres de Rodin, Bourdelle, Moore, Brancusi, Arp ou César côtoient les cèdres, les érables du Japon et les hêtres pourpres. Là, on est prié de marcher sur les pelouses.

A Martigny, les plans et les courbes taillés dans le métal ou la pierre modulent l'espace. La sculpture anime les parcs mais aussi les carrefours urbains. En 1994, Léonard Gianadda eut l'idée d'orner chaque giratoire d'une œuvre monumentale commandée à un sculpteur vivant. Manière d'inscrire l'art au cœur de la ville. Avec le soutien des autorités municipales, quinze sculptures sont installées à la croisée des chemins. La dernière, inaugurée le 16 août 2012, est due au jeune artiste suisse Valentin Carron. ◆

Texte d'Antoine Poncet, *Lettre de l'Académie des Beaux-Arts*, 2012.

Les sculptures des ronds-points de Martigny

Œuvres offertes par Léonard et Annette Gianadda[6]

	Années	Artistes	Titres	Lieux
1	1995	Antoine Poncet	*Secrète* (1991-1992)	Chapelle Saint-Michel
2	1996	Silvio Mattioli	*Trias* (1991)	Route du Levant
3	1997	Maurice Ruche	*Verticale* (1977-1991)	Rue d'Octodure
4	1998	Yves Dana	*Archives 1/3* (1991)	Rue du Léman

Œuvres propriété de la Fondation Pierre Gianadda, en dépôt sur les giratoires

	Années	Artistes	Titres	Lieux
5	1999	Rudolph Blättler	*Dreiweib* (1986)	La Louve
6	1999	Josef Staub	*Symphonie* (1999)	Rue du Léman/rue du Simplon
7	1999	Hans Erni	*Minotaure* (1999)	Avenue de la Gare/rue du Léman
8	1999	Bernhard Luginbühl	*Tige Martigny* (1957-1999)	Route de Fully
9	2001	André Raboud	*Le Grand Couple* (2000-2001)	Rue du Simplon
10	2003	André Ramseyer	*Constellation* (1960)	Place de la Liberté
11	2003	Gillian White	*Complainte du vent* (2000)	Route de Fully
12	2006	Silvio Mattioli	*Triangle* (2006)	Giratoire transalpin
13	2007	Michel Favre	*Synergie* (2007)	Giratoire Pré-de-Foire
14	2011	Raphaël Moulin	*Stèle du temps* (2010-2011)	Rue du Levant/route du Guercet
15	2011	Michel Favre	*Le visionnaire* (2011)	Route cantonale Martigny-Charrat
16	2012	Valentin Carron	*Huit jours pour convaincre* (2011)	Route de Fully

Gillian White, *Complainte du vent*.

Silvio Mattioli, André Raboud, Yves Dana, Hans Erni, Léonard Gianadda, Josef Staub devant le *Minotaure*, 5 octobre 2001.

[6] En cas de changement d'affectation, ces sculptures deviennent propriété de la Fondation Pierre Gianadda.

Léonard Gianadda va ensuite embellir sa Fondation et plusieurs bâtiments qu'il a construits avec des céramiques monumentales de Hans Erni et de Sam Szafran : les trois *Colombes* à l'entrée de la ville, la *Fontaine Ondine*, l'*Escalier*, *Les Ages de la vie*, le *Minotaure*, etc.

Au final, cet apport de sculptures et de céramiques a permis de créer une véritable promenade artistique contemporaine à Martigny.

L'*Escalier* de Sam Szafran, 2005.

Fontaine Ondine de Hans Erni, 2003.

Les Ages de la vie de Hans Erni, 2011.

La Jeune fille et le Minotaure de Hans Erni, 2008.

Le miracle des chapelles

Maintenant que nous connaissons un peu mieux notre personnage, nous présageons qu'il ne va pas s'arrêter en si bon chemin. Il suffit d'une occasion, et c'est l'aventure des chapelles de Martigny qui démarre ! Elle va se dérouler de mars 2011 à septembre 2014.

La réalisation d'un vitrail par Hans Erni engendre ainsi une multitude de rénovations, réaménagements et autres créations : la chapelle protestante est remise à neuf et accueille dix-sept vitraux de l'artiste lucernois, un parvis est créé ; la chapelle catholique de La Bâtiaz est entièrement restaurée aux frais de Léonard et sept vitraux du Père Kim En Joong sont installés. Evidemment, tout n'est pas si simple… Parfois des obstacles surgissent, qu'il faut réussir à franchir en gardant son calme… Mais tout est bien qui finit bien, puisque dès maintenant deux chapelles, en paix confessionnelle, se répondent d'un bout à l'autre de la ville, chacune livrant ses trésors et son histoire aux fidèles qui la fréquentent comme au visiteur de passage[7].

Chapelle protestante de Martigny, de nuit, 2014.

Intérieur de la chapelle de La Bâtiaz, 2014.

[7] Pour plus d'informations sur l'histoire de ces vitraux, voir *Les Chapelles de Martigny*, édité par la Fondation Pierre Gianadda en 2014.

Maternité - Sixième jour de la Création - Jonas. Dessins aquarellés signés, avec la dédicace « *par Amitié pour Annette et Léonard* », 2011.

Présentation de la maquette finale des vitraux, 105 ans de Hans Erni, Lucerne, 21 février 2014.

Bénédiction des trois premiers vitraux par le pasteur Pierre Boismorand, en présence de Doris et Hans Erni, de Léonard Gianadda et de ses fils Olivier et François. Martigny, 23 janvier 2012.

Dédicace de Hans Erni pour Annette, chapelle protestante, 2013.

Réception de la rosace pour la chapelle de La Bâtiaz, 2 juin 2013.

Le Père Kim En Joong devant un vitrail de La Bâtiaz, Chartres, 2013.

MARTIGNY
Le cadeau lumineux de Léonard Gianadda

C'est un cadeau de lumière que Léonard Gianadda vient de faire aux catholiques de Martigny en dotant la chapelle de la Bâtiaz de sept vitraux de l'artiste coréen Kim En Joong. Histoire d'amitié et coup de cœur pour une réalisation originale.

Le curé François Lamon (à gauche), le Père Kim En Joong et Léonard Gianadda : une collaboration enthousiaste.

En cette après-midi de novembre, la lumière effleure à peine la chapelle de la Bâtiaz, à Martigny, « si humble que c'est à peine si l'on y fait attention ». Cependant, elle joue avec la lumière qui couronne le château, l'un des emblèmes de la cité. C'est que les murs du 18e siècle accueillent, depuis octobre, sept vitraux de l'artiste coréen Kim En Joong. Sept œuvres abstraites comme autant d'invitations à regarder plus haut, à se tourner vers l'invisible. La chapelle de Notre-Dame de Compassion ou des Sept Douleurs leur offre un écrin unique.

PÈLERINS ET FUTURES MÈRES

Construite entre 1625 et 1630 au bord de la Drance, d'où elle semble veiller sur les Martignerains, la chapelle remplace un oratoire édifié après l'inondation de 1595 qui sert aujourd'hui de sacristie. La première chapelle subsiste jusqu'en 1736, date à laquelle elle est réparée et agrandie. Baroque, en bois sculpté et doré, l'autel, du 18e siècle, attire le regard dès l'entrée. Sur la droite, une des plus belles collections d'ex-voto du Valais dont les plus anciens datent de 1719.

La chapelle de la Bâtiaz est vite devenue un lieu de pèlerinage, le vendredi de la Passion et en la fête de Notre-Dame des Sept Douleurs, le 15 septembre. De plus, une belle croyance s'attache à ce sanctuaire : c'est là que les futures mères désireuses de donner le jour à une fille vont prier la Vierge. La dernière restauration date de 1968. La chapelle est classée monument historique en 1973.

ATMOSPHÈRE INTIME

Murs ternes, souvent noircis par la fumée des bougies, ex-voto peu mis en valeur : c'est ce qu'a trouvé le Père Kim En Joong, dominicain, en visitant la chapelle pour la première fois. Depuis que ses sept vitraux y ont pris place, le sanctuaire a repris vie par la magie de la lumière. Des tons divers

> « Cela s'intègre bien à la chapelle, j'en suis heureux. »

du rouge au noir en passant par un vert lumineux, un jaune vif et un bleu profond, des formes abstraites qui expriment la montée du limon de la terre vers la plénitude du Royaume. Créant à l'intérieur du sanctuaire une atmosphère intime, ils invitent le pèlerin ou le visiteur de passage au recueillement.

Ce jour-là, l'artiste était venu voir l'ensemble – six vitraux rectangulaires dont un dans la sacristie et un vitrail rond au-dessus de la croix qui domine l'entrée –, admirer le jeu des couleurs sur les murs qui respiraient enfin : « Cela s'intègre bien à la chapelle, j'en suis heureux. Dommage, cependant, que l'on n'ait pas pu enlever les anciennes barres en fer forgé, qui apparaissent derrière les vitraux ».

Sauf peut-être, me confie le curé, le chanoine François Lamon, celles qui sont placées derrière le vitrail rond : dessinant un cœur, elles en soulignent la force. « C'est mon préféré : j'y vois une belle représentation de la Trinité à travers ses trois couleurs enlacées – bleu, jaune et rouge ». Dans les autres, les teintes chaudes sont tempérées par des bleus et des violets ; ainsi, quand elle nous rejoint, la lumière de Dieu se fraye un chemin à travers toutes nos épaisseurs humaines.

UNE BOUTADE FRUCTUEUSE

« Ce fut une belle aventure », résume le dominicain, la tête levée pour admirer le fruit de son travail. Elle a débuté par une boutade du conseiller communal David Martinetti à Léonard Gianadda : « Vous avez fait un beau cadeau aux protestants (ndlr. le mécène a offert des vitraux de Hans Erni pour la chapelle protestante de Martigny, voir l'Echo Magazine n° 51-52/2011). Pourquoi pas aux catholiques ? ». Gianadda le prend au mot : il dotera une chapelle catholique, la Bâtiaz, de vitraux d'un artiste connu.

Il a déjà sa petite idée depuis sa visite, fin 2011, au Musée de l'évêché de Sion qui présentait des œuvres de Kim En Joong dans le cadre du 7e Festival d'art sacré. Les deux hommes se rencontrent en 2012, ils fraternisent et le projet démarre. Le curé est enthousiaste, d'autant plus que c'est une manière de remettre en valeur un lieu historique.

Le Père Kim se met au travail dans les ateliers Loire à Chartres. Il se rend à plusieurs reprises à Martigny et transporte en train les premières œuvres. Les sept vitrages de la chapelle sont remplacés peu à peu et le tout est inauguré en octobre 2013.

La chapelle, massive, au pied du rocher. Couleurs et légèreté pour ces deux vitraux situés à l'entrée.

Geneviève de Simone-Cornet

Une « prédication silencieuse »

Fils de calligraphe, Kim En Joong est né en 1940 à Booyo, en Corée du Sud. Il est élevé dans la tradition taoïste. Après des études à l'école des beaux-arts de Séoul, il devient professeur de dessin au séminaire de cette même ville. Il découvre le catholicisme en 1965, est baptisé en 1967. Deux ans plus tard, il s'installe en Europe. C'est dans notre pays qu'il étudie l'histoire de l'art et la théologie. Entré chez les dominicains, il est ordonné prêtre en 1974. Il vit au couvent de l'Annonciation à Paris.

Très vite, Kim En Joong expose en Europe, en Amérique et en Asie. Il réalise les vitraux de plusieurs églises de France comme l'abbaye de Ganagobie ou la basilique de Brioude. Son art lumineux et coloré est nourri d'une double influence, asiatique et occidentale. Kim En Joong s'inscrit dans la tradition de l'abstraction lyrique. Chaque vitrail est une invitation à approcher de l'invisible. Car son œuvre se veut, dans le sillage de Fra Angelico notamment, une forme de « prédication silencieuse ». Formes et couleurs disent quelque chose du mystère de Dieu.

GdSC

Echo, 19 décembre 2013.

Annette et Léonard, chapelle protestante, 8 septembre 2011.

Intérieur de la chapelle protestante, avec les nouveaux vitraux de Hans Erni, 2014.

Chapelle de La Bâtiaz, 2014.

Vitrail de la sacristie, chapelle de La Bâtiaz.

Lettre à Léonard Gianadda, à l'occasion de ses 80 ans
par le chanoine François Lamon et le pasteur
Pierre Boismorand

Le 19 juin 2015

Cher Léonard Gianadda,

En 1961, quand vous avez voulu vous marier en l'Eglise catholique à Martigny avec Annette Pavid, jeune Vaudoise que vous aviez rencontrée à Lausanne quatre ans auparavant, cela vous a été refusé. En effet, voilà plus de cinquante ans, la désunion des Eglises était telle que l'un de vous aurait dû renier sa religion. Or, il n'en était question, ni pour votre chère Annette, protestante réformée, ni pour vous-même, qui êtes catholique. Sans doute un prêtre valaisan aurait-il accepté de bénir votre mariage dans l'espace sombre et confiné d'une sacristie, ainsi que cela se pratiquait à l'époque pour les couples des deux confessions. Mais, comme tous les amoureux dont la passion se joue des interdits, des préjugés et des frontières, vous ne pouviez consentir à une telle vexation car vous vouliez vivre votre amour en pleine lumière. Pour finir, un arrangement fut trouvé. Un prêtre exerçant son ministère dans le canton de Vaud, l'abbé Georges Juvet, accepta de célébrer votre mariage qui eut lieu, le 14 octobre 1961, dans l'église catholique Saint-Martin de Lutry.

De ce refus qui vous contraignait à l'exil, au moins le temps de cette cérémonie, vous auriez pu nourrir une rancune à l'égard d'Eglises incapables de s'entendre et faisant porter sur des jeunes fiancés le poids de leurs dissensions. Pourtant, il n'en a rien été et, sans fréquenter régulièrement nos paroisses, vous avez su garder vivants la foi, l'espérance et l'amour reçus de vos parents.

Ainsi, non seulement vos convictions se sont concrétisées par votre attachement à des principes et des valeurs, mais elles l'ont été encore davantage par vos relations et vos engagements envers votre prochain. Sans relâche, vous avez manifesté le goût de l'amitié et du partage, le souci des autres et une véritable charité, au meilleur sens du terme. Nous pensons ici, non seulement à vos élans de générosité les plus médiatisés, mais aussi aux innombrables gestes désintéressés en faveur des réfugiés, des démunis et des personnes les plus fragiles. Une bienfaisance que vous n'avez jamais cessé de pratiquer avec cœur et discrétion, selon la parole de l'Evangile : « Que ta main gauche ignore ce que fait ta main droite ». (Mt 6, 3)

Nous voudrions ici rappeler votre sens de la fidélité et votre courage. En effet, alors que vous avez été douloureusement frappé, à plusieurs reprises, par des deuils et des séparations prématurées, vous avez toujours su réagir, non par le découragement et le rejet de vos idéaux, mais par un surcroît d'énergie, d'altruisme et de dévouement pour la communauté. La Fondation Pierre Gianadda, édifiée à la mémoire de votre frère, en est un illustre exemple, de même que la Fondation Annette & Léonard Gianadda, ainsi que les magnifiques vitraux de l'église protestante de Martigny, offerts à la mémoire de votre épouse Annette.

Enfin, vous avez toujours exprimé de la sympathie et une tendresse empreinte de respect pour les ecclésiastiques, particulièrement ceux qui avaient été vos condisciples au Collège de l'Abbaye de Saint-Maurice, amis de jeunesse avec lesquels vous avez entretenu des relations.

Pour notre part, nous avons eu le privilège de vous côtoyer et d'apprendre à vous connaître au cours de ces dernières années. Impressionnés tant par votre personnalité que par votre parcours remarquable, nous n'aurions sans doute jamais songé à vous rencontrer. Mais les circonstances en ont décidé autrement et nous ont permis de tisser des liens de confiance.

Ce fut d'abord, fin 2008, la demande de l'un d'entre nous de photographier des icônes exposées à la Fondation, afin de les projeter lors d'une célébration. Votre réponse : « Mais venez faire le culte à la Fondation », nous a ouvert les portes de votre musée, et a constitué le point de départ d'une fructueuse collaboration. Ainsi, ce ne sont pas moins de onze cérémonies œcuméniques qui y ont déjà été organisées, soulignant d'une manière singulière et très originale les divers points de convergences entre arts et spiritualités. Par ailleurs, nous avons fait notre possible pour nous tenir auprès de vous et des vôtres lors des épreuves que vous avez dû traverser. Nous pensons, en particulier, au service œcuménique célébré le 13 décembre 2011 à l'occasion du décès de votre chère épouse Annette, dans la présence aimante du Christ. Nous avons aussi eu la joie de partager avec vous des jours lumineux grâce à l'extraordinaire aventure des vitraux des chapelles de Martigny. Amorcé début 2011, un projet, plutôt modeste au départ, envisageait d'orner le temple protestant d'un vitrail de Hans Erni. Mais déjà, avec la générosité et la vision qu'on vous connaît, vous aviez pensé plus large et décidé d'en offrir trois. Annette était encore présente et elle était heureuse à l'idée de vous voir associés à l'embellissement de « son » église. Son décès, survenu juste avant la pose de ces premiers vitraux, l'a empêchée de les admirer, mais il vous a encouragé à poursuivre, à sa mémoire et en témoignage d'amour pour elle, cette œuvre que vous aviez initiée ensemble.

Ainsi, après ces trois premiers vitraux (janvier 2012), vous en avez offert encore quatre (juin 2012), puis cinq (mars 2013), puis à nouveau cinq (juin 2014), transfigurant totalement l'édifice. Aujourd'hui, grâce à vous, chacun peut admirer ces dix-sept vitraux qui constituent un ensemble unique venant éclairer d'une manière exceptionnelle et bouleversante l'œuvre d'Erni. Mais à côté de l'émotion esthétique et spirituelle qui s'en dégage et saisit les visiteurs, vous avez contribué à transformer la chapelle protestante qui en est devenue plus œcuménique ! En effet, votre don a stimulé les liens entre nos paroisses et contribué à l'unité chrétienne. Déjà, parce que les vitraux d'Erni sont figuratifs et qu'on ne s'attend pas à trouver autant d'images dans un temple. Mais aussi et surtout parce que la réception de ces œuvres a incité la paroisse à ouvrir les portes de son lieu de culte de façon permanente, ce qui n'est pas dans notre tradition. Ainsi, à l'instar des églises catholiques, le temple est désormais toujours ouvert. Chacun peut y entrer librement et s'y recueillir, prier, se laisser toucher et apaiser par les couleurs et les clartés qui y rayonnent. Enfin, ayant imaginé et favorisé l'aménagement d'un grand parvis ouvert sur la ville et l'éclairage nocturne des vitraux, vos initiatives ont donné à ce bâtiment une importance et une visibilité qu'il n'avait pas.

Qui plus est, vous avez également rendu la chapelle de La Bâtiaz plus œcuménique par la pose de vitraux non figuratifs. En effet cette petite chapelle si chère au cœur de tant de priants en quête de compassion attendait votre visite pour apporter une lumière colorée dans un art abstrait. Ayant rencontré le talent du Père Kim En Joong, vous avez permis qu'il s'exprime, qu'il nous interpelle et nous guide vers le monde invisible qui se trouve en Dieu et en nous. Une fois encore, votre prodigalité ne s'est pas arrêtée au coup de cœur des vitraux, mais s'est déployée successivement sur les façades extérieures et sur le toit. Puis vous avez peut-être pensé qu'il manquait un ex-voto : alors une nouvelle peinture et un nouvel éclairage à l'intérieur pourraient devenir votre signe de reconnaissance au Seigneur par les mains de Marie ! Voilà, tout semblait terminé ! Non, vous n'aviez pas fini de nous surprendre ! Vous vouliez aller jusqu'au chœur de la chapelle, là où se célèbre l'amour de Dieu : offrir un nouvel autel. Le projet initial se limitant aux seuls vitraux trouvait une réalisation finale inattendue et combien surprenante ! C'était comme si quelqu'un vous relançait et vous guidait intérieurement. Les vitraux du Père Kim vous ont entraîné dans la lumière d'une transfiguration pour la gloire de Dieu et pour le plus grand bonheur de toutes les personnes qui entrent dans ce lieu de pèlerinage. Ainsi, nos nombreuses rencontres, nos partages,

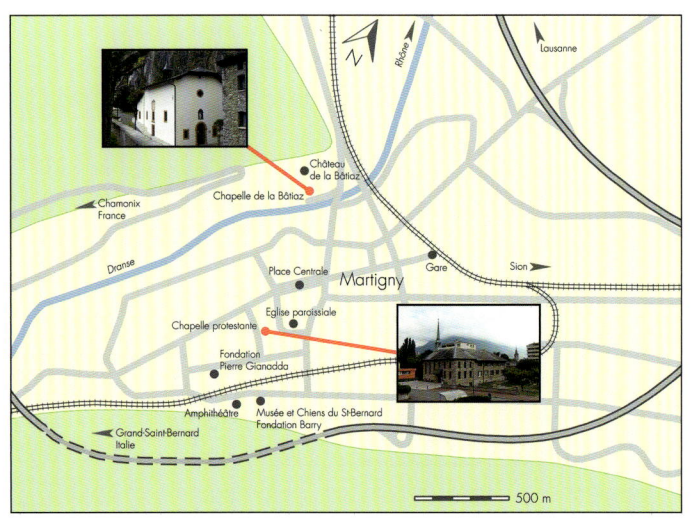

Emplacement des deux chapelles à Martigny.

et toutes les occasions qui nous ont été offertes de vous fréquenter nous ont permis de mieux découvrir votre personnalité. Heureux métissage entre l'Italie, dont vous avez hérité le goût des belles choses, la générosité, le sens du contact et le caractère passionné, et la Suisse qui vous a transmis le don de l'organisation, un esprit méthodique et le constant désir de bien faire et d'aller jusqu'au bout des choses. Bon sang ne saurait mentir !

Mais il y a surtout ce qui vous appartient en propre : une vie menée « à cent à l'heure », qui est celle d'un homme curieux et sensible, aimant les autres, soucieux des humbles. Un homme… libre !

Aujourd'hui, c'est ensemble que nous voulons vous remercier, vous et Annette, et vos enfants, pour votre engagement envers nos paroisses.

Léonard, notre frère en Christ, nous vous souhaitons des jours bénis et un heureux anniversaire !

F. L. et P. B.

Exposition des répliques des vitraux à la Fondation, été 2014.

Léonard et Annette dans le parc de la Fondation, 13 avril 2008.

FONDATION
ANNETTE & LEONARD GIANADDA
FONDATION À BUT SOCIAL RECONNUE D'UTILITÉ PUBLIQUE
L'INAUGURATION A EU LIEU EN PRÉSENCE DES DONATEURS
ET DE CECILIA BARTOLI, MARRAINE DE LA FONDATION, AVEC LA
BÉNÉDICTION DU PASTEUR P. BOISMORAND ET DE L'ABBÉ B. VOUILLOZ
LE 23 AOÛT 2010 JOUR DU 75ᵉ ANNIVERSAIRE DE LÉONARD

... au partage social

Rien ne sert de semer et de récolter, si ce n'est pour partager.

Entretien *Léoguide* n° 17, 20 avril 2015.

Comme la Fondation Pierre Gianadda, la Fondation Annette & Léonard Gianadda n'est pas un point de départ, mais un aboutissement. Avec mon épouse Annette, nous avons toujours été sensibles au social. Le socialisme, je le pratique, car, comme le dit le proverbe, la dernière chemise n'a pas de poches. Nous avons créé cette fondation à but social pour apporter du concret : un immeuble locatif avec des appartements protégés pour des personnes âgées ou handicapées, une garderie d'enfants, etc. Nous avons financé l'ensemble et l'avons donné à cette fondation sociale. Statutairement, celle-ci doit distribuer ses revenus, actuellement de l'ordre de 400 000 francs par année, uniquement pour des actions sociales à Martigny.

Récemment, j'ai enrichi le patrimoine des deux fondations créées avec Annette par la donation d'immeubles : Les Colombes B *et* C, *puis* Les Oliviers B *et* C. *Au total, nous avons donné 150 appartements [191, au 23 août 2015], soit une moitié à la Fondation Pierre Gianadda et l'autre à la Fondation Annette & Léonard Gianadda. Le revenu annuel de ces immeubles représentera trois millions de francs pour les fondations. Ce montant n'assurera pas la pérennité de la Fondation Pierre Gianadda, car un million et demi par année n'est pas suffisant, mais pour la Fondation à but social cela représente beaucoup d'argent à redistribuer. Je suis très fier qu'avec Annette nous ayons pu le faire.*

◀ Inauguration de la Fondation Annette & Léonard Gianadda, avec Cecilia Bartoli, 23 août 2010.

Mécénat social

S'il est vrai que Léonard et Annette Gianadda ont toujours distribué d'importants montants à la communauté, dans le domaine tant culturel que social, ce dernier aspect a surtout été mis en évidence ces dernières années avec des actions majeures qui ont beaucoup fait parler d'elles.

La première à prendre en compte est peut-être l'achat, en 2002, de la villa d'Edouard Morand, à Martigny. Le bâtiment *Les Acacias* est dès lors mis à la disposition de l'association d'aide aux personnes atteintes de la maladie d'Alzheimer et utilisé comme foyer de jour. Cette action représente, en quelque sorte, les prémices de la Fondation Annette & Léonard Gianadda : « La vie m'a beaucoup donné et je m'attache aujourd'hui à faire profiter les personnes défavorisées de cette bonne fortune. Plus qu'un rêve, c'est une action que j'entends poursuivre. »[1]

Le 29 juillet 2009, l'acte de constitution de la Fondation à but social est signé. Une porte s'ouvre sur un nouveau défi. La construction du siège de la Fondation, l'immeuble *Résidence A tout âge*, peut commencer.

La Gazette, 20 août 2010.

Extrait du préambule de l'Acte de fondation de la Fondation Annette & Léonard Gianadda.

> « Aujourd'hui, Léonard Gianadda et son épouse Annette, avec l'accord de leurs héritiers légaux, François et Olivier, souhaitent assurer la pérennité de certaines actions qui leur tiennent à cœur dans le domaine social, en vue de faire bénéficier plus largement la communauté locale d'une part des biens acquis au cours de leur existence. Léonard Gianadda sait ce qu'il doit à la ville de Martigny, qui a accueilli son grand-père Baptiste Gianadda, émigré du Piémont à l'âge de 13 ans – il y a 120 ans – en 1889. Le geste qu'il entend concrétiser au soir de sa vie constitue un témoignage de reconnaissance envers la cité et ses habitants qui lui ont permis de se créer de nouvelles racines et d'assurer son avenir de ce côté des Alpes. Pour ces raisons, Annette et Léonard Gianadda créent 'La Fondation Annette & Léonard Gianadda' qu'ils dotent d'un terrain destiné à recevoir :
> – l'immeuble locatif *Résidence A tout âge*, qui comprendra seize appartements ;
> – neuf studios et une salle commune pour personnes âgées ;
> – une garderie-jardin d'enfants ;
> – un parking souterrain. »

[1] *Générations*, septembre 2012.

Le dernier... cadeau du mécène octodurien

LÉONARD GIANADDA | Après avoir créé la Fondation Pierre Gianadda, il a convaincu son épouse Annette et ses enfants François et Olivier de créer une autre fondation, pour récompenser la ville qui a accueilli sa famille. Le cadeau: 350 000 francs par année pour des institutions à but social de la commune.

MARCEL GAY

Il est l'âme de la Fondation Gianadda. Le cœur aussi. En un peu plus de trente ans, la Fondation créée en mémoire de son frère Pierre a attiré plus de 8 millions de visiteurs. En parallèle, elle a généré 60 millions de bénéfices! Une somme réinvestie pour construire l'un des plus beaux parcs de sculptures d'Europe, acheter l'ancien arsenal, acquérir des œuvres d'art, créer un musée de l'automobile, éditer de nombreux livres, catalogues...

> «Je suis peut-être mégalo mais pas avec l'argent des autres...»
> Léonard Gianadda

En 2009, il estime devoir faire encore un geste pour sa ville. Alors, il crée la Fondation Annette et Léonard Gianadda, qui gère un immeuble de 16 appartements, une garderie-jardin d'enfants, neuf studios et une salle commune pour personnes âgées, et un parking souterrain, qui va rapporter 350 000 francs par année à la communauté octodurienne.

A quelques jours de remettre les clefs du bâtiment, Léonard Gianadda se prête une fois encore au jeu de l'interview.

Vous avez offert à Martigny les sculptures de treize giratoires, le revêtement en marbre de la première étape du passage sous voie de la gare CFF, des horloges aux arrêts d'autobus, cela représente beaucoup d'argent.
Mais je suis heureux d'habiter une belle ville...

On sait que vous montrez généreux avec des clubs sportifs, des sociétés villageoises, des associations...
Plus de 800 000 francs sont arrivés dans les caisses de clubs sportifs de Martigny. J'ai aussi apporté de l'aide à d'autres sociétés ou associations, mais arrêtons de parler d'argent, cela va agacer vos lecteurs.

Le commun des mortels est surpris quand il apprend que vous avez donné deux immeubles locatifs de 35 appartements à la Fondation Pierre Gianadda. Vous en êtes conscient?
Oui, c'est pourquoi je vous suggère de parler d'autre chose...

Alors, parlons de la nouvelle Fondation Annette et Léonard Gianadda et, vous en conviendrez, nous devons encore parler de votre générosité. Pour assurer la pérennité de certaines actions qui vous tiennent à cœur dans le domaine social, vous dotez la Fondation d'un immeuble de 16 appartements, une garderie-jardin d'enfants, neuf studios et une salle commune pour personnes âgées, et un parking souterrain.
Si on vous dit que vous êtes mégalomane?
Si vous le voulez, sauf que je ne suis pas mégalo avec l'argent des autres...

Vous côtoyez de nombreux chefs d'Etats étrangers, vous êtes reçu avec les honneurs un peu partout sur la planète, et vous avez longtemps eu de la peine à être prophète dans votre pays? Plus justement dans votre ville. On se souvient de vos passes d'armes avec d'anciens élus? Et un jour, vous avez décidé de faire la paix, de réunir tout le monde à votre traditionnelle choucroute.
Je ne voulais pas faire la paix car nous n'étions pas en guerre... simplement régler quelques différends. Autour d'une bonne choucroute, dans l'excellent Restaurant du Forum, c'était l'endroit idéal, à mon sens, le bon moment. Pour la petite histoire, sachez que depuis la création de la Fondation Pierre Gianadda en 1976, j'ai déjà usé cinq présidents: Edouard Morand, Jean Bollin, Pascal Couchepin, Pierre Crittin et Olivier Dumas.

Une année après avoir présenté la maquette de l'immeuble que la fondation Annette & Léonard Gianadda offre à la commune de Martigny, le projet est réalisé. Pour la plus grande joie de Marc-Henri Favre, président de la ville.
CHRISTIAN HOFMANN

Interview express

Une rencontre?
André Chambovey, un vrai bonheur.
Une exposition?
Celle qui est en cours.
Un artiste?
Pascal Couchepin?
Un ensemble musical?
I Solisti Veneti bien sûr!
Un chanteur ou une chanteuse?
Ruggero Raimondi et Cecilia Bartoli.
L'exposition que vous ne réaliserez jamais?
Je ne pensais jamais accrocher un tableau de Van Gogh. On en a présenté 100!
Celle que vous voudriez présenter à Martigny?
Claude Monet. Ce sera l'an prochain.

Mais vous ne pouvez pas vous empêcher de temps à autre de sortir du bois. Par exemple en trouvant étonnant que la Municipalité ne vous consulte pas pour la rénovation de la place Centrale?
Etant Académicien des beaux arts et ingénieur, il m'a semblé que je pouvais être de bon conseil. Mais c'est un détail. Je vis très bien sans cette sollicitation.

> «Celui qui n'a que 2 francs dans sa poche et en offre 1 à quelqu'un de plus démuni que lui a davantage de mérite»
> Léonard Gianadda

Annette et Léonard Gianadda.
CHRISTIAN HOFMANN

Petite parenthèse, vous n'organisez plus le fameux repas de vos amis au Forum le Gourmet?
Quand j'ai vu combien Christian Constantin gagnait avec la choucroute qu'il sert au CERM et le prix que je payais pour organiser la mienne, je me suis dit que je ne faisais pas tout juste...

Vous aimez Vérone, l'opéra, les pâtes à la truffe... On vous a vu également au cinéma de Martigny pour la projection de «Camping 2». Vous êtes bon public?
Je sais le travail qu'il faut pour monter une exposition, un concert, un spectacle, tourner un film, etc. J'ai, je crois, un esprit constructif et je préfère voir le verre à moitié plein plutôt qu'à moitié vide. Je plains les critiques qui doivent chercher les aspects négatifs et qui finissent trop souvent par en trouver...

Chevalier, puis officier de la Légion d'honneur, Commandatore de la République italienne, officier des Arts et des Lettres, chevalier de l'Ordre du mérite, élection à l'Académie française des beaux-arts. Une autre distinction que vous aimeriez obtenir?
Les distinctions, elles arrivent si elles doivent arriver, je ne les ai jamais sollicitées. J'aurais par contre aimé faire partie d'un club service. Il y a cinquante ans...

Autre déclaration: «Je ne sais pas déléguer. Cela va beaucoup plus vite si je le fais moi-même.» Un jour, pourtant, il faudra bien que la Fondation Pierre Gianadda vive sans vous?
Elle vivra, sans doute, mais différemment. J'essaie de faire en sorte qu'elle puisse poursuivre sa mission au service de la culture. En assurant sa survie économique, certes, mais aussi sur le plan culturel. Elle ne pourra peut-être plus organiser chaque année des expositions aussi importantes qu'aujourd'hui mais trouver une autre voie tout aussi passionnante.

Quelle différence fondamentale voyez-vous entre Léonard Gianadda d'il y a cinquante ans et celui d'aujourd'hui?
Il va un peu moins vite, est un peu moins résistant mais il a toujours bon pied bon œil.

Il ne s'est pas assagi... avec les années.
Ah bon? Je n'étais pas sage... A mes débuts, j'ai dû me battre, parfois comme un forcené, pour faire gagner mes idées et mes projets. Aujourd'hui, les barrières se baissent moins vite, on me laisse le temps de passer...

Vous n'en avez pas marre de répondre mille fois aux mêmes questions?
Cela fait partie de mon job. Et la question n'est jamais la même, cela dépend du contexte, de la manière de la poser, la réponse non plus...

Un homme tranquille
MARCEL GAY

On a tout dit, tout écrit sur Léonard Gianadda. On a décrit l'homme pressé, volontaire, ambitieux, peu enclin à entendre des conseils et encore moins à les écouter... L'entrepreneur exigeant en affaires mais toujours correct. On a mis en lumière l'homme généreux, intelligent, visionnaire, fidèle en amitié et intransigeant avec ceux qui osaient lui tenir tête. Mais personne ne sait qui est vraiment Léonard Gianadda. Toujours en pleine lumière, en première page des magazines, en une des journaux télévisés ou au centre de la Fondation en habit d'Académicien, il semble afficher sans retenue son œuvre et sa vie. Et pourtant... Ne doit-il pas jouer un rôle en permanence? Peut-il se permettre un écart de conduite? Une attitude bizarre? Un geste instinctif? Est-ce alors un robot programmé pour séduire et conquérir? C'est le paradoxe de cet homme atypique, distant et attachant, imposant et rassurant, indestructible et sensible. Il est Léonard Gianadda, c'est tout. Et c'est beaucoup...

La Gazette, 20 août 2010.

Tout va vite, très vite. L'inauguration et la bénédiction du bâtiment ont lieu le 23 août 2010, jour des septante-cinq ans de Léonard, en présence d'une foule nombreuse et de Cecilia Bartoli, qui a donné un récital la veille et qui a accepté d'être la marraine de la Fondation.

Dévoilement de la plaque par Cecilia et Annette, 23 août 2010.

Le cadeau de Léonard à Martigny

MARTIGNY ▶ Le jour même de ses 75 ans, Léonard Gianadda, accompagné de son épouse Annette, a inauguré une fondation dont les revenus annuels, estimés à 350 000 francs, reviendront à «sa» ville.

OLIVIER RAUSIS

«Pourquoi ce cadeau? Avant tout pour faire plaisir et pour me faire plaisir.» Célébrant ses 75 ans hier, lundi 23 août 2010, Léonard Gianadda a innové en offrant lui-même, avec le soutien de sa famille, un magnifique cadeau à la ville de Martigny. Sollicité de toutes parts, mais visiblement heureux d'être là, il a pris le temps de discuter avec tous ceux qui désiraient le féliciter et le remercier.

Plusieurs centaines de personnes, dont les conseillers d'Etat Claude Roch et Maurice Tornay, ont donc participé, hier, à l'inauguration de la Fondation Annette et Léonard Gianadda. Ce dernier en a profité pour rappeler les objectifs: «Avec le soutien de mon épouse Annette, ainsi que celui de mes enfants François et Olivier, j'ai créé cette fondation afin de pérenniser certaines actions qui nous tiennent à cœur dans le domaine social et de faire bénéficier plus largement la communauté locale d'une part des biens acquis au cours de notre existence, en témoignage de reconnaissance envers Martigny et ses habitants.»

Joignant l'action aux intentions, Annette et Léonard Gianadda ont fait construire un immeuble de 16 appartements, une crèche-garderie de 30 places et 9 studios à encadrement médico-social pour les personnes âgées, qu'ils ont offert à la Fondation portant leur nom.

La cantatrice Cécilia Bartoli (à gauche), présente à Martigny pour les 75 ans de Léonard Gianadda, est la marraine de la Fondation Annette et Léonard Gianadda. LE NOUVELLISTE

Mais ils ont surtout signé un acte de fondation qui stipule que le rendement net de cet immeuble, estimé à 350 000 francs par an, sera entièrement affecté aux œuvres sociales de Martigny.

Fierté et gratitude

Président de la commune, Marc-Henri Favre n'a pas manqué de remercier chaleureusement la famille Gianadda: «Au nom de la Municipalité et des citoyens de Martigny, je vous adresse mes plus sincères remerciements pour votre contribution au développement et à la renommée de notre cité depuis de nombreuses années. Il y a eu l'immobilier, la culture avec la Fondation Gianadda, l'art dans la ville avec les sculptures ornant les giratoires, le mécénat avec le soutien aux sociétés et manifestations locales, et il y a maintenant le social avec cette fondation. Nous sommes fiers de vous compter parmi nos concitoyens et vous exprimons encore une fois notre immense gratitude pour votre générosité.»

La famille Gianadda ayant offert son cadeau à la ville, cette dernière ne pouvait pas manquer de rendre la pareille pour les 75 ans de Léonard. Mais c'est le mécène lui-même qui en a dévoilé la teneur: «J'ai suggéré au président de la ville de m'inviter, avec ma famille, à un repas avec le Conseil municipal in corpore. Je me réjouis donc déjà d'y être…»

Cecilia Bartoli chantait dimanche soir pour la 17e fois à la Fondation.
G.-A. CRETTON

La Fondation Annette et Léonard Gianadda comprend un immeuble de 16 appartements, une crèche et 9 studios à encadrement médico-social pour les personnes âgées. LE NOUVELLISTE

EFFUSIONS À LA FONDATION

Comme d'habitude, il était pressé. A 23 heures le 22 août, toute la salle entonnait à la suite de Cecilia Bartoli: joyeux anniversaire, Léonard. Les festivités ont commencé une heure avant que Léonard Gianadda ait officiellement 75 ans, avec les 900 personnes qui étaient venues entendre Cecilia Bartoli dans un fabuleux récital dédié à Haendel. A la fin du concert, tout le monde était invité à se rendre dans les jardins où Léonard offrait «à boire et à manger». Pour faire la fête dimanche soir, Léonard avait invité une belle brochette de politiques, en action ou en semi-retraite, l'ambassadeur de Russie et tous ses alliés, conservateurs de musée, prêteurs, collectionneurs, mécènes, le chef Claudio Scimone, qui est de tous les anniversaires et dirigeait hier soir I Solisti Veneti à la Fondation, et le maire d'Etroubles Massimo Tamone à qui Léonard prête chaque année une exposition, le plus récent jalon qui rattache Léonard à l'Italie. Et Léonard le Martignerain de clamer, en embrassant avec effusion Scimone et la Bartoli sur scène: «Noi siamo i migliori.» VR

ÉCHANGES DE BONS MOTS

▶ **Les rêves:** «On devient vieux quand le regret supplante les rêves. Mais cela ne vous concerne pas car le mécène d'Octodure n'a que des projets qui durent. Merci donc de continuer à nous faire rêver.» Maurice Tornay, conseiller d'Etat

▶ **Le rayonnement:** «Au nom de l'Exécutif, je vous félicite pour vos 75 ans et je vous remercie pour le rayonnement incroyable dont bénéficient, grâce à vous, Martigny et le Valais.» Claude Roch, conseiller d'Etat

▶ **La réponse de Léonard:** «Je ne boude pas mon plaisir et je dois admettre que ces paroles me font du bien. Mais dans le même temps, cela signifie que je dois continuer.»

▶ **Les poules:** «Comme promis, je vous offre les six premières poules qui peupleront le poulailler de la fondation. Et je ne vous cache pas que je tire une certaine fierté de pouvoir dire, avec humour, que j'ai offert des poules à Léonard.» Marc-Henri Favre, président de Martigny

▶ **La riposte de Léonard:** «Je ne devrais pas le dire mais je sais que ces poules proviennent de la réserve personnelle du président.»

▶ **La bénédiction:** «Je parlais volontiers, mais je n'oublie pas. Il y a 49 ans, avec Annette, nous n'avons pas pu nous marier à l'église car j'étais catholique et elle, protestante. Aujourd'hui, j'apprécie ainsi d'autant plus la bénédiction œcuménique du pasteur Boismorand et de l'abbé Vouilloz.» Léonard Gianadda

Nouvelliste, 24 août 2010.

Sept mois plus tard, le 30 mars 2011, deux œuvres d'art, qui ornent la Fondation, sont dévoilées au public en présence des artistes: la céramique monumentale *Les Ages de la vie*, de Hans Erni, et la sculpture *Le Visionnaire*, de Michel Favre.

Michel Favre, Hans et Doris Erni, Léonard et Annette, Marc-Henri Favre, inauguration des œuvres ornant la Fondation, 30 mars 2011.

Buts de la Fondation Annette & Léonard Gianadda[2]

> a. Poursuivre, en tout ou partie, l'engagement et le soutien prodigués par Léonard et Annette Gianadda à des organisations de la ville de Martigny, en veillant à privilégier celles qui ont des buts sociaux, accessoirement culturels.
>
> b. Fournir des aides ponctuelles à des familles ou à des personnes en difficultés financières, domiciliées à Martigny, par une contribution totale ou partielle à la part qui ne pourrait être couverte par des aides publiques.
>
> c. Contribuer à alimenter le nouveau fonds créé par la Commune de Martigny pour l'octroi de petits crédits sans intérêts.
>
> d. Envisager la création d'un prix d'encouragement de CHF 10 000.– destiné à récompenser un Martignerain (d'origine ou domicilié à Martigny) qui se serait distingué dans un domaine particulier.

Rapidement, la Fondation se met à l'ouvrage. En dehors de l'aide ponctuelle à des personnes en difficultés financières, elle va notamment prendre en charge le paiement de différents véhicules, soit quatre à ce jour : pour le transport des personnes se rendant au foyer de jour Chantovent ; pour l'aide alimentaire des Tables du Rhône ; pour l'entreprise sociale Tremplin ; et pour la FOVHAM. Une des actions est le bon-cadeau de deux cents francs offert à Noël aux enfants de familles en difficulté. En 2014, ce geste a fait le bonheur de 128 enfants.

Annette Gianadda ne verra malheureusement pas les nombreuses suites de cette œuvre. Le couple a encore la chance de fêter ses noces d'or le 14 octobre 2011, mais, quelques semaines plus tard, Annette décède, entourée de Léonard et de ses enfants, le 8 décembre 2011, jour de l'Immaculée Conception.

Membres du premier Conseil de la Fondation Annette & Léonard Gianadda, 29 juillet 2009

> Annette Gianadda
> Léonard Gianadda
> François Gianadda
> Olivier Gianadda
> Marc-Henri Favre, Président de Martigny
> Jacques Cavé
> Anne-Laure Couchepin Vouilloz
> Willy Joris
> Xavier Moret
> Monique Zanfagna-Rossier

Dessin de la *Colombe* par Hans Erni.

[2] Art. 3 de l'Acte de fondation de la Fondation Annette & Léonard Gianadda, 29 juillet 2009.

Les premiers fruits de l

ANNETTE ET LÉONARD GIANADDA | Ils ont créé en 2010 une fondation portan
de 422 645.85 francs va permettre de venir en aide à des personnes en difficulté fi

MARCEL GAY

On ne change pas une formule qui gagne ni les bonnes habitudes. Et c'est bien ainsi. Léonard Gianadda n'a pas oublié qu'il était né un 23 août, ce qui nous semble une évidence, mais il a surtout profité de son anniversaire pour faire un cadeau aux résidents de Martigny et aux convives de la soirée, ce qui soudainement nous semble moins évident… La règle en la matière ne signifie-t-elle pas que l'on reçoive des présents le jour de son anniversaire? Le mécène octodurien se contente du cadeau que la vie lui a fait, du bonheur d'habiter Martigny, du besoin de rendre au centuple ce que ce coin de terre lui a donné en

> «Ce qui est exceptionnel à mes yeux, c'est qu'un montant important sera affecté chaque année à la Fondation Annette et Léonard Gianadda» LÉONARD GIANADDA

accueillant sa famille. Les esprits retors affirmeront que c'est une attitude logique, un comportement humain. Les esprits logiques reconnaîtront sans effort que ce n'est pas aussi évident, que l'on ne rencontre pas tous les jours un personnage, une personnalité plutôt, d'une telle envergure, auréolée de générosité. L'académicien qu'il est, le mécène qu'il a été depuis toujours pourrait se contenter de gérer son patrimoine et contempler son nombril. Ce n'est pas le genre de la maison…

CHIC, LE CHÈQUE

En 2010, pour fêter à sa manière ses 75 ans, Léonard Gianadda et son épouse Annette ont créé la fondation qui porte leurs nom et prénoms. On peut notamment y lire dans l'acte officiel: *«Avec l'accord de leurs héritiers, François et Olivier, Léonard et Annette Gianadda souhaitent assurer la pérennité de certaines actions qui leur tiennent à cœur dans le domaine social, en vue de faire bénéficier plus largement la communauté locale d'une part des biens acquis au cours de leur existence.»* Concrètement, la Fondation a été dotée d'un immeuble locatif de seize appartements, de neuf studios et d'une salle commune pour personnes âgées, d'une garderie et jardin d'enfants et d'un parking souterrain. Le rendement de la Fondation doit être affecté à la réalisation des buts définis dans l'acte, notamment fournir des aides ponctuelles à des familles ou à des personnes en difficulté financière, domiciliées à Martigny, par une contribution totale ou partielle à la part qui ne pourrait être couverte par des aides publiques; contribuer à alimenter le nouveau fonds créé par la commune de Martigny pour l'octroi de petits crédits sans intérêts; créer un prix d'encouragement de 10 000 francs destiné à récompenser un Martignerain qui se serait distingué dans un domaine particulier. Le 23 août dernier, Léonard Gianadda a dévoilé le montant qui permettra de réaliser les buts de la Fondation: 422 645.85 francs! *«Le résultat dépasse nos prévisions et c'est tant mieux. Il est composé du rendement de l'immeuble offert à la Fondation et de quelques dons. Ce qui est exceptionnel à mes yeux, c'est qu'un montant important sera affecté chaque année à ladite Fondation.»*

UN FILM SUR LA CONSTRUCTION

Antoine Cretton a suivi caméra au poing la construction de l'immeuble de la Fondation Annette et Léonard Gianadda. Il a profité de cette soirée pour le projeter aux convives qui ont pu voir quelques épisodes amusants et surtout partager l'émotion de l'hôte de la soirée. Quand les lumières se sont rallumées, Léonard Gianadda a tendrement embrassé son épouse, rappelant que c'était grâce à elle et à ses fils François et Olivier qu'il avait pu mener à bien son projet. Après quelques anecdotes liées à son âge, à l'humour intact de son ami André Chambovey, âgé de 93 ans, ou encore au rôle de sponsor du directeur de la Banque Cantonale du Valais, il a terminé par cette boutade: *«Un repas vous sera servi par l'équipe du Lion d'Or dans les jardins. Ne vous jetez pas sur les plats, il devrait y avoir de la nourriture en suffisance…»* Détendu et souriant, l'hôte a profité de ces instants de bonheur partagé pour faire le tour des invités, ayant un mot pour tous et une pensée pour chacun. Il a salué la présence de Claude Roch et des élus de la ville.

Le 23 août dernier, les torses du dieu Apollon et du demi-dieu Hercule ont attiré l'attention quelques minutes. Ensuite, le pape de la culture, le mécène de Martigny a occupé le terrain avec classe et élégance. Pour la plus grande joie d'une cohorte de fidèles, tout heureux d'avoir été invités. On le serait à moins.

Le chef dicte le rythme à Umberto Guglielmetti: direction l'apéritif dans les jardins de la Fondation Pierre Gianadda. MARCEL GAY

a Fondation

t leurs nom et prénoms. Un premier chèque
nancière domiciliées à Martigny.

Annette Gianadda, l'élégance, la discrétion, la générosité. Une grande dame. MARCEL GAY

Un échange chaleureux avec le président Marc-Henri Favre... MARCEL GAY

... et le vice-président Benoît Bender. MARCEL GAY

Tonino et Gennaro du Lion d'Or avaient pour mission de régaler les convives. Mission remplie à la perfection. MARCEL GAY

FONDATION PIERRE GIANADDA

Apollon et Hercule

«Le 6 juillet 2011, à l'occasion de recherches archéologiques menées dans le cadre de la création d'une nouvelle rue dans le quartier des Morasses furent découverts deux torses masculins en marbre, d'époque romaine, alignés sur le dos. Ils avaient été placés intentionnellement, vers la fin de la période romaine, après avoir été mutilés. Il s'agit de celui du demi-dieu Hercule et du dieu Apollon.» Ces propos empruntés à l'archéologue François Wiblé n'ont pas laissé de... marbre Léonard Gianadda: «Je souhaitais les placer à la Fondation Pierre Gianadda jusqu'à la fin de l'exposition Monet afin de les montrer à une centaine de milliers de visiteurs.» Ce que Léonard Gianadda souhaite se réalise généralement... En quelques heures et après quelques coups de téléphone, les deux torses d'Apollon et Hercule sont arrivés. Ils ont été posés avec soin sur des colonnes et protégés par des vitres. Une note explicative permet de mieux faire connaissance...
On peut donc les admirer jusqu'au 20 novembre, ainsi que les magnifiques tableaux de Claude Monet.

La Gazette, 2 septembre 2011.

Penser au présent en préparant l'avenir

A la question de l'après-Léonard Gianadda, le principal intéressé répond qu'il n'en sait rien, qu'il n'a pas le temps d'y penser et que, de toute façon, il ne sera pas là pour s'en occuper. Cependant, dans le fond, il y songe forcément et il s'attache à trouver des solutions pour favoriser la pérennité des deux fondations qu'il a créées. En 2005, puis en 2007, il donne à la Fondation Pierre Gianadda les immeubles *Floréal* et *Clématite*, d'une valeur de dix millions de francs. Quatre autres dons interviennent de 2013 à 2014 : « Au soir de ma vie, j'entends assurer d'une façon encore plus conséquente la pérennité de la Fondation Pierre Gianadda (fondation culturelle créée le 24 février 1977) et de la Fondation Annette 8 Léonard Gianadda (fondation à but social créée le 29 juillet 2009) en les dotant de nouveaux moyens financiers, faisant ainsi participer davantage encore la communauté des biens acquis au cours de mon parcours professionnel. J'entends surtout perpétuer une ligne qu'avec Annette nous nous étions fixée dans un esprit de partage. »[3]

Le 22 avril 2013, Léonard signe l'acte de donation des immeubles *Les Colombes B* et *C* à la Fondation Pierre Gianadda et à la Fondation Annette 8 Léonard Gianadda. La série des trois bâtiments des *Colombes* sera ensuite décorée de trois céramiques monumentales de Hans Erni, sa dernière contribution artistique à la ville de Martigny.

Puis, le 23 août 2014, le jour de ses septante-neuf ans, Léonard signe l'acte de donation des *Oliviers B* et *C*, toujours en faveur des deux fondations : « En définitive, avec cette nouvelle donation, nous aurons avec Annette légué aux deux fondations un parc immobilier de 150 logements, appartements protégés, garderies d'enfants, locaux divers, ainsi que 250 places de parcage. »[4]

Enfin, à l'occasion de son 80ᵉ anniversaire, le 23 août 2015, Léonard a souhaité renforcer encore les moyens des deux Fondations, créées et développées avec son épouse Annette. A cet effet, il fait don de l'immeuble *Rhodania* d'une valeur de sept millions et demi de francs à la Fondation Pierre Gianadda, et de l'immeuble *Riviera*, d'une valeur équivalente, à la Fondation Annette 8 Léonard Gianadda.

Ainsi, à ce jour, le total des donations se monte à septante millions, avec 191 logements et 320 places de parcage. L'ensemble est appelé à générer un revenu brut de l'ordre de trois millions de francs par année.

Immeubles *Les Colombes A* et *B*.

---

[3] Acte de donation du 23 août 2014. Préambule.

[4] *Ibidem*.

MARTIGNY Léonard Gianadda a célébré son 79ᵉ anniversaire en assurant, financièrement parlant, l'avenir à long terme des Fondations Pierre Gianadda et Annette & Léonard Gianadda.

Le dernier défi de Léonard Gianadda

OLIVIER RAUSIS

«J'ai besoin de trois ans encore pour relever mon dernier défi.» Samedi matin 23 août, alors qu'il avait invité sa famille, ses amis et ses proches à célébrer son 79e anniversaire, ou son entrée dans sa 80e année, Léonard Gianadda leur a réservé une surprise de taille: «Désirant assurer à long terme la pérennité de la Fondation Pierre Gianadda, ainsi que celle de la Fondation Annette & Léonard Gianadda, j'ai décidé de leur léguer deux nouveaux immeubles qui sont encore à construire. Cela sera fait pour le 23 août 2017, dans trois ans, jour pour jour.» Une fois l'annonce de la donation effectuée, il a invité les partenaires de l'opération, dont la conseillère d'Etat Esther Waeber-Kalbermatten et le président de Martigny Marc-Henri Favre, à signer l'acte de donation. Mis devant le fait accompli, ces derniers n'ont guère eu le choix, mais se sont exécutés de bonne grâce.

D'ici au 23 août 2017, Léonard Gianadda va en réalité construire, à ses frais, trois immeubles dénommés Résidence Les Oliviers A, B et C. L'immeuble A sera vendu à la fondation Mutuelle valaisanne de prévoyance, présidée par Pierre-Marcel Revaz, alors que les deux autres seront légués en faveur des deux fondations. Le revenu total brut de ces deux immeubles, de l'ordre de 760 000 francs par an, sera réparti entre les deux fondations.

Pérennité assurée

Visiblement ému par la tournure des événements, Léonard Gianadda a souligné qu'il se préoccupait depuis plusieurs années d'assurer la pérennité des deux fondations en les dotant de moyens financiers solides, faisant ainsi participer davantage encore la communauté des biens acquis au cours de son parcours professionnel.

Parmi ces donations figurent deux immeubles locatifs (Floréal et les Clématites) offerts en 2005 et 2007 à la Fondation Pierre Gianadda; un immeuble de 16 appartements comprenant également 9 studios médicalisés, une garderie d'enfants, locaux divers et 250 places de parking souterrain, le tout offert en 2010 à la Fondation Annette & Léonard Gianadda; deux immeubles locatifs (les Colombes B et C) actuellement en construction offerts en 2013 aux deux fondations et la donation de deux nouveaux immeubles annoncée samedi.

En finalité, Léonard Gianadda et sa famille auront légué aux deux fondations un parc immobilier de 150 logements, appartements protégés, garderies d'enfants, locaux divers et 250 places de parc. L'ensemble, franc de toute hypothèque, a une valeur vénale de 55 millions de francs et est appelé à générer un revenu brut de l'ordre de 2,4 millions par année.

Un généreux donateur

La liste des donations de Léonard Gianadda ne s'arrête pas à cette série d'immeubles. Au fil des ans, il a aussi légué à la Fondation Gianadda le musée gallo-romain, les jardins et leurs vestiges archéologiques, le musée de l'automobile, le parc et ses sculptures, l'exposition permanente Léonard de Vinci mise en place et la renommée de la Fondation Pierre Gianadda, le vieil arsenal, le pavillon Szafran, des collections photographiques (Marcel Imsand, Henri Cartier-Bresson, Michel Darbellay… et les siennes) et diverses autres collections.

A la communauté martigneraine, il a offert les sculptures qui agrémentent les 16 giratoires de la ville, les revêtements en marbre du passage sous voies de la gare CFF, les horloges romaines aux arrêts d'autobus, plus de 500 000 francs pour les feux d'artifice du 1er Août, les vitraux de la chapelle protestante (Hans Erni) et de la chapelle de la Bâtiaz (Kim En Joong), ainsi que la restauration de cette dernière. Enfin, avec son épouse, ils ont permis la conservation et la mise en valeur de tous les vestiges archéologiques mis au jour sur ses chantiers (temple gallo-romain, thermes, mur du Temenos, villa Minerva, Mithraeum, Tepidarium), conçu et réalisé le Musée et Chiens du Saint-Bernard après dix-sept longues années de tractations, soutenu des manifestations sportives, culturelles, sociales et autres, contribuant à l'essor touristique et économique de Martigny.

ET L'APRÈS LÉONARD GIANADDA?

Si l'avenir financier des deux fondations est assuré à long terme, la question de l'après Léonard Gianadda, notamment au niveau des expositions proposées à la Fondation, demeure en suspens. Savourant son 79e anniversaire, le principal intéressé élude la question, se contentant de nous donner rendez-vous dans trois ans, au terme de son dernier défi.

Nous avons ainsi posé la question à trois personnalités présentes samedi à l'anniversaire de Léonard Gianadda:
▶ Jean-Henry Papilloud, membre de la Fondation Pierre Gianadda, reconnaît qu'il sera difficile de remplacer Léonard Gianadda, tout en étant très confiant face à l'avenir: «Un conseil de fondation est en place et la renommée de la Fondation Pierre Gianadda est désormais telle que les prêteurs, tant les plus grands musées publics que les collectionneurs privés, continueront de collaborer avec elle.»

▶ Marc-Henri Favre, président de Martigny, souligne l'importance de la Fondation pour sa ville: «Pour nous, il est essentiel que l'œuvre de Léonard Gianadda et sa famille perdure à long terme. Mais nous sommes confiants et la ville va tout faire pour qu'il en soit ainsi. Quant à l'après Léonard Gianadda, il est trop tôt pour en parler et cela sera certainement géré par un autre président.»
▶ Quant à Daniel Marchesseau, commissaire de l'actuelle exposition Renoir et ami de longue date de Léonard Gianadda, il se dit également confiant: «On peut l'être quand on voit tout ce qui a été réalisé ici et quand on constate la renommée de la fondation à l'étranger. Léonard a déjà planifié des expositions jusqu'en 2018 et il a déjà des projets pour la suite. Du moment que l'indépendance financière est assurée, sa succession se passera très bien, comme cela a déjà été le cas dans d'autres prestigieuses institutions culturelles dans le monde. Mais nous n'en sommes encore pas là.» OR

EN CHIFFRES

9 123 518 Le nombre total de visiteurs de la Fondation Gianadda au soir du 22 août 2014

3690 Le nombre journalier record de visiteurs de la Fondation durant l'été 2014

500 000 En francs, sa participation aux feux du 1er Août de Martigny

1 000 000 En francs, son soutien financier aux manifestations sportives, culturelles, sociales et autres à Martigny

54 Le nombre de sculptures du parc de la fondation, l'un des plus beaux d'Europe

39 Le nombre de voitures anciennes du Musée de l'automobile, y compris la plus belle collection au monde de modèles de fabrication suisse

Samedi, à l'occasion de la célébration de son 79e anniversaire, Léonard Gianadda a signé un acte de donation en faveur des Fondations Pierre Gianadda et Annette & Léonard Gianadda, assurant ainsi leur pérennité à long terme. CHRISTIAN HOFMANN

Même en pleine campagne sur la caisse publique, Esther Waeber-Kalbermatten et Pierre-Marcel Revaz ont trouvé un terrain d'entente lors de l'anniversaire de Léonard Gianadda. CHRISTIAN HOFMANN

L'AVIS DE

«Des intérêts convergents»

Pour Pierre-Marcel Revaz, la participation active de la Mutuelle valaisanne de prévoyance dans les projets de pérennisation de Léonard Gianadda se justifie aisément: «En tant que fondation de prévoyance, nous recherchons des placements de valeur, notamment dans l'immobilier, qui correspondent à nos critères, ce qui est le cas des projets de Léonard Gianadda. Nos intérêts sont donc convergents dans ce dossier. Ce n'est pas toujours le cas et je peux vous assurer que nous recherchons d'autres projets similaires. J'ajouterai que le Groupe Mutuel propose plus de 500 emplois à Martigny et qu'il est donc logique que notre fondation contribue à la construction de nouveaux logements.» OR

PIERRE-MARCEL REVAZ PRÉSIDENT DE LA MUTUELLE VALAISANNE DE PRÉVOYANCE

«Des aides inestimables»

Membre du conseil de la Fondation Annette & Léonard Gianadda, Marc-Henri Favre s'est également réjoui de cette donation: «Léonard Gianadda et sa famille ont toujours contribué à l'essor et à la renommée de notre ville. Au fil des ans, il a aussi démontré qu'il était un visionnaire et cela se poursuit aujourd'hui avec sa volonté de pérenniser ses fondations. En ce qui concerne la Fondation Annette & Léonard Gianadda, son action est peut-être moins connue du public mais je peux vous assurer qu'elle permet de fournir des aides inestimables à de nombreux défavorisés de notre communauté. Au nom de la Municipalité de Martigny, je ne peux donc que dire merci au jubilaire du jour.» OR

MARC-HENRI FAVRE PRÉSIDENT DE LA COMMUNE DE MARTIGNY

«Un magnifique cadeau»

Pourtant membre du conseil de la Fondation Pierre Gianadda, Esther Waeber-Kalbermatten a affirmé qu'elle n'avait pas eu connaissance de cette donation avant l'annonce de Léonard Gianadda: «Je savais qu'il fêtait son anniversaire aujourd'hui, mais je n'étais pas du tout au courant de son projet de donation. Pour la Fondation Gianadda, il s'agit évidemment d'un magnifique cadeau et je ne peux, autant au nom du gouvernement valaisan que du conseil de la fondation, que remercier sincèrement Léonard pour sa générosité. C'est un peu paradoxal, car c'est son anniversaire, mais c'est lui qui fait des cadeaux. Cela dit, j'en sais désormais plus sur tout ce qu'il fait pour la culture et le social.» OR

ESTHER WAEBER-KALBERMATTEN CONSEILLÈRE D'ÉTAT

Nouvelliste, 25 août 2014.

Portrait

Les mécénats façon Gianadda

Un homme, un destin, une fondation, ou plutôt… deux fondations. Car Léonard Gianadda, mécène atypique, cache derrière ses airs un peu rudes et autoritaires, une vraie générosité. Rencontre entre deux œuvres d'art.

Le mécène Léonard Gianadda pose entre «Les Pique-niqueurs du dimanche» (1986) d'Elisheva Engel.

SOPHIE DÜRRENMATT

Il a la stature imposante et le charisme ravageur. Un peu comme ces monstres sacrés du 7e art qui crèvent l'écran. Léonard Gianadda (79 ans) est de ceux-là: il en impose, c'est comme ça. Lui qui avoue «avoir hésité entre devenir géologue, dentiste, ingénieur – la tradition familiale – et même curé», nous accueille – en jetant un œil sur sa montre – dans les jardins de sa fondation, à Martigny (VS), érigée en mémoire de son frère Pierre, décédé en 1976.

A la fois rugueux, amène, convivial, rapidement agacé et un brin autoritaire, Léonard Gianadda est un homme pressé qui dégaine son dictaphone avec exaspération pour ne pas oublier la commande de catalogues en russe. Un rappel parmi les nombreux autres qui égraineront la journée.

Son assistante a apparemment fort à faire. Car l'homme de bientôt 80 printemps a toujours le souci du détail. Il agite la main pour presser son entourage de se dépêcher, mais sans oublier d'agrémenter le tout d'un «s'il vous plaît». Il est comme ça, Léonard Gianadda. On aime ou on n'aime pas. «Avec l'âge, je travaille moins rapidement, il paraît que c'est normal, s'amuse notre hôte. Il me faut beaucoup plus de temps pour faire la même chose qu'avant. Donc je travaille plus longtemps. Regardez mon agenda, c'est de la folie!»

A la question de savoir comment on devient mécène, le collectionneur répond sans ambages, «il faut en avoir envie... et les moyens. Je dirais même qu'il faut en éprouver le besoin. D'ailleurs, je pratique toujours mon *vrai* métier en parallèle *(ndlr: ingénieur et constructeur)*. Etre mécène, c'est être égoïste: se faire plaisir en faisant plaisir aux autres. Mon plaisir personnel passe par celui des autres.»

Le fameux concept du moi de Freud? Peut-être. Mais après tout, peu importe. Car Gianadda, côté fondation, c'est un patrimoine d'exception et des expositions uniques, à l'instar de la centaine d'œuvres de Renoir qui émerveille en ce moment les lieux. Et le public ne s'y trompe pas puisque le 28 février dernier, le neuf millionième visiteur (depuis 1978) a franchi les portes. Or, derrière cette fondation connue de tous s'en cache une autre. Plus discrète et plus intime. Moins fastueuse et médiatique. Une fondation à but social fondée en 2011, la Fondation Annette et Léonard Gianadda. «Ce sont seize logements, une garderie – un jardin d'enfants et neuf appartements aménagés pour personnes âgées, qui sont offerts. C'est important de participer à la vie de la commune et d'aider les autres. Et puis cette fondation, c'est environ un demi-million de francs distribués chaque année dans des projets sociaux. De toute façon, je ne vais rien emporter dans la tombe, que je sache. Et puis ces décisions sont prises en total accord avec mon épouse Annette et mes enfants.»

Un franc-parler, une lucidité, une vraie générosité. Un nouveau coup d'œil à sa montre, l'air de rien. Car, à 80 ans, on ne change pas un homme pressé. Une dernière question au plus grand mécène de Suisse nous titille, à savoir si une vie sans art est une vie perdue. L'homme rit. «Mais l'art est partout! Toutes les musiques sont de l'art, admirer un paysage, c'est admirer une œuvre d'art. Il ne peut donc pas y avoir de vie sans art. Il ne peut donc pas y avoir de vie perdue...»

Il est comme ça, Léonard Gianadda.

En ce moment
Renoir à voir et à revoir

Jusqu'au 23 novembre, la Fondation Pierre Gianadda accueille l'exposition «Renoir», qui propose une lecture nouvelle de l'œuvre d'un des maîtres de l'impressionnisme à travers une centaine d'œuvres. Tous les jours de 9h à 19h.

▶ **lien** www.gianadda.ch

Du tac au tac
Si vous étiez...

Un film: «*Amadeus* ou *Il était une fois dans l'Ouest*, j'hésite entre les deux.»
Un auteur: «Saint-Exupéry, sans hésitation!»
Une œuvre: «Je peux en dire deux? *Le Discobole* et *Le Requiem* de Mozart.»
Un héros: «Mon épouse, Annette *(silence)*, c'est encore très douloureux. C'est la personne que j'admire le plus au monde.»
Une qualité: «Le perfectionnisme.»
Un défaut: «L'impatience! Vous voyez, je le reconnais. Et puis je n'ai plus beaucoup de temps devant moi. Les choses doivent aller vite.»

Coopération, 8 juillet 2014.

Le volet du mécénat social ne serait pas complet sans la mention de la nouvelle action réalisée cette année. Une action personnelle et non liée à la Fondation Annette & Léonard Gianadda et qui consiste à la mise à disposition, en mars 2015, de cinq appartements pour cinq familles de réfugiés syriens, pour une durée de cinq ans.

« Il préfère être à sa place plutôt qu'à la leur, comme il le dit sobrement. 'Je suis petit-fils d'immigré italien, dit-il pour expliquer son geste spontané. Et c'est grâce à un ami étudiant syrien, originaire de Homs, que j'avais à l'époque réussi mes examens à l'EPFL. Il était bien plus doué que moi et m'avait aidé.' »[5]

ACCUEIL Depuis lundi, une famille syrienne bénéficie d'un des appartements mis à disposition à Martigny par le mécène.

Léonard Gianadda, humaniste

Cinq appartements pour cinq familles syriennes pour cinq ans: voilà ce qu'a promis Léonard Gianadda à l'Etat du Valais en mars dernier. Depuis lundi, une petite fille de six ans et ses parents bénéficient de cette aide.

Il est heureux, Léonard Gianadda, et cela s'entend dans sa voix. Heureux de voir Joseph, Monti et leur fillette Eliana revivre à Martigny, après avoir vécu l'enfer syrien.

Ils sont rentrés lundi dans un appartement neuf au rez-de-chaussée, mis à disposition par le promoteur immobilier et mécène valaisan.

Et mardi déjà, la petite Eliana est allée à l'école. «Tout s'est bien passé», assure sa maman en anglais.

La jeune femme est la seule à pouvoir se faire comprendre par ses hôtes.

Dans leur village près de Hassaké, au nord-est de la Syrie, la famille parlait l'araméen. «Elle m'a montré des photos de leur région. Tout est détruit…», témoigne Léonard Gianadda.

«J'ai reçu beaucoup de propositions d'aide pour cette famille et les quatre autres qui arriveront et qui seront logées dans un immeuble différent. Je les ai transmises au canton. Les habitants se montrent généreux», se réjouit Léonard Gianadda.

Un proverbe chinois

Que son action ait provoqué parfois des critiques sur les réseaux sociaux, Léonard Gianadda s'en fiche éperdument. Accueillir des réfugiés syriens était une évidence pour lui. Et pas seulement parce que son grand-père, immigré italien, a, lui aussi, bénéficié de l'accueil en Suisse.

La Syrie évoque pour lui plusieurs souvenirs: d'abord Abdul, cet étudiant originaire de Homs, qui lui a donné un sérieux coup de main lors de ses examens d'ingénieur à l'Ecole polytechnique fédérale de Lausanne. «Nous avons gardé contact. Il est actuellement en Arabie Saoudite.»

Puis cette Syrie découverte en 1960 avec son frère Pierre, en mémoire duquel il a créé la Fondation Pierre Gianadda: «Nous avons sillonné le pays en Coccinelle et j'ai pris de nombreuses photos. J'en ai d'ailleurs montré quelques-unes de leur pays à Joseph et sa famille.»

Pour expliquer encore son engagement auprès des réfugiés syriens, Léonard Gianadda évoque un proverbe chinois qui dit que «la dernière chemise n'a pas de poche». Un proverbe qui semble avoir une résonance particulière dans la voix de ce lion ascendant lion qui fêtera ses 80 ans le 23 août prochain. ● ATS

Le mécène Léonard Gianadda a accueilli la première famille syrienne avec des fleurs. LAURENT GILLIERON/KEYSTONE

Nouvelliste, 13 juin 2015.

---

[5] *Nouvelliste*, 10 avril 2015.

Le Visionnaire de Michel Favre, Prix de la Ville de Martigny en 2010, Fondation Annette & Léonard Gianadda.

Charge Max.
500 kg/m²

PROLONGEMENTS...

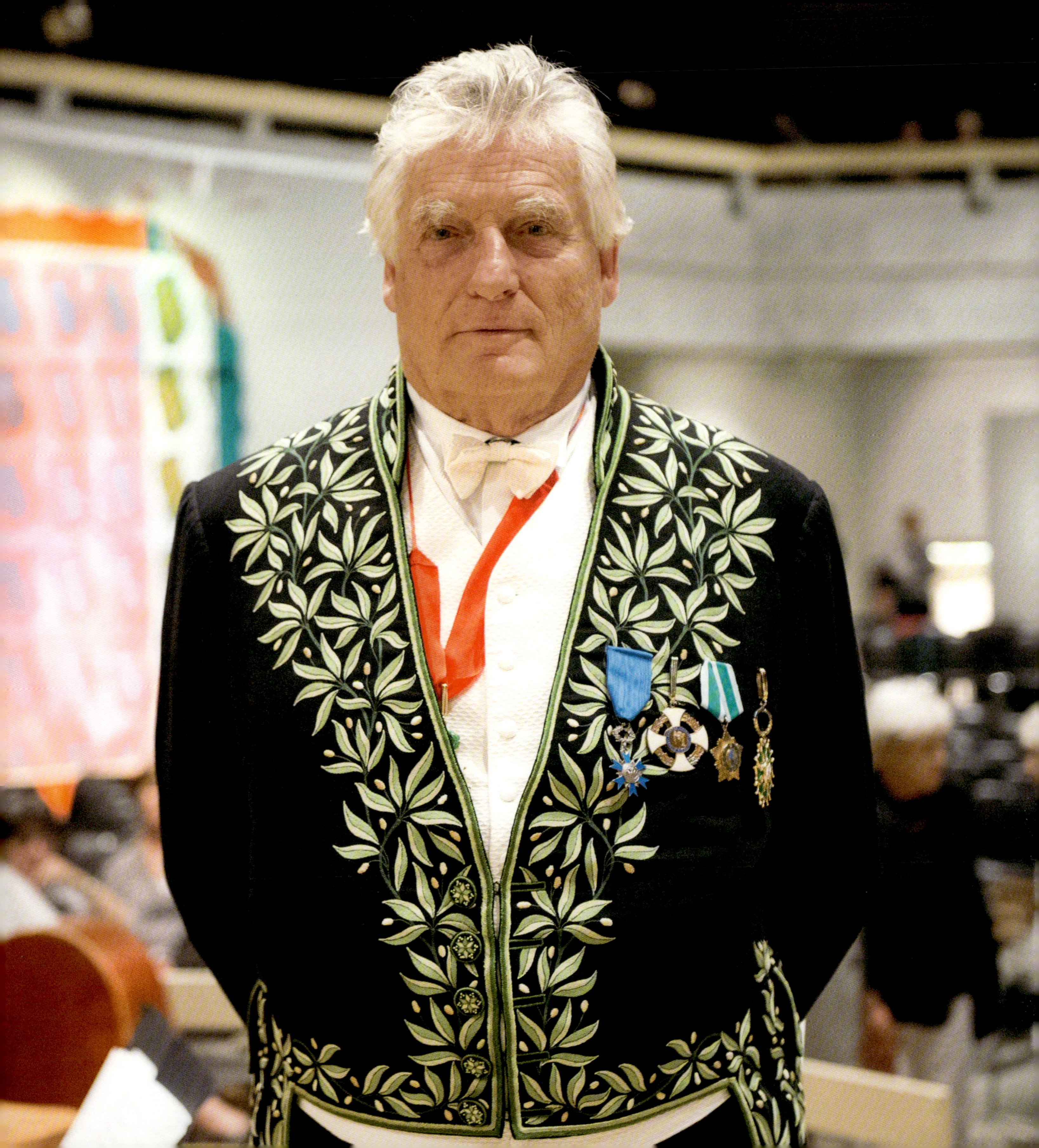

... en forme de point d'orgue

Où l'on se dit qu'il est possible de devenir prophète en son pays.

Entretien *Léoguide* n° 18, 20 avril 2015.

On me pose parfois la question de savoir quel est le plus grand miracle de la Fondation. Quel concert, quelle exposition ? Est-ce la venue régulière de Cecilia Bartoli ? Est-ce la réussite d'une exposition comme Van Gogh ? Je réponds : c'est la durée ! Tenir le coup quarante ans : voilà le miracle de la Fondation. Personnellement, j'ai été embrigadé, obligé de m'en occuper, pour que ce ne soit pas un lieu mort où il ne se passe rien, mais où toujours créer l'événement, innover, surprendre. Résultat : on devrait bientôt accueillir le dix-millionième visiteur. Dix millions de visiteurs ! Essayez d'imaginer ! Faire venir dix millions de personnes dans une ville comme Martigny, qui a évolué entre 11 000 et 17 000 habitants depuis les débuts de la Fondation jusqu'à maintenant. Les entrées à la Fondation représentent une moyenne de sept cents visiteurs par jour, tous les jours, pendant près de quarante ans, sept cents visiteurs !

◀ Jour des 80 ans, Fondation Pierre Gianadda, 23 août 2015.

Trois moments pour un anniversaire

Cet instant très particulier où le héros de roman voit défiler sa vie en accéléré sur un écran intérieur, Léonard Gianadda l'a vécu en réalité à l'occasion de son 80ᵉ anniversaire. Comme pendant à ses trois vies, il a eu droit à trois moments bien distincts : l'exposition au Vieil Arsenal, le film d'Antoine Cretton et la préparation de ce livre.

L'exposition met en scène la vie de Léonard, avec, pour fil conducteur les « Léoguides », maintenant familiers et qui sont autant de petites portes ouvertes sur le passé. Se doute-t-on en les regardant qu'ils ont été tournés en moins de trois heures ? Nous l'avons fait à la manière des Plans-Fixes, sans reprise ni coupure, à l'endroit même où ils sont rendus, de manière à donner l'illusion que le personnage central de l'exposition est bien là, derrière la vitre de l'écran. Le sens du téléviseur, la grandeur de l'écran, renforce l'illusion. Enregistrées quelques semaines après une délicate opération chirurgicale au genou, ces histoires nous permettent d'introduire chacun des thèmes retenus et en lien avec un épisode de la vie de Léonard. L'essentiel est dans le sujet lui-même qui raconte son histoire, ses histoires, sur le ton qui convient, moitié confident, moitié enseignant, vrai guide pour tous les âges.

Le film réalisé par Antoine Cretton réussit à sa manière le même raccourci. Mais ici, il est vertigineux. Raconter en quatre-vingts minutes une vie aussi remplie ! Se basant sur les archives conservées à la Médiathèque Valais - Martigny, sur les documents audiovisuels des médias régionaux, nationaux et internationaux, et, surtout, sur les entretiens et films réalisés par lui-même en une dizaine d'années, le réalisateur a réussi à brosser un portrait à la fois sensible et réaliste. Autour d'une question et d'un fil chronologique, il a monté les images d'archives, les entretiens, les témoignages et les moments forts filmés et enregistrés avec un art consommé pour atteindre un but : informer et toucher le spectateur.

Ce livre est le sujet d'une aventure à part entière. Il est la résultante de deux projets différents. L'idée de faire un ouvrage sur Léonard et la Fondation n'est pas toute neuve. Dès la sortie de *Léonard Gianadda, d'une image à l'autre*, la réflexion est lancée sur l'intérêt d'écrire un livre retraçant un parcours, une vie. Un titre a même été avancé : *Mon ami Léonard*. Cependant, le sujet n'était pas mûr. Il a fallu laisser se dérouler la troisième vie, marquée par l'affirmation, au premier plan, des préoccupations sociales. Le départ de la compagne d'une vie nous a aussi aidés à mieux comprendre les interactions qui lient les multiples facettes de cet homme hors du commun.

Avec tout ce qu'il a fait, l'homme méritait que son parcours soit rappelé de plusieurs manières. Il l'est dans les cellules de l'exposition, dans les séquences du film et dans les pages de cet ouvrage. Trois supports qui se complètent et se recoupent, mais qui au fond ne disent qu'une seule et même chose : voilà comme il a vécu, voilà ce qu'il a fait, voilà ce qu'il laisse à la postérité.

Finalement, c'est en collisionnant, à la manière d'un accélérateur de particules, les reportages du jeune photographe, les projets de l'entrepreneur culturel, les coups de cœur de l'humaniste, que la silhouette intime de l'homme apparaît, ferme et bien dessinée. Les multiples facettes, qui ressortent et brouillent parfois les pistes, s'effacent alors pour faire place à une image certes contrastée, mais dépouillée des excès qu'on lui prête généralement. L'unité du personnage est là, avec ses hauts et ses bas, ses qualités et ses défauts, ses emportements insupportables et ses accès de tendresse irrésistibles. Au fond, Léonard est un charmeur. Il cherche l'approbation, il veut conquérir l'interlocuteur, le séduire. Sa vie est une quête de reconnaissance. Les bonnes notes qu'il ramène du collège, les reportages des régions lointaines, les revenus de ses immeubles, les expositions et les concerts de la Fondation, les collections de timbres ou d'œuvres d'art, les dons en faveur des démunis, tout concourt au même but : être reconnu, apprécié, sinon aimé. En cela, il devient plus accessible, humain tout simplement.

Et les supports de tous ces éléments se trouvent dans les images et les documents partagés et que chacun peut emmagasiner dans sa mémoire pour se faire à son tour une image à soi. C'est dans ce sens qu'une personne est grande : parce que les autres la voient ainsi.

Sophia Cantinotti et Jean-Henry Papilloud font découvrir l'exposition de l'Arsenal à Léonard, 19 juin 2015.

Matériel photographique de Léonard et documentation sur les photoreportages. Au fond, Léonard découvre un « Léoguide ».

Exposition des photographies de Léonard dans le parc de la Fondation, 19 juin 2015.

Moscou. Place rouge. 1957

GRAND ANGLE

Léonard Gianadda a découvert l'expo samedi pour la première fois

Léonard Gianadda,

HOMMAGE L'homme aura 80 ans en août. Une exposition au Vieil Arsenal de Martigny retrace sa vie. Visite accompagnée par le maître.

DE LA GÊNE AUX LARMES

Léonard Gianadda arrive un peu à reculons. Il finit pourtant par franchir la porte de l'exposition qui lui est consacrée dans le Vieil Arsenal de Martigny, à deux pas de sa Fondation. «Léonard Gianadda, 80 ans d'histoires à partager», qui a débuté samedi, retrace la vie de ce personnage qui a marqué l'histoire d'ici et d'ailleurs. «J'étais un peu gêné. Pourtant, je ne suis pas modeste, mais là...» avoue Léonard Gianadda en parcourant l'espace concocté par Sophia Cantinotti et Jean-Henry Papilloud, les commissaires de l'exposition. «Je me dis que j'aurais dû être plus sympa avec vous», leur lance d'ailleurs Léonard Gianadda.

Ce fils d'immigré qui a si bien réussi

«Notre idée était de comprendre comment un petit-fils d'immigré italien s'est retrouvé à l'Académie des beaux-arts. C'est l'occasion de parler de son parcours, surtout pour ses 80 ans!» raconte Sophia Cantinotti. Léonard Gianadda a laissé carte blanche aux commissaires qui ont conçu trois étages d'exposition – chacun représentant une partie de la vie de l'octogénaire (photographe, la Fondation et le mécénat). Il a donc découvert le petit bijou consacré à sa vie pour la première fois samedi, en présence du «Nouvelliste».

Un grand moment d'émotion pour ce géant au cœur tendre. En redécouvrant sa vie ainsi résumée, Léonard Gianadda a paru impressionné. «Tout est toujours fragile. Je ne veux jamais trop me réjouir, par superstition; c'est mon côté italien. Mais ce qu'il s'est passé pendant 80 ans, c'est fait. On ne peut pas l'enlever. Aujourd'hui, j'ose parler de succès alors qu'avant c'était tabou», avoue-t-il, en paix avec lui-même.
○ **CHRISTINE SAVIOZ**

Léonard Gianadda s'est replongé avec plaisir dans les photos qu'il a réalisées dans sa jeunesse. CHRISTIAN HOFMANN

A Moscou, en 1957. Pour la première activité de sa vie: la photographie. ARCHIVES GIANADDA - MÉDIATHÈQUE VALAIS - MARTIGNY

Le photographe, ou comment revivre des émotions

NOSTALGIE

Avant d'entrer dans le Vieil Arsenal, Léonard Gianadda découvre plusieurs de ses photos en noir-blanc datant des années cinquante et agrandies sur des panneaux. «Je ne savais pas que vous alliez mettre toutes ces images. Regardez celle-là, elle est pas mal non?» lance-t-il fièrement en montrant une photo de deux amoureux sur un banc. «Il fallait attraper cet instant», ajoute-t-il, presque étonné de sa performance d'alors. L'homme est impressionné par la beauté mais aussi l'ancienneté des photographies. «Cela remonte à presque 60 ans, vous vous rendez compte?» précise-t-il en admirant lentement la qualité de chaque cliché, nullement perturbé par les gouttes de pluie qui tombent soudain du ciel. «R.I.P.», lance-t-il alors. «Vous savez pourquoi je dis R.I.P.? Eh bien: rentrons, il pleut», sourit-il, ravi de son jeu de mots qui montre aussi sa gêne devant cet hommage à son personnage. «Ça fait bizarre de revoir tout ça quand même.»

Souvenirs oubliés

L'émotion commence à poindre. Léonard Gianadda décide alors d'entrer dans le Vieil Arsenal. La redécouverte de son parcours s'ouvre doucement. Sur une photo du petit Léonard, petit-fils d'un immigré italien, qui sourit, sage comme une image. Les clichés en noir-blanc le montrent ensuite adolescent, puis jeune adulte. «Tiens, je me souvenais pas que j'avais été près de Biella en Italie, c'est fou», se réjouit-il. Dans un tiroir vitré, Léonard Gianadda revoit son certificat de maturité – «Il était premier de classe», souligne Jean-Henry Papilloud – ou ses lettres écrites à Georges Simenon. L'écrivain belge a d'ailleurs beaucoup compté pour Léonard Gianadda, puisqu'il lui a permis indirectement de rencontrer Annette Pavid, devenue ensuite son épouse. «L'Association des intérêts de Lausanne m'avait demandé de venir présenter les photos que j'avais faites de Simenon. Et là, c'est une belle secrétaire qui m'a accueilli. C'est comme ça qu'on s'est connus...» raconte l'octogénaire avec émotion dans un film de l'exposition. En le regardant, le géant au grand cœur revit la même émotion. Incapable de continuer à parler, les yeux pleins de larmes à l'évocation de son épouse décédée en 2011. La visite de la première partie se termine sur une ambiance nostalgique. «C'est un peu dur», confie doucement Léonard Gianadda. ○ **CSA**

DU FILS D'IMMIGRÉ À L'ACADÉMICIEN DES BEAUX-ARTS, SON PARCOURS EN IMAGES

1943. Léonard a 8 ans et fait sa première communion. C'est un petit garçon consciencieux et bon élève. ARCHIVES GIANADDA - MÉDIATHÈQUE VALAIS - MARTIGNY

1950. Voyage à Florence, dans l'Italie de son grand-père. Avec déjà l'amour de l'art. ARCHIVES GIANADDA - MÉDIATHÈQUE VALAIS - MARTIGNY

1955. Léonard a 20 ans et pose avec son grand-papa Baptiste âgé alors de 79 ans. C'est grâce à lui que la famille Gianadda a vécu en Valais. Baptiste Gianadda est parti de son Italie natale à 13 ans pour chercher du travail et gagner sa vie. Il avait ensuite ouvert sa propre entreprise de maçonnerie. ARCHIVES GIANADDA - MÉDIATHÈQUE VALAIS - MARTIGNY

- L'exposition retrace les **trois facettes** de la vie du personnage
- Le martignerain a passé **du rire aux larmes** au fil de la visite

PRATIQUE
«Léonard Gianadda, 80 ans d'histoires à partager» est à voir jusqu'au 22 novembre au Vieil Arsenal de Martigny.

80 ans, what else?

En 2015, un Léonard Gianadda toujours aussi passionné. CHRISTIAN HOFMANN

Dans l'exposition, on découvre en images les 150 œuvres acquises par Léonard Gianadda pour lui et la Fondation depuis 1973. CHRISTIAN HOFMANN

La Fondation ou l'œuvre de sa vie

SURPRIS A peine arrivé au deuxième étage, Léonard Gianadda s'arrête, médusé devant le nombre d'affiches liées aux événements de la Fondation Gianadda depuis sa création en 1976. «On en a fait des choses!» s'exclame-t-il, soudain conscient de l'ampleur du rayonnement de l'œuvre de sa vie.

Des centaines d'articles
Une minifondation rassemble toutes les archives liées au lieu. Des centaines de coupures de presse rappellent les étapes. Un écran de télévision permet de découvrir les reportages consacrés à cet espace désormais mythique et à son créateur. «Il suffit de cliquer sur le film que l'on veut et l'écran le diffuse», explique Sophia Cantinotti. «Faites-le pour moi; je ne comprends rien à ces trucs modernes», lui demande alors Léonard Gianadda. «Je ne sais pas écrire un mail. D'ailleurs, j'ai encore un vieux natel», précise-t-il en sortant un téléphone des années 2000. L'homme passe du rire aux larmes devant le petit film réalisé pour ses 70 ans. «Je ne me souvenais pas de ça», confie-t-il.

L'amour du détail
Un clic sur un autre onglet et un nouveau reportage apparaît sur l'écran. Cette fois-ci, le bâtiment de la Fondation vient à peine d'éclore. «Mon Dieu comme c'était sec autour. Vous avez vu comme il est beau le jardin aujourd'hui?» lance le Martignerain attentif aux moindres détails. «Ah, il ne faudra pas que j'oublie de dire qu'ils arrosent», murmure-t-il en aparté dans son dictaphone. Les commissaires de l'expo sourient en le regardant faire. «Il pense à tout. Il voit tous les détails», note Jean-Henry Papilloud.

Après le bref intermède, la visite se poursuit. Avec les photographies d'artistes de Marcel Imsand, entre autres. Passage ensuite vers un «Salon de musique». Pour écouter des airs lyriques de cantatrices qui ont chanté dans la Fondation, dont Cécilia Bartoli. Léonard Gianadda entre dans l'antre. Ecoute presque religieusement. Savoure.

L'art dans les gènes
En sortant, il redécouvre les photographies de 2003 où il est entré dans l'Académie des beaux-arts. «Sur cette image, il y a Cartier-Bresson!» lance-t-il fièrement. Son parcours semble presque impressionner. Devant le mur représentant les dizaines d'œuvres achetées pendant sa vie, il s'arrête longuement. «Chaque fois que j'ai exposé un artiste, j'avais acheté une œuvre. Là, c'est un Picasso, Gauguin, etc. Il y a même des œuvres acquises avant la Fondation, en 1973. Comme quoi...» Comme quoi, cet amour de l'art est dans ses gènes, insinue-t-il. ○ CSA

SOLIDAIRE
Le mécène ou la générosité même

Le dernier étage présente les différentes œuvres de mécénat de Léonard Gianadda. CHRISTIAN HOFMANN

Sous le roc, le cœur tendre. Léonard Gianadda n'est pas seulement un manager qui a si bien réussi ses affaires, il est aussi un généreux donateur. Un généreux, tout court. «Il peut faire des surprises étonnantes. C'est un homme qui donne beaucoup», affirme Sophia Cantinotti. Impossible pour les commissaires de l'exposition de passer à côté de la troisième facette de Léonard Gianadda: le mécénat. Si le Martignerain a beaucoup donné pour la culture dans sa ville – il a notamment permis à la commune d'avoir des ronds-points portant des sculptures de grands artistes et offert les vitraux de Hans Erni pour la chapelle protestante de Martigny, il a aussi éprouvé l'envie d'aider les personnes en difficultés.

«La Fondation Annette Gianadda, l'une de mes plus belles œuvres»
Ainsi, la Fondation Annette Gianadda a-t-elle vu le jour en 2010. Pour aider les autres. C'est peut-être le domaine où Léonard Gianadda reste le plus silencieux. Où il est le plus modeste. Il parcourt cette partie de l'exposition dans le recueillement, avec la présence forte de son épouse décédée. «Cette fondation, c'est une de mes plus belles œuvres», confie-t-il doucement. Avant de quitter les lieux, l'octogénaire reste pensif. Comme soufflé par tant et tant d'œuvres réalisées sur son parcours de vie. «Quand je vois tout ça, je me dis qu'il n'y a pas à avoir honte», souligne-t-il.

Le petit Léonard, petit-fils d'immigré italien, serait fier de ce parcours. «J'ai de la peine à croire à tout ça et je trouve que c'est une belle histoire. Oui, c'est ça, le mot de la fin: une belle histoire.» ○ CSA

DE L'AMOUR, DE L'ART ET DE LA RECONNAISSANCE

1960. Avec sa femme Annette rencontrée en 1957 à Lausanne. Elle est décédée en décembre 2011. ARCHIVES GIANADDA - MÉDIATHÈQUE VALAIS - MARTIGNY

1978. Il crée la Fondation deux ans plus tôt en hommage à son frère Pierre, décédé tragiquement. ARCHIVES GIANADDA - MÉDIATHÈQUE VALAIS - MARTIGNY

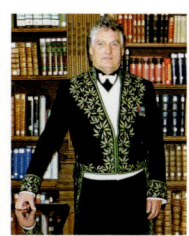

2003. Il devient membre de l'Académie des beaux-arts. ARCHIVES GIANADDA - MÉDIATHÈQUE VALAIS - MARTIGNY

Nouvelliste, 22 juin 2015.

GRAND ANGLE

Des personnalités évoquent l'homme

Qu'est-ce qui fait courir

ANNIVERSAIRE A l'occasion de ses 80 ans, lui-même ayant décliné toute demande à diverses personnalités valaisannes de donner leur sentiment sur

PORTRAIT A quelle distance d'une œuvre peinte – surtout lorsqu'elle est monumentale – faut-il se placer pour l'embrasser du regard et à la fois en saisir les nuances, la fine superposition des couches de pigments, la subtile façon dont les ombres et les lumières se découpent les unes des autres? Entre la mécanique secrète de l'inspiration, le geste et la vision enfin matérialisée sur la toile, il y a une infinité de mouvements à saisir. Comme lorsqu'il s'agit d'appréhender en quelques poignées de mots un parcours aussi riche, romanesque et hors norme que celui de Léonard Gianadda. De l'étudiant premier de classe en internat à Saint-Maurice au photoreporter intrépide parcourant le monde, de l'ingénieur et entrepreneur à succès au mécène et amoureux des arts collectionnant les titres honorifiques, ce sont mille et une vies imbriquées en une seule qu'il faudrait résumer. Et cela, l'exposition «Léonard Gianadda, 80 ans d'histoires à partager» actuellement visible au Vieil Arsenal de la Fondation l'a déjà brillamment accompli.

A l'occasion de la célébration des 80 ans de Léonard Gianadda – le susnommé n'ayant pas souhaité accorder d'interview aux médias quels qu'ils soient – «Le Nouvelliste» a donc entrepris de brosser un portrait plus intime de l'illustre jubilaire à travers le regard de ceux qui le connaissent, le côtoient, s'y confrontent aussi, parfois ou souvent. Et tenté ainsi de cerner les rouages qui meuvent ce géant d'homme, qui semble taillé dans l'airain des sculptures ornant le jardin de la Fondation, peut-être sa plus grande fierté.

La soif d'accomplissement

Le trait premier, fondateur de l'itinéraire à venir – et tous les interlocuteurs contactés s'accordent à le dire – est une soif d'accomplissement inextinguible. «Cela ressort très fortement de l'exposition», résume la cocommissaire de l'exposition Sophia Cantinotti. «Il y a cette curiosité, ce besoin de découverte qui n'est jamais assouvi. Déjà en internat, il prend des cours particuliers en plus de ses cours normaux, italien, dactylo, il fait du piano, de l'athlétisme… Et il y a aussi plus tard une quête de reconnaissance, l'envie d'apporter sa pierre à l'histoire de sa ville, de sa région.»

Liliane Varone, monument de la presse cantonale avec qui Léonard Gianadda a collaboré plusieurs années pour l'organisation du Concours de violon Tibor Varga, appuie et précise. «Je crois que son esprit d'entreprise relève plus d'un besoin de se réaliser, d'accomplir et de s'accomplir, que d'une recherche de lumière.» Pour celui qu'elle surnomme son «frère de cœur», «l'ego n'est pas un moteur premier. Léonard est un passionné qui aime ce qu'il fait. Ce qu'il a accompli avec la Fondation est extraordinaire. Ce n'est peut-être pas le plus beau lieu d'exposition qui soit, et son acoustique n'est pas la meilleure d'Europe centrale. Pourtant, on en parle de New York à Pékin. Et ça, ça vient de lui, de sa façon de nouer contact avec les collectionneurs, les institutions, les artistes… Malgré tout ça, en privé, il n'est pas du tout: «Moi, je…»

Un lien dans l'histoire

Reste qu'on ne bâtit pas un empire immobilier – Léonard Gianadda a construit près de 1500 appartements à Martigny – et culturel sans une solide confiance en soi et en ses capacités. «La réussite est importante, c'est certain. Ces grands projets, ces vastes desseins, il faut bien les mener à terme», résume François Dayer, rédacteur en chef du «Nouvelliste» de 1993 à 2003 et observateur avisé de l'évolution de la société valaisanne, qui relie l'esprit audacieux et innovant de Léonard Gianadda à son histoire familiale et plus largement à l'apport des entrepreneurs transalpins dans l'histoire économique du canton. «Il y aurait un livre à écrire à ce sujet… En Valais, les grandes opérations industrielles ont été menées par les gens de l'extérieur. Parce que le régime en place était généralement constitué de bons conservateurs bien établis dans le paysage. Ces dynasties italiennes, Gianadda, Conforti, Filippini, ont comblé le manque d'esprit entrepreneur des Valaisans.» Et l'image, souvent évoquée au sujet de Léonard Gianadda, de petit-fils d'immigré italien qui s'est hissé jusqu'aux plus hautes distinctions – il est notamment élu membre de l'Académie des beaux-arts en 2001 et fait commandeur de l'Ordre des arts et des lettres en 2007 – fait ici pleinement sens. «Je ne crois pas qu'il soit revanchard, mais il est certain qu'une certaine bonne société a toujours considéré l'italien comme un marchand de goudron. Et sa réussite est, même s'il ne le dira pas comme ça, une sacrément belle revanche…»

Pour la beauté de l'art

Voilà pour la réussite, le succès, la fortune. Mais, comme il l'a confié un jour lors d'une interview pour la Télévision

MÉCÈNE
La création de la Fondation a révélé au monde un amour des arts qui a toujours été en lui.

suisse romande à François Dayer, Léonard Gianadda a «des appétits qui ne sont pas seulement matériels». La création de la Fondation à la suite de la disparition de son frère Pierre a révélé au monde un amour des arts qui a toujours été en lui. «A l'exception de ceux qui le connaissent de près depuis longtemps – je n'en fais pas partie – il n'a pas toujours été évident de percevoir le moteur profond qui l'a amené à investir le champ de l'art et de la culture. Pour moi, mais j'ose croire que cela a été le cas pour d'autres également, ce fut l'exposition consacrée à ses propres photographies qui m'ont permis de comprendre qu'en fait l'intérêt pour l'art et la culture est chez lui premier, que l'ingénieur, l'entrepreneur est venu ensuite», analyse Jacques Cordonier, chef du Service de la culture de l'Etat du Valais.

Une générosité immense

Générosité. Voici un autre mot qui revient à chaque échange au sujet de Léonard Gianadda. Des ronds-points signés Hans Erni, Marcel Favre ou André Raboud offerts à Martigny, aux cinq appartements récemment mis à la disposition d'Esther Waeber-Kalbermatten pour l'accueil de réfugiés syriens, la liste de ses donations est très longue. «C'est un administré que nombre de mes collègues m'envient», sourit Marc-Henri Favre, président de Martigny. «Dans l'histoire d'une ville, il existe très peu de personnages qui en écrivent un chapitre. Léonard s'est fait l'auteur d'un gros chapitre de l'histoire culturelle de Martigny avec la Fondation Pierre Gianadda et j'y ajoute un versant social très important avec la Fondation Annette et Léonard Gianadda. Les retombées de ces deux fondations pour la commune sont considérables.»

Et cette dimension du personnage ne se dément pas lorsqu'on bascule de la sphère publique à la sphère privée. Son grand ami

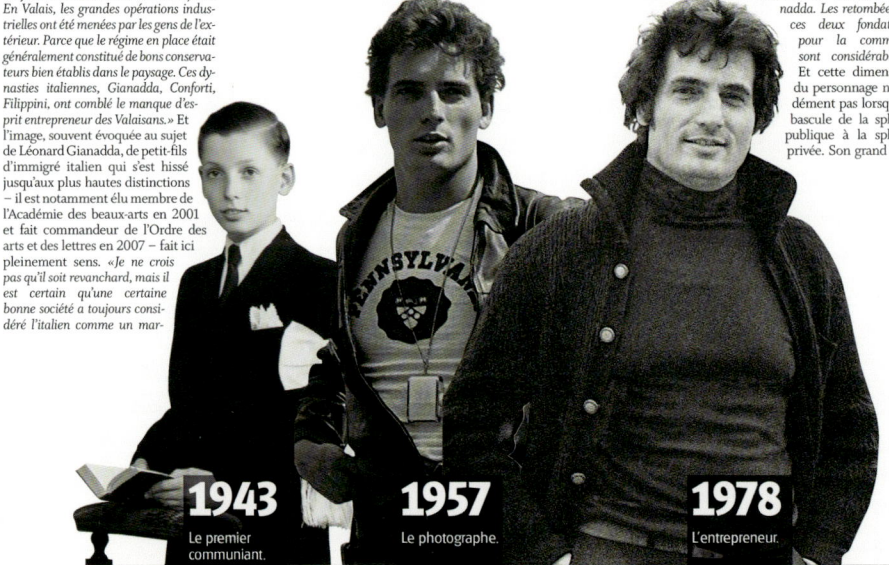

1943 Le premier communiant.

1957 Le photographe.

1978 L'entrepreneur.

EN QUELQUES PHRASES LÉONARD GIANADDA VU PAR CEUX QUI LE CÔTOIENT

«Sa réussite est, même s'il ne le dira pas comme ça, une sacrément belle revanche.»
FRANÇOIS DAYER
RÉDACTEUR EN CHEF DU «NOUVELLISTE» DE 1993 À 2003

«C'est, au fond, un écorché avec ses zones d'ombre, comme tout le monde. Mais il ne feint pas sa sensibilité.»
LILIANE VARONE
JOURNALISTE

«On a eu des engueulades homériques, mais à la fin, on trouvait des solutions dans l'intérêt de la région.»
PASCAL COUCHEPIN
PRÉSIDENT DE MARTIGNY DE 1984 À 1998

Derrière l'image publique, les ressorts intimes

Des célébrations chargées en émotions

LIENS UTILES
www.gianadda.ch

Léonard Gianadda?

d'interview, «Le Nouvelliste» a demandé la mécanique intime du personnage.

et menuisier de toujours André Chambovey peut en témoigner. «J'ai eu un jour un grave accident. Ma voiture était complètement détruite. Il m'a dit: "T'en fais pas pour ça." Et il m'a amené à l'hôpital les clés d'une belle voiture toute neuve… Avec lui, ça fait plus de cinquante ans que nous sommes amis. Je l'ai accompagné dans beaucoup de ses voyages. Et nous continuons de boire le café tous les matins, à huit heures…»

COMPLICITÉ
Son épouse, Annette, a joué un rôle essentiel dans cette vie hors du commun.

Un «foutu caractère»
Comme lui-même le dit souvent, Léonard Gianadda aime «se faire plaisir en faisant plaisir» et soigne l'accueil de ses hôtes jusqu'au moindre détail. Quitte, quand ça ne file pas droit, à gratifier ses collaborateurs de l'une de ces «brossées» terribles, presque brutales vues de l'extérieur, devenues légendaires. «Il est impétueux, voire tempétueux», glisse Pascal Couchepin. Né dans le même quartier de Martigny, l'ancien président de la Confédération s'y est beaucoup «frotté» durant son mandat de président de commune entre 1984 et 1998. «On a eu des engueulades homériques, mais à la fin, on trouvait toujours des solutions dans l'intérêt de la région. On a pu réaliser de grandes opérations pour Martigny, toujours honnêtes, mais souvent très audacieuses.» Christian Constantin, autre figure issue du giron martignerain acquiesce: «C'est un foutu caractère… Mais il me semble que l'âge avançant, sa tolérance à l'imperfection s'ouvre gentiment.»

«Ce qu'on peut prendre pour de l'irascibilité est surtout lié à une immense exigence. Envers les autres comme envers lui-même. Mais ses colères retombent vite, et lorsqu'il vous accorde son amitié, c'est à vie. C'est, au fond, un écorché, avec ses zones d'ombre comme tout le monde, mais il ne feint pas sa sensibilité», ajoute Liliane Varone.

Qui tient encore à souligner le rôle, essentiel, qu'a joué l'épouse de Léonard Gianadda, Annette, dans cette vie hors du commun. «Elle a été pour lui un formidable moteur. Parce qu'elle l'a toujours stimulé, encouragé. Toujours. Ça, c'est extraordinaire dans la vie d'un homme. J'aurais été incapable d'un amour comme celui-là.» ○ **JEAN-FRANÇOIS ALBELDA**

2003
L'académicien.

«Ça fait cinquante ans que nous sommes amis. Et nous continuons à boire le café tous les matins à huit heures.»
ANDRÉ CHAMBOVEY
MENUISIER ET AMI FIDÈLE

«Dans l'histoire d'une ville, très peu de personnages en écrivent un chapitre. Lui en a écrit un gros avec ses fondations.»
MARC-HENRI FAVRE
PRÉSIDENT DE MARTIGNY

UNE JOURNÉE PARTICULIÈRE

Léonard Gianadda a accueilli lui-même le public venu découvrir le film qui lui était consacré. LOUIS DASSELBORNE

Sa vie, une toile de maître…

Pas de gâteau d'anniversaire pour les 80 ans de Léonard Gianadda. Pas de cadeaux non plus. Ses invités étaient priés d'arriver les mains vides. Lui, par contre, a encore une fois joué les généreux. Projection gratuite – et ouverte à tous – du film sur sa vie réalisé par Antoine Cretton, repas de midi en petit comité (une centaine de personnes tout de même), puis concert d'I Solisti Veneti programmé par la Fondation ce 23 août 2015 où le mécène a reçu – en habit de commandeur de l'Ordre des arts et des lettres – près de 300 invités. La soirée s'est terminée par un feu d'artifice dans les jardins.

Une ode à Léonard
Il est arrivé devant le cinéma Corso une bonne demi-heure avant la projection. La cinquantaine de personnes déjà présentes l'a accueilli en chantant «Happy Birthday» Léonard. Quinze minutes plus tard, ils étaient plus de 400. La salle du Casino a donc été réquisitionnée pour une seconde diffusion. «Ça fait plaisir de voir autant de monde. Et ce qui me fait encore plus plaisir, c'est que ce film ne soit pas posthume», lance en riant le mécène. Une heure quinze de tête à tête avec Léonard Gianadda. On découvre un écolier de 11 ans déjà impressionné par l'art. Un collégien si brillant que son professeur, le chanoine Alliman, lui demande de «faire de sa vie quelque chose de grand». Un curieux avide d'apprendre. Un jeune homme aisé qui voyage très tôt. Un touche-à-tout audacieux. Un entrepreneur. Et un mécène bien sûr. On savait que Léonard Gianadda avait réalisé beaucoup de choses. On apprend qu'il en a fait bien plus encore. Le film d'Antoine Cretton relate une success-story. A peine, au détour d'une phrase, le grand homme laisse deviner qu'un tel parcours, il n'a pas toujours eu assez de temps pour ses enfants. Autrement, nulle ombre. Nul regret. Nul échec.

Un vrai panégyrique. Mais après avoir travaillé près de 15 ans auprès de Léonard Gianadda (Antoine Cretton est son cinéaste attitré), peut-on faire autre chose que de l'admirer?

Les larmes d'un géant
Dans la salle, le public, venu de Paris, de Moscou, de Lausanne, de Martigny ou d'ailleurs, est ému. «Merci pour tout ce que vous faites. Je suis tellement contente de vous voir enfin en chair et en os», déclare d'une voix étouffée par l'émotion une spectatrice. Le géant aussi a la larme à l'œil. «J'ai fait du mieux que j'ai pu. Et votre merci est ma récompense», confie-t-il. «Et si c'était à refaire…»
«Quand je vois ce film, que voulez-vous que je change?» rétorque celui qui a si bien obéi au chanoine Alliman. ○ **FRANCE MASSY**

GALERIE PHOTOS
Retrouvez notre galerie sur notre app journal.

Le réalisateur, Antoine Cretton, a mis en lumière une légende. LOUIS DASSELBORNE

Les fans immortalisent la rencontre. LOUIS DASSELBORNE

Nouvelliste, 24 août 2015.

Projection du film d'Antoine Cretton, *Faire de sa vie quelque chose de grand*, cinéma Casino, Martigny, 23 août 2015.

Claudio Scimone et les Solisti Veneti, concert du 80ᵉ anniversaire, 23 août 2015.

Pour prolonger le rêve

Les livres sont refermés ; les archives, remises dans leurs boîtes ; les classeurs, à nouveau rangés sur leurs étagères… Que reste-t-il ici de toutes ces pages ? Une infime partie, de minuscules reflets. Comment en serait-il autrement quand on survole ainsi une vie ? Une vie aussi dense que celle de Léonard Gianadda.

Fort heureusement, le personnage a travaillé, à sa manière, pour l'histoire. Comme le Petit Poucet, il a semé sur son chemin des éléments qui jalonnent son parcours. Mais mieux que le Petit Poucet, il a pris la précaution de bien choisir ses matériaux. Ses boulettes de pain et ses petits cailloux, il les a façonnés dans la pierre et le marbre, dans le verre et l'acier, dans l'aluminium et le bronze. Et il les a judicieusement placés à des endroits stratégiques : des bâtiments ici, des sculptures là, des ornements pérennes à l'intérieur de lieux de culte, des céramiques aux façades…

Le tout en si grand nombre qu'ils resteront pour marquer son passage et seront encore visibles bien après que les souvenirs directs se seront brouillés dans la mémoire des contemporains et que les récits des vivants se seront perdus dans la succession des générations. Les archéologues y trouveront les traces d'un passage. Mais verront-ils que cet homme a vécu, aimé, souffert ?

Les perles ne dévoilent pas leurs secrets. Façonnées lentement, à longueur d'années, parfois dans une mer agitée, elles brillent, et c'est l'essentiel. On peut ensuite les prendre et les enfiler pour en faire un collier. Celui-ci vaut évidemment plus par les perles que par le fil.

Et tant pis pour notre objectif premier : comprendre tout cela, les raisons, les forces, les rencontres, les enchaînements, la trajectoire. Inconscients de l'ampleur de la tâche, téméraires devant la montagne de documents dont nous ne voyions qu'une face, nous avons été pris par cette chronique imagée qui raconte des histoires, une belle histoire. Et comme rien ne vaut les histoires racontées par les personnes mêmes qui les ont vécues, celles-ci révèlent aussi en Léonard un conteur captivant. Est-il absolument nécessaire de comprendre pourquoi un homme fait telle ou telle chose ? Pourquoi Léonard a réussi ce qu'il a entrepris ? Et mieux que personne ? Les motivations sont parfois dans les actes mêmes. « Faire plaisir en se faisant plaisir ! » Nous pouvons sans réserve prendre son leitmotiv à notre compte. Et nous le renouvelons en le partageant avec vous, lectrices et lecteurs qui vous êtes peut-être retrouvés dans une ou plusieurs de ces histoires.

Il n'était pas dans nos objectifs de dresser une statue à un grand personnage. Au vu de réalisations qui dépassent une vie d'homme, il nous paraît évident maintenant qu'il marquera l'histoire. Trop tôt pour juger ? A voir. Dans la série d'été 2015 du quotidien *Le Nouvelliste*, Léonard Gianadda est la personne vivante la plus citée pour figurer dans l'histoire du Valais.

Alors vous demanderez-vous : « Que doit penser de tout cela le grand-père Baptiste ? » A coup sûr, il est fier de son petit-fils et filleul et il doit regarder maintenant avec tendresse tout ce chemin parcouru depuis sa venue hasardeuse en Suisse, sur des chemins escarpés, sans savoir de quoi serait fait le lendemain. Et de penser : « Pour que les miracles existent, il faut y croire ! »

Sophia et Jean-Henry

Projection du film d'Antoine Cretton, *Faire de sa vie quelque chose de grand*, cinéma Corso, Martigny, 23 août 2015.

Léonard Gianadda au fil des ans

Années	Evénements personnels	Actions culturelles ou sociales
1889	A 13 ans, Baptiste Gianadda (1876-1956), grand-père et parrain de Léonard, franchit le col du Simplon à pied pour venir chercher du travail en Suisse.	
1916	Baptiste Gianadda obtient la naturalisation valaisanne et devient bourgeois de Salvan.	
1932	19 juin. Naissance d'Annette Pavid, à Lausanne. 7 décembre. Mariage de Robert Gianadda (1906-1972) et de Liline Darbellay (1912-1973). Ils ont quatre enfants : Jean-Claude (1933-1993), Léonard (1935), Pierre (1938-1976) et Madeleine (1944-1995).	
1933	4 octobre. Naissance de Jean-Claude Gianadda.	
1935	23 août. Naissance de Léonard Gianadda.	
1938	19 novembre. Naissance de Pierre Gianadda.	
1940	Ecoles enfantines, puis primaires à Martigny.	
1944	26 mars. Naissance de Madeleine Gianadda.	
1946-1955	Etudes classiques au Collège de l'Abbaye de Saint-Maurice durant neuf années, dont quatre d'internat. Soprano dans le Petit Chœur du Collège de l'Abbaye.	
1950	Voyage à Florence, Rome et Naples avec sa mère et ses deux frères pour l'Année sainte. Découverte des œuvres d'art de la Renaissance italienne.	
1952	Séjour de deux mois à Naples. Voyage à Rome et Florence et rencontre avec un Américain, Ken Matthews. Audition de son 1er opéra, *Aïda*, à Naples.	
1953	Quatre mois en Amérique à l'invitation de Ken. Visite les principales villes des Etats-Unis, le Canada, Cuba. Permis de conduire à Detroit.	Reportages sur les Etats-Unis et Cuba dans la presse locale. Mise sur pied de plusieurs expositions d'artistes valaisans à l'Hôtel de Ville de Martigny et articles dans la presse locale.
1954	Voyages en Europe : vallée du Rhin, Luxembourg ; Vienne, Yougoslavie, Grèce.	Publications d'articles dans la presse sous le titre « Voyages en zig-zag ».
1955	Maturité classique (baccalauréat) au Collège de l'Abbaye de Saint-Maurice. Entrée à l'Ecole polytechnique de l'Université de Lausanne (EPUL), filière ingénieur civil.	

Années	Evénements personnels	Actions culturelles ou sociales
1956	18 mars. Décès de Baptiste Gianadda à l'âge de 80 ans. Champion valaisan d'athlétisme pour le 100 m, 400 m et le saut en longueur, catégorie senior. Premier voyage en Egypte (Le Caire, Alexandrie, Vallée des Rois, Louksor).	6 avril. Reportage sur le sauvetage des mineurs ensevelis à Bieudron (Nendaz). Direction de fouilles archéologiques à Yens-sur-Morges pour l'archéologue cantonal vaudois, Edgar Pelichet. Publications de reportages sur l'Egypte dans la presse locale et la presse illustrée.
1957	25 février. Rencontre avec Annette Pavid. Voyage en Tunisie en passant par Rome, Naples et la Sicile. Pèlerinage Paris-Chartres. Voyage en Russie pour le Festival mondial de la jeunesse et des étudiants. Abdul Chamsi Bacha, de Homs, est son camarade d'études.	Février. Reportage-photo sur Georges Simenon, à Lausanne. Engagement par la Télévision Suisse Romande comme 1er correspondant pour le Valais. Reportage en Tunisie publié par *L'Illustré*. Reportage sur les traces de Charles Péguy. Reportage à Moscou pour *L'Illustré* ; scandale lié à une photographie de János Kádár ; ses photos ne sont pratiquement pas publiées.
1958	Voyage en Espagne et au Maroc.	Reportages à Barcelone, Madrid, Séville, Gibraltar pour *L'Illustré*.
1960	Diplôme d'ingénieur civil de l'EPUL de Lausanne. Voyage de quatre mois sur le tour de la Méditerranée en Coccinelle avec son frère Pierre. Ouverture d'un bureau d'ingénieurs, puis d'architectes à Martigny avec son camarade d'études, Umberto Guglielmetti.	Des reportages sont publiés dans *Radio TV- Je vois tout* et dans la presse valaisanne.
1961	Mariage avec Annette Pavid. Voyage de noces de quatre mois aux Amériques.	Publications de reportages dans la presse. Conférence publique à Martigny.
1963	15 mai. Naissance de son fils François.	
1965	3 mars. Membre fondateur du Club philatélique de Martigny. Printemps. Voyage avec René Duboule en Orient : Birmanie, Thaïlande, Indonésie, Hong Kong, Japon.	
1966	Naissance de son fils Olivier. Voyages avec René Duboule en Rhodésie, Afrique du Sud et Cameroun.	Photographies et réalisation d'un film en Afrique.
1968	Voyage avec Jacques-Louis Ribordy en Orient : Thaïlande, Malaisie, Philippines. Accompagne son frère Pierre dans son voyage de noces à Bornéo et aux Philippines.	
1971	Rencontre Philippe Berti.	

Années	Evénements personnels	Actions culturelles ou sociales
1972	29 janvier. Mort de son père, Robert.	
1973	19 octobre. Mort accidentelle de sa mère, Liline.	Achat des premières sculptures de Daumier et Rodin.
1976	Voyage aux Indes et à Ceylan avec Pierre. 31 juillet. Mort accidentelle de Pierre.	Découverte d'un temple gallo-romain sur le terrain d'un immeuble à construire à Martigny. Décision d'ériger une fondation à la mémoire de Pierre, à l'emplacement du temple gallo-romain.
1977	24 février. Signature de l'Acte de constitution de la Fondation Pierre Gianadda, à laquelle il offre le terrain et la construction.	Les buts de la Fondation Pierre Gianadda sont culturels et touristiques.
1978	Voyage en Guyane avec Philippe Berti. 19 novembre. Inauguration de la Fondation Pierre Gianadda.	Film super-8 sur le voyage en Guyane. Ouverture du Musée gallo-romain.
1979	Projets immobiliers en Suisse et aux Etats-Unis.	Mention spéciale du Prix européen du Musée de l'année 1978, remis par la reine Fabiola de Belgique. **Expositions** : *Cinq siècles de peintures* ; *Six peintres valaisans*. **Concerts** : Beaux Arts Trio New York…
1980		**Expositions** : *Paul Klee* ; *Fernand Dubuis*. **Concerts** : Yehudi et Jeremy Menuhin ; Pierre Fournier…
1981		27 juin. Inauguration du Musée de l'Automobile. **Expositions** : *François Gay* ; *Paul Messerli* ; *Picasso, estampes* ; *Jean-Claude Rouiller*. **Concerts** : Beaux Arts Trio New York ; Martha Argerich, Brigitte Meyer ; Nikita Magaloff…
1982	Voyage en Chine avec son fils François.	**Expositions** : *Architecte suisse* ; *L'Art japonais dans les collections suisses* ; *Goya dans les collections suisses* ; *Jean-Claude Morend* ; *Marie-Antoinette Gorret*. **Concerts** : Maurice André ; Miguel Angel Estrella…
1983	Rencontre de Marcel Imsand chez Michel Dami à Denens.	**Expositions** : *Albert Chavaz* ; *André Raboud* ; *Manguin parmi les Fauves* ; *Hodler – Sommer*. **Concerts** : Mstislav Rostropovitch, Collegium Musicum Zurich (Paul Sacher) ; Beaux Arts Trio New York ; I Solisti Veneti (Claudio Scimone)…
1984		**Expositions** : *Ansermet/Skyll* ; *Mizette Putallaz* ; *Rodin* (premier grand succès public de la Fondation, avec 165 443 visiteurs) ; *Pierre Loye*. **Concerts** : Henryk Szeryng, Piero Toso, Orchestra da Camera di Padova ; Barbara Hendricks ; Quatuor Melos…

Années	Evénements personnels	Actions culturelles ou sociales
1985		**Expositions** : *Bernard Cathelin* ; *Albert Rouiller* ; *Paul Klee* ; *Marcel Imsand* ; *Isabelle Tabin-Darbellay*. **Concerts** : Royal Philharmonic Orchestra de Londres (Vladimir Ashkenazy) ; Teresa Berganza, OSR (Armin Jordan) ; I Solisti Veneti (Claudio Scimone) ; Concentus Musicus de Vienne (Nikolaus Harnoncourt)…
1986	28 juillet. Première rencontre avec Paul Delvaux à Saint-Idesbald en Belgique.	**Expositions** : *Gaston Chaissac* ; *Alberto Giacometti* ; *Egon Schiele – Gustav Klimt*. **Concerts** : Anne-Sophie Mutter, Collegium Musicum Zurich (Paul Sacher) ; Barbara Hendricks, Youri Egorov ; Maurice André, Camerata Bern (Thomas Füri)…
1987	Acquisition de la bourgeoisie de Martigny. Chevalier d'honneur de l'Ordre de la Channe, en Valais.	**Expositions** : *Serge Poliakoff* ; *André Tommasini/Marie Antoinette Gorret* ; *Toulouse-Lautrec* (vernissage avec des danseuses du Moulin-Rouge de Paris) ; *Italo-Valenti* ; *Paul Delvaux*. **Concerts** : Alicia de Larrocha ; Teresa Berganza, Sinfonia Varsovia (Jean-Baptiste Pommier) ; Yehudi Menuhin, Camerata Lysy…
1988	Membre du Comité d'honneur de la Société des amis du Musée Rodin, Paris. Prix de la presse décerné par la Télévision Suisse Romande.	**Expositions** : *Les Trésors du Musée de São Paulo (I et II)* ; *Picasso linograveur*. **Concerts** : Barbara Hendricks, Roland Pöntinen ; Isaac Stern, Robert McDonald ; Edith Mathis, OCL (Lawrence Foster) ; Simon Estes, Veronica Scully ; I Solisti Veneti (Claudio Scimone)…
1989	Noël. New York en famille.	**Expositions** : *Le peintre et l'affiche* ; *Jules Bissier* ; *Hans Erni-Vie et mythologie* ; *Henry Moore* ; *Henri Cartier-Bresson*. **Concerts** : Maria João Pires, Sinfonia Varsovia (Charles Dutoit) ; Barbara Hendricks, Stockholm Chamber Orchestra (Esa-Pekka Salonen) ; Nikita Magaloff, Mauro Loguercio, Antonio Meneses ; Alfred Brendel, Orpheus Chamber Orchestra New York ; Teresa Berganza, Orchestre de Chambre de Zurich (Edmond de Stoutz)…
1990	9 juin. Chevalier de l'Ordre national du Mérite de la République française. 14 juillet. Prix Piemontesi nel Mondo remis au Palazzo Lascari, Sceau de la Ville de Turin. 17 octobre. Membre du Conseil de la Fondation Béjart Ballet Lausanne. 27 décembre. Commendatore dell'Ordine al Merito della Repubblica Italiana. Chevalier des Arts de l'Ordre de la Channe, en Valais.	**Expositions** : *Louis Soutter* ; *Fernando Botero* ; *Modigliani* ; *Camille Claudel*. **Concerts** : Radu Lupu ; Yo-Yo Ma, Emmanuel Ax ; Frank Peter Zimmermann, OCL ; Lazar Berman ; Barbara Hendricks, Camerata Bern (Thomas Füri) ; Chœur du Patriarcat de Moscou (hiéromoine Ambroise)…

Années	Evénements personnels	Actions culturelles ou sociales
1991		**Expositions** : *Chagall en Russie* ; *Ferdinand Hodler* ; *Sculpture suisse 1961-1991* ; *Mizette Putallaz* ; *Franco Franchi* ; *Calima, Colombie précolombienne*. **Concerts** : Beaux Arts Trio New York ; György Sebök ; Maurice André, Festival String Lucerne ; Radu Lupu ; Collegium Vocale de Gand (Philippe Herreweghe) ; Olivier Cavé ; Martha Argerich, Alexandre Rabinovitch ; Christian Zacharias…
1992	13 octobre. Médaille Assis Chateaubriand du Museum de Arte de São Paulo (MASP). Membre du Conseil de l'Académie de Musique Tibor Varga, à Sion.	**Expositions** : *De Goya à Matisse* ; *Georges Braque* ; *Ben Nicholson* ; *Antoine Poncet*. **Concerts** : Anne Sofie von Otter, OSR (Armin Jordan) ; Margaret Price, Graham Johnson ; Augustin Dumay, Maria João Pires ; Elisabeth Leonskaya (Tibor Varga) ; Les Arts Florissants (William Christie) ; Camerata de Salzbourg (Sandor Végh) ; András Schiff, Yuuko Shiokawa, Nobuko Imai, Miklós Perényi ; Dénes Várjon ; Teresa Berganza, Juan Antonio Alvarez Parejo…
1993	31 janvier. Membre du Conseil de l'Ente Veneto Festival de Padoue, direction Claudio Scimone. 23 février. Décès subit de son frère Jean-Claude. 9 juin. Membre correspondant de l'Institut de France, Académie des Beaux-Arts, Paris. 16 novembre. Membre du Conseil de la Société de la Bibliothèque d'art et d'archéologie (BAA), Fonds Jacques Doucet, Paris.	**Expositions** : *Georges Borgeaud* ; *Jean Dubuffet* ; *Edgar Degas* ; *Marie Laurencin*. **Concerts** : Barbara Hendricks, Staffan Scheja ; François-René Duchable, OCL (Marcello Viotti) ; Pinchas Zukermann, English Chamber Orchestra ; I Solisti Veneti (Claudio Scimone) ; Heinz Holliger, Elmar Schmid, Radovan Vlatković, Klaus Thunemann, András Schiff…
1994	2 septembre. Portraits de Léonard par Henri Cartier-Bresson. 15 septembre. Membre d'honneur du Kiwanis International de Biella, Italie. 2 novembre. Propose les deux premiers giratoires de Martigny.	**Expositions** : *Rodin, dessins et aquarelles* ; *De Matisse à Picasso, Collection Gelman* ; *Albert Chavaz*. **Concerts** : Alicia de Larrocha ; Montserrat Figueras, Ensemble Hespèrion XX (Jordi Savall) ; Teresa Berganza, Juan Antonio Alvarez Parejo ; Maurice André, Orchestre de Chambre de Zurich (Edmond de Stoutz)…
1995	Février. Visite la Thaïlande avec son fils Olivier. 29 mars. Installation de Maurice Béjart sous la Coupole. Marcel Imsand et Léonard Gianadda sont présents. 11 juin. Décès de sa sœur Madeleine. 23 août. Le jour de ses 60 ans, Chevalier de la Légion d'honneur.	**Expositions** : *Egon Schiele* ; *Nicolas de Staël* ; *Larionov/Gontcharova* ; *Alicia Penalba*. **Concerts** : Maxim Vengerov, Itamar Golan ; Wolfgang Holzmair, London Classical Players (Roger Norrington) ; Pietro de Maria…

Années	Evénements personnels	Actions culturelles ou sociales
1996	Février. Visite le Mexique avec son fils Olivier. 2 mai. Membre de la direction du Centre Egon Schiele de Krumlov (Tchécoslovaquie), sous la présidence de Ronald Lauder. 11 mai. Inauguration du Vieil Arsenal (construit par son grand-père pendant la Seconde Guerre mondiale). 5 juin. Prix 1996 du Rayonnement français. 8 septembre. Prix 1996 de l'Etat du Valais, Fondation Divisionnaire F. K. Rünzi. Membre de la commission pour la succession de Charles-Henri Favrod au Musée de l'Elysée à Lausanne. 14 décembre. Membre d'honneur de la Société d'étudiants des Vieux-Stelliens Vaudois.	**Expositions** : *Suzanne Valadon* ; *Edouard Manet* ; *Marcel Imsand, Michel Favre, Anne Rosat* ; *Alicia Penalba*. **Concerts** : Brigitte Meyer, Quatuor Sine Nomine, Marc-Antoine Bonanomi ; Pinchas Zukerman, English Chamber Orchestra ; Il Giardino Armonico…
1997	Membre du Conseil d'administration du Musée Rodin, Paris. Le mandat de trois ans sera renouvelé deux fois. Officier de l'Ordre des Arts et des Lettres. Membre d'honneur du Comité du rayonnement français. Avril. Châteaux de la Loire en famille.	**Expositions** : *Raoul Dufy* ; *Joan Miró* ; *Charlie Chaplin* ; *Icônes russes* ; *Alicia Penalba*. **Concerts** : Barbara Hendricks, Staffan Scheja ; I Solisti Veneti (Claudio Scimone) ; Margaret Price, Thomas Dewey ; Vadim Repin, Boris Berezovsky ; Alain Planès…
1998	10 mars. Hommage de l'Ecole polytechnique fédérale de Lausanne par son président, Jean-Claude Badoux. 26 mars. Offre le revêtement en marbre et porphyre et les vitrines archéologiques du passage sous-voies de la gare de Martigny. Avril. Membre du Conseil d'administration du Musée Toulouse-Lautrec, à Albi. 18 mai. Offre les seize pendules des arrêts de bus de Martigny. Membre du Conseil de la Fondation Hans Erni, à Lucerne. Juin. Membre du Comité d'honneur Bex & Arts. 19 novembre. Pour son vingtième anniversaire, la Fondation Pierre Gianadda reçoit le Prix d'honneur de la Ville de Martigny.	**Exposition** : *Diego Rivera – Frida Kahlo* ; *Charlie Chaplin par Yves Debraine* ; *Paul Gauguin* ; *Hans Erni, rétrospective* ; *César*. **Concerts** : Heinz Holliger, Camerata Bern ; György Sebök, Orchestre de Chambre du Festival Ernen Musikdorf ; Maurice André, Béatrice André, Nicolas André, Festival Strings Lucerne (Rudolf Baumgartner) ; Itzhak Perlman, Bruno Canino ; I Solisti Veneti (Claudio Scimone) (pour le 20ᵉ anniversaire de la Fondation) ; Tokyo String Quartett…

Années	Evénements personnels	Actions culturelles ou sociales
1999	Janvier. Elu personnalité de l'année 1998 du canton du Valais par les lecteurs du journal romand *Le Matin*. 28 février. Membre d'honneur de Pro Curino, association de descendants d'émigrés de ce village piémontais, dont sa famille est originaire. 29 septembre. Président d'honneur du Gruppo Esponenti Italiani (GEI), pour la Suisse romande. Octobre. Membre fondateur du Conseil de la Fondation Balthus à Rossinière.	**Expositions** : *Turner et les Alpes* ; *Michel Darbellay* ; *Pierre Bonnard* ; *Sam Szafran*. **Concerts** : Quatuor Pražák ; Melos Quartett de Stuttgart ; Quatuor Emerson ; Quatuor Kocian ; Cecilia Bartoli, György Fischer ; Murray Perahia ; Peter Schreier, András Schiff ; Ruggero Raimondi, Ann Beckman…
2000	9 décembre. Membre du jury du Prix artistique Georges Pompidou, Paris. Lauréat : Serge Lemoine.	**Expositions** : *Kandinsky et la Russie* ; *Vincent Van Gogh* (447 584 visiteurs) ; *Icônes russes – les saints*. **Concerts** : Vladimir Spivakov, Christian Benda, Les Virtuoses de Moscou ; Cecilia Bartoli, Gérard Wyss ; Daniel Barenboim ; I Solisti Veneti (Claudio Scimone) ; Ruggero Raimondi, Ann Beckman ; Murray Perahia…
2001	27 février. Membre du premier Conseil d'orientation de la Fondation Henri Cartier-Bresson à Paris. 2 mars. Membre du jury du Concours « Tourbillon Breguet », Bienne, présidé par Nicolas Hayek. 16 mai. Officier de la Légion d'honneur. 27 juin. Elu membre dans la section des Associés étrangers de l'Institut de France, Académie des Beaux-Arts, Paris.	19 août. 5 000 000ᵉ visiteur de la Fondation. **Expositions** : *Picasso. Sous le soleil de Mithra* ; *Au fil du temps* ; *Picasso vu par David Douglas Duncan* ; *Marius Borgeaud*. **Concerts** : Beaux Arts Trio New York ; Cecilia Bartoli ; Itzhak Perlman, Bruno Canino ; Christian Zacharias, OCL ; Daniel Barenboim ; Quatuor de Leipzig, Christian Ockert, Christian Zacharias…
2002	2 mai. Membre fondateur et du jury de la Fondation Marguerite Plancherel, Bulle. 15 mai. Membre d'honneur de l'Association des amis de Marius Borgeaud, à Lausanne. Mai. Voyage à Moscou avec son fils Olivier. 8 novembre. Prix Union suisse des attachés de presse (USAP).	6 mars. Achat de la villa Morand pour l'Association Les Acacias, aide aux personnes atteintes de la maladie d'Alzheimer. **Expositions** : *Kees Van Dongen* ; *Léonard de Vinci – L'inventeur* ; *Berthe Morisot* ; *Jean Lecoultre*. **Concerts** : Il Giardino Armonico ; Festival Cecilia Bartoli ; Radu Lupu ; Vadim Repin, Boris Berezovsky ; I Solisti Veneti (Claudio Scimone) ; Ruggero Raimondi, Ann Beckman ; Vladimir Spivakov, Christian Benda, Les Virtuoses de Moscou…

Années	Evénements personnels	Actions culturelles ou sociales
2003	4 mai. Installation sous la Coupole de l'Institut de France, à l'Académie des Beaux-Arts de Paris. 21 septembre. Citoyen d'honneur de son village d'origine, Curino (Piémont). 11 novembre. Prix Sommet 2003 décerné par l'UBS, Valais. 8 décembre. Visite du monastère Sainte-Catherine du mont Sinaï.	19 novembre. 25ᵉ anniversaire de la Fondation. Léonard et Annette reçoivent *La Cour Chagall* du mécène Georges Kostelitz, ainsi que 87 photographies originales de *Luigi le berger* de Marcel Imsand. **Expositions** : *De Picasso à Barceló* ; *Paul Signac* ; *Albert Anker*. **Concerts** : Beaux Arts Trio New York ; Cecilia Bartoli, Sergio Ciomei, Mario Pesci, Giuseppe Mulè, Carla Tutino ; Alain Planès ; Pinchas Zukerman, Marc Neikrug ; Bruno Leonardo Gelber ; Ruggero Raimondi, Ann Beckman ; Ensemble Vocal et Instrumental de Lausanne (Michel Corboz) ; I Solisti Veneti (Claudio Scimone) ; Christian Zacharias…
2004	12 février. Membre de la Commission des acquisitions du Musée d'Orsay, Paris. Le mandat de trois ans sera renouvelé.	Publication de l'ouvrage *Le Musée de l'Automobile*. **Expositions** : *Chefs-d'œuvre de la Phillips Collection* ; *Luigi le berger par Marcel Imsand* ; *Trésors du monastère Sainte-Catherine du mont Sinaï* ; *Jean Fautrier*. **Concerts** : Il Giardino Armonico (Luca Pianca) ; Maxim Vengerov, Fazil Say ; Chœur du Patriarcat de Moscou (hiéromoine Ambroise) ; Antonio Meneses, Menahem Pressler ; Cecilia Bartoli (concert de gala dans le cadre du 25ᵉ anniversaire de la Fondation) ; Gyula Stuller, Dénes Várjon ; Quatuor Michelangelo ; Murray Perahia ; Joshua Bell, OSR (Sir Neville Marriner) ; Vadim Repin, Itamar Golan…
2005	28 mars. Trustee (administrateur) de la Phillips Collection, Washington, D.C. (2005-2014). 20 mai. Citoyen d'honneur d'Etroubles, Val d'Aoste, Italie. 23 août. Cecilia Bartoli offre un concert à la Fondation et chante « Happy Birthday… » pour les 70 ans de Léonard.	10 juillet. Sam, Lilette et Sébastien Szafran offrent à la Fondation 214 photographies originales d'Henri Cartier-Bresson, la plupart dédicacées. 19 avril. Don à la Fondation Pierre Gianadda de l'immeuble *Floréal*, à Martigny. **Expositions** : *Félix Vallotton. Les couchers de soleil* ; *La peinture française* ; *Henri Cartier-Bresson*. **Concerts** : Beaux Arts Trio ; Sol Gabetta, OCL (Okko Kamu) ; Cecilia Bartoli, Sergio Ciomei ; Radu Lupu ; Brigitte Meyer, Brigitte Fournier, Brigitte Balleys ; Quatuor Michelangelo, Duncan McTier, Dominique Merlet ; I Solisti Veneti (Claudio Scimone) ; Cecilia Bartoli, Orchestre La Scintilla ; Christian Zacharias, OCL ; Alexeï Volodine ; Le Musiche Nove ; Boris Berezovsky ; Beaux Arts Trio, Orchestre de Chambre du Wurtemberg (Ruben Gazarian) ; Ensemble Vocal et Instrumental de Lausanne (Michel Corboz) ; Vladimir Spivakov, Christian Benda, Sergeï Bezrodni…

Années	Evénements personnels	Actions culturelles ou sociales
2006	26 janvier. Prix du Tourism Trophy 2005, Zermatt. 8 mars. Président d'honneur de la Fondation Calypsor à Bruxelles. Membre de la Commission de nomination du nouveau directeur du Laténium, Neuchâtel. 8 août. Membre de la Commission des acquisitions du Musée Rodin, Paris (mandat renouvelé en 2009 et 2012). 21 novembre. Sergueï Lavrov, ministre russe des Affaires étrangères, remet à Léonard l'Ordre de l'Amitié décerné par décret du 25 juillet du président Vladimir Poutine.	21 juin. Inauguration du Musée et Chiens du Saint-Bernard. **Expositions** : *Claudel et Rodin* ; *Chefs-d'œuvre de la peinture européenne* (MET de New York) ; *Edouard Vallet*. **Concerts** : Olivier Cavé, OCL (Christophe König) ; Augustin Dumay, Orchestre Royal de Chambre de Wallonie ; Luca Pianca, Il Giardino Armonico ; Corey Cerovsek, OCL (Olari Elts) ; Brigitte Meyer, Camerata Lausanne (Pierre Amoyal) ; Cecilia Bartoli, Olivier Widmer ; Cecilia Bartoli, Freiburger Barockorchester ; Brigitte Fournier, Ensemble Orlando Fribourg (Laurent Gendre)…
2007	6 juillet. Commandeur de l'Ordre des Arts et des Lettres. Une vitrine est consacré à Léonard au Musée régional de l'émigration des citoyens du Piémont dans le monde, à Frossasco, en Italie.	24 avril. Don à la Fondation Pierre Gianadda de l'immeuble *Les Clématites*, à Martigny. 11 mai. Inauguration de la Bibliothèque de la Fondation Pierre Gianadda (en 2015, 16 500 ouvrages sont accessibles au public), déposée à la Médiathèque Valais - Martigny. **Expositions** : *Picasso et le cirque* ; *Chagall, entre ciel et terre* ; *Albert Chavaz*. **Concerts** : Beaux Arts Trio ; Joshua Bell, Jeremy Denk ; Fazil Say ; Julian Rachlin, OSR (Patrick Davin) ; Murray Perahia, Academy of St Martin in the Fields ; Thomas Friedli, Marcio Carneiro, Jean-Jacques Balet ; Cecilia Bartoli, Orchestre La Scintilla ; Murray Perahia ; Europa Galante (Fabio Biondi) ; Chœur du Patriarcat de Moscou (hiéromoine Ambroise) ; Beaux Arts Trio New York ; Fazil Say, OCL (C. König)…
2008	Redécouverte, par Jean-Henry Papilloud, des reportages photographiques de Léonard Gianadda. 13 juin. Vernissage de l'exposition *Léonard Gianadda, d'une image à l'autre*, par Jean-Henry Papilloud (catalogue), à la Médiathèque Valais - Martigny. 4 octobre. Remise de la distinction Alumni Award de l'Ecole polytechnique fédérale de Lausanne par Patrick Aebischer. 19 octobre. Grand Prix de l'Académie Rhodanienne des Lettres.	Publication de l'ouvrage *Léonard Gianadda, la Sculpture et la Fondation*, par Daniel Marchesseau. 11 novembre. Nouvelle muséographie du Musée gallo-romain et ouvrage *Martigny-la-Romaine*, par François Wiblé. 19 novembre. 30ᵉ anniversaire de la Fondation Pierre Gianadda. Dépôt à la Médiathèque Valais - Martigny de 13 000 négatifs et des tirages de Léonard des années 1950-1960, ainsi que des archives audiovisuelles de la Fondation. **Expositions** : *Offrandes aux dieux d'Egypte* ; *Balthus – 100ᵉ anniversaire* ; *Olivier Saudan* ; *Hans Erni – 100ᵉ anniversaire*. **Concerts** : Sir András Schiff ; Pinchas Zukerman, Marc Neikrug ; Sol Gabetta, Maurice Steger, Kammerorchester Basel ; Gidon Kremer, Kremerata Baltica ; Cecilia Bartoli, Sergio Ciomei ; Ensemble Vocal et Instrumental de Lausanne (Michel Corboz) ; Christian Zacharias, OCL ; I Solisti Veneti (Claudio Scimone) ; Olivier Cavé…

Années	Evénements personnels	Actions culturelles ou sociales
2009	16 octobre. Au Palais Lumière d'Evian, vernissage de l'exposition de photographies *Léonard Gianadda, d'une image à l'autre*.	21 janvier. Don de Marcel Imsand à Léonard et Annette de 63 photographies originales de *Maurice Béjart*. 19 juin. Dans le cadre de l'exposition *De Courbet à Picasso*, inauguration de l'exposition *Moscou 1957* à la Fondation. 29 juillet. Signature de l'acte de constitution de la fondation à but social Fondation Annette & Léonard Gianadda. 18 septembre. Colloque à Vaison-la-Romaine : *Regards croisés sur le mécénat en archéologie : Maurice Burrus à Vaison-la-Romaine, Léonard Gianadda à Martigny*. 15 novembre. La Fondation Pierre Gianadda accueille son 8 000 000ᵉ visiteur, soit, depuis l'ouverture, une moyenne de 707 visiteurs par jour pendant trente et un ans. 19 novembre. Frédéric Mitterrand, ministre français de la Culture, autorise la reproduction du buste de Jules César pour le Tepidarium. **Expositions** : *Rodin érotique* ; *De Courbet à Picasso* ; *Moscou 1957* ; *Gottfried Tritten* ; *Images saintes – Maître Denis, Roublev et les autres* ; *Les gravures du Grand-Saint-Bernard et sa région*. **Concerts** : Alexei Volodine ; Francesco De Angelis, Ulrich Eichenauer, Enrico Dindo, Bruno Canino ; Cecilia Bartoli, Orchestre La Scintilla ; Maria João Pires, Kammerorchester Basel (David Stern) ; Vladimir Spivakov, Les Virtuoses de Moscou ; Heinz Holliger, Camerata Bern ; Chœur Patriarcat de Moscou (hiéromoine Ambroise)…
2010	9 janvier. Membre d'honneur de la Landwehr de Fribourg. 26 janvier. Vernissage de l'exposition *Léonard Gianadda, Moscou 1957* au Musée Pouchkine de Moscou (catalogue bilingue français-russe). De 2010 à 2015, l'exposition sera présentée dans neuf villes, de Moscou à la Sibérie. 15 mai. Vernissage de l'exposition *Léonard Gianadda, d'une image à l'autre* dans les jardins du palais de la Berbie, Musée Toulouse-Lautrec à Albi. 26 juin. Vernissage de l'exposition *Léonard Gianadda, d'une image à l'autre* à Mornant. 3 février. Membre fondateur de l'Association des amis de Marcel Imsand.	8 mai. Marcel Imsand offre à Léonard et Annette tous les négatifs de ses photographies réalisées à la Fondation. 23 août. 75ᵉ anniversaire de Léonard. 23 août. Inauguration de la Fondation Annette & Léonard Gianadda, Cecilia Bartoli en est la marraine. 19 novembre. Prix de la Ville de Martigny, qui offre une sculpture de Michel Favre, *Le Visionnaire*. **Expositions** : *Nicolas de Staël 1945-1955* ; *Suzanne Auber* ; *De Renoir à Sam Szafran*. **Concerts** : Trio Kopatchinskaja, Gabetta, Sigfridsson ; Fabio Biondi, Europa Galante ; Radu Lupu ; Solistes du Metropolitan Opera de New York ; Opéra de Lausanne (Philippe Béran) ; Cecilia Bartoli, Kammerorchester Basel ; I Solisti Veneti (Claudio Scimone) ; Alain Planès ; Jonathan Gilad ; Menahem Pressler, American String Quartet…

Années	Evénements personnels	Actions culturelles ou sociales
2011	9 janvier. Membre d'honneur de l'Association Chapelle Balthus à Rossinière. 19 février. Membre d'honneur de la Fanfare municipale Edelweiss de Martigny. 17 juin. Commandeur de la Légion d'honneur. 14 octobre. Noces d'or d'Annette et Léonard. 8 décembre. Annette s'éteint, entourée de Léonard, François et Olivier.	30 mars. Inauguration de la céramique de Hans Erni *Les Ages de la vie* à la Fondation Annette & Léonard Gianadda. 11 octobre. Inauguration du Tepidarium, offert par Brigitte Mavromichalis, mécène de la Fondation. 8 novembre. La Fondation Pierre Gianadda accueille son 8 500 000e visiteur, soit une moyenne de 706 visiteurs par jour pendant trente-trois ans. **Expositions** : *Monet au Musée Marmottan et dans les collections suisses* ; *Maurice Béjart par Marcel Imsand* ; *Francine Simonin* ; *Ernest Biéler*. **Concerts** : Ensemble Vocal de Lausanne (Michel Corboz) ; Olivier Cavé ; Viktoria Mullova, Kammerorchester Basel (Giovanni Antonini) ; Joshua Bell, Sam Haywood ; Cecilia Bartoli, I Barocchisti (Diego Fasolis) ; Konstantin Scherbakov ; Antonio Meneses, Menahem Pressler ; Vadim Repin, Itamar Golan ; Alexeï Volodine ; Pietro de Maria, Massimo Quarta, Enrico Dindo ; Dénes Várjon, OCL (Gilbert Varga)…
2012	13 mars. Membre d'honneur de la Société de développement de Martigny. 19 mai. Maistre d'honneur de l'Ordre international des Anysetiers. 23 mai. Membre d'honneur de la Fondation Pro Octoduro.	23 janvier. A la chapelle protestante de Martigny, en présence de l'artiste, inauguration des 3 premiers vitraux de Hans Erni, offerts par Léonard en souvenir d'Annette. 2 mars. Vernissage de l'exposition *Portraits-Rencontres, photographies des années 50 de Léonard Gianadda* à la Fondation, dans le cadre de l'exposition *Portraits* du Centre Pompidou. 19 juin. A la chapelle protestante, présentation de 4 vitraux en présence de Hans Erni. **Expositions** : *Portraits, Collection du Centre Pompidou* ; *Portraits-Rencontres par Léonard Gianadda* ; *André Raboud – Pierre Zufferey* ; *Le mythe de la couleur, Collection Merzbacher* ; *Hommage à Annette* ; *Henri Cartier-Bresson, Collection S., L. et S. Szafran* ; *Marcel Imsand et la Fondation*. **Concerts** : Emmanuel Pahud, Kammerakademie Postdam (Trevor Pinnock) ; Isabelle Faust, Miklos Perenyi, Kristian Bezuidenhout, Kammerorchester Basel (Giovanni Antonini) ; Patricia Kopatchinskaja, Fazil Say ; Philippe Cassard, Quatuor Michelangelo ; Cecilia Bartoli, I Barocchisti (Diego Fasolis) ; I Solisti Veneti (Claudio Scimone) ; Sol Gabetta, Sergio Ciomei ; Chœur du Patriarcat de Moscou (hiéromoine Ambroise)…

Années	Evénements personnels	Actions culturelles ou sociales
2013	14 février. Jour de la Saint-Valentin, achat de la sculpture *Love* d'Indiana pour Annette. 1er juin. Vernissage des deux expositions *Léonard Gianadda* à Domodossola (Piémont), Citoyenneté d'honneur. 25 septembre. Vernissage de l'exposition *Léonard Gianadda, Enfance autour du monde*, à la Bibliothèque de La Tour-de-Peilz. 26 octobre. Membre d'honneur des clubs Rotary de Valle Mosso (Piémont) et de Martigny. 17 décembre. Président d'honneur des Solisiti Veneti.	11 avril. A la chapelle protestante, présentation de 5 nouveaux vitraux de Hans Erni. 22 avril. Signature de l'acte de donation des immeubles *Les Colombes B* et *C* aux deux Fondations Gianadda. Trois céramiques monumentales de Hans Erni agrémentent les immeubles *Les Colombes*. 14 septembre. Offre les sept vitraux du Père Kim En Joong à la chapelle catholique de La Bâtiaz à Martigny. 14 septembre. 20e concert de Cecilia Bartoli à la Fondation. 15 octobre. A près de 105 ans, Hans Erni remet ses dessins pour les cinq derniers vitraux de la chapelle protestante de Martigny (au total 17 vitraux). 29 novembre. Vernissage de l'exposition *Méditerranée (1952-1960) de Léonard Gianadda* à la Fondation. **Expositions** : *Sam Szafran. 50 ans de peinture* ; *Modigliani et l'Ecole de Paris* ; *Emilienne Farny* ; *Méditerranée (1952-60) de Léonard Gianadda*. **Concerts** : Menahem Pressler ; Renaud Capuçon, Jérôme Ducros ; Ensemble Vocal et Instrumental de Lausanne (Michel Corboz) ; Olivier Cavé ; Maria João Pires, Kammerorchester Basel (Trevor Pinnock) ; Abdel Rahman El Bacha ; Fazil Say ; Cecilia Bartoli, Orchestre La Scintilla ; Murray Perahia ; Europa Galante (Fabio Biondi) ; Renaud Capuçon, Yan Levionnois, David Kadouch ; Antonio Meneses, Maria João Pires ; Béatrice Berrut, Orchestre de la Camerata-Valais (Francesco de Angelis)…
2014	31 mars. Vernissage de l'exposition *Léonard Gianadda. Archéologie d'une passion* à Vaison-la-Romaine. 28 août -12 septembre. Président du Comité d'honneur du Septembre musical de Montreux-Vevey. 10 septembre. Un des quatre représentants du Valais pour la célébration du bicentenaire de l'entrée du canton dans la Confédération. 12 septembre. Vernissage *Mediterraneo (1952-1960)* à Padoue ; Sceau de la Ville. 14 novembre. Vernissage *Mediterraneo (1952-1960)* à Varese. Concert des Solisti Veneti.	9 février. 9 000 000e visiteur à la Fondation. 17 février. Michel Darbellay offre à Léonard ses archives photographiques de la Fondation Pierre Gianadda. Elles sont déposées à la Médiathèque Valais - Martigny. 20 juin. Offre la restauration de la chapelle de La Bâtiaz. 23 août. Signature de la nouvelle donation des *Oliviers B* et *C* aux deux Fondations Gianadda. **Expositions** : *La Beauté du corps dans l'Antiquité grecque* ; *Renoir* ; *Sculptures en lumière par Michel Darbellay* ; *Les vitraux de Hans Erni et du Père Kim En Joong* ; *Jean-Claude Hesselbarth* ; *Chefs-d'œuvre de la Fondation pour l'art, la culture et l'histoire*. **Concerts** : Da Sol, Erik Schumann, David Pia, I Solisti Veneti (Claudio Scimone) ; Tchaikovsky Trio ; Mikhaïl Rudy ; Paul Meyer, OCL (Jaime Martín) ; Cecilia Bartoli, I Barocchisti (Diego Fasolis) (concert offert en hommage à Annette le 8 décembre)…

Années	Evénements personnels	Actions culturelles ou sociales
2015	31 mars. Vernissage de l'exposition photographique *Léonard Gianadda, Méditerranée antique* à Vaison-la-Romaine. 11 avril. Vernissage *Mediterraneo (1952-1960)* à Biella. Inscription au Tableau d'honneur de la Ville. 20 avril. Membre d'honneur du centre de jour Les Acacias, Martigny. 20 juin. Vernissage de l'exposition *Léonard Gianadda, 80 ans d'histoires à partager* au Vieil Arsenal de la Fondation. 23 août. 80ᵉ anniversaire de Léonard. Première du film d'Antoine Cretton, *Faire de sa vie quelque chose de grand…* 28 août. Bourgeoisie d'honneur de Salvan.	3 mars. Offre cinq appartements à cinq familles de réfugiés syriens pour cinq ans. 23 août. Offre l'immeuble *Rhodania* à la Fondation Pierre Gianadda et l'immeuble *Riviera* à la Fondation Annette & Léonard Gianadda (au total, les dons représentent 191 appartements d'une valeur de CHF 70 000 000.–). **Expositions** : *Matisse en son temps* ; *Léonard Gianadda, 80 ans d'histoires à partager* ; *Zao Wou-Ki*. **Concerts** : Sol Gabetta, Bertrand Chamayou ; Emerson String Quartet ; Christian Zacharias, Kammerorchester Basel ; Augustin Dumay, Kansai Philharmonic Orchestra ; Konstantin Scherbakov ; I Solisti Veneti (Claudio Scimone) ; Cecilia Bartoli, I Barocchisti (Diego Fasolis) ; Christian Zacharias, Scharoun Ensemble de la Philharmonie de Berlin ; Murray Perahia, OCL ; Radu Lupu ; Ensemble Vocal et Instrumental de Lausanne (Michel Corboz)…

Feux d'artifice du 80ᵉ anniversaire de Léonard, parc de la Fondation, 23 août 2015.

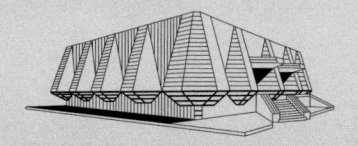

Nous tenons à témoigner notre gratitude aux généreux mécènes, donateurs et Amis de la Fondation qui, par leur soutien, nous permettent la mise sur pied de notre programme de concerts et d'expositions.

Nous remercions tout particulièrement :

*La Commune de Martigny
L'Etat du Valais*

*Banque Cantonale du Valais
Banque Julius Bär & Cie SA
Caran d'Ache
Caves Orsat-Domaines Rouvinez SA, Martigny
Champagne Pommery
Crédit Suisse
Debiopharm International SA, Rolland-Yves Mauvernay, Lausanne
Fiduciaire Bender SA, Martigny
Fondation Coromandel, Genève
Groupe Mutuel, Martigny
Hôtel La Porte d'Octodure, Martigny-Croix
Le Nouvelliste et Feuille d'Avis du Valais
Les Chemins de fer fédéraux suisses
Loterie Romande
M. Dan Mayer, Zoug
M. Daniel Marchesseau, Paris
M. J. J., Belgique
Mme Brigitte Mavromichalis, Martigny
Office du Tourisme - Société de développement, Martigny
PAM, Valaisanne Holding SA, Martigny
Passeport Musées Suisses
Sandoz-Fondation de Famille
Touring Club Suisse Valais
Le Tunnel du Grand-Saint-Bernard
UBS SA
Veuthey & Cie SA, Martigny
Zurich Assurances*

La Fondation Pierre Gianadda

Temple de platine à Fr. 5000.-
Caves Orsat SA, Martigny
Devillard Holding SA, Claude Devillard, Genève
Distillerie Morand, Martigny
Domaines Rouvinez SA, Martigny
Expositions Natural Le Coultre SA, Genève
Gras Savoye (Suisse) SA, Carouge
Jenkins Marie, Londres
Magnier John, Verbier
Maroger Marie-Bertrande et Jean-Michel, Chemin
Matériaux Plus SA, Martigny
Morand Louis et Mireille-Louise, Martigny
Musumeci SPA, Quart, Italie
Nestlé Waters (Suisse) SA, Henniez
Office du Tourisme, Martigny
SGA, Olivier Stüssi et Gaëlle Izzo, Sion
Sinergy Commerce SA, Martigny
Société de Développement, Martigny
Thea Pharma, Clermont-Ferrand, France
Thea Pharma, Schaffhausen
Vanommeslaghe Bernard, Rhode-St-Genèse, Belgique
Veuthey & Cie SA, Martigny
Wertheimer Gérard, Genève

Chapiteau d'or à Fr. 1000.-
Accès Job SA, Gérard Godel, Sion
Adatis SA, M. Palisse, Martigny
Agence Caecilia, Pedro Kranz, Genève
Agence immobilière Barras, Gaston F. Barras, Crans-Montana
Anonyme, Zürich
Anthamatten Meubles SA, Bernard Anthamatten, Vétroz
Ascenseurs Schindler SA, Lausanne, succursale de Sion
AXO SA, Henri Barone, Veyrier du Lac, France
Barat Didier, Martigny
Barents Maria et Jan, Verbier
Basler Versicherungs-Gesellschaft, Abt. Transportversicherung, Bâle
Baum Andreas, Tour-de-Peilz
Baum Andreas, Tour-de-Peilz
Bauknecht SA, appareils ménagers, Renens
Bemberg Jacques, Lausanne
de la Béraudière Pilar, Genève
Benedick Rolando, Bâle
Berger Peter, Pully
Berra Anne-Marie et Roland, Widen
Berra Bernard, Martigny
Berrut G. et J., Hôtel Bedford, Paris
Bétrisey Edouard, Martigny
Bich Sabine, Prangins
Bloemsma Marco P., Lausanne
Bodmer Henry C.M., Zollikerberg
Bonhôte Anne, Anières
Briner Janet et Robert, Conches

BSI SA, Lausanne, Genève
Buser Matériaux SA, Martigny
Café-Restaurant «Les Touristes», François et Christophe Chomel, Martigny
Cappi-Marcoz SA, agence en douane, Martigny
Cligman Léon, Paris
Commune de Bagnes, Le Châble
Commune de Finhaut
Conforti SA, Martigny
Constantin Jean-Claude, Martigny
Constantin Martial, Vernayaz
Corboud Gérard, Blonay
Couchepin Jean-Jules, Martigny
Cretton Marie-Rose et Georges-André, Martigny
Crittin Myriam et Pierre, Martigny
Cronos Finance SA, Lausanne
Cuendet J.-F., Pully
Debiopharm Research & Manufacturing SA, Martigny
Descartes Meubles SA, Saxon
Doyen François, Fully
Duay Sàrl, Martigny
Evian : Les Amis du Palais Lumière
Favre SA, transports internationaux, Martigny
Feldschlösschen Boissons AG, Viège
Fidag SA, fiduciaire, Martigny
Fiduciaire Bender SA, Martigny
Fischer Sonia, Thônex
Fondation du Grand-Théâtre de Genève, Guy Demole, Genève
Fournier Daniel, Martigny
Gagnebin Yvonne et Georges, Echandens
Gérald Besse SA, Martigny-Croix
Gétaz-Miauton SA, Vevey
Géza Anda-Stiftung, Zürich
Gianadda François, Martigny
Gianadda Mariella, Martigny
Givel Jean-Claude, Lonay
Gonnet Gela et Jean-Claude, Clarens
Grande Dixence SA, Sion
Grieu Maryvonne, Bussigny
Groupe Bernard Nicod, Lausanne
Guggenheim Josi, Zurich
Guggenheim Josi, Zurich
Hahnloser Bernhard et Mania, Berne
Hasenkamp Int. Transporte GmbH, Köln-Frechen, Allemagne
Hersaint Evangeline, Crans-Montana
Hersaint Françoise, Crans-Montana
Holcim Betondrance SA, Martigny
Huber & Torrent, David Torrent, Martigny
Ideal Fenêtre S.à r.l., Christophe Vuissoz, Sierre
Institut Florimont, Sean Power, Petit-Lancy
Jenny Klaus, Zürich
de Kalbermatten Bruno, Jouxtens-Mézery
Kuhn & Bülow, Versicherungsmakler, Zurich
Kuhn & Bülow, Versicherungsmakler, Zurich

Laboratoire Anesa SA, André Monnerat, Martigny
Lagonico Carmela, Cully
Lagonico Pierre, Cully
Lagonico Carmela et Pierre, pour Annette, Cully
Lambercy Jean-Luc, Martigny
La Poste Suisse, CarPostal Valais Romand Haut-Léman
Les Fils de Charles Favre SA, Sion
Les Fils de Charles Favre SA, Sion
Les Fils de Serge Moret S.A., Charrat
Lions Club Domodossola, Italie
Liuzzi Monique, Küsnacht
Lombard Odier Darier Hentsch & Cie, Genève
Lonfat Raymond et Amely, Sion
Losinger Marazzi SA, Bussigny
Maget Vincent, Martigny
Maillefer Michel, La Conversion
Mairie de Chamonix
Marchesseau Daniel, Paris
Martin Nicole, Lyon, France
Massimi-Darbellay Jacques et Lilette, Martigny
Mayer - Shoval, Genève
Michel Luyet et Fils SA, Martigny
Morand Mireille-Louise, Martigny
Moret Corinne et Xavier, Martigny
Municipalité de Salvan
Murisier-Joris Pierre-André, Martigny
Nestlé SA, Vevey
Neubourg Hélène, Pully
Odier Patrick, Lombard Odier & Cie, Genève
Oltramare Yves, Vandœuvres
Pahud-Montfort Jean-Jacques, Monthey
Papilloud Jean-Daniel, St-Séverin
Pot Philippe et Janine, Lausanne
Pour-Cent Culturel Migros
Pour-Cent Culturel Migros
Pour-Cent Culturel Migros
Pradervand Mooser Michèle, Chesières
Produit Michel, Martigny
Publicitas Valais
Raiffeisen Martigny et Région
Regent Appareils d'éclairage SA, Daniel Levy, Le Mont-sur-Lausanne
Restaurant «La Vache qui Vole», Maria et Fred Faibella, Martigny
Restaurant «Le Loup Blanc», Maria et Fred Faibella, Martigny
Restaurant «L'Olivier», Hôtel du Forum, Martigny
Rhôneole SA, Vernayaz
Rhôneole SA, Vernayaz
Rigips SA, Granges
Rizerie du Simplon Torrione & Cie S.A., Martigny
Robillot Bernadette, Paris
Roduit Bernard, Fully
Rossa Jean-Michel, Martigny

de Rothschild Philippine (Baronne), Paris
Rubinstein Daniel, Crans-Montana
Safra Joseph, Crans-Montana
Salamin Electricité, Martigny
Sanval SA, Jean-Pierre Bringhen, Martigny
Saudan les Boutiques, Martigny
Seiler Hotels Zermatt AG, Christian Seiler, Zermatt
Seydoux Thomas, Genève
Steak House, Fabrice Grognuz, Martigny
Téléverbier SA, Verbier
Theytaz Jean, Vevey
Thierry Solange, Bruxelles
TSM Compagnie d'Assurances, Sandrine Aresky, La Chaux-de-Fond
Touring Info Service SA, Genève
UBS SA, Christine Epiney, Martigny
Ulivi Construction Sàrl, Alain Ulivi, Martigny
Vannay Stéphane, Martigny
Vocat Olivier, Martigny
Walo Bertschinger SA, Sion
de Weck Jean-Baptiste, Pierrafortscha
Wehrli Dorothea, Villars-sur-Glâne
XL Services Switzerland Ldt, Zürich
Zermatten Doris et Gil, Martigny
Zurcher Jean-Marc, Martigny
Zurcher-Michellod Madeleine et Jean-Marc, Martigny

Stèle d'argent à Fr. 500.-
Accoyer Bernard, Président de l'Assemblée Nationale, Veyrier-du-Lac, France
ACS Voyages - Automobile Club Suisse, Sion
Adank Marie-Loyse, Neuchâtel
Ambassade de la Principauté de Monaco, Berne
Amon Claudie, Lausanne
Anonyme, Blonay
Antinori Ilaria, Bluche-Randogne
Arcusi Jacques, Vacqueyras, France
Art Edition R. + E. Reiter, Hinwil
Association du Personnel Enseignant Primaire et Enfantine de Martigny (APEM)
Bachmann Roger, Cheseaux-Noréaz
Balet Chantal, Sion
Bar tea-room La Libellule, Emmanuelle et Claude Risch, Martigny
Basin Catherine, Paris
Batiman Sàrl, Gérard Godel, Martigny
Baudry Gérard, Grand-Lancy
Belloni Valérie, Avully
Bender Emmanuel, Martigny
Berg-Andersen Bente et Per, Crans
Bestazzoni Umberto, Martigny
Beyersdorf Doris, Genève
Bolomey Marianne, La Tour-de-Peilz
Bory Gérald et Caroline, Nyon
Bossy Jacqueline, Sion
Bourban Narcisse, Haute-Nendaz
Bourban Pierre-Olivier, Haute-Nendaz
Bourgeoisie de Martigny
Braunschweig Georges-Alfred, Genève
Brechtbühl - Vannotti Maria-Nilla, Bedigliora
Bruchez Jean-Louis, Martigny
Bruellan SA, Jean-François Beth, Verbier
Brun Jean-François, Riddes
Brunner Vreny, Caux
Buhler-Zurcher Dominique et Jean-Pierre, Martigny
Buzzi Aleardo, Monaco
Cabinet dentaire Penon & Collaborateurs SA, Sion
Café Moccador SA, Martigny
Café-Restaurant Le Rustique, Emmanuelle et Claude Risch, Martigny
Casella Gérard, Celigny
Cassaz Béatrice et Georges, Martigny
Cave Gérard Raymond, Saillon
Cavé Jacques, Martigny
Centre d'Imagerie, Tino Tancredi, Martigny
Cert SA, Martigny
Charton-Furer Joelle et Thierry, Venthône
Chaudet Marianne, Chexbres
Chavaz Denis, Sion
Chevron Jean-Jacques, Bogis-Bossey
Choquard Philippe et Nicole, Pully
Christen Catherine, La Conversion
Claivaz Willy, Haute-Nendaz
Cohen Luciano Pietro, Genève
Collombin Gabriel, Les Granges
Commune de Randogne, Crans-Montana
Compagnies de Chemins de Fer, Martigny-Châtelard, Martigny-Orsières
Conforti Monique, Martigny
Couchepin Denise, Lausanne
Créa'Chapes, Christian Dorsaz, St-Maurice
Crêperie La Romaine, Emmanuelle et Claude Risch, Martigny
Crommelynck Landa et Berbig Carine, Paris
Cronos Finance SA, Sergio Diaz, Monthey
Crot Aurore, Vullierens
Culturefood, Vevey
CVS Confort & Cie S.A., Martigny
Darbellay Michel et Caty, Martigny
Debons Armand, Martigny
Debons Pierre-Alain, Sion
Deiss Elisabeth, Fribourg
Deiss Joseph, Fribourg
Delaloye Gaby & Fils SA, Ardon
Del Don Gemma, Gorduno (Tessin)
Del West Europe SA, Roche
De Pierre Gilbert, Ried-Brig
Desmond Corcoran, Londres
Dubois Maurice, Villars-sur-Ollon
Ducrey Guy, Martigny
Ducrot Michel, Martigny
Dumollard Danièle, Gex, France
Dundas Mariana, La Croix
Dutoit Michel, Ovronnaz
Entreprise Dénériaz SA, génie civil, béton armé, charpentes, Sion
Etude Bernasconi & Terrier, Vincent Bernasconi, Genève
Fardel Gabriel, Martigny
Farine Françoise, Thônex
Farnier Jean-Pierre, Crans-Montana
Feux d'artifice UNIC SA, Patrick Gonnin, Romans sur Isère cedex, France
Fiduciaire Duc-Sarrasin & Cie SA, Martigny
Fiduciaire Yearling Company SA, Joël Le Rouge, Bulle
Fischer Edouard-Henri, Rolle
Fischer Pierre-Edouard, Prangins
Fleury Gabriel, Granges
Flipo Jérôme, Tourcoing, France
Fondation du Grand-Théâtre de Genève, Guy Demole, Genève
Gailland Monique et Paul, Montagnier
Georg Waechter Memorial Foundation, Genève
Gianadda Gilberte, Martigny
Giroud Frédéric, Martigny
Giroud Lucienne, Martigny
Givel Fuchs Anne-Claire, Morges
Goldschmidt Léo et Anne-Marie, Val-d'Illiez
Goyet Sylvie, Martigny
Graf William, Zermatt
Grand Chantal, Vernayaz
Grand Emmanuel, Martigny
Grandguillaume Pierre et Cécile, Grandson
Gretillat Monique, Neuchâtel
Grimbert Françoise, Crans-Montana
Guérini Pierre et Nicole, Bernex
Guex-Mencia Carmen, Martigny
Gunzinger Annamaria, Binningen
H. Buchard SA, Martigny
Heine Holger, Oberwil
Helvetia Assurances, Jean-Maurice Favre, Sion
H. J., Verbier
Hoebreck Liliane et Jean-Paul, Montreux
Hoirie Edouard Vallet, Confignon
Hoirie Jean-Michel Pache, Vernayaz
Hoog-Fortis Janine, Thônex
Hopkins Waring, Paris
Hôtel-Club Sunways, Stéphanie et Laurent Lesdos, Champex
Hôtel du Vieux Stand, Martigny
Howald Pierre, Prilly
IDIAP, Institut de recherche, Martigny
Inoxa Perolo et Cie, Conthey
Interart SA, Charlotte Mailler, Genève
Interarts Lausanne SA, Jean-Luc Larguier, Lausanne

IRS – Institut de Radiologie, Dominique Fournier, Sion
Jacquemin Jean-Paul, Martigny
Jacquérioz Alexis, Martigny
Jaques Paul-André et Madeleine, Haute-Nendaz
Jaquet Albert, St-Légier – La Chiésaz
Jarrett Stéphanie, Mont-sur-Rolle
Jucker Christine et Thomas, Leuk Stadt
Kaempfer Belinda et Steven, Crans-sur-Sierre
de Kalbermatten Isabelle, Salvan
Kaufman Karen, Annecy, France
Kearney-Stevens Kevin et Shirley, Bâle
Kessler Didier, La Rippe
de Kettenis Jacqueline et Jean, Bruxelles, Belgique
Köhli Josette, Grand-Saconnex
Läderach-Weber Danielle, Saint-Maurice
Lagger Elisabeth, Sion
Les Fils de Charles Favre SA, Sion
Leuzinger Claudia et Patrick, Thônex
Levy Evelyn, Jouxtens-Mézery
Lions Club de Domodossola, Italie
Lorenz Claudine et Musso Florian, Sion
Lüscher Monique, Clarens
Lux Frédéric, Genève
Luy Hannelore, Martigny
Maillard Alain, Lausanne
Malard Brigitte et Raoul, Fully
Malingue SA, Daniel Malingue, Paris
Marcie-Rivière Jean-Pierre, Paris
Martinetti Raphy et Madeleine, Martigny
Mattioli Laura, Martigny
Maus Bertrand, Bellevue-Genève
May-Canellas Marie-Chantal, Montagnier
Meierhofer Françoise, Mellingen
MG Finances SA ; Lausanne
Micarana SA, Courtepin
Michellod Gilbert, Monthey
Michellod Lise et Jean-François, Verbier
Möbel-Transport AG, Zürich
Monney-Campeanu Gilbert et May, Vétroz
Morard Jacques, Fribourg
Moret Frères SA, Frédéric Moret, Martigny
Motel des Sports, Jean-Marc Habersaat, Martigny
Nelissen Grade Yves, Verbier
Noetzli Rodolphe, Payerne
Nordmann Serge et Annick, Vésenaz
Nydegger Simone-Hélène, Lausanne
Oesch Christine et Kurt, Lausanne
Orsinger Yves, Martigny
Pain Josiane et Alfred, Londres
Parvex Claude, Chermignon
Paternot-Lindgren Monica, Lausanne
Peyraud Carmen et Roger, Genève
Pfister Paul, Bülach
Piasenta Michelle et Pierre-Angel, Martigny
Pignolo-Engel René et Käthi, Berne
Piota SA, combustibles, Martigny
Pomari Alessandra, Minusio (Tessin)
Pouget Romaine, Martigny
Pradervand Daniel, Martigny
Primatrust SA, Philippe Reiser, Genève
Probst Elena, Zurich
Proz Liliane et Marcel, Sion
Putallaz Mizette, Martigny
Rabaey Gérard, Blonay
Ramoni Raymond, Cossonay
Restaurant «Le Bourg-Ville», Claudia et Ludovic Tornare-Schmucki, Martigny
Restaurant «Le Catogne», Sylviane Favez, Orsières
Restaurant «Lion d'Or», Gennaro et Tonino La Corte, Martigny
Restaurant « Sur-le-Scex », Marie-France Gallay, Martigny-Combe
Restorex Cuisine Professionnelles SA, Conthey
Rhône-Color SA, Sion
Ribet André, Verbier
Ribordy Guido, Martigny
Riesco José, Martigny-Bourg
Righini Charles et Robert, Martigny
Roccabois SA, Pierre-Maurice Roccaro, Charrat
Roduit Bernard, Fully
Roggli Helga et Georges, Brent
Romerio Arnaldo, Verbier
Rossati Ernesto et Eva, Verbier
de Roten Pierre-Christian, Sion
Rouiller Mathieu, Martigny
Roux Roland, Pully
Rudaz-Rudaz Architectes, Sion
de Ruiter Ruud, Euseigne
Ryter Françoise et Henry, Blonay
Schober Bruno, Ascona
Seppey Narcisse, Hérémence
Séris Geneviève et Jean-François, Ayse, France
Siegert Fabien, Yverdon
S. I. P. Sécurité SA, Vernayaz
Société des Cafetiers de la Ville de Martigny
Société des Vieux-Stelliens, Pierre Maurer, Lutry
SOS Surveillance, Glassey SA, Martigny
Spaethe Liliane et Dieter, Creux-de-Genthod
Sprung Eliane et Ascher, Crans-Montana
Stefanini Giuliana et Giorgio, Wilen b. Wollerau
Stettler Martine, Chemin
Stucky de Quay Jacqueline, Verbier
Tadros Michel-Charles, Ottawa, Canada
Taugwalder Elisabeth, Sion
Taverne de la Tour, Martigny
TCM Accessoires S.à r.l., Adriana Cavada, Martigny
Thétaz Anne-Marie et Pierre-Marie, Orsières
Thompson Gerry et Ken, Martigny
Tissières Chantal et Pascal, Martigny
Topi SA – Immobilier, Manfred Küng, Ovronnaz
de Traz Cécile, Martigny
Trèves Catherine, Paris
Trèves Martine, Coppet
Tschopp-Hahnloser Sabine et Andreas, Spiegel
Valloton Henri, Fully
Valmaggia Rose-May et François, Sierre
Vêtement Monsieur, Martigny
Visentini Nato et Angelo, Martigny
Vocat Colette, Martigny
Vouga Anne-Françoise, Cormondrèche
Vouilloz Liliane et Raymond, Fully
Vouilloz-Couchepin Anne-Laure et Gonzague, Martigny
Wacyba Ltd, Blaise Yerly, Bulle
Wartmann Karl, Thônex
Weil Suzanne, Crans-Montana
Zambaz Jan, Morat
Zurcher Jean-Marie et Danièle, Martigny
Zurich Assurances, Sébastien Rhoner, Conthey
Zwahlen & Mayr SA, Aigle

Colonne de bronze à Fr. 250.-
AAGS At All Global Services SA, Martigny
Abrifeu SA, Anne-Brigitte Balet Nicolas, Riddes
Adam-Von der Gathen Claudia, Sion
Adler Antoine, Chesières
Adler Nevenka, Belmont-sur-Lausanne
Aebi Jean-Marc, Savigny
Aebischer Anne-Marie, Fontain, France
Aedo Helena, Nyon
Aepli & Fils SA, François Aepli, Dorénaz
Aghroum Christian, St-Suplice
Agid Michèle, Nice, France
Air-Glaciers SA, transports aériens, Sion
Airnace SA, Francis Richard, Evionnaz
Albertini Sylvette, Verbier
Alksnis Karlis, Rolle
Allisson Jean-Jacques, Yverdon-les-Bains
Alméras Jean, St-Prex
Al-Rahal Angela, Genève
Alter Max, Bovernier
Amalric Roberte, Aubonne
Ambrosetti Molinari, Mme et M., Savone, Italie
Amedeo Giovanna, Luxembourg
Amherd Jean, Chambost-Longessaigne, France
Andenmatten Arthur, Genève
Andenmatten Roland, Martigny
Anderson Jacqueline, Genève
Anderssen Pal, Martigny
Andrey Olivier, Fribourg
Andrivet Jacqueline et Jean-Pierre, Draillant, France

Anonyme, Barcelone, Espagne
Anonyme, Genthod
Anonyme, Lausanne
Anonyme, Lausanne
Anonyme, Verbier
Antonioli Claude-A., Vandoeuvres
Apelbaum Alexandre, Crans-Montana
Archpark AG, Berto Haenni, Leuk-Satdt
d'Arcis Yves, Pomy
Arcora Gestion SA, Orel Kalomeni, Genève
Arlettaz Albert, Fribourg
Arlettaz Daniel, Martigny
Arnaud Claude, Pully
Arnodin Martine et Antoine, Montrouge, France
Arnold Annika, Gilly
Arnold René-Pierre, Lully
Assémat-Tessandier Diane, Verbier
Association Doxilog, Vevey
Association Musique et Vin, Jacques Mayencourt, Chamoson
Atelier d'Architecture, John Chabbey, Martigny
Atelier Palette Albertvilloise, Albertville
Aubailly André, Orléans, France
Aubaret-Schumacher Charlotte, Genève
Aullen Monique, Saillon
Ausländer Alexandra, Lausanne
Auto-Electricité, Missiliez SA, Monthey
Avilor S.à r.l., Benoît Henriet, Schiltigheim, France
Axim'Arts, Christian Le Mouëllic, Longefoy sur Aime, France
Bachmann Jean-Pierre, Réchy
Badoux Jean-René, Martigny
Baggaley Rachel, Les Marécottes
Bagnoud Dominique et Jean-Richard, Chermignon
Bagnoud Mirella et Robert, Icogne
Bagutti Sport Sàrl, Isabelle Bagutti, Martigny
Balma Fabienne, Crans-Montana
Balma Guillaume, Crans-Montana
Balma Manuela et Marc-Henri, Chancey, France
Bamberger Béatrice, Neuchâtel
Bandelier Denis, Vésenaz
Banque Internationale à Luxembourg (Suisse) SA, Genève
Barbey Daniel, Genève
Barbey Marlyse et Roger, Corsier
Bariseau Léa et Thierry, Lens
Baroffio Marceline et Pierre, Renens
Barras Renée, Crans-Montana
Barreau Namhee, Blonay
Barriera Lydie, Ravoire
Barth-Maus Martine, Genève
Bartoli Anne Marie, Evian-les-Bains, France
Baruh Micheline, Chêne-Bougeries

Baseggio Olivier, Saint-Maurice
Batruch Christine, Veyrier
Baud Bernard, Haute-Nendaz
Baud Marie-Pierre, Haute-Nendaz
Baudoux Pascal, Lutry
Bauer-Pellouchoud Marie-José, Martigny
Baumgartner Jacqueline et Edouard, Pully
Baumgartner Véronika, Ittigen
Baur Martine et François, Rillieux, France
Beaudiez Alain, Bougival, France
Beaumont Hélène, Carpentras, France
Bédard Nicole et Robert, Genève
Bedoret Edith, Crans-Montana
Beer Elisabeth et Heinz, Solothurn
Béguin Frédérique, Genève
Beiger Xavier, Martigny
Belgrand Jacques, Belmont
Bellicoso Oxana et Antonio, Martigny-Croix
Bellon Françoise, Taninges, France
Bellot Michel, Prangins
Belvedere Gesualdo, Anncey, France
Bender Yvon, Martigny
Beney Jean-Michel, Venthône
Benoit Lisette, Croy
Berdoz Gérald, Bex
Berg Peter Torsten, Grande-Bretagne
Berger Henri, Saint-Briac, France
Berguerand Anne, Martigny
Berguerand Marc, Nyon
Berkovits Maria et Joost, Hoofddorp, Pays-Bas
Berlie Jacques, Miex
Bernard Sophie et Jacques, Sion
Bernasconi Giancarlo, Massagno
Bernasconi Sylvie, Troinex
Bernheim Geneviève, Chesières
Berrut Jacques, Monthey
Berthon Emile, Grilly, France
Bertrand Catherine, Genève
Besse Jean-Marc, St-Maurice
Bessèche Alain, Echichens
Besson Immobilier, Verbier
Besson Mireille et Pascal, Pully
Bessot Françoise, Franois, France
Bestenheider Eliane, Crans-Montana
Betschart Auguste, Levron
Biaggi André, Martigny
Bichet Serge, Genève
Bijouterie Zbinden, Michelle Zbinden, Genève
Bircher Carole, Verbier
Birkigt Françoise, Vouzon, France
Bise Krystin, Clarens
Bitschnau Veltman Ruth Maria, Chandonne
Black Findlay, Verbier
Blanc Jacky, Monthey
Blanc-Benon Jean, Lyon, France
Blanchoud Scarlet et Pierre, Lutry
Blaser Heinz Paul, Sion

Bloechliger-Gray Sally et Antoine, Jongny
Boada José, Genthod
Bochatay André, Lausanne
Bochatay Georgette, Martigny
Boiseaux Christian, Challes les Eaux, France
Boismorand Pascale et Pierre, Martigny
Boissier Marie-Françoise, Verbier
Boissonnas Jacques et Sonia, Thônex
Bollin Catherine et Daniel, Fully
Bollmann Jürg, Villars-sur-Glâne
Bolze Maurice, St-Peray, France
Bonhomme Brigitte, Grenoble, France
Bonvin Antiquités, Nicolas Barras, Sion
Bonvin Gérard, Crans-Montana
Bonvin Louis, Crans-Montana
Bonvin Roger, Martigny
Bonvin Rosemary, Monthey
Bonvin Venance, Lens
Bordier Isabelle, Bourg-Saint-Pierre
Borgeat Françoise, Crans-Montana
Borrini Colette, Bâle
Bossel-Paccolat Marie-Noëlle et Gilbert, Villars-sur-Glâne
Bottaro Françoise, Martigny
Boucheron Alain, Zermatt
Boulangerie Michellod SA, Verbier
Bourgoin Micheline, Orléans, France
Bouthéon Pascale, Vernier
Boutique Carré Blanc, Madeleine Lambert, Martigny
Brand-Flu Helen Cecilia, Martigny
Bregy Daniel T., Gampel
Bretz Carlo et Roberta, Martigny
Briat Nathalie et Sébastien, Champex-Lac
Brichard Jean-Michel, Bar-Le-Duc, France
Bridel Frank, Blonay
Briguet Florian, Saillon
Brodbeck Pierre, Fenalet-sur-Bex
Brossy Claude, Echandens
Brouwer Liesbeth et Willy, Ecublens
Bruchez Martha et Jean-Pierre, Martigny
Bruchez Pierre-Yves, Martigny
Bruellan SA, Crans-Montana
de Bruijn Louise et Bernard, Hérémence
Brun Francis, Lyon, France
Brun-Ney Jacqueline et Philippe, Vienne, France
Brunel Nathalie, Lausanne
Brünisholz-Moyal Lynda, Champéry
Brunner Anne-Lise, Belmont-sur-Lausanne
Buchs Jean-Gérard, Haute-Nendaz
Buchser Pascal, Tolochenaz
Buchser-Theler Agnès et Hans-K., Ausserberg
Bugnon Alain, Pully
Bugnon Noëlle, Thun
Bullman Anthony, Verbier
de Buman Jean-Luc et Marie-Danièle, Cully
Bureau Technique Hugo Zanfagna, Martigny

Buriat Jean-Louis, Paris
Burri-Dumrauf Irma, Croix-de-Rozon
Buser Niklaus et Michelle, Le Bry
Buthey Pascal, Arbaz
Buyle Stéphan, Bruxelles
Caar Group SA, Pierre-Yves Meinen, Crans-Montana
Café de la Poste, Patrick Simon, Lutry
Café-Restaurant de Plan-Cerisier, Martigny-Croix
Café-Restaurant Relais des Neiges, Anne-Marie Blanchard, Verbier
Caillat Béatrice, Corsier Port
Caille Suzanne, Prangins
Calderari Alberto, Ecublens
Caloz Varone Chantal, Sion
Calvez Philippe, Plogastel Saint-Germain, France
Campanini Claude, La Chaux-de-Fonds
Campion Patricia et Jean-Claude, Savièse
Cand Jean-François, Yverdon-les-Bains
Candaux Rosemary, Grandson
Cardana Cristiano, Verbania-Pallanza, Italie
Carenini Plinio, Bellinzone
Carpentier Avocats, Jean-Philippe Carpentier, Paris
Carron Annie et Michel, Riddes
Carron Josiane, Fully
Carrupt Roland, Martigny
Cartier Jacqueline, Genève
Cartier Marie-Anne et Jean, Crans-Montana
Castella Eliette, Saint-Pierre-de-Clages
Castelnau Anne et Jean-Louis, Neuilly-sur-Seine, France
Cavallero Yolande, Choulex
Cavalli Fausta, Verscio
Cavé Olivier et Aris d'Ambrogio, Moutier
Cave de Bovanche, Anne et Pierre-Gérard Jacquier-Delaloye, Savièse
Caveau des Ursulines, Gérard Dorsaz, Martigny-Bourg
Caveau du Moulin Semblanet, Marie-Claire Merola, Martigny
Cavin Micheline et Albert, Martigny
de Cazes Colette, Anzère
CDM Hôtels et Restaurants SA, Lausanne
Ceffa-Payne Gilbert, Veyrier
Celaia Serge, Martigny
Cellier du Manoir, vinothèque, Martigny
Centre Audio-Vocal, Quiberon, France
Centre culturel du Hameau, Verbier
Chable Daniel et Laurence, Monthey
Chalier Jean-Pierre, Genève
Chalvignac Philippe, Paris
Chanton Bruno et Wyss Emilia, Stans
Chapon Jean, Triors, France
Chappaz Renée, Martigny

Chappuis Robert, Givisiez
Charalabidis Catherine et Kosta, Bry-sur-Marne, France
Charpentier Laurent, Annecy, France
Chassot Canisia, Ollon
Chatillon Françoise, Laconnex
Chaussures Alpina SA, Danielle Henriot, Martigny
Chaussures Cretton, Elena Mauri, Martigny
Chavan Bernadette et Jean-François, Villeneuve
Cherpitel Nicole et Didier, Crans
Chevalier Bernadette, Genève
Chevalley Michel, Châtel-St-Denis
Chevrier Emmanuel, Sion
Cirilli Gianantonio, Les Carroz d'Arâches, France
Citroen Olga, Villars-sur-Ollon
Clair M.-Charlotte, Paris
Claude Philippe, Villars-sur-Ollon
Clausen Rose-Marie, Savièse
Clerc Jean-Michel, Fully
de Clerck Christine, Crans-Montana
Clivaz Marlyse, Chermignon
Clivaz Paul-Albert, Crans-Montana
Cloché Christian, Genève
Closuit Léonard, Martigny
Closuit Marie-Paule, Martigny
Cohen-Boulakia Alain, Montpellier, France
Collège de Bagnes, Le Châble
Colomb Geneviève et Gérard, Bex
Commune de Martigny-Combe
Commune de Savièse
Commune de Vouvry
Comte Genevieve et Hervé, Pharmacie de la Gare, Martigny
Comte Philippe, Genève
Comutic SA, Martigny
Constantin Mariana, Lausanne
Coppey Charles-Albert et Christian, Martigny
Copt Marius-Pascal, Martigny
Copt Simone, Martigny
Corbaz Yvonne, Montreux
Corm Serge, Rolle
Cottet Nicole, Villarvolard
Couchepin François, Lausanne
Couchepin-Raggenbass Florence et René, Martigny
Courtière Sophie, Arbaz
Cowie Peter et Françoise, Chailly-Montreux
Crans-Montana Tourisme, Bruno Huggler, Crans-Montana
Crausaz Auguste, Ollon
Cravino Luigi, Frassinello, Italie
Crettaz Arsène, Martigny
Crettaz Fernand, Martigny
Crettaz Monique, Conthey
Crettaz Pierre-André, Diolly

Crettenand Dominique, Riddes
Crettenand Narcisse, Isérables
Crettenand Simon, Riddes
Crettex Bernard, Martigny
Crot Eric, Yverdon-les-Bains
Cuennet Marina, Pailly
Cusani Josy, Martigny
Cuypers Marc, Martigny
D. G., Neuilly-sur-Seine, France
Dallenbach Monique et Reynald, Chemin
Dallèves Anaïs, Salins
Dapples-Chable Françoise, Verbier
Darbellay architectes, Martigny
Darbellay Barbara et Laurent, Lausanne
Darbellay Carrosserie - Camping Car Valais SA, Martigny
Darbellay Gilbert, Martigny
Darbellay Marie-Laurence, Liddes
Darbellay Paule, Martigny
Darbellay Philippe, Martigny
Darbellay-Rebord Béatrice et Willy, Martigny
Davoine Christine et Didier, Verbier
Dayde Latham Béatrix, Lausanne
Dean John, Verbier
Decrausaz Olivier, Rossens
Defago Daniel, Veyras
Deillon Marchand Monique, Onex
Delafontaine Jacques, Chardonne
Delaloye Eric, Sion
Delaloye Lise, Ardon
Delamuraz-Reymond Catherine, Lausanne
Délèze Marie-Marguerite, Sion
Della Torre Carla, Mendrisio
Deller Maurice, Mollie-Margot
Delli Zotti Marie-Louise, Lausanne
Dély Isabelle et Olivier, Martigny
Depta Gladys et Paul, Fully
Derron Bernard, Môtier-Vully
Deruaz Anne, Vésenaz
Dewavrin François, Crans-Montana
Diacon Philippe, La Tour-de-Peilz
Diethelm Roger, Saxon
Dini Liliane, Savièse
Dirac Georges-Albert, Martigny
Ditesheim & Maffei Fine Art, François Ditesheim, Neuchâtel
Dolmazon Jean, St-Etienne, France
Donette Levillayer Monique, Orléans, France
Dormann Ronald, Savigny
Dorsaz François, Martigny
Dorsaz Léonard, Fully
Dos Santos Amandio, Evionnaz
Dovat Viviane, Cointrin
Doyen Madeleine, Monthey
Dreyfus Pierre et Marie-Christine Burrus, Bâle
Driancourt Catherine, Hermance
Droguerie-Herboristerie L'Alchimiste, Martigny
Droz Marthe, Sion

Duboule Pierrette, Martigny
Duboule-Claivaz Stéphanie, Martigny
Duche Bernard, Clichy-sous-Bois, France
Duclos Anne et Michel, Chambésy
Ducreux Marie et Philippe, Evian-Les-Bains, France
Ducrey Jacques, Martigny
Ducrey Nicolas, Sion
Ducrey Olivier, Pully
Ducry Alexandre et Ott Alexandra, Martigny
Ducry Danièle et Hubert, Martigny
Duperrier Philippe F., Aire-la-Ville
Duplirex, L'Espace Bureautique SA, Martigny
Dupont Jean-Marc, Saxon
Dupret Yolande, Préverenges
Dupuis Claudine, Lausanne
Durand-Ruel Denyse, Rueil Malmaison, France
Durandin Marie-Gabrielle, Monthey
Duriaux André, Genève
Dussex-Chabbey Maria, Ayent
Dutoit Bernard, Lausanne
Echaudemaison Max, Maisons-Alfort, France
Ehrbar Ernest, Lausanne
Ehrensperger André, Martigny
Electricité d'Emosson SA, Martigny
Emery Marie-Thérèse, Martigny
Emonet Marie-Paule, Martigny
Emonet Philippe, Martigny
Erba Catherine et Rémy, Saignelégier
Etoile Immobilier, Danni Hammer, Verbier
Etude d'avocats MCE, Colette Lasserre Rouiller, Lausanne
Faessler Georges, Pully
Falaise Patrick, Domancy, France
Falbriard Jean-Guy, Champéry
Faller Bernard, Colmar, France
Fallou Pierre-Marie, Artenay, France
Famé Charles, Corseaux
Fanelli Serge, Martigny
Fardel Jacqueline, Clarens
Fauquex Arlette, Coppet
Faure Isabelle, Minusio
Favorol SA, Stores, Savièse
Favre Jacqueline et Marius, Anières
Favre Marie-Thé et Henri, Auvernier
Favre Murielle, Commugny
Favre Myriam, Genève
Favre Olivier, Bex
Favre Roland R., Stallikon
Favre Thierry, Martigny
Favre-Crettaz Luciana, Riddes
Favre-Emonet Michelle, Sion
Febex SA, Bex
Fédération des Entreprises Romandes Valais, Sion
Feiereisen Josette, Martigny
Felberbaum Florence et Claude, La Tzoumaz
Fellay Alain, Nendaz
Fellay Françoise, Martigny
Fellay Tina, Martigny
Fellay-Pellouchoud Michèle, Martigny
Fellay-Sports, Monique Fellay, Verbier
Ferrari Paolo, Brusino-Arsizio
Ferrari Pierre, Grandvaux
Feurer Gabrielle, Cologny
Fidaval SA, Jean-Michel Coupy, Sierre
Fiduciaire Jean Philippoz SA, Leytron
Fiduciaire Nofival SA, Martigny
Fiduciaire Rhodannienne SA, Sion
Fillet Jean, pasteur, Thônex
Filliez Bernard, Martigny
Finasma SA, Bernard Verbaet, Cologny
Firmann Denise, Crans-Montana
Fischer Christiane et Jan, Zollikon
Fischer Hans-Jürgen, Delémont
Fivaz Dominique, Lausanne
Fixap SA, entretien d'immeubles, Monthey
Floris Michel, Tournai, Belgique
Foire du Valais, Martigny
Forclaz Claude, Veyras
Forestier Stéphane, Auvernier
Fortini Christiane, Villars-sur-Ollon
Fortunato Francine et Christian, Chamby
Fournier Jean-Marie, Martigny
Frachebourg Jean-Louis, Sion
Franc Robert, Martigny
Franc-Rosenttal Eve, Martigny
Francey Mireille, Grandson
François Madelyne, Lyon, France
Franzetti Fabrice, Martigny
Franzetti Joseph, Martigny
Franzetti Pierre-Yves, Ayent
Franzetti-Bollin Elisabeth, Martigny
Frass Antoine, Sion
Frehner & Fils SA, Martigny
Frey Hedwig, Estavayer-le-Gibloux
Friedli Anne et Catherine Koeppel, Fully
Frigerio-Merenda Silvia, Cadro
Friggieri Gabriel, Martigny
Froidevaux Nadja, Genève
Frossard Dominique, Le Mont-sur-Lausanne
Frykman Anne, Anzère
Fumex Bernard, Evian, France
Gagneux Eliane, Bâle
Gaillard Benoît, Martigny
Gaillard Fabienne et Yves, Martigny
Gaillard Jean-Christophe, Martigny
Gaillard Philippe, Martigny
Gaillard-Ceravolo Anne-Marie et Jean-Pierre Vandevoorde, Genève
Galerie du Bourg, Jean-Michel Guex, Martigny
Galerie Larock-Granoff, Marc Larock, Paris
Galerie Mareterra Artes, Eeklo, Belgique
Galerie Patrick Cramer, Genève
Galland Christiane, Romainmôtier
Galletti Jacques et Yvette, Martigny
Garage Auto Bob, Philippe Buthey, Martigny
Garage Check-point, Martigny
Garage Kaspar SA, Philippe Bender, Martigny
Garage Olympic, Paul Antille, Martigny
Gardaz Jacques, Chatel-Saint-Denis
Garnier Serge, Martigny
Gasser Marianne, Vouvry
Gault John, Orsières
Gautier Jacques, Genève
Gay Dave, Bovernier
Gay Marie-Françoise et Alain, Fully
Gay-Balmaz Nicole, Martigny
Gay-Crosier François, Verbier
Gay-Crosier Philippe, Ravoire
Gay des Combes Fabienne Marie, Martigny
Gebhard Charles, Küsnacht
Geissbuhler Frédéric, Auvernier
Gemünd Danièle, Castelveccana/Varese, Italie
Genetti SA, Riddes
Genoud Marie-Thérèse, Martigny
Genton Etienne, Monthey
Georges André, Chêne-Bougeries
Georges-Picot Béartice Gilonne, Paris
Gérance Service SA, Villars-sur-Ollon
Gerber René, Bâle
Gertsch Jean-Claude, Neuchâtel
Gexist, Daniel Gex, Martigny
Gharzaryan Anzhela, Lausanne
Gianadda Laurent, Martigny
Gilgen Door Systems, Sion
Gilliard Jeannine, Saint-Sulpice
Gilliéron Maurice, Aigle
Gilliéron Michel, Corcelles
Giovanola Denise et Alain, Martigny
Girod Dominique, Genève
Giroud Marie-Louise, Chamoson
Glauser Pierre-André, Crosier-sur-Vevey
Glauser-Beaulien Eudoxia et Pierre, Neuchâtel
Golay François, La Tour-de-Peilz
Golaz Edmond, Genève
Goldstein A. et S., Sion
Gonvers Serge, Vétroz
Gonzalez-Quevedo Francisco Adrian, Vevey
Gorgemans André, Verbier
Goury du Roslan Célian, Mies
Grandchamp Claude, Martigny
Grange Danielle, Fully
Grasso Carlo, Peintre, Calizzano, Italie
Gredig Rosemarie, Verbier
Gretsch Catherine, Prilly
Grisoni Michel, Vevey
Groppi J.P. Mario, Veyras
Gross Philippe, Gland
Gschwend Beata, St-Gall
Gudefin Philippe, Verbier
Guédon François, Fiduciaire et Gérance SA, Lausanne

Guelat Laurent, Fully
Guex-Crosier Jean-Pierre, Martigny
Guigoz Françoise, Sion
de Guillebon Lorraine et Marc, Crans-Montana
Guinnard Fabienne, Martigny
Guittard Sylviane, Dommartin, France
Gurtner Gisèle, Chamby
Gutowski-Zumofen Danièle, Vionnaz
Guyaz Claudine-Isabelle et Heinz Laubscher, Lausanne
Guyaz Lisette, Penthalaz
Haenggi Werner, Sion
Haenni Frederic, Genève
Haldimann Blaise, Sierre
Halle Maria et Mark, Givrins
de Haller Emmanuel B., Neftenbach
Hanier Monique et Bernard, Crans-Montana
Hannart Emmanuel et Marie, Lutry
Harsch Henri HH SA, Carouge-Genève
Hatt Benjamin, Gland
Haxhiu Laureta, Bienne
Held Michèle et Roland, La Tour-de-Peilz
Helfenberger Monique, Crans-sur-Sierre
Henchoz Michel, Aïre
Henry Gabrielle, Lausanne
Héritier & Cie, bâtiments et travaux publics, Sion
Héritier Françoise et Michel, Martigny
Héritier Michel, Savièse
Hermann Roger, Mont-sur-Rolle
Herrli-Bener Walter, Arlesheim
Hintermeister James, Lutry
Hirt Sylvana, Bernex
Hochuli Sylvia, Chêne-Bougeries
Hoffstetter Maurice, Blonay
Holdenried Immobiliare, Christian Holdenried, Ascona
Hôtel du Rhône, Otto Kuonen, Martigny
Hôtel Masson, Anne-Marie Sévegrand, Veytaux-Montreux
Hôtel Mont-Rouge, Jean-Jacques Lathion, Haute-Nendaz
Hottelier Denis, Martigny
Hottelier Jacqueline, Plan-les-Ouates
Hottelier Patricia et Michel, Genève
Houdard Henri, Nice, France
Huber André, Martigny
Huber Théo, Petit-Lancy
Hubert Patrick, Pully
Hugon Michaël, Martigny
Huguenin Rose-Marie, Neuchâtel
Huguenin Suzanne, St-Légier-La-Chiésaz
Hunziker Ruth, Veyrier
Hurni Bettina S., Genève
Iller Rolf, Haute-Nendaz
Imhof Anton, La Tour-de-Peilz
Imhof Charlotte, Corcelles
Implenia Suisse SA, Martigny

Impresa di Pittura, Attilio Cossi, Ascona
Imprimerie Schmid SA, Sion
Imwinkelried Christine, Martigny
Ingesco SA, Genève
Invernizzi Fausto, Quartino
Iori Ressorts SA, Charrat
Iseli Bruno-François, Effretikon
Isler Brigitte, Pully
Is Wealth Management, Thomas Iller, Sion
Jaccard Francis, Fully
Jaccard Marc, Morges
Jacobs André, Strasbourg, France
Jacques Yves, Evian, France
Jan Gloria, Lutry
Jansen Elizabeth, Ruinerwold, Pays-Bas
Jaquenoud Christine, Bottmingen
Javalet Martine, Albertville, France
Jawlensky Angelica, Mergoscia
Jayet Monique, Sembrancher
Jeanneret Claude, Genève
John Claudette, Meillerie, France
John Marlène, Sierre
Joliat Jérôme, Genève
Jolly Irma, Vevey
Joris Françoise, Champex
Joseph Carron SA, Sébastien Carron, Saxon
Jotterand Michèle, Vessy
Jotterand Delaloye Marie et Olivier, Lutry
Juda Henri, Roedgen, Luxembourg
Juilland Antoine, Martigny
Jules Rey SA, Crans
Kadry Buran, Vétroz
Kaeser Danielle, Cormondrèche
Kaiser Peter et Erica, Saint-Légier
de Kalbermatten Anne-Marie, Veytaux
de Kalbermatten Anne-Marie et Jean-Pierre, Sion
Kalbermatten Matthias, Steg
Karbe Kerstin, Ayent
Karrer Guido, Stadel
Katz Patricia et Arsène, Wittelsheim, France
Kaufmann Peter, Lausanne
Kayser Charles, Vevey
Kegel Sabine, Genève
Keller Bossert Verena et Martin, Berne
Kennard Gabrielle, Anzère
Kesselring Bertrand et Maggie, Founex
King Lina, Genève
Kings William, Ferney Voltaire, France
Kirchhof Sylvia et Pascal, Genève
Klaus Gabrielle, Epalinges
Kleiner Max, Staufen
Krafft-Rivier Loraine et Pierre, Lutry
Kresse Fabienne et Philippe, Vésenaz
Krichane Edith et Faïçal, Chardonne
Krieger-Allemann Roger et Arlette, Saint-Légier
Kugler Alain et Michèle, Genève

Kuonen Gérard, Martigny
Labruyère Françoise, Auxerre, France
Laccomoff Théodore, Charrat
Lacombe François, Grenoble, France
Lacraz Christofer, Chambésy
Lacroix Alain, Villars-sur-Ollon
Lagger Peter, Brig-Glis
Lagrange Claudine, Bulle
Lambelet Charles-Edouard, Glion
Langel Horlogerie-Bijouterie, Marcel Langel, Martigny
Langraf Madeleine, Vevey
Lanzani Paolo, Martigny
Lanzoni Renaldo, Genève
Lathion Voyages, Jacques Lathion, Sion
Latour Claude, La Conversion
Laub Jacques, Founex
Lauber Joseph, Martigny
Laubscher Ariane, Croy
Laurant Marie-Christine et Marc, Fully
Laverrière-Joye Marie-Christine et Constant, Genève
Laydevant Françoise et Roger, Genève
Le Bifrare SA, Muraz-Collombey
Ledin Michel, Conches
Le Floch-Rohr Josette et Michel, Confignon
Leglise Véronique et Dominique, La Chapelle-d'Abondance, France
Legros Christian, Verbier
Lejeune Marc, Nax
Le Joncour Jean-Jacques, Chippis
Lemaitre Andrée, Lausanne
Lendi Beat, Prilly
Leonard Eliane et Daniel, Aix-en-Provence, France
Leonard Gary, Martigny
Leprado Catherine, Crans-Montana
Le Roux de Chanteloup Danièle et Jean-Jacques, Champéry
Letey Claude, Aix-Les-Bains, France
Leuthold Marianne et Jean-Pierre, Lutry
Lévy Guy, Fribourg
Lewis-Einhorn Rose N., Begnins
Lexqi Conseil, Hélène Trink, Crans-Montana
Lieber Anne et Yves, Saint-Sulpice
Ligonnet-Nicod Bernard et Michèle, La Conversion
Limacher Florence et Richard Stern, Eysins
Lindstrand Kai, Monthey
Livera Léonardo, Collombey
Livio Jean-Jacques, Corcelles-le-Jorat
Logean Claude, Gland
Logean Sophie et Christian, Meyrin
Lombardi Christiane, Minusio
Lonfat Juliane, Martigny
Long Dave et Isabelle, Arbaz
Louviot Jacqueline, Villars-Burquin

Lubrano Annie, Fribourg
Lucchesi Fabienne, Perly
Lucchesi Serenella, Monaco
Luce Fabrice, Galmiz
Luce-ms SA, Augusto Mastrostefano, Granges-près-Marnand
Lucibello Chercher Samir, Lausanne
Lugon Bernard, Martigny
Luisier Adeline, Berne
Lukomski Michal, Genève
Lustenberger Anne-Lise, Lucerne
Mabilon Frédérique, Genève
Malard Valérie, Fully
Mamon Delia, Verbier
Manche-Ernest Jocelyne, Martigny
Marberie Nouvelle, Patrick Althaus, Martigny
Marchand Jean-Pierre, Territet
Maréchal Silvana, Chexbres
Marendaz Nathalie, Cheseaux-Noréaz
Mariaux Richard, Martigny
Marin Bernard, Martigny
Marin Yvan, Liddes
Martin Michèle, Saillon
Masson André, Martigny
Massot Dominique, Genève
Mathieu Erich, Muraz
Matthey Pierre, Genève
Maumet-Verrot Evelyne, Lyon, France
Maupin Hervé, Crans-Montana
Maurer Marcel, Sion
Maurer Willy, Riehen
Mausoli-Eberle Jacqueline, Saillon
May Claudine, Saillon
Mayor Jean-Philippe, Yens
Mayor Paulette, Sierre
McGrath Antonia, Champex
Méga SA, traitement de béton et sols sans joints, Martigny
Melis Werner, Vienne, Autriche
Mellen Annie et William, Bollène, France
Melly Christian, Vissoie
Melly Jacques, Granges
Mendes de Leon Luis, Champéry
Ménétrey-Henchoz Jacques et Christiane, Porsel
Menuz Bernard et Chantal, Satigny
Mercier Michèle, Savièse
Merjeevski Michel, Ollon
Merlo Arrigo, Crans-Montana
Merotto Veronica, Aigle
Merz Otto, pasteur, Uitikon
Messner Tamara, Martigny
Mestdjian Marie Amahid, Genève
Métrailler Pierre-Emile, Sierre
Métrailler Serges, Grimisuat
Métrailler Sonia, Sion
Métral Edgar, Sierre
Métral Raymond, Martigny
Metzler Hélène, Saint-Légier-La Chiésaz
Meunier Jean-Claude, Martigny
Meunier Jérôme, Saint-Symphorien, Belgique
Mex-Martinoli Silvia et Roland, Crans-Montana
Meyer Daniel, La Tour-de-Peilz
Meyer Meret, Berne
Miallier Frank, Chamonix, France
Miallier Raymond, Clermont-Ferrand, France
Miauton Marie-Hélène, Grandvaux
Miauton Pierre-Alex, Bassins
Michaud Edith et Francis, Martigny
Michel Thierry, Chambésy
Michelet Freddy, Sion
Michellod Christian, Martigny
Michellod Guy, Martigny
Microscan Service SA, Chavannes-près-Renens
Miescher Laurence, Saint Genis Pouilly, France
Migliaccio Massimo, Martigny
Miglioli-Chenevard Magali, Pully
Miremad Bahman, Grimisuat
Mittelheisser Marguerite, Illfurth, France
Mock Hélène, Salvan
Moillen Marcel, Martigny
Moillen Monique, Martigny
Monnard Gabrielle, Martigny
Monnerat Jean-Pierre, Renens
Monnet André, Sion
Monnet Bernard, Martigny
Monnin Louis et Lily, Carouge
Montfort Evelyne, Hauterive
Morard Hubert, Lyon, France
Moret Claude, Martigny-Croix
Moret Raymonde, Martigny
Moret Rose-Marie, Martigny
Moretti Anne, Pully
Morin-Stampfli Alain, Chateauroux, France
Moser Jean-Pierre, Lutry
Mottet Brigitte, Evionnaz
Mottet Marianne, Evionnaz
Mottier Edouard, Savièse
Moulin Raphaël, Charrat
Mouthon Anne-Marie, Marin-Epagnier
de Mueller Christiane, Verbier
Müller Christophe et Anne-Rose, Berne
Muri René, Herzogenbuchsee
Nagovsky Tatiana, Genève
Nahon Philippe, Courbevoie, France
Nanchen et Guex, Martigny Immobilier SNC, Martigny
Nanchen Jacqueline, Sion
Nançoz Roger et Marie-Jo, Sierre
Neuberger Wolfgang, Bregenz, Autriche
Neytcheff Jean-Pierre, Toulon, France
Nicolazzi René, Genève
Nicolet Olivier, Ladapeyre, France
Nicollerat Louis, Martigny
Noir Dominique, Monthey
Noordenbos-Huber Marianne, Amstelveen, Pays-Bas
Nora Judith, Paris
Norbert SA, Jérôme Jacquod, Martigny
Nordmann Alain, St-Suplice
Nosetti Orlando, Gudo
Nouchi Frédéric, Martigny
Nuñes Eduardo et Isabel, Martigny
Obrist Reto, Sierre
OCMI Société Fiduciaire SA, Genève
Oertli Barbara, Bernex
Oetterli Anita, Aetingen
Oguey Bernard, Neuchâtel
OLF SA, Patrice Fehnmann, Fribourg
Oreiller Jocelyne, Verbier
Paccolat Fabienne, Martigny
Pacifico Penny, Nendaz
Pacurariu Irina, Pully
Paley Nicole et Olivier, Chexbres
Pallavicini Cornelia, Zurich
Papaux SA, Fenêtres, Savièse
Papilloud Gaël, CréActif, Martigny
Papilloud Jean-Claude, CréActif, Martigny
Pascal Jean-Yves, Sainte Foy Lès Lyon
Pasche Laurence et François, Lausanne
Pasquier Bernadette et Jean, Martigny
Patet Camille, Lausanne
Patier Jacqueline et Yves, Vannes, France
Patrigot Nicolas, Chamonix, France
Pauly Christian, Bex
Pefferkorn Jean-Paul, Limoges
Pellaud Charly, St-Maurice
Pellaud Fernande, Martigny
Pellissier Jean-Claude, Martigny
Pellouchoud Janine, Martigny
Peny Claude, Lausanne
Perez-Tibi Dora, Neuilly, France
Perraudin Georges, Martigny
Perraudin Karin, Saillon
Perraudin Maria, Martigny
Perrault Crottaz Danielle, La Tour-de-Peilz
Perret Alain, Vercorin
Perret Eliane, Montreux
Perrier Laurent, Fully
Perrin Charly, Martigny
Perroud Jean-Claude, Saxon
Petersen Yvette, Saint-Maurice
Peterson Judith, Boston, Etats-Unis
Petite Jacques, Martigny
Petroff Michel et Claire, Bellevue
Pfefferlé Marie-Jeanine, Sion
Pfefferlé Raphaële, Sion
Pfister-Curchod Madeleine et Richard, Pully
Pharmacie de Clarens, Alain Piquerez, Clarens
Pharmacie de l'Orangerie, Antoine Wildhaber, Neuchâtel

Pharmacies de la Gare, Centrale, Lauber, Vouilloz et Zurcher, Martigny
Philippe Francine, Paris
Philippin Chantal et Bernard, Martigny
Phillips Monique, Lausanne
Piatti Jeannine, Sion
Picard Jean, Muraz (Collombey)
Picard Valérie, Vessy
Pignat Bernard, Vouvry
Pignat Daniel, d'Alfred, Plan-Cerisier
Pignat Daniel et Sylviane, Martigny-Croix
Pignat David et Laetitia, Martigny
Pignat Marc, Martigny
Pigott Peter H., Anzere
Pijls Henri M., Salvan-Les Granges
Pila Pierre, Lyon, France
Pillet Jacques, Martigny
Pillonel André, Genève
Pilloud Georges, St-Légier
Piltzer Gérald, Chesières
Pitteloud Anne-Lise, Sion
Pitteloud Janine, Sion
Piubellini Gérard, Lausanne
Pizzante Lara, Genève
Plenar Georges, Sallanches, France
Plomb Jaques H., Genève
Poirrier Yves, Saint-Cloud, France
Polgar Eric, Verbier
Polli et Cie SA, Martigny
Polyétudes, Didier Wirz, Aigle
Pommery Philippe, Verbier
Poncioni Bruno, Martigny
Poncioni Françoise, Martigny
Pourreau Josiane, Varces, France
Pouvesle Patrice, Burcin, France
Prahl Soren, Hilversum, Pays-Bas
Pralong Thérèse, Martigny
Préperier Michel, Martigny
de Preux Marie-Madeleine, Verbier
de Preux Michèle, Jouxtens-Mezery
Primat Bérengère, Crans-Montana
Puech Marine, Paris
Puech-Hermès Nicolas, Orsières
Puippe Janine, Ostermundigen
Puippe Pierre-Louis, Martigny
Puippe Raymonde et Janine Chattron, Martigny
Queloz Nadine, Saignelégier
Raboud Bénédicte, Leysin
Raboud Hugues, Genthod
Raboud Jean-Joseph, Monthey
Radja Chantal, Martigny
de Rambures Francis, Verbier
Ramel Daniel, Jouxtens-Mézery
Ramseyer Jean-Pierre, Grimisuat
Rappaz Pierre-Marie, Sion
Ratano Abraham, Yverdon-les-Bains
Rausing Birgit, Territet

Rausis Bernadette, Martigny
Reber Guy et Edith, Collonge-Bellerive
Rebord Mario, Martigny
Rebord Philippe, Fully
Rebstein Gioia, La Conversion
Regazzoni Mauro, Tegna
Regueiro Joaquin, Milladoiro, Espagne
Remy Michel, Bulle
Renck Yvette, Monthey
Résidence Arts et Vie, Samöens, France
Restaurant «Le Belvédère», Sandrine et André Vallotton, Chemin
Réthoré Elisabeth et Alain, Marcilly-en Gault, France
Reuland Françoise, Onex
Reusser Francis, Bex
Revel Mergène, Lutry
Rey Sylvaine, Ecoteaux
Rey-Günther Anita, Port
Reyers Anton, Les Marécottes
Reymond-Rivier Berthe, Jouxtens-Mézery
Reynard Marie-Noëlle, Savièse
Richard Hélène et Hubert, Paris
Richard Jean Daniel et Marlyse, Neuenhof
Rieder Systems SA, Puidoux
Riethmann Chantal, Verbier
Rijneveld Robert, Randogne
Ritrovato Angelo, Monthey
de Rivaz-Crettex Marie et Charles, Champex
Rivier Françoise, Aïre
Rochat Elisabeth et Marcel, Les Charbonnières
Roduit Albert, Martigny
Roelants André, Lintgen, Luxembourg
Rollason Michèle, Genthod
Rommetin-Guibert Thierry, Crans-Montana
Rondi-Schnydrig Marie-Thérèse, Pfäffikon
Rosa-Doudin Donatella, Strasbourg, France
Rossetti Etienne, La Tour-de-Peilz
Roth René, Ovronnaz
Rouiller Bernard, Praz-de-Fort
Rouiller Jean-Marie, Martigny
Roulier Jacqueline, Lonay
Rouvinez Simon, Grimentz
Roux Françoise, Leysin
Rovelli Paolo, Lugano
Rubin Christiane F., Blonay
Rusca Eric et Gisèle, Le Landeron
Russo Ned, Lens
Rybicki Jean-Noël, luthier, Sion
Saillet Bertrand, Ballaison, France
Saint-Denis Marc, Vandœuvre-les-Nancy, France
Salamin André, Le Châble
Sanches João, Montreux
Sandona Marthe, Genève
Sandoz Isabelle, Martigny
Sandri Gian, Huémoz

Saraillon Serge, Martigny
Sarrasin Marie-Anne, Martigny
Sarrasin Monique, Bovernier
Sarrasin Olivier, Saint-Maurice
Sarrasin Pascal, Martigny
Saudan Georges, Martigny
Saudan Victorine, Fully
Saudan Xavier, Martigny
Sauret Huguette, Tassin, France
Sauthier Marie-Claude, Riddes
Sauthier Monique, Martigny
Sauvain Elisabeth et Pierre-Alain, Chêne-Bourg
SB Ingénierie Sàrl, Serge Berrut, Troistorrents
Schaller-Herzig Harry, Martigny
Schatzmann Beat H., Clarens
Scheidegger Alice et Didier, Zurich
Schelker Markus, Oberwil
Schenker Erna, Corsier
Schierbeek Ella, Vollèges
Schildknecht Julien, Massongex
Schippers Jacob, Vouvry
Schlaepfer Elisabeth, Vandoeuvres
Schlup Juliette et Hansrudolf, Môtier
Schlup Martine et François, Courrendlin
Schmid Anne-Catherine, Saillon
Schmid Bernard, Charrat
Schmid Jean-Louis, Martigny
Schmid Monique, Saconnex-d'Arve
Schmid Trudi, Langenthal
Schmidly Sonia et Armand, Chamoson
Schmidt Expert Immobilier, Grégoire Schmidt, Martigny
Schmidt Pierre-Michel, Epalinges
Schmocker Florian, Martigny
Schmutz Marlène, Salins
Schoeb Louise, Genève
Scholer Urs, Corseaux
Schübbe Caspar H., Verbier
Schwieger Ian, Nyon
Schwob Lotti, Salvan
Seigle Marie-Paule, Martigny
Serdaly Monique, Conches
Serey Régine, Crans-Montana
Sermier Irma et Armand, Sion
Severi Farquet Annelise et Roberto, Veyrier
Sicosa SA, Jean-Jacques Chavannes, Lausanne
Sieber Hans-Peter, Bellmund
Siegenthaler Marie-Claude, Tavannes
Siegrist Micheline, Martigny
Sierro Daniel, Martigny
Siggen Remy, Chalais
Simon Marianne, Rüfenacht
Simon Miranda, Lausanne
Simonetta Anne-Lise, Ravoire
Simonin Josiane, Cernier
Skarbek-Borowski Irène et Andrew, Verbier

Sleator Donald, Pully
Smadja Alain, Pully
Smith Thérèse et Hector, Montreux
Sofim SA, Pierre Dorsaz, Verbier
de Somer Claire, Veysonnaz
Sottas Bernard, Bulle
Soulas Marc, Valreas, France
Soulier Alain, Crans-sur-Sierre
Sousi Gérard, Président d'Art et Droit, Lyon, France
Spinelli Irina, Oberrohrdorf
Spinner Madelon, Bellwald
Stahli Georges, Collonge-Bellerive
Stähli Regula, Nidau
Stalder Mireille, Meyrin
Stauffer Jacques, Crans-Montana
Steeg François, Crans-sur-Sierre
Steiner Eric, Grand-Saconnex
Stelling Nicolas, Estavayer-le-Lac
Stenbolt Zohren et Gustav, Genève
Stephan SA, Givisiez
Sthioul Catherine, Vers-L'Eglise
Storno François, Genève
Stricker Marie-Claude, Vevey
Strohhecker Pierre, Gland
Strübin Peter, Allschwil
Studer Myriam et Roland, Veyras
Suter Ernest, Staufen
Suter Madeleine, Grand-Saconnex
Tacchini Carlos, Savièse
Taeymans de Beer Bernadette et Dominique, Brent
Taponier Jean, Paris
Taramarcaz Christa, Martigny-Croix
Taramarcaz José, Martigny-Croix
Tatti Brunella, Arzier
Tavel-Cerf Solange, Chesières
Taverney Bernard, Epalinges
Terrettaz Roger, Martigny
Theumann Jacques, Saint-Sulpice
Thomas Roger, Lutry
Thomson Ronald, Ravoire
Thurau Roger, Venthône
Tissières Magdalena, Martigny
Tixier Wiriath Marie-France, St-Suplice
Tolck Robert, Chemin
Tonascia Pompeo, Ascona
Tonon Corinne, Mirabel et Blacons, France
Tonossi Louis-Fred, Venthône
Tonossi Michel, Sierre
Tornay Charles-Albert, Martigny
de Torrenté Bernard, Sion
Toureille Béatrice et Jacques, Paris
Touzet Dominique, Verbier
Tramway d'Octodure SA, Martigny
Trento Longaretti, Bergame, Italie
Troillet Jacques, Martigny
Troillet Raphaël, Martigny

Tscholl Heinz-Peter, Unterstammheim
Turpin Charles, Paris
Turrettini Jacqueline, Vésenaz
Turro Corinne et Guy, Vollèges
Udriot Blaise, Martigny
Uebelhart Daniel, Sierre
Uldry Pierre-Yves, Martigny
Umiglia-Marena Monique, Renens
Vallat Martine, Salins
Vallotton Electricité, Philippe Vallotton, Martigny
Valoris Immobilier SA, Christophe Guex, Martigny
van Beuningen Saskia, Cologny
van der Peijl Govert, Terneuzen, Pays-Bas
van der Tempel Gerhardus, Roosdaal, Belgique
Vanderheyden Dirk, Savièse
van Dommelen Kristof et Yaelle, Sierre
Vaney Claude, Crans-Montana
van Lippe Irène, Champéry
van Rijn Bernhard, Salvan
van Schelle Charles, Haute-Nendaz
Varone Benjamin, Savièse
Varone SA, vitrerie, Martigny
Vasserot Lucienne, Pully
Vaucher Stéphane, Saillon
Vaudan Anne-Brigitte, Le Martinet
Vauthey Claude, Moudon
Vautravers Alec et Blanka, Genève
Vecchioli Nicole, Crans-Montana
Vegezzi Aleksandra, Genthod
Verbierchalet Sàrl, Anne-Lyse Mac Manus, Verbier
Verbraeken Ingrid, Anvers, Belgique
Viard-Burin Cathy et Jean, Genève
Viatte Gérard et Janine, Verbier
Victor Carole et François, Fully
Victor Nicole et Jacques, Artannes sur Thouet, France
Vigolo David, Monthey
Vigreux Georges, Lyon, France
Vilchien Ingrid, Genève
Villard Josiane, Lausanne
Villiers Jacques, La Croix-sur-Lutry
Viot Coster Isabelle, Genève
Viotto-Sorenti M.-Cristina, Courmayeur, Italie
Vireton Didier, Genève
Vité Laurent, Bernex
Vittoz Monique et Eric, Cernier
Vogel Pierre et Liline, Saint-Légier
Vogt Martine et Pierre, Saint-Légier
de Vogüé Béatrice, Crans-Montana
Voillat François, Eaunes, France
Voland Jacques, Sierre
Volland Charlène, Genève
Volland Marc, Grand-Saconnex
Vollenweider Ursula, Nyon
Volluz Nadia et Christian, Martigny

von Allmen Elfie, Verbier
von Arx Konrad-Michel, Clarens
von Campe – Boisseau Frédérique et Gord, Chernex
von der Lahr Joachim et Evelyne, Villeneuve
von der Weid Hélène, Villars-sur-Glâne
von Droste Vera, Martigny
von Moos Geneviève, Sion
von Muralt Peter, Erlenbach
Vouilloz Catherine et Werder Laurent, Martigny
Vouilloz Claude, Saxon
Vouilloz Jeanine, Sion
Vouilloz Marie et Jean, Uvrier
Vouilloz Philippe, Martigny
Vuignier Claire et Jacques, Martigny
Vuilloud Pierre-Maurice, Monthey
Wachsmuth Anne-Marie, Genève
Waegeli Gilbert et Pierrette, Meinier
Waldvogel Guy, Genève
Walewski Alexandre, Verbier
Walewski-Colonna Marguerite, Verbier
Walker Catherine, Genthod
Wasem Marie-Carmen, Sion
Weber Eveline M., Zurich
Wedmedev Anita, Crans-Montana
Whitehead Judith, Martigny
Widmer Chantal, Grandvaux
Widmer Karl, Killwangen
Winkelmann Ingrid, Dünsen, Allemagne
Wirthner Claudine, Martigny
Wirz Christiane et Peter, Aigle
Wiswald Jean-Pierre, Lausanne
Wiswald Stéphanie, Lausanne
de Witt Wijnen Otto, Bergambacht, Pays-Bas
Wohlwend Chantal, Grand-Lancy
Wurfbain Elisabeth, Haute-Nendaz
Wyer Gabrielle, Martigny
Zaccagnini Kathleen, Meyrin
Zagagnoni Daniel, St-Maurice les Chateauneuf, France
Zanetti-Minikus Eleonore, Liestal
Zanzi Luigi, Varese, Italie
Zappelli Paquerette et Pierre, Pully
Zbinden Yves et Corinne, Collonges
Zehnder Margrit, Beat et David, Hinterkappelen
Zehner Hugo, Sion
Zeller Jean-Pierre, Vernier
Zen Ruffinen Yves et Véronique, Susten/Leuk
Zermatten Agnès, Sion
Ziegler André et Jolande, Aigle
Zilio Anne-Lise, Monthey
Zufferey Gabriel, Sierre
Zufferey Marguerite, Sierre
Zulian Joëlle, St-Maurice
Zumstein Monique, Aigle
Zürcher Manfred, Hilterfingen
Zwingli Martin, Colombier

Édités et coédités par la Fondation Pierre Gianadda

Paul Klee, 1980, par André Kuenzi (épuisé)
Picasso, estampes 1904-1972, 1981, par André Kuenzi (épuisé)
L'Art japonais dans les collections suisses, 1982, par Jean-Michel Gard et Eiko Kondo (épuisé)
Goya dans les collections suisses, 1982, par Pierre Gassier (épuisé)
Manguin parmi les Fauves, 1983, par Pierre Gassier (épuisé)
La Fondation Pierre Gianadda, 1983, par C. de Ceballos et F. Wiblé
Ferdinand Hodler, élève de Ferdinand Sommer, 1983, par Jura Brüschweiler (épuisé)
Rodin, 1984, par Pierre Gassier
Bernard Cathelin, 1985, par Sylvio Acatos (épuisé)
Paul Klee, 1985, par André Kuenzi
Isabellex Tabin-Darbellay, 1985 (épuisé)
Gaston Chaissac, 1986, par Christian Heck et Erwin Treu (épuisé)
Alberto Giacometti, 1986, par André Kuenzi
Alberto Giacometti, 1986, photos Marcel Imsand, texte Pierre Schneider (épuisé)
Egon Schiele, 1986, par Serge Sabarsky (épuisé)
Gustav Klimt, 1986, par Serge Sabarsky (épuisé)
Serge Poliakoff, 1987, par Dora Vallier (épuisé)
André Tommasini, 1987, par Silvio Acatos (épuisé)
Toulouse-Lautrec, 1987, par Pierre Gassier
Paul Delvaux, 1987
Trésors du Musée de São Paulo, 1988 :
    Ire partie : *de Raphaël à Corot*, par Ettore Camesasca
    IIe partie : *de Manet à Picasso*, par Ettore Camesasca
Picasso linograveur, 1988, par Danièle Giraudy (épuisé)
Le Musée de l'automobile de la Fondation Pierre Gianadda, 1988, par Ernest Schmid (épuisé)
Le Peintre et l'affiche, 1989, par Jean-Louis Capitaine (épuisé)
Jules Bissier, 1989, par André Kuenzi
Hans Erni. Vie et Mythologie, 1989, par Claude Richoz
Henry Moore, 1989, par David Mitchinson
Louis Soutter, 1990, par André Kuenzi et Annette Ferrari (épuisé)
Fernando Botero, 1990, par Solange Auzias de Turenne
Modigliani, 1990, par Daniel Marchesseau
Camille Claudel, 1990, par Nicole Barbier (épuisé)
Chagall en Russie, 1991, par Christina Burrus
Ferdinand Hodler, peintre de l'histoire suisse, 1991, par Jura Brüschweiler
Sculpture suisse en plein air 1960-1991, 1991, par André Kuenzi, Annette Ferrari et Marcel Joray
Mizette Putallaz, 1991
Calima, Colombie précolombienne, 1991, par Marie-Claude Morand (épuisé)
Franco Franchi, 1991, par Roberto Sanesi (épuisé)
De Goya à Matisse, estampes du Fonds Jacques Doucet, 1992, par Pierre Gassier
Georges Braque, 1992, par Jean-Louis Prat
Ben Nicholson, 1992, par Jeremy Lewison
Georges Borgeaud, 1993
Jean Dubuffet, 1993, par Daniel Marchesseau
Edgar Degas, 1993, par Ronald Pickvance
Marie Laurencin, 1993, par Daniel Marchesseau
Rodin, dessins et aquarelles, 1994, par Claudie Judrin
De Matisse à Picasso, Collection Jacques et Natasha Gelman (The Metropolitan Museum of Art, New York), 1994
Albert Chavaz, 1994, par Marie-Claude Morand (épuisé)
Egon Schiele, 1995, par Serge Sabarsky

Nicolas de Staël, 1995, par Jean-Louis Prat
Larionov – Gontcharova, 1995, par Jessica Boissel
Suzanne Valadon, 1996, par Daniel Marchesseau
Édouard Manet, 1996, par Ronald Pickvance
Michel Favre, 1996
Les Amusés de l'Automobile, 1996, par Pef
Raoul Dufy, 1997, par Didier Schulmann
Joan Miró, 1997, par Jean-Louis Prat
Icônes russes. Galerie nationale Tretiakov, Moscou, 1997, par Ekaterina L. Zelezneva
Diego Rivera - Frida Kahlo, 1998, par Christina Burrus
Collection Louis et Evelyn Franck, 1998
Paul Gauguin, 1998, par Ronald Pickvance
Hans Erni, rétrospective, 1998, par Andres Furger
Turner et les Alpes, 1999, par David Blayney Brown
Pierre Bonnard, 1999, par Jean-Louis Prat
Sam Szafran, 1999, par Jean Clair
Kandinsky et la Russie, 2000, par Lidia Romachkova
Bicentenaire du passage des Alpes par Bonaparte 1800-2000, par Frédéric Künzi (épuisé)
Vincent Van Gogh, 2000, par Ronald Pickvance
Icônes russes. Les Saints. Galerie nationale Tretiakov, Moscou, 2000, par Lidia I. Iovleva
Picasso. Sous le soleil de Mithra, 2001, par Jean Clair
Marius Borgeaud, 2001, par Jacques Dominique Rouiller
Les Coups de cœur de Léonard Gianadda, 2001 (CD Universal et Philips), vol. 1
Kees Van Dongen, 2002, par Daniel Marchesseau
Léonard de Vinci - L'Inventeur, 2002, par Otto Letze
Berthe Morisot, 2002, par Hugues Wilhelm et Sylvie Patry (épuisé)
Jean Lecoultre, 2002, par Michel Thévoz
De Picasso à Barceló. Les artistes espagnols, 2003, par Maria Antonia de Castro
Paul Signac, 2003, par Françoise Cachin et Marina Ferretti Bocquillon
Les Coups de cœur de Léonard Gianadda, 2003 (CD Universal et Philips), vol. 2
Albert Anker, 2003, par Thérèse Bhattacharya-Stettler (épuisé)
Le Musée de l'automobile de la Fondation Pierre Gianadda, 2004, par Ernest Schmid
Chefs-d'œuvre de la Phillips Collection, Washington, 2004, par Jay Gates
Luigi le Berger, 2004, de Marcel Imsand
Trésors du monastère Sainte-Catherine, mont Sinaï, Égypte, 2004, par Helen C. Evans
Jean Fautrier, 2004, par Daniel Marchesseau
La Cour Chagall, 2004, par Daniel Marchesseau
Félix Vallotton, les couchers de soleil, 2005, par Rudolf Koella
Musée Pouchkine, Moscou. La peinture française, 2005, par Irina Antonova
Henri Cartier-Bresson, Collection Sam, Lilette et Sébastien Szafran, 2005, par Daniel Marchesseau
Claudel et Rodin. La rencontre de deux destins, 2006, par A. Le Normand-Romain et Y. Lacasse
The Metropolitan Museum of Art, New York. Chefs-d'œuvre de la peinture européenne, 2006, par Katharine Baetjer
Le Pavillon Szafran, 2006, par Daniel Marchesseau
Édouard Vallet, l'art d'un regard, 2006, par Jacques Dominique Rouiller
Picasso et le cirque, 2007, par Maria Teresa Ocaña et Dominique Dupuis-Labbé
Marc Chagall, entre ciel et terre, 2007, par Ekaterina L. Selezneva
Albert Chavaz. La couleur au cœur, 100e anniversaire, 2007, par Jacques Dominique Rouiller
Offrandes aux dieux d'Égypte, 2008, par Marsha Hill
Léonard Gianadda, la Sculpture et la Fondation, 2008, par Daniel Marchesseau
Léonard Gianadda, d'une image à l'autre, 2008, par Jean-Henry Papilloud
Balthus, 100e anniversaire, 2008, par Jean Clair et Dominique Radrizzani
Martigny-la-Romaine, 2008, par François Wiblé
Olivier Saudan, 2008, par Nicolas Raboud

Hans Erni, 100ᵉ anniversaire, 2008, par Jacques Dominique Rouiller
Rodin érotique, 2009, par Dominique Viéville
Les Gravures du Grand-Saint-Bernard et sa région, 2009, par Frédéric Künzi
Musée Pouchkine, Moscou. De Courbet à Picasso, 2009, par Irina Antonova
Moscou 1957, photographies de Léonard Gianadda, 2009, par Jean-Henry Papilloud
Gottfried Tritten, 2009, par Nicolas Raboud
Images saintes. Maître Denis, Roublev et les autres. Galerie nationale Tretiakov, 2009, par Nadejda Bekeneva
Moscou 1957, photographies de Léonard Gianadda, 2010, par Jean-Henry Papilloud (2ᵉ édition, version russe pour le Musée Pouchkine)
Nicolas de Staël 1945-1955, 2010, par Jean-Louis Prat
Suzanne Auber, 2010, par Nicolas Raboud
De Renoir à Sam Szafran. Parcours d'un collectionneur, 2010, par Marina Ferretti Bocquillon
Erni, de Martigny à Etroubles, 2011, par Frédéric Künzi
Maurice Béjart, photographies de Marcel Imsand, 2011, par Jean-Henry Papilloud
Monet au Musée Marmottan et dans les Collections suisses, 2011, par Daniel Marchesseau
Francine Simonin, 2011, par Nicolas Raboud
Ernest Biéler, 2011, par Matthias Frehner et Ethel Mathier
Mécènes, les bâtisseurs du patrimoine, 2011, par Philippe Turrel
Portraits-Rencontres, photographies des années 50 de Léonard Gianadda, 2012, par Jean-Henry Papilloud et Sophia Cantinotti
Portraits. Collections du Centre Pompidou, 2012, par Jean-Michel Bouhours
Van Gogh, Picasso, Kandinsky... Collection Merzbacher. Le mythe de la couleur, 2012, par Jean-Louis Prat
André Raboud, 2012, par Nicolas Raboud
Pierre Zufferey, 2012, par Nicolas Raboud
Marcel Imsand et la Fondation, 2012, par Jean-Henry Papilloud et Sophia Cantinotti
Sam Szafran, 2013, par Daniel Marchesseau
Modigliani et l'École de Paris, en collaboration avec le Centre Pompidou et les Collections suisses, 2013, par Catherine Grenier
Emilienne Farny, 2013, par Nicolas Raboud
Méditerranée, photographies de Léonard Gianadda (1952-1960), 2013, par Jean-Henry Papilloud et Sophia Cantinotti
La Beauté du corps dans l'Antiquité grecque, en collaboration avec le British Museum de Londres, 2014, par Ian Jenkins
Sculptures en lumière, photographies de Michel Darbellay, 2014, par Jean-Henry Papilloud et Sophia Cantinotti
Renoir, 2014, par Daniel Marchesseau
Les Vitraux des chapelles de Martigny, 2014, par Jean-Henry Papilloud et Sophia Cantinotti
Jean-Claude Hesselbarth, 2014, par Nicolas Raboud
Anker, Hodler, Vallotton... Chefs-d'œuvre de la Fondation pour l'art, la culture et l'histoire, en collaboration avec le Kunstmuseum de Berne, 2014, par Matthias Frehner
Matisse en son temps, en collaboration avec le Centre Pompidou, 2015, par Cécile Debray
Moscou 1957, photographies de Léonard Gianadda, 2015 (3ᵉ édition), par Jean-Henry Papilloud et Sophia Cantinotti
Léonard Gianadda, 80 ans d'histoires à partager, 2015, par Jean-Henry Papilloud et Sophia Cantinotti

A paraître
Zao Wou-Ki, 2015, par Daniel Marchesseau
Picasso. L'œuvre ultime. Hommage à Jacqueline, 2016, par Jean-Louis Prat
Hodler, Monet, Munch, 2017, par Philippe Dagen
Cézanne, 2017, par Daniel Marchesseau

Sources

Ouvrages

Cisca de Ceballos et François Wiblé,
La Fondation Pierre Gianadda, 1983.

Ernest Schmid, *Le Musée de l'Automobile*, 2004.

Daniel Marchesseau, *Léonard Gianadda, la Sculpture et la Fondation*, 2008.

François Wiblé, *Martigny-la-Romaine*, 2008.

Jean-Henry Papilloud, *Léonard Gianadda, d'une image à l'autre*, 2008.

Jean-Henry Papilloud et Sophia Cantinotti, *Moscou 1957 de Léonard Gianadda*, 2009 (1ère édition), 2010 (2e édition, bilingue français-russe) et 2015 (3e édition, bilingue français-russe).

Jean-Henry Papilloud et Sophia Cantinotti, *Portraits-Rencontres par Léonard Gianadda*, 2012.

Sophia Cantinotti et Jean-Henry Papilloud, *Méditerranée (1952-1960) de Léonard Gianadda*, 2013.

Jean-Henry Papilloud et Sophia Cantinotti, *Les Vitraux des chapelles de Martigny*, 2014.

Sophia Cantinotti et Jean-Henry Papilloud, *Sculptures en lumière par Michel Darbellay*, 2014.

Archives

Archives du *Nouvelliste* et du *Confédéré* en ligne : http://newspaper.archives.rero.ch.

Archives de la Radio Télévision Suisse (RTS).

Préfaces de Léonard Gianadda dans tous les catalogues édités par la Fondation (1979-2015).

Articles de presse de la Fondation (1979-2015).

Photoreportages de Léonard Gianadda (1953-1960).

Livres d'or de la Fondation Pierre Gianadda.

Archives de Léonard Gianadda à la Médiathèque Valais - Martigny.

Crédits iconographiques

Abbaye de Saint-Maurice : 26.

Archives Famille Gianadda : 12, 15-20, 23-29, 31, 34-38, 53, 57-59, 88, 90, 93, 99.

Archives Fondation Pierre Gianadda : 8, 112-113, 119, 124, 132, 157-158, 164, 166, 170, 173-174, 181-183, 199, 207, 217, 227, 246, 259, 292-293.

Archives RTS : 109, 169, 203.

Atelier Simon Marq : 304.

Tristan Aymon : 13, 21, 33, 41, 55, 77, 89, 103, 123, 139, 155, 179, 201, 235, 257, 281, 311, 327.

Sacha Bittel, *Nouvelliste* : 275.

Sophia Cantinotti : 243, 302.

Henri Cartier-Bresson : 154.

Joseph Couchepin, Médiathèque Valais - Martigny (MV-My) : 22.

Georges-André Cretton : 178, 184, 192, 197, 205, 207, 228-229, 256, 301, 310.

Hervé Darbellay : 306, 309.

Michel Darbellay, MV-My : 97-98, 111, 125, 130, 133, 135-137, 165, 184, 244, 278, 283-286, 290, 294-297, 301-303, 306, 309, 318.

Louis Dasselborne, *Nouvelliste* : 326, 332-334, 336, 349.

Chantal Dervey, *24 heures* : 262.

Roger Dorsaz : 6, 18-19.

Michel Favre : 323.

Fondation Barry : 219.

Léonard Gianadda, MV-My : 10-11, 14, 16, 38-40, 42-52, 56, 60-74, 76, 78-87, 90-92, 94-96, 104.

Gérard Harten : 171.

Christian Hofmann, *Nouvelliste* : 280, 329-331.

Marcel Imsand, FPG-Musée de l'Elysée : 4, 127, 131, 141, 143, 145-146, 151-153, 176, 189, 223.

Igor Markevitch : 202.

Ken Matthews : 32, 36.

Stanley Maumary : 245.

Médiathèque Valais - Martigny : 221, 236, 238.

André Morain : 200, 222, 224-227.

Jean-Henry Papilloud : 75, 232-234, 243, 245, 250, 254-255, 264, 268, 273, 279, 288-289, 302-306, 313-314, 324-325.

Tsolmon Papilloud : 251.

Paroisse protestante de Martigny : 306.

Heinz Preissig : 100-101.

Oswald Ruppen, MV-My : 102, 112-113, 116, 122, 124, 126, 138, 141, 143-145, 150, 156, 158, 163, 165-166, 168.

Philippe Schmid, MV-My : 106, 134.

Marie-Louise Sutter : 214.

François Valmaggia : 15.

France Vauthey Brun : 143.

Jean-Pierre Wieswald : 54.

Gil Zermatten : 290-291.

Alice Zuber : 110.

Table des matières

Quand 80 ans d'histoires…	François Gianadda	7
Un Valaisan sous la Coupole		9
Première vie : DÉCOUVERTES		**11**
Début de parcours, 1935-1946		13
Une formation classique, 1946-1955		21
Découverte de l'art, 1950-1954		33
Voyages en solitaire, 1953-1955		41
Profession : photoreporter, 1956-1958		55
Tour de la Méditerranée, 1960		77
Une famille, un travail, 1961-1975		89
Deuxième vie : LA FONDATION		**101**
Création de la Fondation, 1976-1978		103
Le « Bunker » Gianadda	Jean Clair	120
Premières expériences, 1979-1983		123
Rodin au tournant, 1984-1989		139
Le prestige culturel, 1990-1995		155
Partager à voir	Daniel Marchesseau	159
En attendant Van Gogh, 1996-2000		179
Honneurs et consolidation, 2001-2007		201
Léonard Gianadda, un grand mécène	Matthias Frehner	211
Troisième vie : LE PARTAGE		**233**
Révélation d'un photographe oublié, 2008-2015		235
La vie continue, 2008-2015		257
Du mécénat culturel…		281
Lettre à Léonard	François Lamon et Pierre Boismorand	307
… au partage social		311
PROLONGEMENTS…		**325**
… en forme de point d'orgue		327
Léonard Gianadda au fil des ans		337
Les Amis de la Fondation		350
Edités et coédités par la Fondation		361
Sources		364
Crédits iconographiques		365
Remerciements et impressum		367
Faire de sa vie quelque chose de grand	Antoine Cretton	368

Nous adressons nos chaleureux remerciements à :

Léonard Gianadda	Fondation Pierre Gianadda
François Gianadda	Umberto Guglielmetti
Jean Clair	Raphaël Fiorina
Jean-Louis Prat	Dominique Rouvinet, Caméléon
Daniel Marchesseau	Pierre-Olivier et Tsolmon Papilloud
Pierre Boismorand	Gil Zermatten, Les Ateliers Latour
François Lamon	Jean-Pierre Duay, Duay SA
Médiathèque Valais - Martigny	Pierre-André Murisier
Radio Télévision Suisse	Jean-Pascal Panchard, Stenheim
La Ville de Martigny	Claude Voutaz

Commissaires de l'exposition - Catalogue
Sophia Cantinotti et Jean-Henry Papilloud

Editeur : Fondation Pierre Gianadda, Martigny, Suisse
Tél. +41 (0)27 722 39 78
Fax +41 (0)27 722 31 63
http://www.gianadda.ch
e-mail : info@gianadda.ch

Mise en pages : Sophia Cantinotti et Jean-Henry Papilloud
Maquette : Paola Vial – Alessandro Gabrielli, Musumeci
Relecture : Pierre-Olivier Papilloud, Anne-Marie Valet

Composition, photolitho, impression : Musumeci S.p.A., 2015 sur papier BVS gr. 150

Achevé d'imprimer : 23 août 2015

Couverture : p. 1, Annette et Léonard Gianadda, Martigny, 2007. (G.-A. Cretton)
p. 4, Léonard Gianadda sur la Seine, après la réception à l'Académie des Beaux-Arts, Paris, 4 juin 2003. (A. Morain)

Copyright :
© 2015, Pro Litteris, Zurich
© Fondation Pierre Gianadda
CH – 1920 Martigny
ISBN 978-2-88443-157-6

Le film : Faire de sa vie quelque chose de grand

En été 1947, dans un courrier qu'il adresse aux parents de Léonard Gianadda, le chanoine Amédée Allimann, professeur au Collège de Saint-Maurice, leur annonce que leur fils est classé au premier rang de sa classe. « Il peut et doit faire de sa vie quelque chose de grand et de beau », précise-t-il. Léonard n'a alors que douze ans. Réflexion prémonitoire ? Le jeune Léonard mord en effet la vie à belles dents. Jeune reporter, il parcourt le monde et s'intéresse à tout ce qu'il voit. A peine installé à Martigny en tant qu'ingénieur, et suite au décès de son jeune frère dont il était très proche, il construit la Fondation Pierre Gianadda qui ne tardera pas à devenir un centre culturel de renommée internationale. Il y expose des artistes prestigieux, accueille en concert des musiciens de premier plan, crée un parc de sculptures, assure la sauvegarde de nombreux vestiges archéologiques dont le site de Martigny regorge. Parallèlement à ces passions artistiques, il bâtit sans relâche : près de 1500 appartements dans sa ville natale.

Avec son épouse Annette et ses fils François et Olivier, il fait don à la collectivité d'une partie significative du patrimoine acquis au cours de sa vie. Il crée une fondation à but social, la Fondation Annette & Léonard Gianadda, qu'il dote d'immeubles qui assureront sa pérennité.

« Il peut et doit faire de sa vie quelque chose de grand et de beau », écrivait le chanoine Allimann. Comment ne pas voir dans ces propos une valeur prédictive ?

A. C.

Le réalisateur : Antoine Cretton

Antoine Cretton est né à Martigny le 16 décembre 1973. Après avoir obtenu sa maturité, il effectue un stage à Canal 9, la télévision valaisanne, puis poursuit ses études en Angleterre, à la London International Film School où il obtient le diplôme de cinéaste.

De retour en Valais, il retrouve l'équipe de Canal 9 en tant que responsable de la formation, activité qu'il effectue durant trois ans. En 1999, il réalise un moyen métrage de fiction, *Ballade* (35 mm, durée 30 min), et fonde à cette occasion l'association CINE2000. Dès 2005, il crée ACProductions sarl et réalise divers films documentaires, tout particulièrement pour la Fondation Pierre Gianadda, à Martigny.

Etabli depuis une dizaine d'années dans la vallée de Bagnes, il tourne une série de moyens métrages pour diverses institutions (le Bureau de l'égalité, la FOVAHM, le Musée de Bagnes, Pro Octoduro) ainsi que quelques longs métrages sur des artistes contemporains (Sam Szafran, Hans Erni) et sur l'installation de la plus haute éolienne d'Europe, au Gries, dans le Haut-Valais.

Après plus de dix ans d'activités régulières auprès de la Fondation Pierre Gianadda, il retrace le riche parcours de Léonard Gianadda dans le film *Faire de sa vie quelque chose de grand* présenté à l'occasion du 80e anniversaire du mécène martignerain.

Filmographie d'Antoine Cretton, en lien avec la Fondation

La Cour Chagall, 2004, 10 min.
Stella : Renaissance d'une étoile, 2006, 26 min.
Sam Szafran : Escalier, 2006, 26 min.
Musée et Chiens du Saint-Bernard, 2006, 15 min.
Les 30 ans de la Fondation Pierre Gianadda, 2008, 26 min.
La Choucroute, 2008, 10 min.
Hans Erni, une vie d'artiste, 2008, 30 min.
Vitrines de la Fondation, 2008, 4 min.
Martigny gallo-romaine, 2009, 10 min.
Adèle Ducrey-Gianadda, 2010, 20 min.
La Mémoire du cœur, 2011, 25 min.
Le Tepidarium, 2011, 23 min.
Le Visionnaire, 2012, 20 min.
Annette, 2012, 73 min.
Sam Szafran : Ni Dieu ni maître, 2013, 45 min.
24 spots publicitaires des expositions à la Fondation, 2003-2015, 5 secondes chacun.
Faire de sa vie quelque chose de grand, 2015, 85 min.